lonely planet

BUDAPEST ET LA HONGRIE

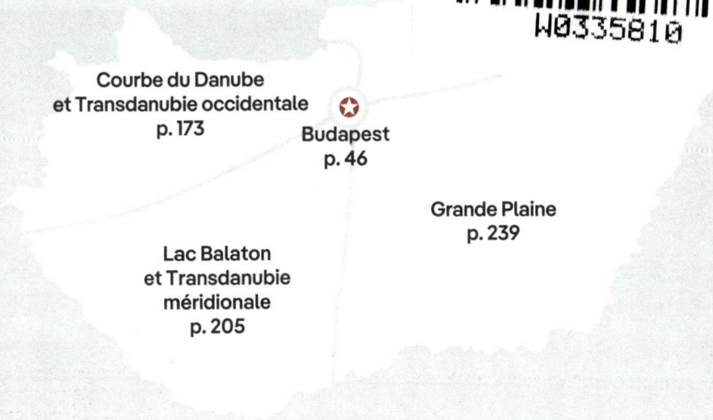

Kata Fári, Shaun Busuttil, Steve Fallon, Anthony Haywood, Andrea Schulte-Peevers, Barbara Woolsey

SOMMAIRE

Préparer son voyage

Sur la route

ROBALITO/SHUTTERSTOCK ©

Le Budapest Eye (p. 89)

Csikós (cow-boy), parc national de Hortobágy (p. 249)

Carnet pratique

Comprendre la Hongrie

Broderie florale des Matyó (p. 280)

Pont de la Liberté (p. 68)

BUDAPEST ET LA HONGRIE

LE VOYAGE COMMENCE ICI

Située au cœur de l'Europe, la Hongrie compense sa petite taille par la multitude de trésors qu'elle renferme. Ses traditions perdurent, et ses édifices historiques côtoient de pures merveilles d'architecture Art nouveau. Elle possède également de nombreuses sources thermales et une savoureuse gastronomie. Budapest peut se vanter d'être une des plus belles capitales d'Europe, mais pas seulement… Lorsque je suis à Budapest, ma vie est rythmée par d'agréables promenades sur la verdoyante île Marguerite, par des baignades aux thermes, par des apéritifs en admirant de sublimes couchers de soleil un *fröccs* (spritz au vin) à la main et par des nuits inoubliables dans les bars branchés du quartier juif. On succombe facilement au charme de Budapest. Pour moi, c'est une histoire d'amour qui dure.

Kata Fári

@kata.fari

Autrice et spécialiste de Budapest, Kata partage avec plaisir sa passion pour la capitale hongroise.

Mon expérience préférée consiste à traverser le pont de la Liberté. Même quand je suis pressée, je prends toujours le temps d'y admirer l'incroyable beauté de Budapest.

SUR LE TERRAIN

Nos auteurs et experts partagent les endroits qui, pour eux, incarnent la Hongrie.

De jour comme de nuit, le **Parlement** de Hongrie offre un spectacle visuel époustouflant. Ce superbe symbole de souveraineté nationale est le siège de l'Assemblée nationale hongroise.

Shaun Busuttil

shaunbusuttil.com

Shaun est auteur et anthropologue. Il étudie l'intersection du voyage, de la culture et des mobilités.

Plusieurs décennies après ma première visite, la capitale, **Budapest**, ne cesse de m'impressionner. Aucun doute pour moi que la reine du Danube vous en offrira tout autant.

Steve Fallon

steveslondon.com

Steve est écrivain voyageur et guide certifié Blue Badge Tourist à Londres. Il a écrit ou coécrit plus d'une centaine d'ouvrages pour Lonely Planet, et a participé à toutes les éditions de ce guide.

La vue depuis l'**abbaye de Pannonhalma**, à l'est de Sopron, est époustouflante. Mais c'est le périple pour l'atteindre qui la rend si précieuse pour moi, du voyage en train à la randonnée forestière, puis à l'ascension de la colline, le tout par une belle journée d'été.

Anthony Haywood

anthonyjhaywood.com

Auteur, Anthony a exploré le Danube de sa source à son delta.

La séduisante **Szeged** réunit tous les éléments pour une belle excursion citadine : richesse culturelle, architecture élégante, joli cadre et délicieuses spécialités culinaires, le tout en bord de rivière.

Andrea Schulte-Peevers

@aschulte-peevers

Andrea contribue aux guides Lonely Planet depuis 25 ans.

Pécs m'a d'abord attirée pour ses vestiges romains, ses bâtiments baroques et sa culture éclectique. Mais c'est l'hospitalité de ses habitants qui a fait de cette ville une véritable histoire d'amour.

Barbara Woolsey

@xo_babxi

Barbara écrit sur les coulisses de la gastronomie, du voyage et de la culture.

Sopron
Cité médiévale proche du parc national de l'Őrség (p. 191)

Budapest
Cadre somptueux, culture et vie nocturne (p. 46)

Courbe du Danube
Cités fluviales historiques rivalisant de beauté (p. 173)

Gödöllő
Son château baroque est le plus grand de Hongrie (p. 152)

Lac Balaton
La "mer intérieure" du pays et le plus vaste lac d'Europe centrale (p. 205)

Pécs
Un passé illustre et d'excellents musées (p. 225)

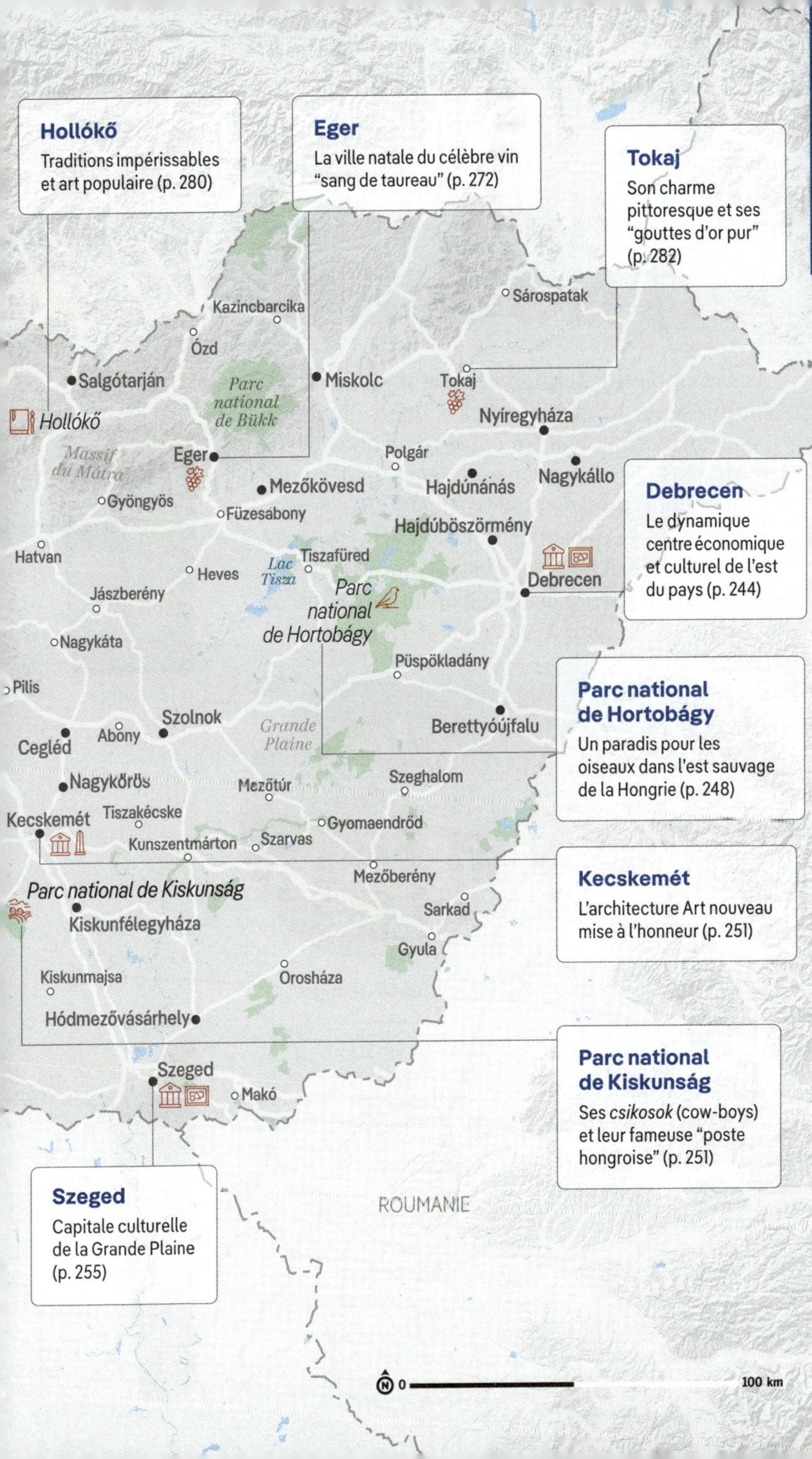
Hollókő
Traditions impérissables et art populaire (p. 280)
Eger
La ville natale du célèbre vin “sang de taureau” (p. 272)
Tokaj
Son charme pittoresque et ses “gouttes d'or pur” (p. 282)
Debrecen
Le dynamique centre économique et culturel de l'est du pays (p. 244)
Parc national de Hortobágy
Un paradis pour les oiseaux dans l'est sauvage de la Hongrie (p. 248)
Kecskemét
L'architecture Art nouveau mise à l'honneur (p. 251)
Parc national de Kiskunság
Ses *csikosok* (cow-boys) et leur fameuse “poste hongroise” (p. 251)
Szeged
Capitale culturelle de la Grande Plaine (p. 255)
Sárospatak
Kazincbarcika
Ózd
Salgótarján
Parc national de Bükk
Miskolc
Tokaj
Nyíregyháza
Hollókő
Massif du Mátra
Eger
Polgár
Hajdúnánás
Nagykállo
Mezőkövesd
Gyöngyös
Füzesabony
Hajdúböszörmény
Hatvan
Heves
Lac Tisza
Tiszafüred
Debrecen
Jászberény
Parc national de Hortobágy
Nagykáta
Püspökladány
Pilis
Szolnok
Grande Plaine
Berettyóújfalu
Cegléd
Abony
Nagykőrös
Mezőtúr
Szeghalom
Kecskemét
Tiszakécske
Gyomaendrőd
Kunszentmárton
Szarvas
Mezőberény
Parc national de Kiskunság
Sarkad
Kiskunfélegyháza
Gyula
Kiskunmajsa
Orosháza
Hódmezővásárhely
Szeged
Makó
ROUMANIE
0
100 km

ARCHITECTURE ART NOUVEAU

Les exemples d'architecture Art nouveau sont omniprésents à Budapest. Ses courbes sinueuses, ses formes mouvantes et asymétriques, ses céramiques colorées et autres éléments décoratifs émergent d'un océan de bâtiments baroques raffinés et de délicats édifices néoclassiques. Nombre de villes peuvent aussi s'enorgueillir d'un patrimoine hérité de cet âge d'or de l'architecture, comme Szeged, Kecskemét et Debrecen.

Un style, des noms

L'Art nouveau est appelé Szecesszió (Sécession) en Hongrie, Sezessionstil en Autriche, Jugendstil en Allemagne, Moderne en Russie, Modernisme en Catalogne et Stile Liberty en Italie.

Architecte de légende

Surnommé le "Gaudí hongrois", Ödön Lechner est le principal architecte associé à l'Art nouveau en Hongrie. Le musée des Arts décoratifs à Budapest est une de ses plus belles réalisations.

La manufacture de porcelaine Zsolnay

Fondée à Pécs en 1853, la manufacture de porcelaine Zsolnay fut à la pointe du design européen pendant plus de 50 ans. Elle orne des façades dans tout le pays.

BOTOND HORVATH/SHUTTERSTOCK © À GAUCHE : RICHARD NEBESKY/LONELY PLANET ©, ROMAS_PHOTO/SHUTTERSTOCK ©

Palais Cifra (p. 253), Kecskemét

NOTRE SÉLECTION

Le ❶ **musée des Arts décoratifs** (Ödön Lechner, 1896), à Budapest, est décoré de céramiques Zsolnay à l'intérieur et à l'extérieur. (p. 133)

La façade de ❷ l'**immeuble Lindenbaum**, premier immeuble Art nouveau de Budapest, est couverte de soleils, étoiles, paons, fleurs et femmes nues aux cheveux longs. (p. 126)

Les nénuphars, iris et pensées qui ornent le ❸ **palais Reök** (1907), à Szeged, font songer à la surface d'un étang vert et lilas. (p. 256)

À Kecskemét, les façades du ❹ **palais Cifra** (1902) sont ornées de majoliques multicolores. (p. 253)

❺ L'**hôtel de ville de Kecskemét** (1897), signé Ödön Lechner, associe avec audace Art nouveau, éléments folkloriques et céramiques Zsolnay. (p. 253)

Bastion des Pêcheurs (p. 55), Budapest

PHOTOS DE VOYAGE

Au détour d'une rue, sur la rive d'un fleuve, du haut d'un toit-terrasse à Budapest ou de la tour d'une église, la Hongrie révèle toute une palette de couleurs, de jeux de lumière et de paysages nuancés ; autant de photos à ne pas manquer !

Vue sur le lac

Toute en collines douces et prairies marécageuses, la péninsule de Tihany offre un point de vue imprenable sur le lac Balaton et les vignes alentour.

Le méandre du Danube

Depuis la forteresse de Visegrád, achevée en 1259, on admire la manière dont le Danube épouse le paysage de collines boisées dans un langoureux méandre.

NOTRE ALBUM

Les collines et prairies du ❶ **parc national de l'Őrség**, à parcourir à vélo. (p. 198)

Le Danube pris sous un angle original depuis la ❷ **basilique d'Esztergom**. (p. 187)

Le Danube, le mont Gellért et Pest vus depuis le ❸ **bastion des Pêcheurs**, à Budapest. (p. 55)

La campagne vue depuis ❹ l'**abbaye de Pannonhalma**, perchée sur une colline. (p. 196)

Le panorama sur Budapest depuis le ❺ **High Note Sky Bar** de l'Aria Hotel. (p. 107)

VINS HONGROIS

La Hongrie produit du vin au moins depuis l'époque romaine. Il y a un siècle, le pays était encore un grand producteur européen, mais les maladies, la guerre et les exigences de l'économie soviétique ont mis à mal ses vignobles. Aujourd'hui, une nouvelle génération de viticulteurs redonne vie aux 22 régions viticoles du pays, aux sols bien spécifiques.

Caves à vins

Dans chaque région, on trouve des caves à vins pleines de caractère. Vous pourrez les visiter ou simplement faire des dégustations. À elle seule, la région de Tokaj compte quelque 3 000 vignobles.

Terre de vignobles

Les vignobles hongrois couvrent en tout près de 600 km². Les paysages de vigne forment un cadre idyllique pour des repas champêtres ou de belles balades en voiture, à pied ou à vélo.

Exploitations familiales

Beaucoup de domaines sont de petites entreprises familiales. Téléphonez ou envoyez un e-mail pour en connaître les dates d'ouverture et les horaires de visites.

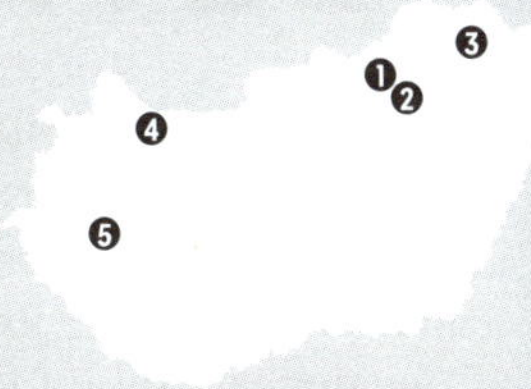

NOTRE CARNET D'ADRESSES

La ❶ **vallée de la Belle Dame** est ponctuée de plus de 25 caves troglodytiques. (p. 276)

Installé dans une ancienne carrière de pierre, ❷ **Bolyki** propose dégustations et visites, mais on peut se contenter de prendre un verre. (p. 276)

Près de Tokaj, ❸ **Holdvölgy** organise des dégustations de vins dans un labyrinthe de caves vieilles de 600 ans. (p. 286)

Les moines de ❹ **l'abbaye de Pannonhalma** entretiennent la tradition viticole des lieux. On goûte leur production sur une terrasse avec un beau point de vue. (p. 196)

Fréquentez les foires régionales, comme le ❺ **Festival du vin de Keszthely**, en été. (p. 220)

FESTIVALS DE MUSIQUE

D'innombrables festivals ponctuent le calendrier hongrois. Dans des chalets en bois, remplis de spécialités locales, on mange, on boit et on festoie pendant plusieurs jours. Les festivals de musique accueillent autant les stars internationales que les artistes en devenir. Certains, se déroulant sur les rives du lac Balaton ou sur l'île Marguerite à Budapest, permettent même de piquer une tête entre deux concerts !

Programmations ouvertes

Si la musique résonne du début de l'après-midi au lever du jour, chaque festival accueille aussi d'innombrables activités : arts vivants, projections de films, plage, fête foraine…

Le sens de l'organisation

Pour les grands festivals, des transferts sont assurés depuis Budapest, le plus souvent en bus, mais il est possible de gagner le Sziget Festival en bateau. Réservez bien à l'avance.

Des grandes stars aux étoiles montantes

La programmation des festivals hongrois est un savant mélange de grands noms de la scène musicale et d'artistes émergents hongrois ou étrangers.

Sziget Festival (p. 85)

NOTRE AGENDA DES FESTIVALS

Contrepoint budapestois de Glastonbury, le célèbre ❶ **Sziget Festival** (szigetfestival.com) attire chaque année en août quelque 500 000 personnes sur l'île d'Óbuda. (p. 85)

Fin juin, 100 000 spectateurs assistent au ❷ **festival VOLT** (volt.hu), à Sopron. Programmation électrique et éclectique.

Au bord du lac Balaton, le ❸ **Strand Fesztival** (strandfesztival.com/hu), plus modeste, se déroule fin août.

Le ❹ **Balaton Sound** (balatonsound.com/fr/), en juillet, c'est 5 jours d'électro et de fête 24h/24, sur une plage du lac Balaton. (p. 218)

Le ❺ **festival de musique de rue de Veszprém** (veszpremfest.hu) se tient mi-juillet au nord du lac Balaton.

Piste cyclable du Balaton (p. 40)

À VÉLO

La Hongrie se prête idéalement à la randonnée à vélo. Les nombreuses pistes cyclables qui sillonnent le pays permettent d'en découvrir les paysages : plaine immense, régions forestières, méandres du Danube, vignobles et collines… à son propre rythme.

Hébergement

Le camping sauvage est officiellement interdit en Hongrie, mais il est toléré en zone rurale. La Hongrie compte plus de 200 campings officiels et davantage d'hôtels.

État des routes

Des routes gravillonnées aux pistes cyclables goudronnées, les infrastructures sont généralement en bon état et les automobilistes se montrent respectueux envers les cyclistes.

NOTRE SÉLECTION

Les 4 routes EuroVelo (6, 11, 13 et 14), dont la ❶ **piste cyclable du Danube** de Vienne à Budapest (sur l'EuroVelo 6).

La ❷ **piste cyclable du Balaton** : boucle de 210 km autour du plus grand lac du pays. (p. 40)

❸ **BUBA**, une piste cyclable de 108 km reliant Budapest au lac Balaton.

Le ❹ **parc national de l'Őrség** qui rassemble de nombreux campings et des routes adaptées. (p. 198).

La course annuelle à VTT ❺ **Hungarian Divide** (1 400 km en autonomie ; klnd.eu), la plus longue du pays.

TÁNCHÁZ TRADITIONNEL

Le *táncház* ("maison de danse") est un mouvement d'enseignement et de préservation de la danse traditionnelle hongroise, né en 1972 à Budapest. Il est désormais facile d'apprendre le *karikázó* (danse en cercle) et la *csárdas* (danse en couple), pour profiter pleinement des fêtes locales !

Une saison de danse

La saison du *táncház* s'étend de septembre à juin, mais rencontres, cours et spectacles ont lieu toute l'année à Budapest.

Un loisir national

Budapest est le berceau du *táncház* (centres culturels BMK, Aranytíz...), mais le mouvement a essaimé partout en Hongrie.

Au programme

Consultez le site de l'Association des maisons de danse (Táncház Egyesület ; tanchaz.hu) pour la programmation.

NOTRE SÉLECTION

Le plus grand *táncház* de Hongrie est le ❶ **Táncháztalálkozó** (tanchaztalalkozo.hu), qui dure 3 jours en avril, au László Papp Budapest Sportaréna.

La ❷ **Fonó** (Maison de la musique folklorique, jazz et expérimentale ; www.fono.hu/en) propose des cours et concerts chaque semaine.

Concerts du groupe Sültü et ateliers pour enfants du groupe Muzsikás au ❸ **BMK** (bmknet.hu/en), à Budapest.

Le ❹ **Centre culturel Marczibányi tér** (www.marczi.hu), à Budapest : concerts de musique hongroise, moldave et csángó, et spectacles de danse du groupe Guzsalyas.

Au ❺ **Centre culturel Aranytíz**, à Budapest, se produit parfois Kalamajka Táncház, principal initiateur du mouvement. (p. 107)

Szimpla Kert (p. 124), Budapest

VIE NOCTURNE

L'été, les *kertek* (bar de plein air) et *romkocsmák* (bars de ruine) continuent de cultiver l'esprit des squats. Nés à Budapest dans les années 1980, quand des bars éphémères se sont illégalement installés dans des immeubles vides, ils sont aujourd'hui présents partout en Hongrie.

Installation pérenne

Nombre de bars de ruine ont désormais pignon sur rue. Ouverts toute l'année, ils se sont dotés d'espaces couverts et chauffés.

À l'affiche

DJ sets, concerts et scènes ouvertes s'y succèdent. On profite de jeux de bar (baby-foot, ping-pong, billard...) et on peut généralement y manger.

NOTRE SÉLECTION

❶ **Szimpla Kert** est le premier et le plus iconique bar de ruine de Budapest. (p. 124)

❷ **Maláta**, le bar de ruine branché de Szeged, sert des bières artisanales.

Le ❸ **Roncsbár** de Debrecen est à la hauteur des bars de Budapest. Cour couverte et programmation musicale. (p. 244)

Le ❹ **Cooltour Café**, à Pécs, organise parfois des concerts dans son jardin, à l'arrière. (p. 226)

À Esztergom, le ❺ **Kaleidoszkóp Ház** est tout à la fois bistrot, galerie, "cave à concert" et bar en plein air. (p. 187)

ART POPULAIRE HONGROIS

Inscrit dans l'âme du pays, l'art populaire hongrois est un des plus riches d'Europe. Partout, musées, villages, festivals et ateliers s'attachent à faire perdurer ces traditions artistiques. Chaque région y cultive un style et des couleurs spécifiques.

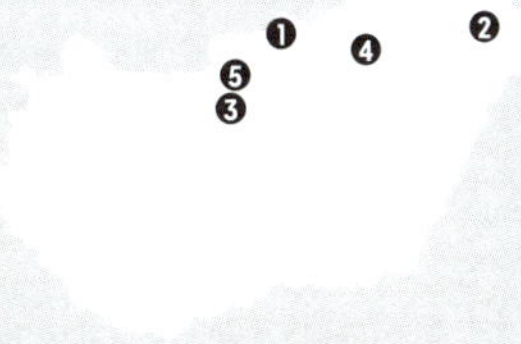

Festival des Arts populaires (p. 330), Budapest

Broderie traditionnelle

La broderie, art traditionnel hongrois par excellence, est la spécialité des Palóc des hautes terres du Nord, des Matyó de Mezőkövesd et des femmes de Kalocsa.

Héritage hongrois

Le musée des Arts décoratifs de Budapest conserve des collections de broderie, sculpture, maroquinerie, poterie et ferronnerie, ainsi que des poupées en costumes traditionnels de tout le pays.

NOTRE SÉLECTION

Le minuscule village de ❶ **Hollókő**, vitrine vivante de l'art et de l'architecture traditionnels, et du mode de vie du peuple palóc. (p. 280)

La ❷ **région de Bereg** : églises en bois décorées de fresques naïves, broderies d'une rare finesse. (p. 288)

Le ❸ **Festival des Arts populaires** de Budapest, mi-août. (p. 330)

❹ **Matyódesign** (matyodesign.hu), à Tard, organise des circuits ou des ateliers de découverte des broderies Matyó aux motifs fleuris colorés. (p. 280)

La ❺ **collection de céramique de Margit Kovács**, à Szentendre, présente des motifs religieux, modernes et traditionnels hongrois. (p. 180)

VILLES ET RÉGIONS

Composez votre voyage selon vos envies.

Courbe du Danube et Transdanubie occidentale

VILLES PITTORESQUES ET FORÊT RECULÉE

Parsemée de villes romantiques érigées au bord de l'eau, comme Szentendre, Esztergom et Visegrád, la Courbe du Danube se prête à des excursions au départ de Budapest. Visitez-la pour ses paysages sublimes et ses châteaux historiques. Plus à l'ouest, laissez-vous charmer par la ville de Sopron aux maisons colorées et riche d'une longue histoire.

p. 173

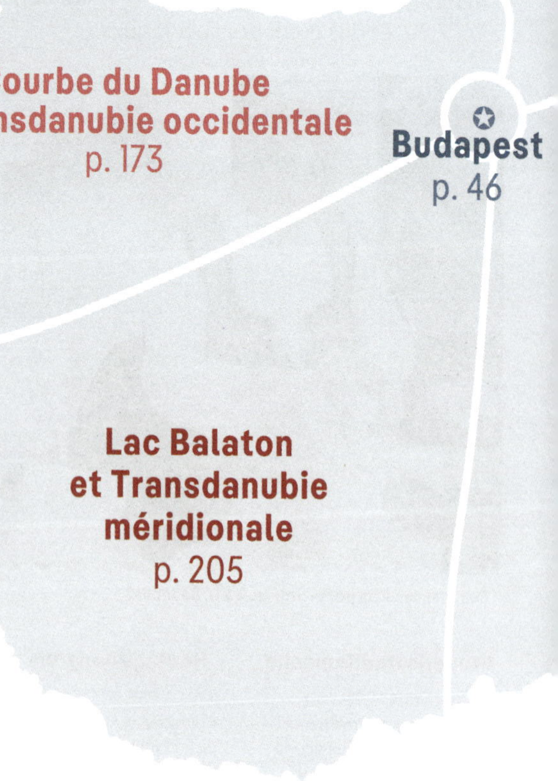

Lac Balaton et Transdanubie méridionale

LIEU DE VILLÉGIATURE DES HONGROIS

Les Hongrois aiment se détendre en été sur les rives ensoleillées et animées du lac Balaton, leur "mer intérieure". Ses eaux turquoise peu profondes se prêtent idéalement à la baignade et à la voile. La Transdanubie méridionale possède de jolies fermes coiffées de chaume. Au centre, la ville universitaire de Pécs, à l'ambiance méditerranéenne, regorge de musées.

p. 205

Nord de la Hongrie

VIN, FOLKLORE ET FORÊTS

La région la plus vallonnée du pays se prête à la randonnée sur ses sentiers forestiers, à l'ascension de belles collines et à la visite de châteaux en ruine. Vous pourrez explorer le magnifique parc national de Bükk, puis les collines de Mátra et de Zemplén, avant de goûter les délicieux vins rouges d'Eger et les blancs très doux de Tokaj.

p. 267

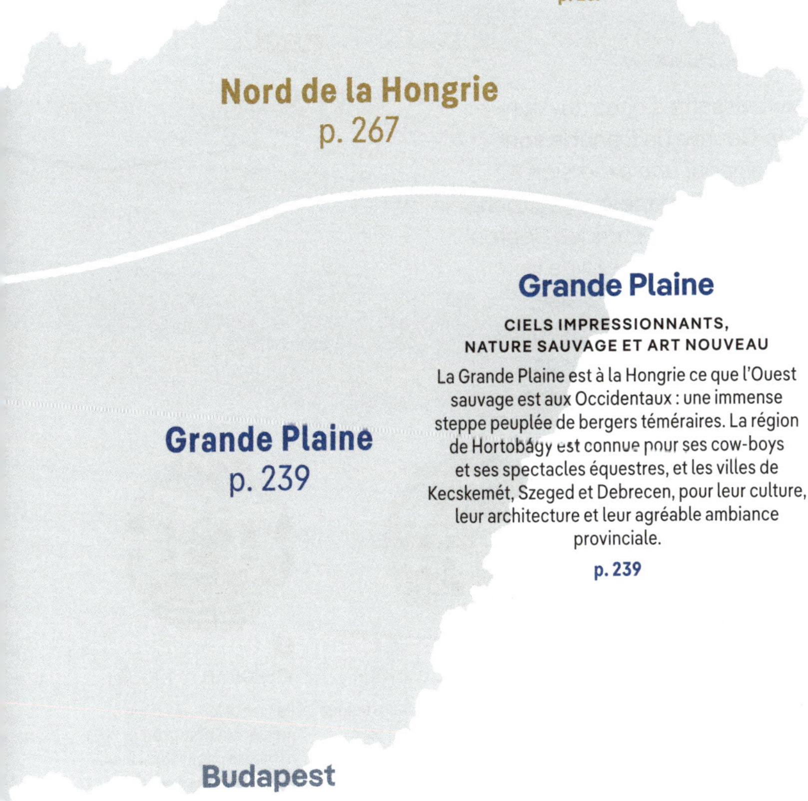

Grande Plaine

CIELS IMPRESSIONNANTS, NATURE SAUVAGE ET ART NOUVEAU

La Grande Plaine est à la Hongrie ce que l'Ouest sauvage est aux Occidentaux : une immense steppe peuplée de bergers téméraires. La région de Hortobágy est connue pour ses cow-boys et ses spectacles équestres, et les villes de Kecskemét, Szeged et Debrecen, pour leur culture, leur architecture et leur agréable ambiance provinciale.

p. 239

Budapest

BEAUTÉ INDÉNIABLE, CULTURE ET FÊTES

Budapest, la "perle du Danube", est la plus belle ville du centre de l'Europe. Dans une splendide ambiance fin de siècle, elle dévoile de nombreux monuments historiques, comme des bâtiments de style baroque, néoclassique, éclectique et Art nouveau, de célèbres bains aux eaux thermales curatives et une vie nocturne inégalée.

p. 46

ITINÉRAIRES

Budapest et la Courbe du Danube

Durée : 6 jours
Distance : 275 km

Les ravissantes cités fluviales de la Courbe du Danube sont idéales pour une excursion au départ de Budapest, très proche. Plus à l'ouest, l'historique Sopron se cache tout au bord de la frontière austro-hongroise, entourée de villages rustiques et des forêts mystérieuses du parc national de l'Őrség.

1

BUDAPEST 2 JOURS

Démarrez à **Budapest** (p. 46) dans le quartier du Château, qui concentre de nombreux sites de premier plan, comme la Galerie nationale et le musée d'Histoire de Budapest. Ne manquez pas la vue imprenable sur Pest depuis la terrasse panoramique du bastion des Pêcheurs. Vous pourrez ensuite vous reposer dans le train H5 vers Szentendre.

2

SZENTENDRE 1 JOUR

Profitez de l'atmosphère unique de **Szentendre** (p. 178) en explorant ses ruelles bordées de maisons colorées, ainsi que ses églises, musées et galeries d'art. Pour découvrir les coutumes locales, sortez de la ville pour rejoindre le musée d'Ethnographie de plein air. Cet ambitieux *skanzen* (écomusée) couvre toutes les régions de Hongrie et les savoir-faire du monde paysan.

3

VISEGRÁD 1 JOUR

Passez la journée dans la médiévale **Visegrád** (p. 183). Visitez le palais royal avant de prendre le chemin des ruines de la Citadelle, un des lieux les plus photographiés de la Courbe du Danube.

Détour : *dirigez-vous vers Dömös pour une randonnée vers la tour Prédikálószék, qui offre un des meilleurs points de vue sur la Courbe.*

4

ESZTERGOM 1 JOUR

La majestueuse basilique d'**Esztergom** (p. 187) est la plus grande de tout le pays. La construction de l'édifice néoclassique actuel date du XIXe siècle, à l'emplacement de l'église initiale vouée à saint Adalbert par le premier roi de Hongrie, Étienne Ier. Esztergom est une petite ville pittoresque, à explorer à pied. En traversant son pont, on se retrouve en Slovaquie.

5

SOPRON 1 JOUR

Découvrez les nombreux monuments de **Sopron** (p. 191). Depuis sa célèbre tour du Feu, on peut voir jusqu'à l'Autriche par beau temps. Après avoir exploré la ville, détendez-vous dans un de ses bars à vins avec un verre de Kékfrankos, vin rouge de la région.

Détour : *pour faire le plein de nature, passez par le tout proche lac Fertő, ou par le parc national de l'Őrség.*

SHAUN BUSUTTIL/LONELY PLANET ©

Lac Balaton depuis Tihany (p. 215)

ITINÉRAIRES

Lac Balaton et ses environs

Durée : 7 jours **Distance :** 365 km

Le lac Balaton est la destination estivale préférée des Hongrois, idéale pour faire de la voile ou pour prendre le soleil. Riche en culture, l'irrésistible Pécs est emblématique de la Transdanubie méridionale, avec ses maisons blanchies à la chaux et coiffées de chaume.

1

BUDAPEST 2 JOURS

Prenez au moins deux jours pour explorer les monuments historiques et profiter de la vie nocturne endiablée de **Budapest** (p. 46). En cas de lendemain difficile, tentez un plongeon dans les eaux bienfaisantes de ses thermes, comme le Gellért, le Széchenyi ou le Rudas. N'oubliez pas de passer par leurs fontaines pour y remplir votre bouteille réutilisable.

2

BALATONFÜRED 1 JOUR

Abandonnez l'effervescence de Budapest pour l'ambiance tranquille de **Balatonfüred** (p. 210), vénérable station balnéaire de la rive nord du lac Balaton. Déambulez glace à la main sur la promenade Tagore Sétány, avec vue sur sa ravissante marina. Après la plage, une croisière au crépuscule clôturera votre journée par un coucher de soleil spectaculaire.

3

TIHANY 1 JOUR

Nichée sur une péninsule s'avançant dans l'eau sur 5 km, **Tihany** (p. 215) est le lieu le plus chargé d'histoire du lac Balaton. Visitez son abbatiale bénédictine avant de reprendre des forces au restaurant Echo et sa vue panoramique. L'après-midi, flânez entre les maisons à toits de chaume et goûtez les sucreries à la lavande, ou prenez son adorable mini-train pour un circuit détente.

BOTOND HORVATH/SHUTTERSTOCK ©, ANDRAS_CSONTOS/SHUTTERSTOCK ©, KLAGYIVIK VIKTOR/ SHUTTERSTOCK ©

4

BADACSONY 1 JOUR

Sur les douces collines de **Badacsony** (p. 213) poussent les raisins à l'origine d'exceptionnels vins hongrois. À pied ou en vélo, passez d'un vignoble à l'autre pour déguster de succulents produits locaux, de la bouteille à l'assiette.

Détour : *couronné d'un château, Szigliget est un des villages les plus enchanteurs de la rive nord du lac Balaton. Au nord, la colline Szent-György offre un point de vue idéal sur le soleil couchant.*

5

KESZTHELY 1 JOUR

À la pointe ouest du Balaton, la discrète **Keszthely** (p. 220) offre une expérience plus relaxante que d'autres villes balnéaires proches de Budapest. Ne manquez pas le château des Festetics qui abrite un véritable joyau, la bibliothèque Helikon, avec ses 90 000 volumes et son mobilier sculpté. Sa voisine **Hévíz** (p. 224) possède le plus grand lac thermal d'Europe.

6

PÉCS 1 JOUR

Pécs (p. 225) rivalise presque de popularité avec Budapest. Avec son ambiance de ville étudiante et ses fascinants musées, elle figure parmi les villes les plus intéressantes à visiter de Hongrie. Le quartier culturel de Zsolnay est construit sur le site de l'ancienne manufacture de porcelaine de 1853, qui fut à la pointe de l'art et du design européen pendant plus d'un demi-siècle.

Église votive, Szeged (p. 255)

ITINÉRAIRES

Grande Plaine

Durée : 6 jours **Distance :** 390 km

À proximité de la Grande Plaine se dressent les villes de Kecskemét, Szeged et Debrecen, riches d'une architecture Art nouveau et de fantastiques musées. Dans la région de Hortobágy, vous pourrez admirer les spectacles équestres des bergers locaux.

1

BUDAPEST 2 JOURS

Immergez-vous dans la culture – et les thermes – de **Budapest** (p. 46). Visitez le musée d'Ethnographie, avec ses céramiques du monde entier et son impressionnante maquette de Budapest en 1910. Détendez-vous aux bains Széchenyi, qui comptent 3 piscines découvertes et 15 couvertes. Puis allez écouter de la musique traditionnelle dans un authentique *táncház* (maison de danse).

2

KECSKEMÉT 1 JOUR

Savourez l'architecture de **Kecskemét** (p. 251), dont le palais Cifra, emblématique de l'Art nouveau hongrois, et l'hôtel de ville orné de céramiques Zsolnay. Son carillon joue des mélodies du compositeur Zoltán Kodály, né à Kecskemét. Les gourmets apprécieront la *pálinka* (eau-de-vie) à l'abricot. Non loin, le **parc national de Kiskunság** (p. 252) est le paradis des oiseaux.

3

SZEGED 1 JOUR

Chevauchant la Tisza, **Szeged** (p. 255) est la capitale culturelle de la Grande Plaine. Cette charmante ville universitaire abrite un centre piétonnier, une superbe église votive et de nombreux espaces verts. En été, le festival en plein air de Szeged propose danses traditionnelles, musique et opéra sur la place centrale. Parmi les spécialités locales, goûtez le Pick, meilleur salami de Hongrie.

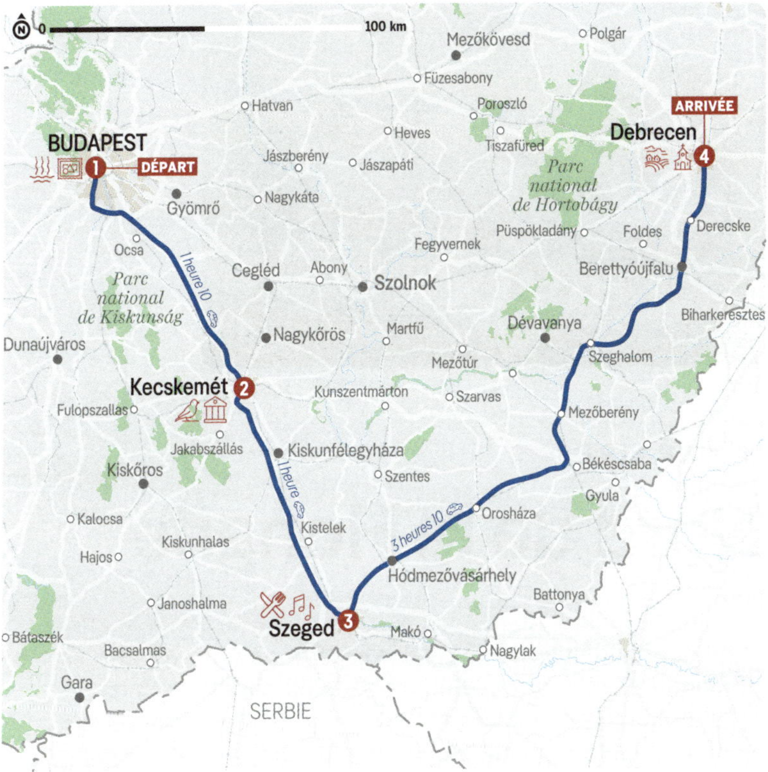

4

DEBRECEN ⏱ 2 JOURS

À **Debrecen** (p. 244), admirez la Grande Église réformée et le panorama qu'elle réserve sur la ville. Profitez ensuite de la place centrale, rythmée tout l'été par des festivals de rue. Goûtez aux crêpes farcies à la viande, une spécialité du coin. De Debrecen, on accède au **parc national de Hortobágy** (p. 248), à la beauté sauvage, où les cow-boys réalisent d'incroyables cascades équestres.

Grande Église réformée, Debrecen (p. 244)

EVRYKA/SHUTTERSTOCK ©

Lillafüred

ITINÉRAIRES

Nord de la Hongrie

Durée : 7 jours **Distance :** 250 km

Le nord de la Hongrie est une région escarpée. Enfilez vos chaussures de randonnée et partez à l'aventure dans les massifs de Matra et Zemplén ou dans le parc national de Bükk. Dirigez-vous ensuite vers ses vignobles pour déguster les célèbres vins d'Eger et de Tokaj.

1

BUDAPEST ⏱2 JOURS

Même au cœur de **Budapest** (p. 46), des écrins de nature vous prépareront au reste de cet itinéraire. L'ascension des collines de Buda offre une vue remarquable sur la ville. Le belvédère Elisabeth se dresse sur le plus haut point de la ville : montez les 100 marches de son escalier en spirales pour un panorama à couper le souffle.

2

EGER ⏱2 JOURS

La tranquille **Eger** (p. 272) est entourée par de douces collines. Certains des meilleurs vins hongrois viennent de la région, dont le "sang de taureau" (Egri Bikavér) que l'on trouve chez les nombreux cavistes de la ville. Paradis pour les amateurs de vins, la vallée de la Belle Dame (p. 276) compte plus de 200 caves creusées dans la roche.

3

PARC NATIONAL DE BÜKK ⏱1 JOUR

Facile d'accès, le **parc national de Bükk** (p. 279) offre un vrai bol d'air frais avec ses forêts de pins peuplées de nombreuses espèces, ses sentiers et ses cascades. Un petit train à l'ancienne traverse la vallée de Szalajka, et s'arrête au charmant village de **Lillafüred** et son grandiose château-hôtel Renaissance en bord de lac.

GEZA KURKA_HUNGARY/SHUTTERSTOCK ©, ALIZADA STUDIOS/SHUTTERSTOCK ©, MGY/ SHUTTERSTOCK ©

4

TOKAJ ⏱ 2 JOURS

Des vins doux réputés sont produits à **Tokaj** (p. 282) depuis le XVe siècle. Situé à la confluence du Bodrog et de la Tisza, Tokaj est un des 28 villages de Tokaj-Hegyalja, une région viticole de 70 km² aux collines verdoyantes. Ses vignobles produisent de savoureux vins blancs secs, ainsi que les célèbres vins de dessert Aszú Tokaji auxquels l'hymne national hongrois fait même référence.

Vignobles près de Tokaj (p. 282)

QUAND PARTIR

La Hongrie connaît sa haute saison en été et pendant les vacances hivernales, mais le printemps et l'automne restent cependant les saisons les plus agréables.

Les saisons intermédiaires (printemps et automne) sont les plus agréables pour découvrir la Hongrie, que ce soit pour la météo qui reste douce, les prix raisonnables et les musées et sites historiques moins fréquentés. De mars à juin, le territoire est en pleine floraison ; les fleurs sauvages recouvrent les collines. L'été se prolonge jusqu'en septembre, avec un temps encore doux et des prix à la baisse. En octobre et novembre, le pays se prépare à l'endormissement hivernal et les paysages se parent de magnifiques couleurs automnales. Puis l'hiver s'installe, avec un temps froid et maussade. La nature se dénude (il y a peu d'arbres à feuilles persistantes en Hongrie) et le soleil se couche à 16h. En décembre, le pays est souvent recouvert d'un manteau de neige et de jolies guirlandes lumineuses illuminent le pays.

Pour voyager moins cher

On trouve les meilleures offres d'hébergement en novembre, janvier et février. Cependant, il arrive que les sites et les musées soient fermés ou affichent des horaires d'ouverture restreints.

PAROLE D'HABITANT

CHÂTEAUX ET VINS

Péter Boronkay, habitant de Kecskemét et paratriathlète multisport, nous dévoile ses lieux favoris. @peterbotonkay

J'ai beaucoup voyagé en Hongrie et j'apprécie tout particulièrement les collines de Zemplén, où découvrir les châteaux de Füzér, Regéc, Boldogkő, Sárospatak et Szerencs, ainsi que les ruines du château d'Amadé. De multiples caves à vins servent d'excellents vins de Tokaj et la région est idéale pour les randonnées à pied et à vélo toute l'année, avec une ambiance différente à chaque saison.

Château de Füzér

SPORTS D'HIVER

La Hongrie n'est pas connue comme une destination de sports d'hiver, même si elle dispose de 35 km de pistes en hiver. La station la plus importante est à Eplény et la plus élevée à Kékestető. On peut aussi parfois faire du patin à glace sur le lac Balaton.

La météo au fil des mois

JANVIER	FÉVRIER	MARS	AVRIL	MAI	JUIN
Temp. moyenne max. : **3°C**	Temp. moyenne max. : **5°C**	Temp. moyenne max. : **11°C**	Temp. moyenne max. : **17°C**	Temp. moyenne max. : **22°C**	Temp. moyenne max. : **25°C**
Jours de pluie : 9	Jours de pluie : 7	Jours de pluie : 6	Jours de pluie : 7	Jours de pluie : 6	Jours de pluie : 6

CLIMAT CONTINENTAL

La Hongrie est dotée d'un climat continental, avec 4 saisons bien distinctes : l'hiver (de décembre à février), le printemps (de mars à mai), l'été (de juin à août) et l'automne (de septembre à novembre). Janvier est le mois le plus froid – on aperçoit parfois des blocs de glace charriés par le Danube – et juillet le plus chaud.

Les grands rendez-vous

Inscrit au patrimoine mondial de l'Unesco, le **Busójárás** (p. 232), plus grand carnaval (*farsang*) de Hongrie, se tient à Mohács. Les hommes revêtent masques et peaux de bêtes pour faire fuir l'hiver. Il est conclu par un immense feu de joie. **Fin février/déb mars**

Dans le village de Hollókő (p. 280), classé au patrimoine mondial de l'Unesco, la tradition de **Pâques** veut que les hommes récitent des poèmes aux femmes et les aspergent d'eau ou de parfum, afin d'obtenir en retour des œufs peints et des friandises faites maison. **Avril**

Le **Sziget Festival** (p. 85), digne de celui de Glastonbury, accueille de grandes têtes d'affiche et des noms plus modestes. Fête foraine et saut à l'élastique sont aussi au programme. **Août**

Le Père Noël est en Hongrie dès le 6 décembre. Tout le mois est festif avec des **marchés de Noël** dans les plus grandes villes. Le plus important se tient sur Vörösmarty tér, à Budapest. **Décembre**

Fêtes locales et festivals

Pour voir *la vie en rosé*, rendez-vous en mai au bois de la Ville, à Budapest, au **Rosalia Rosé and Champagne Festival** pour déguster en plein air rosés frais et champagnes pétillants. Familles bienvenues ! **Mai**

Le festival pluriartistique annuel **Valley of Arts** transforme les rues, bâtiments et institutions de 3 villages du lac Balaton en salles de concerts, galeries et théâtres. Des centaines d'événements animent les lieux pendant 10 jours. **Juillet**

Bon vin, bonne chère et musique live sont au programme du **Paloznak Jazz Picnic**, dans un village du lac Balaton situé à flanc de colline. Assistez aux concerts, un verre de vin à la main. **Août**

Lorsque la lavande est en fleur, la ville de Tihany se mue en paradis violet à l'occasion du **Tihany Lavender Festival** (p. 215). Au programme : dégustations, vente d'artisanat, visite et récolte dans les champs de lavande. **Mi-juin/déb juillet**

PAROLE D'HABITANT

LONGUES SOIRÉES D'ÉTÉ

Marcus Goldson, artiste budapestois, nous fait part de ses lieux favoris. @marcusgoldson

J'aime aller à Római-part, surtout en début d'été, quand il ne fait pas encore chaud. Le Danube s'écoule vers le sud, derrière un chemin arboré et bordé de cafés, bars et restaurants donnant sur la plage et un peu à l'intérieur des terres. J'adore prendre un verre au Fellini's, en suivant le cours tranquille du fleuve.

PLONGÉE ESTIVALE

Le lac Balaton, surnommé "la mer de Hongrie", est la grande destination estivale du pays ; les Hongrois aiment se baigner, pagayer et faire du bateau dans ses eaux peu profondes. Sa température est comprise entre 20 et 28°C l'été et les températures extérieures d'environ 35°C.

JUILLET	AOÛT	SEPTEMBRE	OCTOBRE	NOVEMBRE	DÉCEMBRE
Temp. moyenne max. : **27°C**	Temp. moyenne max. : **26°C**	Temp. moyenne max. : **22°C**	Temp. moyenne max. : **18°C**	Temp. moyenne max. : **8°C**	Temp. moyenne max. : **4°C**
Jours de pluie : 5	Jours de pluie : 5	Jours de pluie : 5	Jours de pluie : 6	Jours de pluie : 9	Jours de pluie : 7

Les bains Gellért (p. 67), Budapest

AVANT DE PARTIR EN HONGRIE

Nos recommandations pour bien se préparer.

Dans sa valise

Allure Les Hongrois s'habillent généralement de façon décontractée (jean/T-shirt), pas besoin d'emporter de tenues trop sophistiquées.

Chaussures Vous allez beaucoup marcher, notamment dans des rues pavées ; soyez bien chaussé. Prévoyez des chaussures de sport ou de randonnée pour vos excursions à la campagne, dans les collines et les grottes.

Maillots de bain Quelle que soit la saison, le maillot de bain est indispensable en Hongrie pour profiter des spas, des thermes et des lacs.

Petites laines Les hivers sont froids, et la neige est possible entre décembre et février. Prenez des vêtements chauds en quantité suffisante.

Tongs Que vous comptiez vous rendre au lac Balaton, au lac thermal de Hévíz ou juste dans des thermes, n'oubliez pas vos tongs pour éviter de glisser sur les sols humides.

Chapeaux et bonnets Protégez-vous du soleil estival avec un chapeau et n'oubliez pas votre bonnet pour l'hiver.

À savoir

La **ponctualité** est importante en Hongrie. Arrivez à l'heure si vous êtes invité quelque part ou si vous réservez au restaurant.

Certains Hongrois refusent de **trinquer avec un verre de bière** en référence à la façon dont les Autrichiens fêtèrent la répression de la révolution de 1848.

Si vous êtes invité chez quelqu'un, **apportez un petit cadeau**, comme un bouquet de fleurs ou une bonne bouteille de vin local.

LIRE

Les Gars de la rue Paul (*A Pál-utcai fiúk* ; Ferenc Molnár ; 1906) L'histoire de deux bandes rivales de garçons, dans les années 1900, à Budapest. Considéré comme le livre hongrois le plus connu dans le monde.

Les Braises (*A gyertyák csonkig égnek* ; Sándor Márai ; 1942) Deux amis d'enfance se retrouvent après 41 ans de séparation et évoquent leurs souvenirs et les différences qui les opposent.

Être sans destin (*Sorstalanság* ; Imre Kertész ; 1975) Un récit poignant et autobiographique sur l'Holocauste, raconté par l'unique auteur hongrois lauréat du prix Nobel.

La Porte (*Az ajtó* ; Magda Szabó ; 1987) Ce roman aborde avec subtilité la relation entre une écrivaine et sa gouvernante âgée, dont l'histoire fait écho aux grands événements du XXᵉ siècle.

En quelques mots

"Szia/sziasztok" (siô/siô-stoc) est une façon amicale de saluer une ou plusieurs personnes. Elle peut aussi signifier "au revoir".

Pour saluer de façon plus formelle à différents moments de la journée, vous pouvez dire **"Jó reggelt/napot/estét"** (yô-rè-guèlt/nô-pot/èch-tét), ce qui signifie "bonjour/bon après-midi/bonne soirée".

"Viszontlátásra" (vi-son-tla-tach-rô) est une formule polie pour dire "au revoir".

"Köszönöm" (keu-seu-neum) signifie "merci". On peut aussi dire **"köszi"** (keu-si), de façon moins formelle et plus amicale.

Pour engager la conversation avec une personne dans la rue ou signaler votre présence, vous pouvez dire **"elnézést"** (èl-né-zécht : "excusez-moi").

"Bocsánat" (bo-tcha-nôt) est une façon de dire "désolé". L'abréviation, plus familière, est **"bocsi"** (bo-tchi).

"Szívesen" (sii-vè-chèn) signifie "de rien".

"Semmi baj" (chèm-mi-bôy) est une façon de dire "pas de problème".

Pour trinquer, on dit **"egészségedre"** (èg-és-chég-éd-ré), qui signifie "Santé !", et on regarde l'autre personne dans les yeux. Les Hongrois utilisent le même mot pour dire "À vos souhaits" quand quelqu'un éternue. Entre amis vous pouvez simplement dire **"egs"** (èggch).

"Puszi" (pou-si) signifie "bise" (sur la joue), les Hongrois l'utilisent pour dire "au revoir". Vous entendrez parfois les Hongrois répéter certains de ces mots avec affection : "puszi-puszi", "szia-szia".

VOIR

Sunshine (István Szabó ; 1999) Un film épique qui suit 3 générations de Juifs hongrois.

Kontroll (Nimród Antal ; 2003) Un thriller comique et décalé dans le métro de Budapest.

Le Fils de Saul (László Nemes ; 2015 ; photo ci-dessus) La quête poignante d'un prisonnier d'Auschwitz qui cherche à organiser des funérailles pour son fils. Oscar du meilleur film étranger en 2016.

Spy (Paul Feig ; 2015) Comédie d'action avec pour toile de fond Budapest et le lac Balaton.

Bad Poems (Gábor Reisz ; 2018) Un regard ironique sur la société hongroise à travers l'histoire de Tamás et à ses souvenirs.

ÉCOUTER

Levél Nővéremnek 2 (Tamás Cseh ; 1994) Une musique teintée de poésie. *Forró a Város* est la meilleure bande-son pour une balade dans Budapest.

X (Szabó Balázs Bandája ; 2019) Ce groupe remet la musique folk au goût du jour en la mêlant à du funk, de la pop et des rythmes modernes.

Csavargó (Bohemian Betyars ; 2017) Des sons folks, roms et balkaniques, dans un rythme ska entraînant propice à la danse.

Egyszer Volt (Margaret Island ; 2015) Une musique qui touche l'âme, combinant sons folks et pop indie.

SLAWOMIR FAJER/SHUTTERSTOCK ©

Ragoût de bœuf et spätzle hongrois

À TABLE !

La cuisine hongroise, copieuse et savoureuse, s'est allégée sans perdre ses délicieux parfums et épices. Une gastronomie variée, composée de soupes, de viandes et de ragoûts.

"Cela ne doit pas faire longtemps que vous êtes ici, vous n'avez pas de bedaine", déclara le prince Philip, duc d'Édimbourg, à un Britannique rencontré à Budapest en 1993. C'était assez bien vu. Les plats hongrois traditionnels sont riches, copieux et épicés, et les Hongrois, des compagnons de table gourmands et des hôtes amicaux. La cuisine du pays reflète la prospérité de son agriculture, mais aussi l'influence des pays voisins qui l'occupèrent un temps, l'Autriche et la Turquie, et de la culture de minorités jadis importantes, comme la communauté juive. Les régions hongroises produisent du vin (comme le "sang de taureau" d'Eger ou le vin blanc doux Tokaji Aszú), de la *pálinka* (une eau-de-vie à base de fruits) ou de la bière. Les plats nationaux sont à base de viande, mais les restaurants proposent de plus en plus des plats végétariens. Au-delà du *pörkölt* (ragoût de viande) et des plats à base de paprika et de crème aigre, de nombreux autres délices gastronomiques raviront vos papilles.

Soupe

Un repas hongrois traditionnel se compose de 3 plats : soupe, plat principal et dessert. La soupe est toujours servie en premier. Une soupe consistante, à base de viande, est suivie d'un plat plus ou moins léger, comme des crêpes ou des *túróscsusza* (pâtes au fromage frais et aux lardons). Une soupe de légumes est suivie d'un plat de viande. Parmi les soupes les plus appréciées : le goulash à base de viande,

Les essentiels

GULYÁSLEVES
Soupe : bœuf, légumes et (beaucoup de) paprika.

HALÁSZLÉ
Soupe de poisson au paprika. Spécialité de villes fluviales comme Szeged.

ÚJHÁZI TYÚKHÚSLEVES
Bouillon de poule servi avec des pâtes cheveux d'ange.

MARHAPÖRKÖLT
Bouillon de bœuf et de légumes rehaussé de paprika.

le bouillon de poule, la soupe de légumes (haricots, champignons ou haricots verts) et la soupe du pêcheur, à base de carpe ou de poisson-chat. En été, les Hongrois se délectent d'une soupe de fruits froide (cerises, fraises, prunes ou pommes épicées à la cannelle).

Plat principal

Les Hongrois mangent beaucoup de viande. Vous n'échapperez pas à l'escalope de poulet, de dinde ou de porc, panée et frite servie avec des pommes de terre ou du riz. Les ragoûts traditionnels, préparés avec du bœuf, de l'agneau, du veau, du poulet ou du gibier, sont accompagnés de *nokedli* (spätzle hongrois). Les végétariens peuvent en goûter une version à base de champignons. Un des plats les plus diététiques de la cuisine hongroise est le *főzelék*, un roux aux légumes, souvent des pommes de terre, des petits pois ou des lentilles, servi avec des saucisses, des boulettes de viande ou des œufs, durs ou au plat… Les poissons d'eau douce abondent, et le *fish and chips* à la hongroise est apprécié l'été.

Dessert

Les Hongrois aiment les desserts : le *somlói galuska* (génoise garnie d'une sauce au chocolat, de rhum et de raisins secs), les *palacsinta* (crêpes) à la confiture, au chocolat ou à la cannelle, la crème de marrons avec de la crème fouettée ou les bouchées au fromage frais servies avec de la crème aigre-douce… L'après-midi, le café s'accompagne souvent de gâteaux ou strudel : *Dobos torta* (couches de génoise avec une crème au beurre au chocolat et du caramel), *Eszterházy torta* (couches de meringue avec une crème au beurre aromatisée à la vanille et aux noix) ou *krémes* (gâteau à la crème de vanille).

Eszterházy torta

ÉVÉNEMENTS CULINAIRES

Etyeki Piknik *(etyekipiknik.hu)* Tous les trimestres, le joli village de Etyek organise des pique-niques pour présenter les vins et les produits de saison.

Gourmet Fesztival *(gourmetfesztival.hu ; juin)* La crème de la cuisine hongroise est à l'honneur lors de ce festival annuel de Budapest.

Festival de l'oie de la Saint-Martin *(p. 177 ; novembre)* Les restaurants du pays mettent à la carte des plats à base d'oie aux alentours de la Saint-Martin.

Édes Napok *(edesnapok.hu ; septembre)* Week-end dédié au chocolat et aux desserts. Devant la basilique de Budapest.

Festival international du poisson de la Tisza *(p. 243 ; photo)* Szeged organise tous les ans en septembre un concours de soupe de poisson

RAKOTT KRUMPLI
Couches d'œufs durs, pommes de terre et saucisses nappées de crème aigre.

RÁNTOTT HÚS
Schnitzel : escalope panée et frite ; plat du déjeuner dominical.

TÖLTÖTT KÁPOSZTA
Feuilles de chou farcies, servies avec de la crème aigre.

LECSÓ
Ratatouille hongroise à base de poivrons, tomates et oignons.

Spécialités locales

Goûtez aux saveurs uniques de la cuisine hongroise.

Viandes et ragoûts

Mangalica Race de porcs hongrois prisée pour la qualité de sa viande.

Paprikásh Csirke Ragoût de poulet servi avec des *nokedli*.

Gombapaprikás Ragoût végétarien à base de champignons.

Cuisine de rue

Lángos Beignets sur lesquels sont posées diverses garnitures.

Kürtőskalács Bande de pâte cuite à la broche, puis enroulée et saupoudrée de cannelle ou de sucre, entre autres parfums.

Hekk Version hongroise du *fish and chips*.

Rántott húsos szendvics Schnitzel (escalope panée) servie en sandwich.

Douceurs et friandises

Rétes Strudel feuilleté aux graines de pavot, cerises ou fromage frais.

Bejgli Strudel en spirale fourré de graines de pavot ou de noix ; spécialité de Noël.

Somlói galuska Gâteau composé de couches de génoise garnies de confiture et de raisins secs, servi avec une crème à la vanille et un coulis de chocolat.

Lángos

Túró Rudi Barre chocolatée au fromage frais (vendue en supermarché).

Szaloncukor Chocolats de Noël fourrés à la pâte d'amandes ou de fruits, ou à la crème.

Pour les curieux

Hurka et kolbász Variété de saucisses. La *hurka* est généralement bouillie et aromatisée au foie (*májas hurka*) ou au sang (*véres hurka*). La *kolbász* est fumée et épicée.

Kakastöke pörkölt Ragoût de testicules de coq.

Velős pirítós Tartine à base de moelle et de cervelle, et parfois de rognons.

TABLES D'EXCEPTION

Balkán Bistro (balkanbisztro.hu) Ce restaurant de Pécs simple et agréable met les plats des Balkans à l'honneur.

Csalánosi Csárda (csalanosi-csarda.hu) Plats maison copieux et hospitalité rurale à Kecskemét.

IKON (p. 247) Cuisine inventive à base de produits bio à Debrecen. Goulash mémorable.

Macok Bistro (p. 273) Menu et carte des vins cinq étoiles. Au pied du château d'Eger.

Prímás Pince (p. 189) Délicieuses spécialités hongroises. Dans les caves, sous la cathédrale d'Esztergom.

Stand25 (p. 63) Plats hongrois avec une touche de modernité, à Budapest.

UNE ANNÉE DANS L'ASSIETTE

PRINTEMPS

Les fruits et les légumes (asperges, épinards, oseille...) apparaissent sur les étals. À Pâques, on prépare du jambon cuit, des œufs durs, du pain tressé (*fonott kalács*).

ÉTÉ

Goulash et ragoûts mijotent. Sur la rive des fleuves, on pêche et on cuisine les poissons d'eau douce . Le *Lecsó* (ratatouille hongroise) est meilleur l'été, lorsque les légumes sont très frais.

AUTOMNE

On déguste les confitures, préparées à la fin de l'été, sur une *palacsinta* ou une tartine. Des festivals du vin sont organisés dans tout le pays après les vendanges, début septembre.

HIVER

Le gibier tué durant la saison de la chasse est accommodé en plats. Les Hongrois raffolent de la soupe de poisson et du chou farci, ainsi que des *kürtőskalács* tout juste sortis du four.

Domaine viticole, lac Balaton (p. 214)

L'ART DE… visiter un domaine

Le vin hongrois est encore assez méconnu. La viticulture, qui remonte à l'occupation romaine, y a pourtant une longue histoire. La production de vin a souffert du phylloxéra dans les années 1880, ainsi que pendant les deux guerres mondiales et la période communiste. Aujourd'hui, le vignoble hongrois acquiert une nouvelle reconnaissance, avec des vins de grande qualité à des prix abordables.

1. Choisir une saison

Les vendanges s'étalent de septembre à novembre. Si les domaines viticoles se visitent presque toute l'année, la plupart des dégustations et ateliers sont proposés en saison.

2. Choisir une région

La Hongrie compte 22 régions viticoles, aux terroirs et aux traditions uniques. Les plus connues sont celles d'Eger, de Tokaj, de Villány et de Somló.

3. Connaître les cépages

Les cépages du pays sont souvent méconnus, même des amateurs éclairés. Le site hungarianwines.eu est une bonne source d'informations pour préparer votre circuit de dégustations.

4. Choisir un domaine

Les barmen, dans les hôtels ou les bars, peuvent vous recommander une adresse. Optez pour les domaines qui proposent hébergement et restauration.

5. Prendre contact

En Hongrie, les dégustations sont encore très formelles. Appelez ou écrivez à l'avance et vous rencontrerez peut-être le vigneron lui-même. Lorsqu'une dégustation est gratuite, il est poli d'acheter une bouteille.

UNE CULTURE FESTIVE

Les régions viticoles de Hongrie sont réputées pour leurs festivals annuels, avec dégustations de vins locaux, danse et musique folklorique, démonstrations équestres, ambiance médiévale… Certains domaines ont leur propre agenda culturel.

UNGVARI ATTILA/SHUTTERSTOCK ©

Bains Széchenyi (p. 141), Budapest

THERMES ET SPAS

La Hongrie n'a aucun accès à la mer, mais de son sol jaillissent quantité de sources d'eau curatives.

La Hongrie regorge de sources thermales. Elle en compte plus de 1 000, dont la plupart sont dans la Grande Plaine. À Budapest, la centaine de sources de la ville donne près de 40 000 m³ d'eau tiède riche en minéraux chaque jour. C'est pourquoi la ville est la capitale mondiale du thermalisme.

Dans ce pays enclavé, prendre les eaux tient du véritable art de vivre. Pour profiter pleinement de votre séjour, quelle que soit la saison, vous devrez enfiler un maillot de bain et vous immerger dans les eaux chaudes et curatives d'un des thermes et bains du pays. Un sentiment de complet bien-être ne tardera pas à vous gagner.

Les vertus des eaux thermales

Il y a quelque 2 000 ans, les Romains furent les premiers à profiter des vertus curatives des sources thermales du pays, comme en témoignent de nombreux sites de thermes antiques. Les plus notables sont les ruines des luxueuses Thermæ Maiore ("grands bains"), près de Flórián tér à Aquincum, à Óbuda, qui étaient dotées d'un système d'eau chaude, d'eau froide, et de chauffage

L'embarras du choix

BAINS GELLÉRT
Les plus beaux bains de Budapest et une merveille Art nouveau.

BAINS LUKÁCS
Un des plus anciens de Budapest, véritable royaume du bien-être.

BAINS RUDAS
Bains turcs de Budapest entièrement rénovés et modernisés.

BAINS VELI BEJ
Bains turcs traditionnels. Un vrai havre de paix.

par le sol. Toutefois, c'est sous l'occupation ottomane, aux XVIe et XVIIe siècles, que les bains devinrent une partie intégrante de la vie en Hongrie. Les bains de style hammam édifiés par les Ottomans partageaient un même plan : un bassin octogonal surmonté d'un dôme, percé de jours aux vitraux colorés pour laisser passer la lumière, et entouré de bassins plus petits. Certains bains de cette époque, tels les bains Rudas et Veli Bej, sont toujours en activité aujourd'hui. La plupart des autres thermes historiques de Budapest, de véritables bijoux architecturaux, ont été construits aux XIXe et XXe siècles.

Les eaux chaudes qui jaillissent de la terre sont riches en minéraux : calcium, bicarbonate, magnésium, sodium, chlorure de sulfate et acide métaborique. À la fois apaisantes et curatives, elles soulagent divers problèmes de santé comme l'arthrite et les douleurs musculaires, les hernies discales, les troubles circulatoires, les douleurs nerveuses et les maladies respiratoires. Elles sont également idéales pour se remettre d'une gueule de bois (si, si). Les bains hongrois ne sont pas un luxe, mais une hygiène de vie. Leurs bienfaits ne se limitent pas aux os et aux muscles. On boit également ces eaux pour profiter de leurs bienfaits. Par exemple, rendez-vous dans les salles dédiées (*ivócsarnok*) des bains Széchenyi, Lukács et Rudas à Budapest. Prévoyez une bouteille vide que vous remplirez pour un prix modique (comptez une centaine de forints pour 1 litre).

POSZTOS/SHUTTERSTOCK ©

À QUOI S'ATTENDRE DANS DES BAINS EN HONGRIE

À Budapest, les thermes comportent généralement plusieurs bassins intérieurs d'eau tiède et chaude, ainsi que des piscines plus fraîches où nager. Ils proposent aussi saunas, hammams, bassins d'eau glacée et une large gamme de soins et de massages. Exception faite des bains Veli Bej, tous les thermes possèdent une partie extérieure avec des fontaines, des piscines à vagues ou des bains à remous. Vous pouvez également opter pour une session privée ou un bain... de bière.

Hors de Budapest, on trouve de nombreux thermes dans toute la Hongrie, notamment dans la Grande Plaine. Ils sont alors souvent intégrés dans des complexes modernes, avec piscines et toboggans.

Bains Széchenyi (p. 141), Budapest

A.STUDIO PHOTOGRAPHY/SHUTTERSTOCK ©

Piscine troglodytique, Miskolctapolca

BAINS SZÉCHENYI
Un des plus grands et des plus beaux spas d'Europe, au somptueux décor néoclassique.

BAINS TROGLODYTIQUES
Pour s'immerger dans l'eau de jouvence d'une grotte naturelle, à Miskolctapolca.

LAC DE HÉVÍZ
Pour nager dans le plus grand lac thermal naturel au monde.

HAGYMATIKUM
Un complexe à l'architecture audacieuse, sous des dômes en forme d'oignon, à Makó.

À DROITE : POSZTOS/SHUTTERSTOCK ©

Bains Rudas (p. 69), Budapest

L'ART DU... thermalisme en Hongrie

Voilà tout ce que vous devez savoir avant d'entrer dans des bains hongrois.

JOURNÉES NON MIXTES

Les bains turcs Rudas (p. 69) sont les seuls à conserver des journées non mixtes en semaine (hommes : lundi, mercredi et jeudi jusqu'à 12h45, vendredi jusqu'à 10h45 ; femmes : le mardi). Les hommes reçoivent un pagne à cordon et les femmes un peignoir, mais la plupart préfèrent les maillots de bain. La nudité est interdite dans les espaces publics, et ce dans tous les bains.

À apporter

Indispensables : un maillot de bain, une serviette, des sandales ou des tongs pour ne pas glisser. Un bonnet de bain est exigé dans les bassins de natation. Vous pourrez louer ou acheter des accessoires de bain dans la plupart des thermes, mais il vaut mieux apporter les vôtres. Vous trouverez des douches et des sèche-cheveux (n'oubliez pas vos articles de toilette) et souvent une cafétéria ou un restaurant. Avec un bon livre ou un jeu de société, on y passe facilement la journée.

Quand y aller

Les bains sont ouverts toute l'année, mais un bain chaud en extérieur est particulièrement agréable l'hiver. Consultez les horaires, variables d'un lieu à l'autre (spasbudapest.com). Les bains sont très fréquentés le week-end, pendant les vacances d'hiver ; allez-y plutôt en semaine pour profiter pleinement et sereinement de cette expérience. Les bains Rudas proposent des nocturnes le vendredi et le samedi, et les bains Széchenyi organisent une "sparty" le samedi soir.

Casiers et cabines

Le personnel vous remettra un bracelet électronique en forme de montre, qui vous servira de clé pour votre casier ou votre cabine où vous pourrez laisser vos affaires. Vous pouvez vous voir attribuer une cabine ou un casier, mais en général le choix dépend des disponibilités. Széchenyi met à disposition de petits casiers près des bassins extérieurs, au cas où vous auriez emporté votre téléphone ou des objets de valeur. Le personnel est toujours à proximité en cas de besoin. Le prix des billets variant en fonction des services choisis, précisez ce que vous souhaitez faire au moment de l'achat.

Bon sens et savoir-vivre

Douchez-vous avant d'entrer dans l'eau. Attachez vos cheveux afin d'éviter la réprimande, courtoise, d'un Hongrois ou d'une Hongroise d'âge mûr. La plupart des baigneurs sont là pour les vertus relaxantes ou curatives des eaux : parlez bas, ne vous agitez pas. Bien entendu, cette règle ne s'applique pas à l'extérieur, dans les piscines à vagues et bains à remous. Ne restez pas trop longtemps dans l'eau chaude, vous risqueriez une chute de tension. Des panneaux indiquent la température de chaque bassin et indiquent parfois la durée à ne pas dépasser (généralement 20 minutes). Les enfants de moins de 14 ans n'ont d'ailleurs pas accès aux bassins thermaux, leur système cardio-vasculaire étant sensible à une température élevée de l'eau. Certains bains, comme les bains Rudas, leur sont d'ailleurs interdits. Enfin, ils sont déconseillés aux femmes enceintes.

Bains Gellért (p. 67), Budapest

OPHOTOGRAPHY/SHUTTERSTOCK ©

Cyclisme près de Badacsony (p. 213)

ACTIVITÉS DE PLEIN AIR

Reliefs et climat : tout au long de l'année, le pays réunit les conditions idéales pour satisfaire les amateurs d'aventures en plein air.

Quelle que soit votre destination en Hongrie : l'aventure vous y attend. Ceux qui s'éloignent des villes, aussi charmantes soient-elles, seront récompensés par des paysages bucoliques, des montagnes boisées, et de calmes étendues d'eau. Amateurs de randonnée, de cyclisme et de canotage trouveront leur bonheur sur son réseau de sentiers pédestres, pistes cyclables et cours d'eau navigables. Les mordus d'escalade, de parapente et de planche à voile y trouveront également leur compte.

Vélo

Plutôt plate et sillonnée de 2 200 km de pistes cyclables, la Hongrie se prête parfaitement au cyclotourisme. Les randonneurs à vélo apprécient particulièrement le circuit de 210 km qui fait le tour du lac Balaton. Alternant routes de campagne et piste cyclable dédiée, il voit se succéder des paysages à couper le souffle et de petites merveilles comme Keszthely (voisine d'Hévíz et de son célèbre lac thermal) ou Tihany, avec ses toits de chaume et ses champs de lavande. La piste cyclable du Danube s'étire de Vienne à Budapest, en passant par Györ et Esztergom. Son itinéraire, nettement plus long, appartient à l'EuroVelo 6, qui relie la mer Noire à l'Atlantique. Praticable par des cyclistes de tous niveaux, la route est relativement plate et bien entretenue.

Sports d'aventure

PLANCHE À VOILE
Grâce à la constance de ses vents, le lac Balaton est un véritable repaire de véliplanchistes.

VIA FERRATA
Plusieurs via ferrata, de niveaux de difficulté différents, partent du village de Csesznek.

PARAPENTE
Les parapentistes prennent leur envol depuis les collines de Buda qui entourent la capitale.

EN FAMILLE

Emmenez les enfants en randonnée à Normafa (p. 82), aux portes de Budapest. La boucle du mont János fait 5 km.

Montez à bord du train des Enfants (p. 80) qui serpente parmi les collines de Buda entre Széchenyihegy et Hűvösvölgy.

Traversez à cheval l'adorable village de Szilvásvárad (p. 279), où se trouve un célèbre haras.

Chaussez vos patins et sillonnez le lac Balaton gelé (p. 205) en hiver.

Initiez-les à la spéléologie dans la grotte Szemlőhegy (p. 84), à Budapest : succès assuré !

À l'extrême ouest de la Hongrie, près des frontières slovène et autrichienne, le parc national de l'Őrség est parcouru de pistes, en partie goudronnées et bien balisées. Elles traversent des forêts centenaires et de paisibles petits villages entourés de collines verdoyantes à perte de vue.

Canoë-kayak

Si la Hongrie est un pays enclavé, elle n'en est pas moins une destination de choix pour les amateurs de sports nautiques, avec ses 4 000 km de cours d'eau navigables. Pour explorer les méandres du Danube en canoë-kayak, vous pourrez partir de Nagymaros et Visegrád. Près de Győr, le village de Dunasziget est une excellente base pour découvrir à la rame les affluents du Danube et leur nombreux îlots et petits lacs, au milieu d'une nature verdoyante. Le parc national Duna-Dráva, situé près de Pécs, est parsemé d'îles et de canaux. Cette plaine alluviale est un haut lieu de la biodiversité : vous pourrez y apercevoir la cigogne noire et le pygargue à queue blanche. Et pour les voyageurs au long cours, il est possible, en plusieurs jours, de parcourir sur le Danube les 386 km qui séparent Rajka et Mohacs.

BERNI0004/SHUTTERSTOCK ©

Bateaux sur le lac Balaton (p. 205)

Randonnée

Quel que soit votre niveau, vous pourrez trouver une randonnée en Hongrie. Avec son relief basaltique, ses forêts de pins et ses geysers en cône, la péninsule de Tihany, sur la rive nord du Balaton, se prête au trekking. Vers Eger, le parc national de Bükk est la plus grande réserve naturelle du pays avec ses grottes, sentiers forestiers, cascades... Près de Budapest, d'excellents chemins de randonnée suivent la Courbe du Danube au départ de Nagymaros et Visegrád. Niché dans les collines de Buda, Normafa est apprécié des coureurs de la capitale. Les randonneurs plus expérimentés pourront s'attaquer au Sentier bleu de Hongrie (*Országos Kéktúra*), un sentier de grande randonnée reliant Írott-kő à Hollóháza. Premier sentier d'une telle longueur créé en Europe, il serpente entre Mátra et le massif de Bükk au nord sur 1 118 km. Le parcourir prend environ deux mois, mais ses 27 segments peuvent être arpentés séparément, ce qui donne droit à une carte validée à chaque fois par un tampon.

ESCALADE Les monts de Gerecse au nord-ouest du pays raviront les amateurs d'escalade.

VTT 350 km de pistes de VTT sillonnent le massif de Bükk.

PARACHUTE Les parachutistes en tandem volent dans les nuages au-dessus de Budapest.

VOILE De nombreux bateaux sont disponibles à la location sur le Balaton.

LES MEILLEURS SPOTS

Notre sélection d'activités de plein air.

Canoë-kayak

1. Nagymaros (p. 185)
2. Visegrád (p. 185)
3. Dunasziget (p. 197)
4. Parc national Duna-Dráva
5. Lac Tisza (p. 284)
6. Szentendre (p. 178)
7. De Rajka à Mohacs (p. 41)

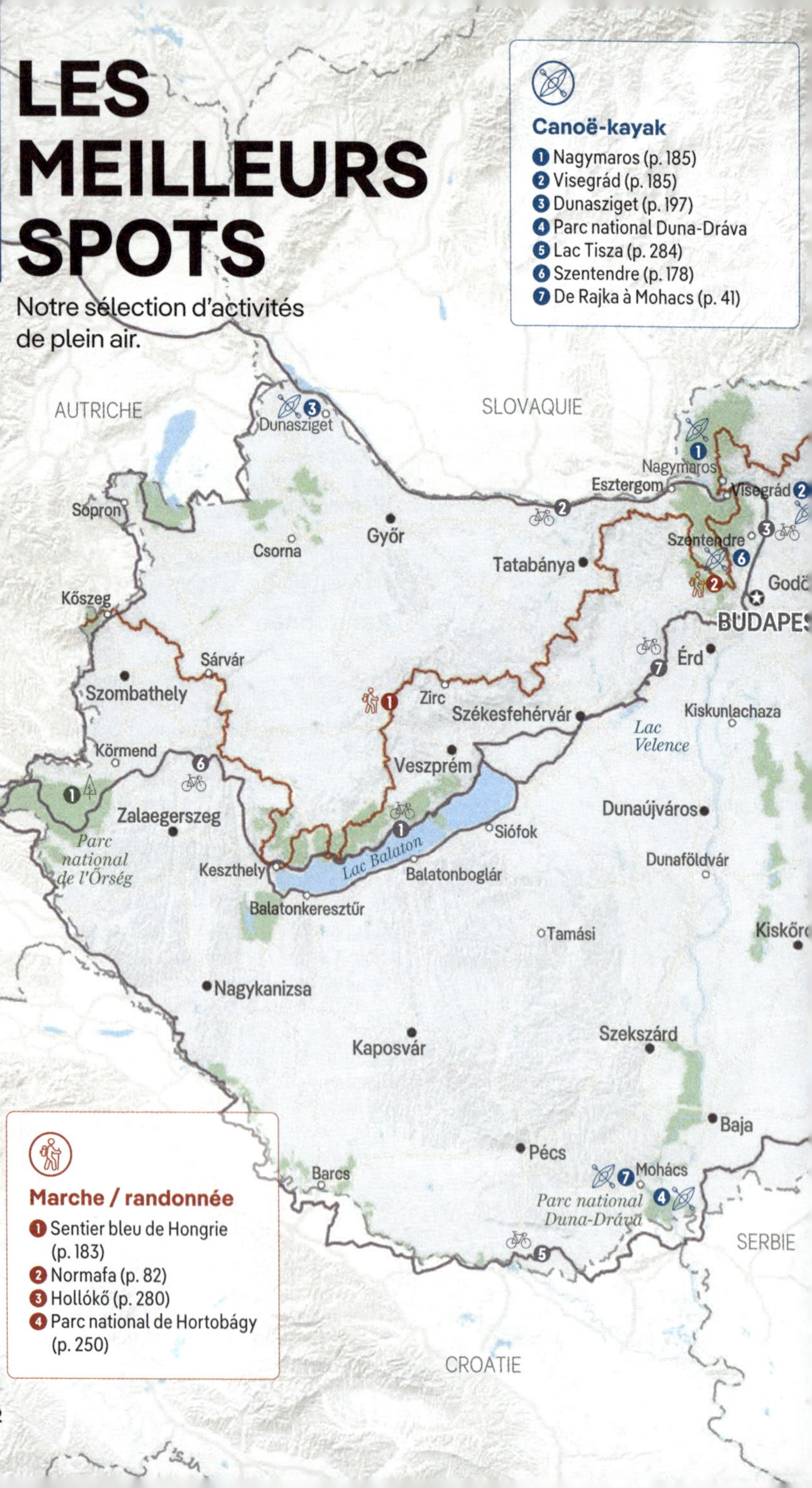

Marche / randonnée

1. Sentier bleu de Hongrie (p. 183)
2. Normafa (p. 82)
3. Hollókő (p. 280)
4. Parc national de Hortobágy (p. 250)

Parcs nationaux

1. Parc national de l'Őrség (p. 198)
2. Parc national de Bükk (p. 278)
3. Parc national de Hortobágy (p. 248)
4. Parc national de Kiskunság (p. 251)

Vélo

1. Piste cyclable du Balaton (p. 40)
2. Piste cyclable du Danube (p. 40)
3. EuroVelo 6 (p. 40)
4. EuroVelo 11
5. EuroVelo 13
6. EuroVelo 14
7. Piste cyclable BUBA

BUDAPEST ET LA HONGRIE

SUR LA ROUTE

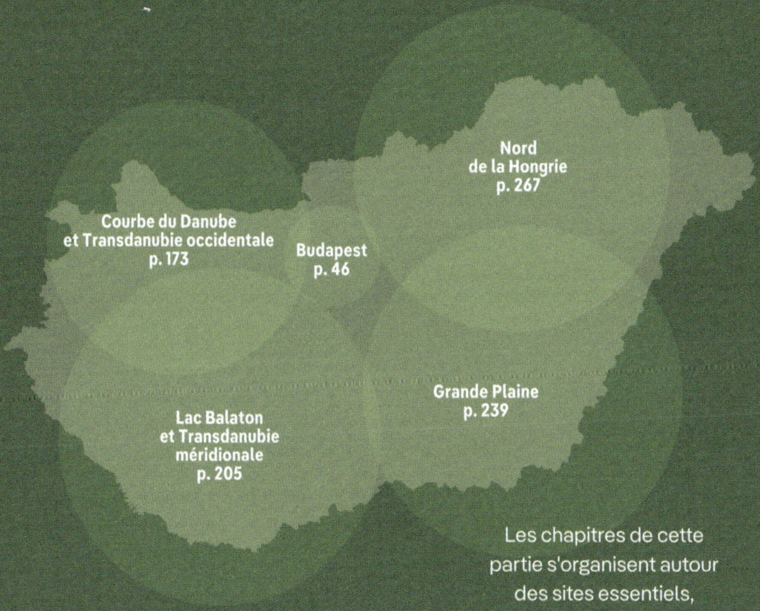

Les chapitres de cette partie s'organisent autour des sites essentiels, qui pourront vous servir de base pour partir à la découverte des environs. Vous y trouverez toutes nos recommandations, ainsi que des conseils d'habitants de la région pour vivre des expériences uniques.

La Grande Synagogue (p. 116)

YURY DMITRIENKO/SHUTTERSTOCK ©

BUDAPEST

BEAUTÉ, CULTURE RAFFINÉE, NUITS DÉBRIDÉES

À cheval sur un méandre du fleuve que borde, d'un côté, les collines de Buda, de l'autre, l'orée de la Grande Plaine, la "perle du Danube" éblouit par sa nature comme par son architecture.

À la beauté du cadre naturel, l'homme a ajouté tout son génie pour faire de la capitale hongroise un des joyaux d'Europe centrale. Le florilège des styles – baroque, néoclassique, éclectique et Art nouveau – régale toutes les sensibilités architecturales. Il flotte aussi toujours à Budapest l'atmosphère de la Mitteleuropa qui, fin XIXe siècle, a marqué l'âge d'or de la capitale. Rares sont les édifices sans histoire ! Céramiques vernissées Art nouveau, bas-reliefs néoclassiques, impacts de balles ou éclats d'obus laissés par la Seconde Guerre mondiale et le soulèvement de 1956 racontent les heurs et malheurs de Budapest.

Parcs constellés d'attractions, musées remplis de trésors, croisières récréatives sur le Danube, thermes de l'époque turque : de jour comme de nuit, la capitale hongroise séduit. La table y est excellente, abondante et peu ruineuse. La vie nocturne bat son plein jusqu'au petit jour, d'autant que Budapest est devenue, ces dernières années, la destination festive de la région. Cela est encore plus vrai par temps chaud, quand les fêtards se pressent dans d'éphémères bars lounge extérieurs, les *kertek* (littéralement "jardins").

Budapest commençait à peine à se remettre de la pandémie de Covid-19, lorsque l'invasion russe en Ukraine l'a placée face à de nouveaux défis à surmonter : l'inflation et la hausse des prix de l'énergie, qui touchent particulièrement les petits commerces. D'autres difficultés plus latentes perdurent : le crime organisé, la pollution, la mondialisation ou les graffitis défigurant son patrimoine architectural.

Les Hongrois ont beau "prendre leur plaisir avec tristesse", *sírva vigadni* selon l'expression consacrée, ils continuent de croquer la vie à pleines dents. Les clubs sont bondés le week-end, il y a souvent la queue aux bains Széchenyi et vous aurez bien du mal à trouver une table au café Ruszwurm, sur la colline du Château. Le long du Duna korzó côté Pest ou sur un pont sur le Danube, les jeunes couples s'embrassent passionnément. C'est là le romantisme de cette cité qui, malgré toutes les tentatives intérieures et extérieures pour la détruire, est toujours bien vivante.

QUARTIERS PRINCIPAUX

Page de gauche : bains Gellért (p. 67). Ci-dessus : funiculaire (p. 57)

ÚJPEST
Aquincum
AQUINCUM
Óbuda
et les collines de Buda
p. 76
ANGYALFÖLD
ÓBUDA
Île Marguerite
et nord de Pest
p. 109
Bois de la Ville
et ses environs
p. 138
RÓZSADOMB
Place des Héros
Le Parlement
et ses environs
p. 96
Erzsébetváros
et le quartier juif
p. 116
Quartier du Château
p. 52
Basilique Saint-Étienne
Palais royal
Grande Synagogue
Belváros
p. 86
Váci utca
Musée national
hongrois
Citadelle
Bains Gellért
Sud de Pest
p. 128
Mont Gellért
et Tabán
p. 65
SASAD
KELENFÖLD

S'orienter

On se repère facilement à Budapest. Le Danube trace une frontière claire entre l'est et l'ouest, entre Pest et Buda. Les transports publics sont sûrs, efficaces et économiques. Vous pouvez aussi vous déplacer à pied ou à vélo.

DEPUIS L'AÉROPORT

Des bus font la navette tous les jours, 24h/24, depuis/vers le centre de Pest (2 490 Ft ; arrêt : Deák Ferenc tér), mais ils peuvent être bondés aux heures de pointe. Les bus publics sont moins chers (1 500 Ft), mais plus lents et moins directs. Le taxi est le moyen le plus rapide pour circuler depuis/vers l'aéroport ; le prix de la course reste raisonnable (9 000 Ft).

MÉTRO ET TRAIN

Budapest possède 4 lignes de métro souterraines, avec code couleur, dont 3 convergent dans le centre à la station Deák Ferenc tér. Les métros circulent de 4h30 à 23h30 environ (ticket 350-530 Ft). Les trains de banlieue HÉV empruntent 5 lignes et sont utiles pour des destinations en dehors de la ville.

ZUGLÓ

Gödöllő (18 km)

BUS ET TRAM

Un vaste réseau de bus, avec plus de 270 lignes diurnes (de 4h15 à 21h-23h30) et nocturnes (de 23h30 à 4h), couvre l'agglomération de Budapest. Un "E" après le numéro indique un express aux arrêts moins nombreux. Les bus de nuit ont un numéro commençant par 9. Les trams (33 lignes) sont plus rapides et plus agréables que les bus pour profiter du paysage urbain.

À PIED ET À VÉLO

La marche à pied est l'un des meilleurs moyens pour explorer Budapest. Le réseau de pistes cyclables urbaines s'agrandit sans cesse, et les utilisateurs se multiplient. Le système public de vélos partagés Bubi (molbubi.hu ; 40 Ft/min) compte plus de 1 800 vélos et plus de 125 stations dans toute la ville.

N 0 — 2 km

Planifier son séjour

La journée d'un Hongrois commence par un café, noir (*fekete kávé*) ou au lait (*tejes kávé*). Faites-en autant et partez tonique et l'œil avisé à la découverte des richesses et surprises de Buda et de Pest.

ROBALITO/SHUTTERSTOCK ©

Bains Széchenyi (p. 141)

JOUR 1

Matin

- Gagnez les hauteurs du quartier du Château et profitez du point de vue depuis le **Palais royal** (p. 54). Plusieurs musées sont installés là-haut. Place aux beaux-arts à la **Galerie nationale hongroise** ou à l'histoire hongroise au **musée du Château**.

Après-midi

- Après un déjeuner au **Royal Guard Restaurant**, avisez le **funiculaire** (p. 57) pour redescendre à **Clark Ádám tér** (p. 59) où vous prendrez le tram 19 ou 41 pour enchaîner sur un bon moment de détente aux **bains Rudas** (p. 69).

Soir

- Selon votre humeur, dégustez un verre de vin au **Palack Borbár** (p. 74) ou allez plus au sud jusqu'au mythique **A38** (p. 72) pour un bon concert.

VOUS AIMEREZ AUSSI...

Après les grands classiques, place aux divers quartiers de Budapest : explorez les collines, participez à une soirée *táncház* et voyagez dans le temps jusqu'à l'époque romaine.

NAVIGUER SUR LE FLEUVE

Montez à bord d'un **RedJet** pour une balade à grande vitesse sur le Danube.

REVIVRE L'EMPIRE SOVIÉTIQUE

"Croisez" Lénine, Engels, Marx ou les travailleurs "émérites" du stakhanovisme au **Memento Park**.

DÉNICHER DES TRÉSORS

Chinez à **Ecseri Piac**, l'un des plus grands marchés aux puces d'Europe, où l'on déniche des pépites.

YAKIV KOROL/SHUTTERSTOCK ©, IRENA IRIS SZEWCZYK/SHUTTERSTOCK ©, SZB/SHUTTERSTOCK ©

JOUR 2

Matin

- Traversez le Danube et découvrez le meilleur de Pest en remontant le boulevard arboré **Andrássy út** (p. 116) jusqu'à la **place des Héros** (p. 138). Vous passerez devant le splendide **Opéra national hongrois** (p. 105) et le merveilleux **Művész Kávéház** (p. 118).

Après-midi

- À l'approche du **bois de la Ville** (p. 138), tranchez entre culture et loisirs. Dans la première option, visitez la **maison de la Terreur** (p. 118) et le **musée des Beaux-Arts** (p. 140). Dans la seconde, misez sur le **zoo de Budapest** (p. 151) et les **bains Széchenyi** (p. 141).

Soir

- Redescendez Andrássy út jusqu'au quartier d'Erzsébetváros pour y dîner et prendre un verre au trépidant **Havana** (p. 124).

JOUR 3

Matin

- Concentrez-vous sur deux emblèmes de la nation hongroise : la couronne de saint Étienne au **Parlement** (p. 96) et la dépouille du roi saint dans la **basilique Saint-Étienne** (p. 98).

Après-midi

- Après un déjeuner au **Dobrumba** (p. 106), explorez le quartier juif. Découvrez la **synagogue orthodoxe** (p. 119) et les 30 m conservés du **mur du ghetto** (p. 122). Gardez du temps pour visiter la **Grande Synagogue** (p. 116), son **Musée juif hongrois** et ses archives (p. 119).

Soir

- Rejoignez l'un des *kertek* (bars lounge en extérieur) le long de Kazinczy utca, dont le premier du genre fut **Szimpla Kert** (p. 124). Ou allez écouter de la musique *klezmer* (ashkénaze d'Europe de l'Est) au **Spinoza Café** (p. 124).

CROISER L'ÉPÉE

Remontez le temps dans l'**Aquincum** romaine et jouez au gladiateur avec les enfants.

DANSER

Rejoignez une *táncház* pour vous initier aux danses traditionnelles, au **centre culturel Aranytíz**.

PATINER

Glissez sur la plus grande patinoire extérieure d'Europe, dans le **bois de la Ville**, avec l'impressionnant château de Vajdahunyad en toile de fond.

GOÛTER LES SPÉCIALITÉS

Attablez-vous au **Ghettó Gulyás** et apprenez à distinguer le ***gulyás*** (soupe au bœuf) du ***pörkölt*** (goulasch).

QUARTIER DU CHÂTEAU

CŒUR HISTORIQUE

La densité, la qualité et l'intérêt de ses monuments font du quartier du Château la priorité touristique. Nul autre secteur de Budapest ne concentre autant de sites de premier plan sur une superficie aussi restreinte : le Palais royal, le bastion des Pêcheurs et l'église Mathias ne sont qu'à quelques pas les uns des autres.

Le quartier du Château englobe la colline du Château (Várhegy) et Víziváros ("ville d'eau"), au bord du fleuve. Inscrite au patrimoine mondial, la Budapest historique se concentre sur la colline sillonnée de tortueuses rues pavées entre splendides escaliers et musées de haute volée. Moins riche en monuments, Víziváros compense par de formidables tables et pubs, en particulier autour de Széll Kálmán tér, le centre de la Buda urbaine.

Lancé depuis dix ans, le programme national Hauszmann vise à rendre au quartier sa splendeur d'antan. La Galerie nationale hongroise, du moins une partie de ses collections, devrait emménager dans un édifice créé de toutes pièces au bois de la Ville.

Pour les infos pratiques, voir le Carnet d'adresses p. 154

À SAVOIR

On rejoint la colline du Château depuis Pest par le bus 16 sur Deák Ferenc tér. Monter avec le *sikló* (funiculaire) sur Clark Ádám tér est plaisant, comme avec l'escalator, les escaliers ou l'ascenseur depuis le parc Bazar du jardin du Château (Várkert Bazár). Sinon, grimpez l'escalier des Habsbourg depuis Clark Ádám tér.

Porte des Habsbourg

Porte des Habsbourg

ENTRÉE MONUMENTALE DU PALAIS ROYAL

Après une volée de rampes successives appelée l'escalier des Habsbourg (Király lépcső), l'arrivée au Château par la porte des Habsbourg (1903) est majestueuse. Sa double volée de marches mène à la vaste esplanade qui précède le Palais royal. Profitez de la montée côté Danube (à l'est) pour immortaliser Pest à vos pieds, sous le regard perçant du *turul* de bronze (1905) perché sur son piédestal toutes ailes déployées. Cet emblème des tribus magyares est devenu le blason historique de la Hongrie en souvenir de l'arrière-arrière-grand-père du roi Étienne, Árpád.

Palais Sándor

SIÈGE DU POUVOIR HONGROIS

Dans l'ombre du bien plus prestigieux Palais royal, sur Szent György tér, l'austère palais Sándor est le bureau officiel et la résidence du président de Hongrie. Construit en 1806 dans le style néoclassique, l'édifice n'est ouvert au public qu'occasionnellement. Devant l'entrée principale, a lieu toutes les heures de 9h à 17h une courte **relève de la garde**. À midi, sa chorégraphie est un peu plus élaborée et en musique.

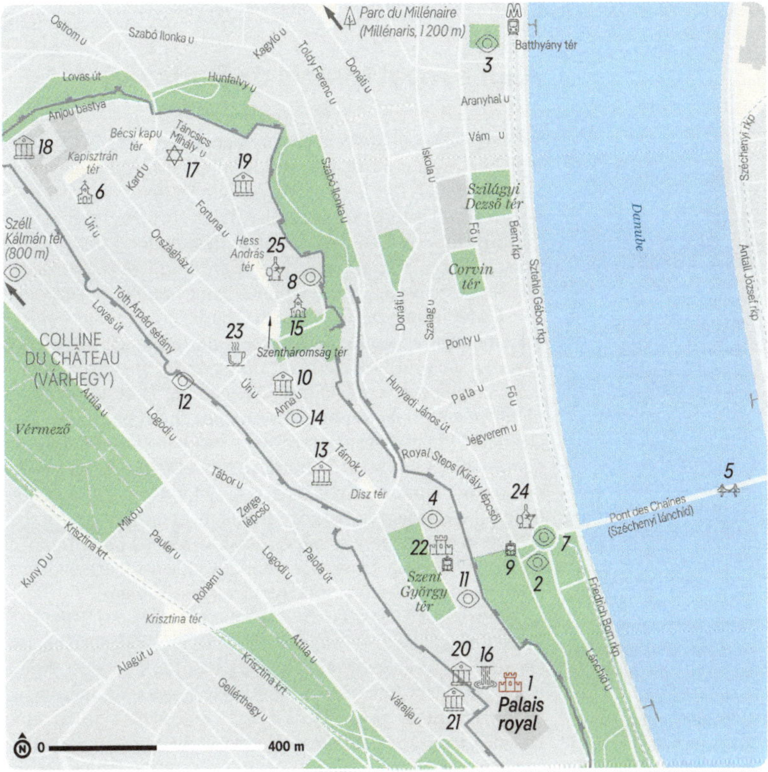

INCONTOURNABLE
1 Palais royal

VOIR
2 Pierre du Km 0
3 Batthyány tér
4 Monastère des Carmélites
5 Pont des Chaînes
6 Église Marie-Madeleine
7 Clark Ádám tér
8 Bastion des Pêcheurs
9 Funiculaire
10 Pharmacie de l'Aigle d'or
11 Porte des Habsbourg
12 Hôpital souterrain
13 Maison de Houdini
14 Labyrinthe
15 Église Mathias
16 Fontaine Mathias
17 Synagogue médiévale
18 Musée d'Histoire militaire
19 Musée d'Histoire de la musique
20 Corps de garde royal
21 Manège royal
22 Palais Sándor

SE RESTAURER
23 Ruszwurm

PRENDRE UN VERRE ET FAIRE LA FÊTE
24 Leo Budapest
25 White Raven

Monastère des Carmélites

BUREAU DU PREMIER MINISTRE

Jouxtant le palais Sándor, cet ancien monastère carmélite fut édifié dans un style baroque tardif à la fin de l'occupation turque (1736), sur l'emplacement de l'ancien palais du pacha. Suite à la dissolution de l'ordre, l'empereur Joseph II a converti l'édifice en salle de spectacle. Ainsi, est né en 1786 le premier théâtre de Buda. Quatre ans plus tard, Beethoven y était accueilli pour un concert grandiose. Au cours du XIXe siècle, l'édifice fit l'objet de nombreuses reconstructions. Siège de plusieurs institutions culturelles après-guerre, le monastère carmélite accueille depuis 2019 le cabinet du Premier ministre de Hongrie. On accède à la salle de spectacle les jours de concerts.

Palais royal (palais de Budavár)

DU CHÂTEAU DES ROIS AU PALAIS DES ARTS

Trônant majestueusement au sommet de la colline du Château, le Palais royal est l'un des sites les plus emblématiques de la ville. Bâti mi-XIIIe siècle, lorsque Béla IV déplaça la capitale hongroise d'Esztergom à Buda, le palais a été rasé et reconstruit maintes fois en 7 siècles. Il abrite désormais 3 institutions prestigieuses : la Galerie nationale hongroise, le musée d'Histoire de Budapest et la Bibliothèque nationale Széchényi.

La **Galerie nationale** (Nemzeti Galéria) présente sur 4 étages un panorama exceptionnel de l'art hongrois du XIe siècle à nos jours. La sculpture sur pierre du Moyen Âge et de la Renaissance y est largement représentée, tout comme la statuaire et la peinture gothiques sur bois, les retables de la fin de la période gothique, la Renaissance tardive et l'art baroque, ainsi que la peinture et la sculpture hongroises des XIXe et XXe siècles. La perspective d'une nouvelle Galerie nationale construite au bois de la Ville envisage un large redéploiement de cette admirable collection commencée au milieu du XIXe siècle et réunie en 1975 sur ce site unique. La distribution des salles et leur ouverture pourraient donc en être affectées progressivement.

Le **musée d'Histoire de Budapest** (Budapesti Történeti Múzeum) explore 2 000 ans d'histoire tumultueuse, sur 3 étages. On accède aux salles restaurées du palais du XVe siècle depuis celles, voûtées, du sous-sol, dont l'une possède un incroyable encadrement de porte Renaissance aux armes de la reine Béatrice, menant à des salles gothiques et Renaissance, au cellier royal et à la chapelle, voûtée, de la tour (1320) dédiée à saint Étienne. Le rez-de-chaussée présente la Budapest médiévale. Au 1er étage, *1 000 ans d'une capitale* retrace, au fil de 10 sections multimédias, l'histoire de la ville depuis l'arrivée des Magyars.

La **Bibliothèque nationale Széchényi** (Országos Széchenyi Könyvtár), fondée en 1802 par le comte Ferenc Széchenyi, conserve des codex et des manuscrits, des journaux étrangers et un exemplaire de tout ce qui se publie en Hongrie et en hongrois.

VIN AVEC VUE

Chaque année en septembre, le Palais royal sert de cadre sublime au Festival du vin de Budapest, l'un des plus raffinés de Hongrie. Les kiosques en bois se succèdent, offrant à la dégustation les meilleurs rouges, blancs et pétillants de diverses régions hongroises, mais aussi de nombreux crus étrangers. Une large palette de spécialités gastronomiques accompagne les agapes et nombre de programmations, ateliers sur le thème du vin et concerts prennent place dans ce cadre somptueux.

Palais royal

MISTERVLAD/STOCK.ADOBE.COM ©

Église Mathias

DENTELLES DU GOTHIQUE

Veillant de haut sur Szentháromság tér, cet ouvrage néogothique accroche de loin le regard par la richesse de son décor : sculptures, bas-reliefs et tuiles vernissées polychromes conformes à la coutume médiévale.

Les historiens affirment qu'un lieu de culte existait ici depuis 1015. Au XIIIe siècle, le roi Béla IV remplaça l'édifice par une imposante basilique à trois nefs, plusieurs fois remaniée ensuite, notamment sous le roi Mathias qui s'y maria deux fois et fit ajouter la tour sud. C'est ainsi que l'initiale Notre-Dame-de-l'Assomption est devenue l'église Mathias au XIXe siècle. Après son couronnement ici même avec Sissi en 1867, l'empereur François-Joseph chargea Frigyes Schulek de restituer le joyau gothique initial. Des travaux qui durèrent 20 ans et plus.

Pour apprécier la profusion picturale du décor intérieur de style néo-médiéval, assistez à l'un des concerts de musique classique dont l'orgue est la star incontestée. Avec une pensée pour Liszt qui dirigea ici sa *Messe du couronnement hongrois* créée à la demande de François-Joseph.

Église Mathias

Bastion des Pêcheurs

LE MEILLEUR POINT DE VUE DU QUARTIER

Cet édifice néogothique de 140 m de long, d'un blanc étincelant, offre l'un des meilleurs points de vue sur Pest. C'est un pastiche historique imaginé en 1905 par Frigyes Schulek en prolongement de l'église Mathias. Cette vaste terrasse panoramique aux airs de bastion médiéval rappelle que la corporation des pêcheurs avait alors la charge de défendre ce tronçon des remparts de l'ancien château. Les sept tourelles coiffées d'un cône représentent les sept tribus magyares qui s'installèrent dans cette partie du bassin des Carpates à la fin du IXe siècle. N'oubliez pas votre appareil photo : il n'y a pas meilleur angle de vue dans le quartier du Château.

Bastion des Pêcheurs

Manège royal

Manège royal

NOUVELLE DESTINÉE

Derrière le Corps de garde royal, l'escalier Stöckl, de style néo-Renaissance lui aussi restitué, relie le jardin du Château au manège royal et au jardin Csikós. Démoli en 1950, le manège néobaroque reconstruit à l'identique est cette élégante halle à larges baies qui accueille désormais non plus des chevaux, mais des événements divers. Le manège original de 1901 a servi à la famille royale jusqu'en 1938, avant de céder la place à l'École espagnole d'équitation. Outre ses fenêtres, on remarquera l'élégante charpente en bois.

Corps de garde royal

RESTITUTION DES MONUMENTS

À quelques pas du Palais royal, l'édifice néo-Renaissance du Corps de garde royal (palais Főőrség) avait été démoli sous le régime communiste. Il a été reconstruit avec ses immenses colonnes ioniques, ses trophées, armes et statues. Un joli café-restaurant occupe le rez-de-chaussée pour prendre le thé sous le regard des gardes valeureux aux moustaches bien taillées, car des dizaines de photos d'archives couvrent les murs du sol au plafond. À l'étage, une exposition résume les 260 ans d'histoire des gardes du château, en commençant par la fondation de la Garde du corps nobiliaire hongroise en 1760. Ne manquez pas les uniformes.

Fontaine Mathias

EN HAUT : KRISZTIAN TEFNER/SHUTTERSTOCK ©, EN BAS : AGSAZ/SHUTTERSTOCK ©

Fontaine Mathias

LA TREVI HONGROISE

La fontaine Mathias se trouve dans la cour Hunyadi, à côté de la Galerie nationale hongroise. Dessinée en 1904 par l'éminent sculpteur Alajos Stróbl, elle a été totalement refaite en 2020 avec l'aide de son petit-fils, Mátyás Stróbl. Le personnage central représente l'un des monarques hongrois les plus populaires, le roi Mathias Corvin (dit le Juste), en tenue de chasse. À sa droite, on reconnaît Szép Ilona (la Belle Hélène) qui, dans le célèbre poème de Mihály Vörösmarty, tombe amoureuse d'un jeune et fringant chasseur – le roi déguisé. En apprenant son identité, elle meurt le cœur brisé, ne s'estimant pas digne de lui. Sous la fontaine, la crypte familiale des Habsbourg est accessible depuis la Galerie nationale hongroise, dans le cadre d'un circuit guidé.

Le Sikló

À L'ASSAUT DU CHÂTEAU

Inscrit au patrimoine mondial de l'Unesco, le funiculaire (*sikló*) est l'une des attractions les plus populaires de Budapest. Son parcours escarpé de 95 m de long est un moyen rapide et pratique de gagner le Palais royal depuis les rives de Danube ; il grimpe à la vitesse de 1,50 m par seconde et offre de splendides points de vue. À son inauguration en 1870, ce fut le deuxième créé au monde, 8 ans après la fameuse "ficelle" de Lyon. À l'époque, il fonctionnait avec un moteur à vapeur.

En 1944, en pleine guerre, il fut gravement endommagé. Malgré plusieurs propositions pour des rénovations, il ne fut pas rouvert au public avant 1986. Pour marquer son 150e anniversaire en 2020, tous les rails ont été remplacés et les deux petits wagons, nommés Margit et Gellért, ont été assortis de revêtements en bois à l'aspect vintage. Depuis 1986, Gellért et Margit ont transporté entre 500 000 et un million de passagers par an sur la colline du Château.

Les personnes arrivant à la station supérieure de Szent György tér accèdent au Palais royal via la monumentale porte des Habsbourg, sous l'œil acéré de l'emblématique *turul*.

Wagons du funiculaire

IGOR DYMOV/SHUTTERSTOCK ©

LA LÉGENDE DU TURUL

Pareil à un faucon, le mythique *turul* est le symbole national de la Hongrie. Il apparaît pour la première fois dans le "Rêve d'Emese", une légende du IXe siècle. Selon la mythologie hongroise, Emese, alors enceinte, vit le *turul* dans un rêve : l'oiseau lui révéla qu'elle allait donner naissance à une lignée de puissants dirigeants. Son fils Álmos devint l'un des sept chefs magyars qui menèrent leurs tribus jusqu'au bassin des Carpates. C'est son petit-fils Árpád, devenu le souverain de toutes les tribus magyares, qui est le fondateur de la dynastie des Árpád. À l'aube de l'an mille, l'arrière-arrière-petit-fils sera couronné comme premier roi chrétien de Hongrie.

EN HAUT : IMAGEBROKER/ALAMY STOCK PHOTO©, EN BAS : KEITH LEVIT/ALAMY STOCK PHOTO ©

Ruszwurm

Synagogue médiévale

VESTIGE DU PASSÉ

Ignorée jusqu'à sa découverte en 1964, la synagogue médiévale est redevenue un lieu de culte en 2018. Elle se double d'une salle d'exposition en hommage à la population juive du quartier du Château. À l'intérieur, deux fragments de fresques représentent, l'un, l'étoile de David, l'autre un arc et une flèche, gravée d'une ligne de la prière de Hannah, tirée du livre de Samuel. Fermée le lundi et le samedi.

Ruszwurm

PÂTISSERIE HISTORIQUE

La plus ancienne pâtisserie encore en activité de la ville est dans le quartier du Château. Aménagé dans une maison de ville de 1827 à la façade vert d'eau, cet établissement géré en famille est idéal pour une pause gourmande. Pénétrer à l'intérieur de cette boutique minuscule et douillette s'apparente à un voyage dans la Buda du XIXe siècle. On salive face aux gâteaux alléchants à l'abri des comptoirs vitrines en cerisier incrusté d'acajou. Les tables sont très convoitées, mais vous ne le regretterez pas. Goûtez les meilleurs *krémes* de la capitale – une sorte de gâteau à la crème vanillée. Délicieux !

Synagogue médiévale

Tour Marie-Madeleine

UNE FLÈCHE GOTHIQUE DEVENUE POINT DE VUE

Sous occupation ottomane, Budapest n'eut plus qu'un seul lieu de culte chrétien, l'**église Marie-Madeleine** (XIIIe siècle), située sur Kapisztrán tér. Utilisée par les catholiques comme les protestants, elle fut plus tard transformée en mosquée. Très abîmée par la Seconde Guerre mondiale, elle fut intégralement rasée sous le régime communiste, sauf son clocher ! Largement restaurée, cette flèche de style gothique sert désormais de tour d'observation. Il suffit de grimper 170 marches pour bénéficier d'un point de vue imprenable sur la ville. Toutes les heures, ses 24 cloches en bronze jouent leur mélodie. La foudre y a fait de gros dégâts en 2020 et une collecte de fonds est en cours pour effectuer les réparations.

Tunnel du château de Buda

Clark Ádám tér et tunnel du château de Buda

PRENDRE SES MARQUES

Le rond-point fleuri sur Clark Ádám tér correspond à la station inférieure du funiculaire et au début du quartier de Víziváros. Elle porte le nom de l'ingénieur écossais Adam Clark (1811-1866) qui supervisa la construction du pont des Chaînes Széchenyi et conçut également l'*alagút* (tunnel) voisin du départ du funiculaire. Huit mois suffirent à son creusement en 1853 dans le calcaire de la colline du Château. La légende locale veut que, par temps de pluie, les vénérables lions du pont des Chaînes trouvent abri sous le tunnel ! L'arc brisé qui en dessine l'entrée est entouré de deux puissantes colonnes doriques encadrant 3 étages de fenêtres, celles de l'appartement où vécut le gardien du pont. Évitez d'emprunter le tunnel à pied en raison de la concentration des gaz d'échappement. Passez plutôt au-dessus pour profiter du point de vue sur le fleuve et la ville.

De Clark Ádám tér, vous pouvez monter à la colline du Château par le funiculaire, grimper par l'escalier des Habsbourg jusqu'à la porte du même nom, ou avancer dans Víziváros pour atteindre Batthyány tér ou Széll Kálmán tér en quelques minutes.

Pierre du Km 0

TOUTES LES ROUTES MÈNENT À BUDAPEST

Nichée à l'écart sur Clark Ádám tér, la pierre du Km 0 est un monument de 1975. Ni sa forme ni son nom ne prête à confusion : cette sculpture de 3 m de haut marque le point zéro des grandes routes de Hongrie. Il s'agit des routes à un chiffre (sauf la Route 1) et les Routes 10, 11, 31 et 50. À l'avenir, quand vous roulerez en Hongrie et verrez un panneau indiquant la distance avec Budapest, vous connaîtrez le point de référence. Quelques exemples de distances inscrites au sol vous aideront à planifier votre prochain voyage.

Pierre du Km 0

Pont des Chaînes

ICONIQUE

Proprement féerique lorsque l'illumination nocturne souligne les câbles de suspension, le pont des Chaînes (Széchenyi lánchíd) est l'un des plus beaux de Budapest. Premier pont permanent entre Buda et Pest, il fut construit entre 1840 et 1849. Il doit son nom de Széchenyi au comte István Széchenyi, brillant ingénieur, économiste et précurseur classé parmi les héros de Hongrie. Face à l'impossibilité de traverser le Danube bloqué par les glaces, le comte ne put se rendre aux funérailles de son père l'hiver 1820. D'où l'idée d'un pont.

Ce fut le projet de William Tierney Clark (à qui l'on doit un pont suspendu similaire à Marlow, près de Londres) qui fut retenu et sa construction fut dirigée par l'ingénieur écossais Adam Clark. Cet ouvrage d'art, construit à l'époque où Budapest commençait à sortir de l'ombre de Vienne et à s'établir en tant que métropole à part entière, symbolise le développement de la ville et le lien entre l'est et l'ouest. En le traversant, notez que jusqu'en 1918 tout un chacun, riches comme pauvres, nobles comme roturiers, devaient s'acquitter du péage pour franchir le Danube à sec.

DANS LA GUEULE DES LIONS

Chéris de tous, les lions sculptés du pont des Chaînes sont les protagonistes de nombreuses légendes urbaines. La plus cruelle est celle qui concerne la langue des lions : selon un jeune aide du sculpteur, les fauves du pont n'en auraient pas, ce qui désespéra leur créateur, lequel, fier de ses félidés sculptés, se jeta de dépit dans le Danube. L'histoire est peu crédible, mais la polémique a été entretenue pendant des décennies. Et bon nombre de curieux jettent toujours un œil dans la gueule des lions dans l'espoir de trancher la question.

Pont des Chaînes

DZIEWUL/SHUTTERSTOCK ©

Millenáris

ESPACE ÉVÉNEMENTIEL PAR EXCELLENCE

Rythmé par des fontaines, des étangs, des ponts, une aire de jeux, un théâtre, une galerie... cet ancien terrain industriel est, depuis 2001, un vaste espace événementiel en extérieur : le parc du Millénaire. Tout événement ou festival majeur organisé dans le quartier du Château se tient au Palais royal ou dans ce parc. C'est le cas de l'Art Market Budapest (plus grande foire d'art contemporain d'Europe de l'Est), du Festival international du livre ou des festivités du Nouvel An chinois. Le Millenáris accueille aussi le Théâtre national de la danse et le centre commercial Mammut est à deux pas.

Parc du Millénaire (Millenáris)

Parlement

Batthyány tér

POINT DE VUE RÊVÉ SUR LE PARLEMENT

Cette place est le centre de Víziváros et le meilleur endroit pour photographier le majestueux édifice du Parlement, juste en face sur la rive gauche du fleuve. Côté transports, la place est à la croisée des chemins : on peut y prendre le métro M2 pour Pest ou Széll Kálmán tér, ou monter dans un train de banlieue HÉV (ligne H5) pour rejoindre Szentendre, la cité des artistes, en passant par Óbuda. La place accueille un vaste marché couvert débordant de produits frais et colorés, ainsi que l'une des plus jolies églises baroques de Budapest, l'église Sainte-Anne (XVIIIe siècle) avec ses tours jumelles.

Széll Kálmán tér

CENTRE NÉVRALGIQUE DE LA BUDA URBAINE

Cette place animée est le centre de Buda et le carrefour des transports par excellence. Elle donne aussi accès aux collines de Buda. Ici, on peut prendre les lignes de tram 4 et 6, très utiles, qui longent la totalité des grands boulevards extérieurs de Pest et regagnent le sud de Buda, ou le métro M2 jusqu'à Pest. De là partent différents bus pour la colline du Château et les collines de Buda. S'il y a peu de sites touristiques, les restaurants, échoppes de cuisine de rue, bars et boutiques abondent. Par beau temps, suivez Várfok utca jusqu'à la porte de Vienne (20 min à pied), entrée médiévale de la vieille ville reconstruite en 1936 pour le 250e anniversaire de la reconquête du château sur les Turcs.

BELLES STATUES DU QUARTIER DU CHÂTEAU

Eugène de Savoie (terrasse de Savoie)
Sublime statue équestre que celle du prince vainqueur des derniers Turcs à Zenta (Serbie, 1697).

Saint Étienne (Szentháromság tér)
Entre l'église Mathias et le bastion des Pêcheurs, le premier roi de la Hongrie chevauche fièrement. Sur le socle, les bas-reliefs décrivent des scènes de son règne : couronnement, rédaction des lois...

Comte Andras Hadik
Pour les étudiants hongrois, toucher les bijoux de famille de l'étalon du hussard porte chance aux examens. La statue se dresse au croisement d'Úri utca et de Szentháromság utca.

Colonne de la Trinité (Szentháromság tér)
Sur un des trois bas-reliefs de cette colonne de peste baroque, le roi David prie pour la fin de l'épidémie.

BALONCICI/SHUTTERSTOCK ©

Maison de Houdini

À VOIR AUSSI DANS LE QUARTIER DU CHÂTEAU

Tout un monde souterrain

LES DESSOUS DU CHÂTEAU

Sous terre, se cachent des lieux figés dans le temps. Il est donc palpitant de plonger ainsi dans le passé en déambulant sous les ruelles pavées de la colline du Château.

À un jet de pierre de l'église Mathias, l'**hôpital souterrain** (Sziklakórház) est un véritable hôpital qui fut transformé en un abri antinucléaire gardé secret pendant des décennies. Il a fallu attendre 2002 pour que le site soit déclassé par le gouvernement. Utilisé pour soigner les blessés pendant la Seconde Guerre mondiale et l'insurrection de 1956, le lieu est aujourd'hui un dédale de salles d'hôpital pleines de mystères et d'histoires jamais racontées, avec en prime 200 personnages en cire grandeur nature, du mobilier hospitalier et du matériel médical des années 1940 et 1950. La visite guidée (1 heure) donne accès à l'abri antinucléaire de la guerre froide (départ toutes les heures de 10h à 18h).

À quelques pas, le **Labyrinthe** (Budavári Labirintus) constitue un parcours de 1,2 km à travers 5 différents labyrinthes dans

OÙ LOGER DANS LE QUARTIER DU CHÂTEAU

Baltazár Boutique Hotel
Géré en famille, un boutique-hôtel au mobilier vintage et à la thématique unique dans chaque chambre. **€€**

Lánchíd 19 Design Hotel
Les baies vitrées offrent un panorama parfait sur le Danube et le Palais royal. **€€**

Hilton Hotel
Si l'architecture du bâtiment est controversée, le point de vue est imbattable. **€€€**

des grottes utilisées depuis la préhistoire. Autant d'ambiances fantomatiques et légendaires : rochers centenaires, ruines médiévales, peintures rupestres (reproductions), cercueils, célèbres personnages d'opéras, histoire de Dracula et un tronçon plongé dans le noir, où vous devrez vous laisser guider par vos sens et une musique mystérieuse pour vous orienter. Si vous l'osez, participez à la visite guidée nocturne (tous les soirs à 18h), seulement éclairé par une lampe à huile.

Une journée musée

UN PEU D'ORIGINALITÉ

Outre les grands trésors que sont la Galerie nationale hongroise et le musée d'Histoire de Budapest, la colline du Château héberge de plus modestes institutions muséales qui ne manquent pas d'intérêt, voire de piquant. Située entre le Palais royal et le bastion des Pêcheurs, la **maison de Houdini** met à l'honneur le célèbre illusionniste et prince de l'évasion né à Budapest en 1874. Pénétrez dans le musée après avoir résolu un puzzle ludique et plongez dans ce monde d'illusions à travers lettres, menottes centenaires... La visite se termine par un petit spectacle de magie.

Non loin, en direction du bastion des Pêcheurs, la **pharmacie de l'Aigle d'or** est un curieux petit musée où a été reconstitué le laboratoire d'un alchimiste, assorti de ses chauves-souris et autres petits crocodiles en bocal parmi une foule d'herbes diverses. C'est à cet endroit qu'ouvrit en 1681 la première pharmacie de Budapest, restée en activité jusqu'à la Première Guerre mondiale. Passé le bastion des Pêcheurs, dans Táncsics Mihály utca, le modeste **musée d'Histoire de la musique** a néanmoins beaucoup à offrir. Vous découvrirez le développement de la musique en Hongrie du XVIIIe siècle à nos jours à travers instruments, rouleaux perforés pour piano mécanique et diverses œuvres d'art.

La visite du **musée d'Histoire militaire**, sur Kapisztrán tér, débute avant même l'entrée gardée par des canons, puisque les murs portent encore les impacts des boulets de la révolution de 1848-1849. Les collections décrivent l'histoire militaire de la Hongrie, de l'époque médiévale à nos jours.

Haut les verres !

BARS PANORAMIQUES

Quoi de plus plaisant que d'embrasser du regard les plus grands monuments de Budapest en sirotant un verre ? Perché au 8e étage de l'Hotel Clark sur Clark Ádám tér, le bar **Leo Budapest** honore les fauves bien-aimés du pont des Chaînes.

BONNES TABLES DU QUARTIER DU CHÂTEAU

21 Magyar Vendéglő
Des plats hongrois comme à la maison avec une touche moderne. Impressionnant choix de vins locaux. €€

Arany Kaviár
Luxe, prestige, cuisine russe, caviar et plats de poisson hongrois. €€€

Jamie's Italian
Une atmosphère décontractée qui n'exclut pas un service très professionnel. Qualité garantie et de succulents plats italiens. €€

Pavillon de Paris
Cuisine française imaginative et service irréprochable. En été, vous serez servi dans le charmant jardin. €€

Stand25
Des plats traditionnels hongrois comme le goulasch et le gratin de pommes de terre, par le lauréat du Bocuse d'Or, Tamás Széll. €€

Hotel Clark
Un établissement placé sous le signe de la détente, juste au pied du pont des Chaînes. Adultes exclusivement. €€€

Hotel Victoria
Ce petit boutique-hôtel jouit d'une vue privilégiée sur le Parlement. Il est voisin d'une salle de concerts historique. €€

Pest Buda Hotel
Son mélange d'éléments rétro et modernes fait tout le charme de ce boutique-hôtel, au service excellent. €€

VOYAGE DANS LE PASSÉ

En vous promenant dans les rues historiques du quartier du Château, vous vous demanderez peut-être à quoi ressemblaient autrefois toutes ces résidences nobiliaires. Au **palais De La Motte Beer** (De la Motte-Beer-Palota), vous pourrez vous en faire une idée. Voisine du Korona Café dans Dísz tér, la simple façade jaune ne laisse pas supposer le décor exceptionnel de cette demeure patricienne du XVIIIe siècle qui a conservé à l'intérieur toute sa splendeur baroque : une jolie cour avec une loggia à arcades, une porte baroque et un salon décoré de lustres et de mobilier d'époque. Toutefois, ses éléments les plus précieux sont ses murs peints au XVIIIe siècle (presque 250 m²), révélés en 1962 sous 15 couches de peinture !

ZGPHOTOGRAPHY/SHUTTERSTOCK ©

Quartier du Château

De ce rooftop, on a une vue privilégiée sur le pont, le fleuve et le Palais royal. Complétez l'expérience avec un cocktail raffiné et quelques mets savoureux, dans une atmosphère de jungle urbaine. Les places sont très courues quand le soleil est de la partie.

Autre toit-terrasse, le **White Raven** coiffe l'hôtel Hilton : le panorama vous laissera bouche bée. Vous pourrez contempler quasiment tout Budapest, y compris les belles tuiles colorées de l'église Mathias – avec un angle de vue que vous ne trouverez nulle part ailleurs. Les cocktails de la maison portent des noms d'oiseaux, et plus précisément de corbeaux (*ravens* en anglais). Un hommage au roi Mathias dit Corvin (du latin *corvus*, "corbeau") en raison de son blason. Et aussi une allusion aux corbeaux à plumes blanches (*white raven*) liés aux idées de connaissance et de renouvellement. Des en-cas à base d'ingrédients frais et locaux sont proposés à la carte.

OÙ FAIRE DU SHOPPING DANS LE QUARTIER DU CHÂTEAU

Bortársaság
Pour du vin hongrois, gagnez la plus grande boutique à côté du pont des Chaînes. Le personnel donne d'excellents conseils.

Marché de Fény Utca
Envie de produits frais, locaux et bio ? Cet immense marché couvert abrite une foule d'étals.

Herend Shop
Les délicates pièces en porcelaine de Herend sont célèbres dans le monde entier.

MONT GELLÉRT ET TABÁN

BERGES VERDOYANTES ET THERMES

Les bras levés, une large palme entre les mains, la statue de la Liberté dressée au sommet du mont Gellért est l'un des repères clés de Budapest. Tout là-haut, la vue sur Buda, la ligne d'horizon de Pest et le méandre du Danube est inégalable. En contrebas, Szent Gellért tér joue le rôle de plaque tournante.

Tabán, le quartier vallonné qui s'étend entre le mont Gellért et la colline du Château, était au début du XXe siècle le Montmartre de Budapest. Rasées dans les années 1930 suite à un incendie, les petites maisons et les guinguettes de ses rues tortueuses ont fait place à un parc de verdure. En dépit de mille et un projets grandioses de modernisation, rien n'a été fait et l'atmosphère villageoise a totalement disparu. Sur le versant sud du mont Gellért, Bartók Béla út et son côté branché apportent une touche d'effervescence dans le calme de Buda.

Pour les infos pratiques, voir le Carnet d'adresses p. 155

À SAVOIR

La station de la ligne M4 Szent Gellért tér est ravissante, avec ses entrecroisements de béton, sa voûte animée de mosaïque multicolore et ses sièges ajourés en métal blanc évoquant la structure d'un atome.

Point de vue depuis le mont Gellért

Mont Gellért

UNE VUE IMPRENABLE POUR RÉCOMPENSE

Le mont Gellért est visible de partout ou presque à Budapest. Si le secteur est touristique, de nombreux habitants viennent aussi s'y promener le week-end après le déjeuner. Malgré tout ce passage, le sommet n'est jamais bondé. Les lève-tôt aviseront de grimper là-haut avant l'aube pour un lever de soleil mémorable.

Partant rive droite du pont Élisabeth (le plus en amont), allez jusqu'au monument de Saint Gellért. Il existe aussi un trajet moins abrupt mais légèrement plus long si l'on part du pont de la Liberté. En chemin, vous pourrez faire des pauses pour vous reposer et prendre des photos. Il y a également des aires de jeux et des toboggans pour les enfants.

MONT GELLÉRT ET TABÁN

INCONTOURNABLES
1 Citadelle
2 Bains Gellért

VOIR
3 Boulevard Bartók Béla
4 "Lac sans fond"
5 Bazar du jardin du Château
6 Chapelle de la Grotte
7 Pont Élisabeth
8 Jardin des Philosophes
9 Mont Gellért
10 Pont de la Liberté
11 Musée Semmelweis d'histoire médicale
12 Monument de Saint Gellért

ACTIVITÉS
13 Bains Rudas

SE RESTAURER
14 Czakó Kert

Bains Gellért

BIENFAITS DES EAUX, BEAUTÉ DES THERMES

Véritable chef-d'œuvre de l'architecture Art nouveau, les bains Gellért (Gellért gyógyfürdő, 1912-1918), au pied du mont du même nom, figurent incontestablement parmi les plus remarquables de Budapest. À l'intérieur, les nuances de bleu et de turquoise se juxtaposent ou se mêlent, dans les bassins comme aux murs, entre vitraux, mosaïques colorées, carreaux de faïence Zsolnay et élégantes sculptures. Dans ce cadre fabuleux, un bain dans ces eaux chaudes, qui proviennent du plus profond du mont Gellért, donne l'impression d'un rituel royal. Les bains sont à une température de 35 à 40°C, et il y a une piscine plus fraîche pour faire des longueurs. À l'extérieur, une piscine à vagues divertit les baigneurs de tous âges en été.

Autres services proposés : massages médicaux, sauna, cabine à vapeur et fontaines d'eau thermale. La richesse en sodium, calcium et magnésium entre autres sels minéraux soigne des affections diverses : mauvaise circulation, douleurs vertébrales, maladies dégénératives et douleurs articulaires. Les bains Gellért sont mixtes toute la semaine et accessibles aux voyageurs à mobilité réduite.

Bains Gellért

Citadelle et monument à la Liberté

DE LA RÉPRESSION À LA LIBERTÉ

Au sommet du mont Gellért, la citadelle et le monument à la Liberté sont des symboles emblématiques de Budapest. Cette citadelle a une particularité : elle n'a pas été construite dans un but défensif ! Elle fut érigée après la révolution de 1848-1849 par laquelle la Hongrie avait tenté de se libérer du joug des Habsbourg. L'empereur François-Joseph souhaitant ainsi décourager toute nouvelle tentative d'insurrection hongroise, les canons des meurtrières étaient pointés vers la ville elle-même.

Il en va désormais autrement et cette citadelle est plus aujourd'hui synonyme de liberté que de répression aux yeux des Hongrois, surtout depuis 1947, date à laquelle a été inauguré le monument à la Liberté (Szabadság-szobor) en souvenir de la libération de Budapest par l'Armée rouge. Chapeautant la forteresse, une femme fière, allégorie de la Liberté, surveille Budapest avec dans les mains le symbole de la paix, une branche de palmier. Fermée pour rénovation, la citadelle devrait rouvrir au public en 2024.

Jardin des Philosophes

EN HAUT : SCULPTEUR : NÁNDOR WAGNER. JANA JANINA/SHUTTERSTOCK ©, EN BAS : MISTERVLAD/SHUTTERSTOCK ©

Jardin des Philosophes

LIEU DE PAIX ET DE MÉDITATION

La plupart des visiteurs explorant le mont Gellért filent vers la citadelle pour se réjouir du panorama. Si votre tempérament vous incline plus à la méditation qu'aux bains de foule, une halte au jardin des Philosophes n'est guère désagréable. Aménagé à flanc de colline, plus près du pont Élisabeth, cet espace vert est habité par de célèbres penseurs et prophètes, du moins leurs statues en bronze : Jésus-Christ, Bouddha, Gandhi... N'oubliez pas le prince Buda et la princesse Pest, pur ravissement.

Pont de la Liberté

SYMBOLIQUE ET UNIQUE

Vert sauge et assorti de croisillons décoratifs en métal, le pont de la Liberté (Szabadság híd) est l'un des ouvrages les plus remarquables de Budapest. Entre les *turuls* (oiseaux mythologiques) perchés sur ses tours flotte le blason national, rouge et blanc. Ouvert pour le millénaire de la Hongrie en 1896 sous le nom de pont Franz Josef – l'empereur Habsbourg plaçant le dernier rivet de la structure –, il fut dynamité en 1945 par les Allemands, comme tous ceux de Budapest, pour protéger leur retraite après la défaite. Premier à être reconstruit à l'identique après-guerre (1948), il fut alors rebaptisé.

Pont de la Liberté

Chapelle de la Grotte

ÉGLISE TROGLODYTE

En dehors des heures de messe, vous pourrez visiter cette étonnante chapelle de la Grotte (Sziklatemplom) qui a su renaître dans la cavité où elle fut creusée en 1931 avant d'être agrandie en monastère néo-roman trois ans plus tard. L'église fut le siège hongrois de l'ordre des Paulistes (seul ordre masculin d'origine hongroise) jusqu'en 1951, date à laquelle le pouvoir communiste fit emprisonner les frères et condamner la grotte derrière un épais mur de béton (encore visible en partie). Le sanctuaire a rouvert en 1992 et a été de nouveau consacré. Il y fait 20°C toute l'année, sans chauffage !

Pont Élisabeth

PREMIER PONT MODERNE SUR LE DANUBE

Cher aux Budapestois, ce pont blanc étincelant occupe une place particulière dans le cœur des Budapestois. Erzsébet híd porte en effet le nom de la souveraine préférée des Hongrois, l'impératrice Élisabeth de Habsbourg (1837-1898), affectueusement surnommée Sissi. Reliant le centre-ville au mont Gellért, le pont de 1903 fut dynamité en 1945, comme tous ceux de Budapest. À la différence du pont des Chaînes reconstruit trois ans plus tard, le nouvel Erzsébet híd ne vit le jour qu'en 1964 dans une version moderne : un pont suspendu (et non à chaînes) conçu par Pál Sávoly, plus large que l'original. Plus haut que les autres ponts enjambant le Danube, il ménage une vue spectaculaire sur la colline du Château, le mont Gellért et, bien sûr, le fleuve.

Pont Élisabeth

Monument de Saint Gellért

Monument de Saint Gellért

SITE DU MARTYRE

Un mont, des bains, un hôtel, une place et une station de métro... le nom Gellért est partout. C'est celui d'un moine bénédictin vénitien en route pour la Terre sainte qui se retrouva retenu en Hongrie vers 1020 par le roi Étienne. Déjà converti au christianisme, le premier souverain hongrois souhaita lui confier l'éducation de son fils. L'évêque christianisa ainsi nombre de païens. Mais, après la mort du roi en 1038, Gellért devenu ermite subit le martyre à la faveur d'une révolte magyare, trépassant dans un tonneau hérissé de pointes que les païens jetèrent dans le Danube, dit la légende. Sa statue se dresse à l'endroit de son martyre, le regard paisible posé sur le pont Élisabeth.

Bains Rudas

RENCONTRE ENTRE HISTOIRE ET MODERNITÉ

Les bains les plus ottomans de Budapest (ils remontent à 1566) mêlent l'engouement thermal contemporain aux traditions ancestrales. Si l'on retrouve les habituels bassins chauds, une piscine, un sauna et la salle à vapeur dans ces sublimes bains turcs à bassin octogonal et à coupole incrustée de verres colorés, les bains Rudas (Rudas Gyógyfürdő) réservent quelques surprises, y compris des baignades nocturnes (p. 74).
La vedette des lieux est néanmoins la piscine panoramique sur le toit, assortie d'une perspective inouïe sur Pest. Deux fois par semaine, les thermalistes peuvent boire à la fontaine l'eau riche en minéraux. La zone des bains turcs est la seule à encore appliquer des jours d'ouverture différents selon les sexes : les hommes les lundis, mercredis, jeudis (jusqu'à 12h45) et vendredis (jusqu'à 10h45), et les femmes le mardi.

Memento Park

GRANDILOQUENCE DU RÉALISME SOCIALISTE

Si le Memento Park ne fait pas partie au sens strict de ce quartier (il se trouve en dehors du centre-ville), il s'agit d'un site important du sud de Buda pour qui souhaite imaginer la Hongrie sous emprise soviétique il y a à peine plus de 30 ans. Conçu à dessein, cet immense musée en plein air recueille les vestiges de la statuaire gigantesque qui couvrait une bonne partie de la ville, célébrant la gloire du communisme à travers les statues de Lénine, Marx, Engels ou Béla Kun entre autres héros hongrois, tout comme des "travailleurs modèles". Ces vestiges furent tous retirés des rues de Budapest après la chute du mur de Berlin en 1989.

Le Memento Park offre aussi l'occasion de s'asseoir dans une vieille Trabant, la voiture du peuple est-allemande dont rêvaient nombre de familles hongroises sous le régime soviétique. On peut aussi y écouter les voix de Joseph Staline, Mao Zedong... voire Che Guevara. À l'abri d'un baraquement en bois rappelant que la Hongrie était surnommée "la baraque la plus joyeuse du camp socialiste", des films de la police politique hongroise montrent les méthodes employées pour espionner les "ennemis de l'État". Statues et bustes de Lénine sont exposés, tandis que le soulèvement de 1956 et le changement de régime de 1989 sont également évoqués.

LES BOTTES DE "L'HOMME DE FER"

À l'entrée principale du Memento Park, une paire de bottes gigantesques vous accueille : celles qui rappellent comment Staline se fit "botter le train" pendant le soulèvement de 1956. La statue de bronze du sanguinaire "Petit Père des peuples" qui se dressait à 8 m de hauteur sur le bois de la Ville fut alors déboulonnée et il n'en resta que les bottes, dont on voit ici la réplique exacte. Il y a en haut des marches du monument un balcon qui permet de visualiser de quelle hauteur les leaders communistes saluaient la foule en contrebas.

Bottes de Staline, Memento Park

ALIZADA STUDIOS/SHUTTERSTOCK ©

Bazar du jardin du Château

FLEURS, SCULPTURES ET POINTS DE VUE

Au pied du Palais royal, cet étonnant ensemble d'esprit néo-Renaissance domine la rive du fleuve côté Buda. Ce vaste parc paysager de 1893 qu'on appelle Várbazár (ou Várkert Bazár, Bazar du jardin du Château) accueille une grande diversité d'événements culturels. Partant du parc, escaliers, ascenseurs et escalators gravissent la colline jusqu'au Palais royal. Entre le parc et le Danube, l'élégant restaurant Felix occupe un édifice de 1878 qui assurait jadis le pompage de l'eau du fleuve pour le Palais royal.

Bazar du jardin du Château

Lac Feneketlen

"Lac sans fond"

LE PARC CHÉRI DE BUDA

Les habitants de Budapest adorent aller pique-niquer ou s'ébattre au lac Feneketlen (Feneketlen tó, littéralement "lac sans fond") qui s'étire le long de Bartók Béla út. Les loisirs actifs n'y manquent pas : piste de course à pied, courts de tennis, équipements de musculation. Le nom du lac est trompeur : sa profondeur ne dépasse pas 4 à 5 m. Depuis 1961, la statue de l'ours serre toujours quelque chose entre ses pattes, un cadeau ou un autre des enfants du quartier.

Musée Semmelweis d'histoire médicale

DE L'UTILITÉ DE SE LAVER LES MAINS

Le nom d'Ignác Semmelweis (1818-1865) ne vous dit peut-être pas grand-chose. Celui qu'on a surnommé le "sauveur des mères" est né dans cette maison d'Apród utca, devenue le Semmelweis Orvostörténeti Múzeum. Cet obstétricien a montré que la fièvre puerpérale (après accouchement) fréquente chez les jeunes accouchées pouvait largement être évitée si les médecins (qui pratiquaient aussi des autopsies) se lavaient tout simplement les mains entre deux actes en sorte de limiter la transmission des germes. Une recommandation qui ne fut néanmoins guère reconnue comme utile de son vivant. Outre une section consacrée à sa vie et à son travail, ce musée insolite présente l'histoire de la médecine depuis l'Égypte antique.

MONT GELLÉRT ET TABÁN : UNE NAPOLITAINE S'IL VOUS PLAÎT !

Amore di Napoli
Aux couleurs du SSC Napoli, un intérieur tout bleu et blanc, y compris le four à bois en mosaïque bleue ! Et une pizza dédiée à la star Diego Maradona.

Moto Pizza
Goûtez des pizzas napolitaines traditionnelles, très fines au milieu, tout en admirant l'Austin Cooper verte (clin d'œil à *Braquage à l'italienne*) dans la vitrine.

Tasty Pizza
Un chouchou local. Les pizzas sont préparées avec des ingrédients italiens authentiques, en plus de la tomate et de la mozzarella.

POSZTOS/SHUTTERSTOCK ©

A38

À VOIR AUSSI SUR LE MONT GELLÉRT ET À TABÁN

Le sud de Buda, cœur de rocker

FOLIE FURIEUSE AU BORD DU FLEUVE

Au sud du mont Gellért se trouve l'une des salles de concerts les plus tendance de la capitale. L'**A38**, amarré au sud du pont Petőfi, est un cargo de marchandises ukrainien déclassé (1968), devenu salle de concerts. Pop, rock, alternatif, jazz ou électro, c'est le rendez-vous incontournable des artistes internationaux et locaux, quasiment tous les soirs de la semaine. Quand il fait beau, les terrasses offrent une belle vue sur les édifices de Pest, magnifiques quand ils sont illuminés. On peut aussi manger un morceau au bistrot avant le concert.

Passé un second pont en aval, l'iconique **Dürer Kert**, salle de concerts underground, a quitté en 2022 le bois de la Ville pour le sud de Buda. Plus grand, plus vert, plus festivalier, le Dürer reste néanmoins assez proche du centre-ville. Au bord du fleuve, les tables de ping-pong, chaises de couleur, fauteuils

OÙ LOGER SUR LE MONT GELLÉRT ET À TABÁN

Engel View
Deux appartements avec vue imprenable sur l'étincelant pont Élisabeth. Propre, calme et douillet. **€€**

Danubius Hotel Gellért
Légende du quartier depuis un siècle, l'hôtel Art nouveau est désormais un luxueux cinq-étoiles. **€€€**

Hotel Orion
Trente chambres nettes et à portée de marche du bazar du Château. Sauna sur place. **€€**

poires et hamacs ravissent la clientèle branchée. Si vous êtes d'humeur nostalgique, cherchez le charmant petit coin sous un escalier, avec des fauteuils, tapis et lampes d'esprit Belle Époque.

Liberté de pique-niquer !

ROMANTIQUE

Le **pont de la Liberté** (p. 68), le plus central de Budapest, a toujours été un rendez-vous citadin. D'aussi loin qu'on s'en souvienne, escalader les arches inférieures un verre à la main fait partie des habitudes entre amis comme en couple, pour trinquer affectueusement au coucher du soleil sur fond de Palais royal et les bateaux en contrebas. Ces dernières années, les Budapestois sont passés au stade supérieur !

L'été 2016, des travaux sur le pont l'ont interdit pendant 3 mois à la circulation automobile, autorisant les habitants à se l'approprier, tant pour des cours de yoga en plein air que pour des concerts amateurs et autres spectacles de rue. Des groupes d'amis s'y sont retrouvés pour des pique-niques improvisés, les enfants ont joué à la marelle entre les rails du tram, des couples s'y sont bercés dans des hamacs sous les étoiles... Et un mariage y a même été célébré au-dessus du fleuve.

Aucune dégradation n'ayant été commise, la municipalité a décidé de fermer le pont à la circulation les week-ends d'été, afin de faire perdurer cette tradition née spontanément. Si vous souhaitez pique-niquer sur le pont avec les habitants, repérez les événements "Szabihíd" en juillet et août.

De la ferme à l'assiette

BUCOLIQUE ET NOSTALGIQUE

Insoupçonnée dans les rues verdoyantes de Tabán, une ancienne maison de vigne préserve un bout de campagne en plein cœur de la capitale. Doyenne du quartier, **Czakó Kert** fait à la fois bistrot, pâtisserie, boulangerie et traiteur, avec en prime une cave à vins vieille de 250 ans. À l'abri d'un même toit, ces négoces ont pour point commun la fraîcheur de leurs ingrédients et leur provenance locale assurée.

Le week-end, un marché de producteurs s'installe dans le jardin, offrant des produits colorés et singuliers comme les piments, le miel, la pâte de truffe... venus de tout le pays. Ce sont ces primeurs et divers produits du potager ou du verger qui servent à mitonner petits-déjeuners et déjeuners savoureux servis au bistrot. Si vous avez envie d'un petit goût de campagne dans une charmante ambiance surannée, Czakó Kert est l'endroit parfait pour une pause après une balade sur le mont Gellért ou dans Tabán.

LA CRÈME DES CAFÉS

Kelet
Café corsé, plats d'inspiration asiatique, bières tchèques et échange de livres (un contre un), avec des milliers de références.

Füge Bolt és Kávézó
Cette petite épicerie du mont Gellért propose aussi des en-cas.

Hadik
L'un des cafés classiques de Budapest et le rendez-vous des artistes locaux. Délicieuses boissons et plats hongrois.

Mitzi
Ce café bohème se concentre sur le petit-déjeuner, des bols de granola avec fruits au traditionnel English breakfast œufs et bacon.

Jewel in Buda Apartments
Une maison de tradition où l'on se sent comme chez soi, comprenant 4 chambres et 2 salles de bains. **€€**

Minilux Apartment
Au dernier étage, un appartement privé indépendant, pour 2 personnes seulement. **€€**

Shantee House
Une yourte à partager avec vos amis ou votre moitié dans le jardin zen de cette auberge. **€**

BIEN MANGER À TABÁN

Née à Tabán, l'historienne **Noémi Saly** y a aussi grandi. Elle nous présente ses adresses gourmandes préférées à Tabán.

Arany Szarvas
L'ambiance est charmante dans cet établissement iconique, tout comme sa terrasse. Ce n'est pas bon marché mais le rapport qualité/prix, surtout celui des copieux plats de viande, est honorable.

Gösser Tabán
Ne vous fiez pas à son nom de bière autrichienne : c'est un restaurant (et non un bar !) et ses spécialités hongroises parfumées sont taillées pour des carnivores affamés.

Tabáni Kakas
L'intérieur n'a rien de spécial, mais les plats font la différence. Goûtez les traditionnels canard et oie et terminez par une crêpe hongroise.

Pont de la Liberté (p. 68)

Nuits étoilées aux bains Rudas

SPA EN NOCTURNE

Après une bonne journée de visites, rien ne vaut le plaisir d'un bain chaud sur un toit-terrasse, un verre à la main et un ciel étoilé pour seul toit. Vivez ce rêve aux **bains Rudas** (p. 69), dont les portes rouvrent tous les vendredis et samedis soir entre 22h et 3h pour accueillir les oiseaux de nuit. Réservez en ligne.

OÙ PRENDRE UN VERRE SUR LE MONT GELLÉRT ET À TABÁN

Béla
Une sélection de vins et de bières hongroises pour accompagner votre repas, du petit-déjeuner à l'apéro.

Palack Borbár
Impressionnante sélection de vins, souvent produits par de petits exploitants. Demandez conseil au sommelier.

Szatyor Bár
Jouxtant le Hadik, c'est l'exemple même du bar de ruine à Buda.

Dose d'adrénaline

VITESSE GRAND V SUR LE DANUBE

Si vous aimez les virées qui décoiffent, le **RedJet** et ses 440 chevaux, voilà ce qu'il vous faut pour visiter Budapest à plus de 80 km/heure ! Attachez votre ceinture pour une demi-heure d'arrêts, redémarrages et virages devant et sous des symboles de l'Histoire comme le Parlement ou le pont des Chaînes. Ce bateau de 12 places ne vous laissera pas de marbre, mais à coup sûr mouillé. Embarquement à BudaPart, une berge sablonneuse interdite aux voitures et aux chiens, pleine de divertissements et longée d'une foule de restaurants, glaciers, cafés et bars.

Comme un Budapestois

LE CÔTÉ BOHÈME DE BUDA

Pour manger, boire un verre ou sortir le soir, la paisible Buda ne tient pas la comparaison avec l'effervescente Pest. Néanmoins, depuis quelques années, le nom de Bartók – plus exactement l'acronyme **BBB (Bartók Béla Boulevard)** – réunit tous les suffrages. Cafés bohèmes, bars et galeries ont en effet fleuri de plus en plus dans Bartók Béla út, surtout entre Szent Gellért tér et Móricz Zsigmond körtér. Ainsi, sous le patronyme d'un des compositeurs les plus célèbres de Hongrie, le BBB est devenu l'axe le plus branché du quartier, voire de tout Buda. Un véritable repaire de hipsters, artistes et étudiants. Café, gâteau, petit-déjeuner, déjeuner, brunch, glace ou alcool fort : vous trouverez tout dans cette rue. Repérez des lieux transformés avec brio, par exemple un bar aménagé dans un ancien dépôt de bus ou un théâtre à ciel ouvert.

BONNES PISTES DE DANSE DU MONT GELLÉRT ET DE TABÁN

Barba Negra
Tout au long de l'année, la scène de cette salle de concerts en partie à ciel ouvert accueille des groupes alternatifs inconnus comme des groupes de rock plus populaires.

Fonó Ház
Ne manquez pas cette maison de la musique traditionnelle hongroise. Ses ateliers de *táncház* (musique et danse traditionnelles) ont lieu plusieurs fois par semaine et l'on y programme concerts et spectacles.

Romkert
Sa vaste piste au bord du fleuve et son point de vue imprenable sont le grand rendez-vous l'été de la jeunesse locale. Peaufinez vos pas pour les soirées hip-hop, R&B, house et années 1990, du mardi au samedi.

OÙ FAIRE DU SHOPPING SUR LE MONT GELLÉRT ET À TABÁN

Fiók
Bien au-delà de la simple papeterie, Fiók réunit une foule d'articles de créateurs locaux.

Repertory
Ce concept store est une collaboration entre deux marques de design hongroises : Daige et Mama Kin.

Szia+
Des lunettes de soleil colorées aux chaussettes ludiques, bijoux, sacs, vêtements et autres.

ÓBUDA ET LES COLLINES DE BUDA

VIEILLE BUDA ET POUMONT VERT

Óbuda est le plus ancien (*ó* en hongrois) quartier de Budapest. Deux millénaires en arrière, le site portait le nom d'Aquincum. Prospère colonie de Pannonie inférieure, ce fut bientôt la capitale de cette province romaine, d'où ces ruines considérables qui attirent les visiteurs dans ce quartier tranquille et excentré où règne encore un brin d'atmosphère villageoise. Étroites et pittoresques, les rues d'Óbuda cachent aussi quelques musées clés pour comprendre l'histoire et la création à Budapest.

Bucoliques à souhait, les collines de Buda (Budai-hegysék) offrent un terrain de choix aux promeneurs : points de vue multiples, nombreux sentiers et moyens de transport ludiques. Y consacrer un peu de temps est l'assurance d'une journée réussie, outre l'intérêt culturel du lieu. Partant de Széll Kálmán tér, on gagne sans difficulté ce havre de verdure et d'air frais à l'écart de la frénésie urbaine.

Pour les infos pratiques, voir le Carnet d'adresses p. 157

À SAVOIR

Pour gagner Óbuda (30 min depuis le centre-ville), prenez le tram 17, 19 ou 41 ou le train de banlieue HÉV H5 sur Batthyány tér. Pour les collines de Buda, prenez sur Széll Kálmán tér le bus 21A et descendez à la station Normafa.

Belvédère Élisabeth (p. 82)

BOTOND HORVATH/SHUTTERSTOCK ©

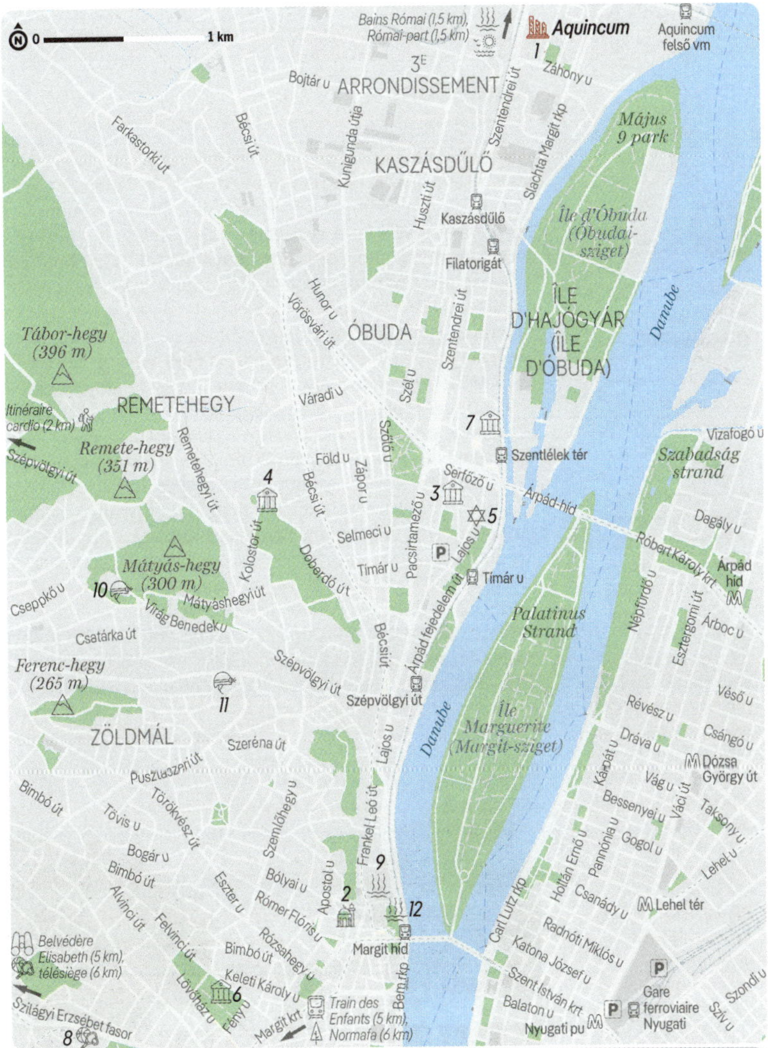

INCONTOURNABLE
1 Aquincum

VOIR
2 Tombeau de Gül Baba
3 Musée hongrois du Commerce et de la Restauration
4 Musée Kiscelli
5 Synagogue d'Óbuda
6 Palais des Merveilles
7 Hôtel Zichy

ACTIVITÉS
8 Train à crémaillère
9 Bains Lukács
10 Grotte Pálvölgy
11 Grotte Szemlőhegy
12 Veli Bej

Aquincum

LA POMPÉI DE HONGRIE

Cité romaine la mieux conservée de Hongrie, Aquincum révèle à travers ses ruines la prospérité de cette ville de Pannonie à la fin du Ier siècle. On en imagine aisément les habitants déambulant sur les voies pavées entre ces villas antiques à atrium et péristyle, avec fontaines, superbes mosaïques au sol, chauffage par hypocaustes et système de tout-à-l'égout. Judicieuse introduction à la visite du site, le musée d'Aquincum développe le mode de vie romain en Hongrie à travers divers objets de la vie quotidienne, la céramique, l'armement (Aquincum était ville de garnison), les bijoux… On notera une reproduction de la fameuse table de Peutinger représentant l'Empire romain dans sa totalité et la réplique d'un petit orgue hydraulique du IIIe siècle.

Face au musée, la maison du Peintre, reconstitution meublée de la villa du IIIe siècle, est ornée de fresques murales. Derrière se trouve le Mithraeum, temple dédié à la divinité orientale Mithra, très en faveur dans l'armée et au Bas-Empire romain. Au nord du musée, on suit le *cardo maximus*, grand axe de la cité romaine, menant aux vastes thermes, au marché et au forum. Plus loin, les ruines découvrent l'existence de deux amphithéâtres, l'un militaire, l'autre civil. Repérez les petites stalles dans lesquelles étaient gardés les lions, ainsi que la porte de la Mort, par laquelle on faisait passer les gladiateurs décédés.

LA VILLA HERCULES D'AQUINCUM

De l'autre côté de Szentendrei út, à hauteur du 21 Meggyfa utca, une structure recouvre les vestiges de la somptueuse Villa Hercules mise au jour en 1958. Dotée de l'eau courante, du chauffage par le sol (hypocauste) et d'un système d'évacuation des eaux usées, cette villa romaine aux multiples pièces à usage privé a révélé de superbes mosaïques représentant de nombreux personnages. Vous verrez entre autres des boxeurs et un Hercule un peu enivré dont on attribue la réalisation à un atelier de mosaïstes d'Alexandrie. Cette villa patricienne d'Aquincum est l'un des sites romains de Hongrie les mieux préservés.

Ruines et musée d'Aquincum

ROBERT JAKATICS/SHUTTERSTOCK ©

Musée Kiscelli

Musée Kiscelli

GARDIEN DE L'HISTOIRE DE BUDAPEST

Cachée derrière les murs jaune jonquille d'un monastère baroque du XVIIIe siècle, cette vaste collection regroupe de multiples objets liés à l'histoire urbaine de Budapest, ainsi qu'à l'étage la galerie d'art municipale (XIXe-XXIe siècle). Au rez-de-chaussée, passé l'apothicairerie, on traverse une impressionnante série d'enseignes commerciales, d'objets en argent et de salles pleines de mobilier Empire, Biedermeier et Art nouveau. À l'étage, sont réunies des œuvres d'éminents artistes hongrois du XXe siècle comme József Rippl-Rónai, Lajos Tihanyi et Béla Czóbel. L'église gothique désaffectée accueille des expositions temporaires (art et multimédia).

Synagogue d'Óbuda

TESTAMENT DU CLASSICISME HONGROIS

En 1821, la communauté juive d'Óbuda, l'une des plus importantes de Hongrie, fit construire cette synagogue néoclassique, désormais la plus ancienne de Budapest. La télévision hongroise y a eu durant de nombreuses années ses studios d'enregistrement, car la population juive, très réduite après la Seconde Guerre mondiale, ne pouvait plus en assurer l'entretien. Aujourd'hui, l'édifice a retrouvé sa destination initiale de *súl* (synagogue), avec des ateliers et des services quotidiens. Un superbe exemple du style architectural classique de Hongrie. Téléphonez au préalable pour une visite.

Synagogue d'Óbuda

Palais Zichy

UNE DEMEURE, TROIS MUSÉES

De style baroque, cette grande demeure rose (1757) abrite trois musées intéressants. Le **musée Victor Vasarely** conserve quelque 150 œuvres du "père de l'op'art". Né Győző Vásárhelyi en 1906 à Pécs, le Hongrois a été l'un des trois fondateurs de l'art optique, travaillant sur la lumière et les illusions de profondeur et de mouvement qu'elle peut créer. Une entrée séparée mène au **musée d'Óbuda**, consacré au passé du quartier, de l'époque médiévale à nos jours. Les expositions interactives mettent la vue, l'ouïe, l'odorat et le toucher à l'épreuve et encouragent la créativité. Dernier des trois, le **musée Kassák** rend hommage à l'un des maîtres de l'avant-garde hongroise des années 1920, le célèbre écrivain, poète et éditeur Lajos Kassák.

Cheminots en herbe

LE MONDE DU RAIL VERSION ENFANTS

Traversant certaines des plus belles zones des collines de Buda, le **train des Enfants** couvre 11 à 12 km de chemin de fer à voie étroite à la vitesse de 20 km/h, un trajet assuré par des jeunes de 10 à 14 ans, en élégants uniformes bleu, blanc et rouge. Conducteurs, aiguilleurs, contrôleurs, ils occupent tous les postes, l'équipe ne comptant que quelques adultes, tels les ingénieurs, par exemple. Souvenir vivant de l'époque communiste, cette ligne fut inaugurée en 1948 pour être exploitée par les pionniers (mouvement de jeunesse communiste). Le but était de donner aux enfants la possibilité d'apprendre à travailler en équipe et à assumer des responsabilités. Aujourd'hui, les jeunes adolescents rêvent d'être sélectionnés et seuls les meilleurs élèves peuvent postuler. Impossible d'intégrer l'équipe sans avoir suivi une formation et réussi les examens !

La Gyermekvasút, plus longue voie ferroviaire au monde gérée par des enfants, est désormais inscrite au Livre Guinness des records. Scandée de plusieurs arrêts, la ligne mène en 45 minutes de Hűvösvölgy à la colline de Széchenyi, traversant en chemin le secteur boisé de Normafa. Outre le charme rétro de ce train, l'excursion dévoile une facette de Budapest très différente de celle située à moindre altitude. Alors embarquez sans attendre avec les plus adorables cheminots hongrois !

BON À SAVOIR

Sur la ligne ferroviaire des Enfants, seules les gares – ou les contrôleurs – peuvent délivrer des billets, moyennant un paiement en forints hongrois – les euros et les cartes bancaires ne sont pas acceptés. À la gare de Hűvösvölgy, une petite exposition interactive présente l'histoire passée et présente de ce train des Pionniers devenu train des Enfants, assortie d'une boutique pleine de photos d'archives, documents, reliques et jeux.

Train des Enfants

VIENNASLIDE/ALAMY STOCK PHOTO ©

Musée hongrois du Commerce et de la Restauration

ETHNOGRAPHIE

Sous le nom très sérieux de Magyar Kereskedelmi és Vendéglátó-ipari Múzeum se cache un lieu plutôt ludique. Cet adorable petit musée illustre les secteurs de la restauration et de l'hôtellerie à travers les âges, notamment les importants changements survenus après la Seconde Guerre mondiale. Y sont exposés vaisselle, linge de table, affiches publicitaires, emballages et enseignes originales. À l'étage, on découvre le quotidien de certains commerçants : cafetier, boulanger, blanchisseur et de multiples intérieurs : chambre d'hôtel, café, restaurant, confiserie ou maison d'une famille de la classe moyenne. Vous pourrez aussi profiter de jeux interactifs, tester vos connaissances en œnologie et apprendre l'histoire de célèbres plats hongrois.

PELLE ZOLTAN/SHUTTERSTOCK ©

Tombeau de Gül Baba

Tombeau de Gül Baba

LIEU DE RECUEILLEMENT

En grimpant le long des pavés de Gül Baba utca, on a comme l'impression de partir vers d'autres terres, voire dans une autre époque. Tout en haut, le mausolée octogonal de Gül Baba est le but d'un pèlerinage majeur pour les musulmans, en particulier les Turcs. Gül Baba était un derviche poète du XVIe siècle qui participa à la prise de Buda en 1541. On l'appelle en Hongrie le "Père des Roses" en référence à son bonnet toujours orné d'une rose.

Au milieu des rosiers et plants de lavande qui entourent le tombeau coiffé de la lune et du croissant, on oublie instantanément la frénésie urbaine. Et quelle vue sur Budapest ! Pensez à vous déchausser pour pénétrer dans le tombeau.

Palais des Merveilles

LA SCIENCE POUR LES PETITS

Fabuleuse destination pour les familles, le Centre des merveilles scientifiques Csopa (Csodák Palotájáról) invite les enfants curieux à s'immerger dans la science grâce à des centaines d'attractions ludiques et interactives, des expositions, des illusions d'optique, des *escape games* thématiques, des jeux pédagogiques et un cinéma 9D. Au total, il couvre environ 5 000 m² au sein du Buda Entertainment and Gastro Centre. Visitez le jardin de la pomme de Newton, assistez à un passionnant spectacle de sciences physiques et réparez un vaisseau d'extraterrestres via d'amusants jeux de logique. Le centre s'adresse aux enfants de tous âges, mais il intéressera aussi les adultes.

Normafa

À DES LIEUES DE LA CAPITALE TRÉPIDANTE

Aux confins de Budapest, l'immense espace boisé de Normafa, dans les collines de Buda, attire d'autant plus les randonneurs, amateurs de plein air et simples amoureux de la nature qu'il est aisé de s'y rendre par les transports publics. Au sommet, sentiers pédestres, aire de jeux, points de vue somptueux, kiosques alimentaires, tables de pique-nique et même des barbecues invitent à la détente, avec la trépidante Budapest en contrebas. On comble volontiers un petit creux en savourant un strudel version hongroise (fourré aux cerises, aux graines de pavot ou au fromage frais sucré).

Peut-être le parc doit-il son nom à un vénérable bouleau poussé, dit la légende, l'année de naissance du roi Mathias (1443), et mort, frappé par la foudre, en 1927. Les artistes du Théâtre national venaient volontiers se retrouver autour de l'arbre, et la chanteuse Róza Schodelné Klein y interprétait souvent une aria de l'opéra *Norma*, d'où le nom Normafa (l'arbre de Norma) choisi pour ce grand parc naturel.

On grimpe à Normafa par le bus 21 ou le 21A depuis Széll Kálmán tér, par le train des Enfants (p. 80) depuis Hűvösvölgy ou par le train à crémaillère (page ci-contre) depuis Városmajor.

Normafa

Belvédère Élisabeth

POINT CULMINANT DE BUDAPEST

Couronnant János (528 m), la plus haute colline de Budapest, le belvédère Élisabeth (Erzsébet kilátó, 1911) a un petit côté pièce montée ! On le doit, comme le bastion des Pêcheurs, à Frigyes Schulek. Remplaçant un précédent belvédère en bois, il a été baptisé en l'honneur de l'impératrice préférée des Hongrois, la fameuse “Sissi”. On grimpe à son sommet par un escalier en colimaçon de 134 marches, un effort magnifiquement récompensé par un panorama à 360 degrés portant, par temps clair, jusqu'à la chaîne des Hautes Tatras. Sans oublier la vue d'aigle sur la ville en contrebas.

Belvédère Élisabeth

À VOIR AUSSI À ÓBUDA ET SUR LES COLLINES DE BUDA

Thermes d'Óbuda

À CHACUN SES BAINS

À l'abri d'un élégant bâtiment néoclassique, les **bains Lukács** (Lukács Gyógyfürdő) figurent parmi les plus anciens de la "perle du Danube". Ce gigantesque complexe thermal se compose de divers bassins médicaux, récréatifs, de plongeon et de natation, que viennent compléter des salles de massage, un parc de fitness en extérieur et un solarium, un sauna, une salle à vapeur, des bains privés et une salle d'halothérapie au sel himalayen. Ses eaux thermales, à boire à la fontaine sous la verrière de la salle des eaux, comptent parmi les plus qualitatives de la capitale.

Moins grandioses que d'autres à Budapest, les **bains Veli Bej** (Veli Bej Fürdője) garantissent le calme et un peu plus d'espace dans l'eau. Les installations conjuguent l'ancien et le moderne : les murs et les canalisations des bains turcs du XVIe siècle sont d'origine, mais les installations intérieures ont été modernisées en bonne partie. Autour du traditionnel bassin turc octogonal surmonté d'une coupole, quatre petits pavillons coiffés d'un dôme abritent des bains bouillonnants à différentes températures. Un sauna avec de la glace, une salle à vapeur, des douches ludiques, un Jacuzzi, une petite piscine et un bassin Kneipp complètent l'offre thermale.

Très appréciables en famille, les **bains Római**, uniquement ouverts en été, disposent de toboggans aquatiques, d'un bassin à taille d'enfants et d'une aire de jeux. La source thermale qui remplit cette lagune était déjà connue à l'époque romaine, comme en atteste le nymphée découvert par les archéologues.

Bains Lukács

RÓMAI-PART, LA "PLAGE" DE BUDAPEST

Au bord du fleuve, Római-part (rive de Római) se situe à la pointe nord de Buda. C'est la destination du dimanche par excellence pour pratiquer kayak, canoë ou paddle (location sur place) ou juste lézarder au bord de l'eau sur un transat, se régaler de merlu (*hekk*) frit ou d'un *lángos* (beignet). Facilement accessible à vélo ou par les transports publics, le vaste complexe aquatique estival de Római-part offre plaisirs de l'eau, évasion et calme, à seulement 20 minutes de Budapest.

Trajets singuliers

COMME AU BON VIEUX TEMPS

Outre la destination enthousiasmante des collines de Buda, le bon moment de détente sur les hauteurs de la capitale tient aussi aux multiples et inhabituels modes de transport qui permettent de se déplacer dans ce quartier.

Partant de la station de métro Széll Kálmán tér (M2), longez Szilágyi Erzsébet fasor pendant 10 minutes (ou prenez le tram 61 et descendez deux arrêts plus loin). Vous repérerez vite un haut bâtiment de forme circulaire, le Körszálló, exemple iconique d'architecture brutaliste. En face, se trouve la station basse du **train à crémaillère** (Fogaskerekű, appelé aussi

OÙ SE RESTAURER À ÓBUDA ET SUR LES COLLINES DE BUDA

Csalánosi Csárda
Cuisine familiale, recettes traditionnelles, saveurs authentiques et portions généreuses. **€€**

Kéhli
Sa cuisine traditionnelle et son atmosphère XIXe siècle font le succès de cette table très demandée. **€€**

Hummus Bar
Des délices du Moyen-Orient comme la *chakchouka* et les falafels, sur Kolosy tér. **€**

tram 60). Souvenirs, souvenirs, que ces petits wagons rouge et blanc qui grimpent sur 4 km à l'assaut de la colline Széchenyi. Un billet de transport classique suffit pour ce trajet emprunté depuis bientôt 150 ans.

Traversez le parc jusqu'à Hegyhát út, où vous pourrez embarquer à bord du **train des Enfants** (p. 80), un service ferroviaire assuré quasi intégralement par des enfants. Faites tout le trajet jusqu'à la colline de János (4 arrêts) et le belvédère Élisabeth (p. 82), point culminant de Budapest. Vous pourrez passer l'après-midi ici ou à proximité, à Normafa, vous promener et savourer une glace en admirant la vue remarquable. Rejoignez le **télésiège** (à environ 500 m du belvédère Élisabeth), qui vous redescendra à Zugligeti út en 15 minutes en vous offrant de merveilleux panoramas sur Buda. Un retour bien plus mémorable encore au coucher du soleil.

UN PEU D'EXERCICE À ÓBUDA

Budapest Garden
Activités ludiques au bord du fleuve : excellent skate park (location possible), football bulle, beach-volley, ping-pong, trampolines et autres.

Monkey Boulder
Une salle d'escalade de bloc avec 100 voies différentes. De quoi vous entraîner pour les Alpes sans corde ni harnais, ou simplement vous amuser.

Római-part
Rendez-vous à Garden Placc, à Római-part (p. 83), pour du paddle, du kayak et du canoë. Vous pourrez même tester le paddle yoga lors d'événements organisés par SUP Budapest.

Petit (ou grand) tour sous terre

DEUX GROTTES, UNE GRANDE AVENTURE

On a beau connaître la renommée thermale de Budapest, on ignore souvent l'incroyable réseau de cavités souterraines créé par ces sources thermales. Deux grottes vous offrent l'occasion de creuser précisément la question !

Découverte en 1904 et réputée pour ses stalactites et stalagmites exceptionnelles, la **grotte Pálvölgy** s'étire sur plus de 30 km, formant le second plus long réseau spéléologique de Hongrie. Toutes les heures, entre 10h15 et 16h15, du mardi au dimanche, de courtes visites d'une heure vous feront découvrir ces formations époustouflantes, au prix de plusieurs centaines de marches et d'une température constante de 11°C (couvrez-vous !). Ne manquez pas l'"observatoire de Jean" dans la plus grande salle et la salle du Radium, qui évoque l'Enfer de Dante. Pour une véritable expérience de spéléologie, optez pour le circuit le plus aventureux et le plus exigeant (14 ans minimum). Préparez-vous, durant 3 heures, à ramper et à crapahuter, équipé d'une combinaison spéléo et d'un casque. Prenez le bus 65 sur Kolosy tér à Óbuda et descendez au 5e arrêt ; il faut réserver bien à l'avance.

À 1 km au sud-est, la **grotte Szemlőhegy** invite à une expérience complètement différente. Pas de grandes stalactites ici ni de stalagmites, mais des formations évoquant des grappes de raisin. Les murs de la grotte sont incrustés de cristaux et de minéraux, dont le scintillement est de toute beauté. Les circuits (40 minutes) partent toutes les heures de 10h à 16h (tous les jours sauf lundi). Ici, les voies sont plus faciles et certains tronçons sont accessibles en fauteuil roulant. Un site plaisant pour les familles ; ne manquez pas les présentations

OÙ PRENDRE UN VERRE À ÓBUDA ET SUR LES COLLINES DE BUDA

Fellini Rómain
À Római-part, bullez sur les transats à rayures, les pieds dans le Danube.

Két Rombusz
Installez-vous dans (ou sur) deux vieux bus ou profitez d'un hamac à l'ombre, au bord du fleuve.

Kobuci Kert
Ouvert en saison ; une excellente adresse pour la musique live, avec de talentueux groupes hongrois.

Train à crémaillère

interactives au centre des visiteurs. Pour y accéder, prenez le bus 29 sur Szentlélek tér et descendez au 9e arrêt.

Sur les sentiers du cœur

ITINÉRAIRES SANTÉ DES COLLINES DE BUDA

Envie d'une balade dans les collines de Buda ? Pourquoi ne pas en profiter pour tester vos performances cardio ? Soucieuses d'entraîner leurs patients, les équipes de l'hôpital Szent Ferenc ont suggéré différents **itinéraires cardio** à suivre pour remédier, ou du moins compenser, des problèmes cardiaques, d'hypertension ou de diabète. Sans souffrir d'une pathologie ou d'une autre, on peut s'élancer, par simple curiosité ou pour soigner sa santé, sur ces différents itinéraires de marche saine pour le cœur.

Pour venir, prenez le bus 65 sur Kolosy tér et descendez au dernier arrêt. De là, deux itinéraires sont possibles : suivez les cœurs bleus peints sur les arbres pour un parcours de 3,5 km, ou les cœurs rouges pour 5,2 km. Vous devrez mesurer votre fréquence cardiaque au départ, puis à chaque nouvelle indication sur l'itinéraire et noter ces données dans le fascicule fourni. La fréquence d'un cœur en bonne santé est indiquée sur les fascicules et à chaque étape du parcours : à comparer avec vos propres résultats. Besoin d'une pause ? De nombreux bancs jalonnent le trajet. À l'arrivée, on dépose le fascicule dans une boîte aux lettres, en indiquant son adresse électronique pour que les médecins de l'équipe puissent vous contacter en cas de nécessité de suivi médical.

D'autres itinéraires cardio ont été aussi tracés sur la colline Hárs, à Normafa, et dans la forêt de Farkas, à Újpest.

SZIGET FESTIVAL

Festival de musique parmi les plus importants et courus d'Europe, le festival "de l'Île" se déroule mi-août sur l'île de Hajógyár (Óbuda). Concerts et spectacles musicaux commencent dès le début d'après-midi pour se prolonger jusqu'au petit jour. Pendant 5 jours, le festival accueille aussi d'innombrables activités : arts vivants, projections de films, plage, fête foraine, stands photos et saut à l'élastique. Également appelée "l'île de la Liberté", Sziget est une invitation à oublier la grisaille et à croquer chaque été le meilleur de la vie.

OÙ LOGER À BUDA ET SUR LES COLLINES D'ÓBUDA

Aquincum Hotel
Piscines thermales, saunas, salles à vapeur et bassin chaud : cet hôtel mise sur la relaxation. **€€**

M&M Apartman
Un appartement avec 2 chambres, salon et cuisine, à 5 minutes à pied du fleuve. **€€**

Vendégház a hegyen
La "pension sur la colline" est une charmante maison en bois entourée de verdure, avec spa extérieur pour la détente. **€€**

BELVÁROS

CENTRE-VILLE HUPPÉ

La "Ville intérieure" (à savoir la cité médiévale) forme le cœur historique de Pest avec Lipótváros. C'est surtout le temple du shopping haut de gamme et du tourisme chic. Váci utca réunit toute une litanie de boutiques de luxe, restaurants et bars, et Vörösmarty tér est le fief de la *cukrászda* (pâtisserie) la plus appréciée de Budapest. Épicentre de ce quartier très visité tant pour sa richesse architecturale Art nouveau que pour ses bonnes adresses gourmandes, Deák Ferenc tér est desservie par trois des quatre lignes de métro.

Toutefois, Belváros a une double personnalité. La partie nord, avec la très animée Ferenciek tere, est émaillée de boutiques rutilantes et de bars et restaurants huppés. Le secteur sud est plus étudiant, tranquille et "budapestois", avec une majorité de rues piétonnes semées de plus en plus de cafés et restaurants branchés, ainsi que des habituelles boutiques de souvenirs.

Pour les infos pratiques, voir le Carnet d'adresses p. 158

À SAVOIR

Les transports en commun sont le moyen le plus facile de se déplacer. Le tram 2 (ou 2B ou 2M) vous amènera le long de la limite ouest, au bord du Danube avec une vue impressionnante sur la colline du Château. Les trams 7 et 49 longent la limite est de la Ville intérieure.

Une rue de Belváros

VOIR
1 Budapest Eye
2 Église luthérienne de Deák tér
3 Duna korzó
4 Église paroissiale de la Ville intérieure
5 Károlyi kert
6 Matild Palace
7 Musée du Métropolitain
8 Párisi Udvar
9 Église de l'Université
10 Váci utca

SE RESTAURER
11 Belvárosi Disznótoros
12 Gerbeaud

PRENDRE UN VERRE ET FAIRE LA FÊTE
13 Asterisk
14 Centrál Kávéház
15 Csendes Létterem Vintage Bar & Cafe

SORTIR
16 Pesti Vigadó

SHOPPING
17 Balogh Kesztyű Üzlet
18 Bomo Art
19 Folkart Kézművésház
20 Holló Műhely
21 Mono
22 Nanushka
23 Rododendron
24 Vass
25 wonderLAB

Musée du Métropolitain

PRÉCURSEUR

Dans le passage souterrain piétonnier situé sous V Deák Ferenc tér, ce fascinant musée du Métropolitain (Földalatti Vasúti Múzeum) retrace le développement des lignes de métro de la capitale, y compris la M4 inaugurée en 2014. L'inauguration en 1896, pour le millénaire de la Hongrie, de la ligne du Millenium – la M1 jaune – est mise en valeur car ce fut, après Londres, le second métro d'Europe et le premier d'Europe continentale (p. 106). Le musée occupe un tronçon de tunnel désaffecté, avec le nom de la station d'origine, "Gizella tér", inscrit en carreaux de céramique Zsolnay. Vous verrez 3 rames vintage restaurées et une collection d'affiches, documents et plans historiques. Accès par la billetterie principale du métro.

Pesti Vigadó

TEMPLE DE LA MUSIQUE CLASSIQUE

Magistralement dressée face au Danube dans les années 1860, cette salle de concerts (et de cérémonies) a subi de lourds dommages durant la Seconde Guerre mondiale. Deux restaurations successives (à partir de 1980, puis 2007) ont restitué toute sa splendeur à cet édifice emblématique au style romantique. Sise à l'ouest de Vörösmarty tér, la Pesti Vigadó ("Redoute de Pest") est à la fois un sanctuaire de la musique classique et un haut lieu de l'histoire : c'est ici que les villages de Buda, Pest et Óbuda furent réunis en 1873 pour former la capitale Budapest. Johann Strauss, Franz Liszt et Ferenc Erkel y ont tous joué. Le lieu est fantastique tant pour une simple visite que pour assister à un concert classique ou à un spectacle de l'Ensemble folklorique national hongrois.

Avant d'entrer, observez la grande façade sur le fleuve rythmée par de hautes fenêtres cintrées et les statues illustrant différents genres musicaux et les bustes de Hongrois célèbres. À l'intérieur, la Galerie Vigadó retrace l'histoire de ce "lieu de réjouissances". Encadré de fresques murales dues aux peintres romantiques Mór Thán et Károl Lotz, l'escalier monumental mène au 2e étage et à l'immense salle de concerts. Des salles modulables ont été aménagées au 4e étage, ouvertes à divers types de spectacles, comme le théâtre. L'ascenseur mène aux 5e et 6e étages, réservés aux expositions temporaires et à la sublime *panoráma terasz* (terrasse panoramique) qui offre une vue inouïe sur le Danube, Buda et la colline du Château.

Pesti Vigadó

PETER MOCSONOKY/ALAMY STOCK PHOTO ©

LA VILLE INTÉRIEURE VUE D'EN HAUT

Il n'est guère difficile aujourd'hui de prendre de la hauteur dans l'ancienne cité médiévale. La délicieuse terrasse créée au 6e étage du Pesti Vigadó possède un petit café d'où l'on a un point de vue époustouflant jusqu'au Danube. Pas très loin au sud, sur Március 15 tér, l'église paroissiale de la Ville intérieure (p. 90) ouvre sa tour Sud aux visiteurs. Si le panorama vous semble plus appréciable un verre à la main, gagnez le St Andrea Wine & Skybar dans l'ancien palais de la Banque (désormais Vácil ; p. 95), derrière le Vigadó. Tout cela sans compter la fameuse grande roue, le Budapest Eye, sur Erzsébet tér.

Budapest Eye

Budapest Eye

GRANDE ROUE

Dominant V Erzsébet tér, cette grande roue vous emporte peut-être moitié moins haut (à 65 m) que le London Eye de Londres et l'expérience se limite à trois petits tours. Toutefois, elle offre un sublime panorama sur Pest et sur Buda, par-delà le Danube, offrant l'occasion d'embrasser du regard toute la capitale. La nuit tombée, le voyage est encore plus impressionnant.

Église luthérienne de Deák tér

INFLUENCE DES RÉFORMÉS

Du côté sud de V Deák Ferenc tér, cette église dessinée par Mihály Pollack en 1799 illustre les prémices de l'architecture néoclassique à Budapest. Par ailleurs, dans ce pays très majoritairement catholique (surtout à l'ouest), une église protestante est une rareté. Le presbytère attenant, jadis une école dans laquelle étudia le poète Sándor Petőfi, abrite le Musée luthérien, consacré à l'histoire de la Réforme en Europe et plus particulièrement en Hongrie. On y voit notamment une copie du testament de Martin Luther et une simple assiette utilisée pour la Sainte Cène (nom de la communion chez les réformés).

Église luthérienne de Deák tér

Église paroissiale de la Ville intérieure

SANCTUAIRE DE TOUS LES TEMPS

À proximité du pont routier Élisabeth, cette église de Belváros (Belvárosi plébániatemplom) souvent délaissée offre un beau point de vue depuis le sommet de sa tour Sud qui culmine à 55 m. Sa structure complexe témoigne de la succession de différentes religions sur le site. Le premier sanctuaire chrétien fut une église romane (XIIe siècle) construite au sein d'un bastion du **fort romain** d'auxiliaires installé face à la cité d'Aquincum sur la rive opposée. On peut identifier les vestiges de ce fort appelé Contra Aquincum (IIIe siècle) au nord de l'église. L'initial sanctuaire roman fut reconstruit aux XIVe et XVIIIe siècles et comporte des éléments gothiques, Renaissance, baroques et ottomans. Ainsi, sur les 24 niches du déambulatoire autour du chœur, l'une a été transformée en mihrab (orienté vers La Mecque) au XVe siècle, lorsque l'église devint mosquée. On a redécouvert il y a une décennie une fresque du XIVe siècle représentant la Vierge en majesté (sur un trône terrestre). Dans la crypte, une exposition sur l'histoire de l'église est assortie d'objets d'art sacré et de vêtements liturgiques. Les concerts de musique de chambre y ont aussi une chapelle attitrée, récemment construite.

L'accès à la tour se fait par le bas-côté sud, à droite du grand portail, par un petit ascenseur ou 98 marches. En haut, on peut traverser l'impressionnante charpente et rejoindre la tour Nord et son clocher.

AQUINCUM

La ville romaine d'Aquincum fut construite vers l'an 100. Aujourd'hui, les visiteurs peuvent explorer les vestiges de ses maisons, bains, cours et fontaines. Sur place, le musée d'Aquincum aide à se figurer les ruines dans leur contexte (p. 78).

PONTS AVEC VUE

Le pont Élisabeth (p. 69) jouit depuis 1964 d'une place particulière dans le cœur des Budapestois. Il fut en effet le premier pont moderne inauguré après la Seconde Guerre mondiale. Les Allemands en retraite avaient détruit tout ce qui enjambait le Danube. Il offre une vue éblouissante sur la colline du Château et le mont Gellért, ainsi que sur le fleuve lui-même. Admirez le pont de la Liberté (p. 68) au sud ; aujourd'hui rénové, il fut opérationnel à temps pour l'Exposition du millénaire, en 1896.

Église paroissiale de la Ville intérieure

Vin panaché

LA BOISSON ESTIVALE

Les Hongrois apprécient leur vin sous différentes formes. En été, les vins panachés (*fröccs*) ont le plus la cote. Composés de vin rouge ou blanc et d'eau gazeuse, ces spritz se déclinent en de multiples variations, comme le *kisfröccs* (petit vin panaché) ou un *házmester* (concierge). Leur connaissance vous vaudra l'admiration des habitants. Le meilleur endroit pour goûter toutes ces déclinaisons est le gigantesque **Fröccsterasz**, près du Budapest Eye. Suivez ensuite la foule jusqu'à "la maison d'à côté", l'Akvárium, un immense club avec plusieurs salles et une belle variété de musique live.

Paradis des becs sucrés

UNE PÂTISSERIE POUR CHACUN

Les Hongrois sont d'incorrigibles gourmands. Parmi les desserts, figurant le plus souvent à la fin d'un repas, citons la *Somlói galuska* (génoise au chocolat et à la crème fouettée) et la *Gundel palacsinta* (crêpe flambée au chocolat et aux noix). Des pâtisseries plus sophistiquées sont souvent consommées en milieu d'après-midi dans une *cukrászda* (pâtisserie). Belváros en compte une kyrielle, notamment la traditionnelle **Auguszt Cukrászda** et la plus moderne **Centrál Kávéház**. Mais aucune ne vaut **Gerbeaud**, la plus célèbre de Budapest et un lieu de rendez-vous tendance, à l'extrémité nord de Vörösmarty tér, depuis 1870. Installé en terrasse, sacrifiez à la *Dobos torta* : 7 couches de génoise alternant avec une ganache au chocolat, le tout nappé de sucre roux caramélisé. Cette douceur fut imaginée par le pâtissier hongrois József C. Dobos en 1884.

Montrez-moi le chemin

CIRCUITS GUIDÉS

Pour optimiser au mieux votre temps, un circuit guidé vous permettra de récolter maintes informations, que ce soit à pied, à deux (voire même à trois) roues ou sur l'eau. La position centrale de Belváros offre maintes opportunités.

Trip to Budapest organise gracieusement des visites à pied de 2 heures 30 (en anglais) à la découverte des sites clés de la capitale – les guides sont rémunérés au pourboire uniquement. **Yellow Zebra Bikes** propose des circuits à vélo (4 heures) couvrant la place des Héros, le bois de la Ville, le centre de Pest et Buda via le pont Marguerite. Moins conventionnels,

BONS VERRES À BELVÁROS

Good Spirits
Un accueillant troquet avec en réserve plus de 300 whiskys. Les cocktails de la maison sont fantastiques.

Why Not
Les folles soirées et la vue sur le château de Buda et le Danube sont appréciées de longue date par une clientèle mixte tant homosexuelle qu'hétérosexuelle.

Három Holló
Café nouvelle tendance, un bistrot pour intellos. Événements culturels, littéraires ou musicaux presque tous les soirs.

Solid
Au 7e étage de l'Hotel Rum, un bar à vins sophistiqué. Beau point de vue et détente assurés.

OÙ VOIR UN SPECTACLE À BELVÁROS

Puskin Art Mozi
Une institution que cette salle d'art et d'essai installée dans un casino de 1926. Plus des films grand public.

Pesti Vigadó
La salle est somptueuse, le cadre idéal pour un concert de musique classique ou un ballet (p. 88).

Théâtre József Katona
Tentez une production hongroise dans le théâtre le plus célèbre du pays. Rares surtitrages en anglais.

CE QUE J'AIME DANS LA VILLE INTÉRIEURE

Judit Marothy, cofondatrice de l'agence de voyages Budapest Underguide et actuellement commis de cuisine au Costes Downtown, nous révèle ses bonnes adresses.

Jardin Károly
Juste en retrait du Grand Boulevard, un ravissant petit parc avec une aire de jeux, des expositions extérieures et son célèbre lapin statufié.

Erzsébet tér
Un espace vert et un skatepark proches du Budapest Eye pour retrouver des Budapestois de la génération Z.

Gerlóczy Café
Parfait pour un petit-déjeuner ou un brunch chic et décontracté. Menus pour tous les goûts et régimes alimentaires, et une jolie terrasse.

Galerie Foton
Cette galerie expose de jeunes artistes représentant les mouvances du monde de la photo.

les circuits en scooter électrique d'**Urban Tours** longent le Danube sur ses deux rives, du pont Marguerite au pont de la Liberté (2 heures 30).

Les circuits guidés de **Tuk Tuk Taxi** embarquent 2 à 3 personnes sur des triporteurs, permettant d'admirer à ciel ouvert la colline du Château, la place des Héros, le mont Gellért et le Parlement, entre autres sites vedettes (de 1 heure 30 à 4 heures). **Mahart PassNave** vous embarque pour une croisière sur le Danube, avec commentaires enregistrés (1 heure). Plus excitant, la **River Ride** est une fabuleuse balade (1 heure 30) à terre et dans l'eau, à bord d'un bus amphibie jaune vif.

La Belle Époque sur le Danube

RECONVERSIONS FASTUEUSES

Situés de part et d'autre de la même rue menant au Danube, le **Párisi Udvar** et le **Matild Palace**, repères iconiques du Budapest de la Belle Époque, sont désormais des hôtels cinq étoiles. On peut néanmoins apprécier pour le prix d'un café l'extrême opulence de ces deux grandioses architectures du tout début du XXe siècle, destinées à affirmer la modernité avant-gardiste de Budapest à l'époque de leur construction. Parfait exemple d'architecture éclectique, le Párisi Udvar mêle éléments mauresques, gothiques et Art nouveau. Construite au début du XIXe siècle, l'initiale galerie couverte à la parisienne (inspirée du passage des Panoramas, à Paris) avait cédé la place, après aménagements et restauration, à une banque en 1909. Un bon siècle plus tard, une restauration minutieuse de son dallage et de ses céramiques, mosaïques, plafonds et verrières lui a rendu tout son éclat d'origine pour devenir un palace dont le Párisi Passage Café est un rendez-vous convoité. L'occasion de s'y attabler pour une boisson ou de gagner la brasserie attenante pour se sustenter. Son pendant de l'autre côté de la rue, le Matild Palace (1902), est un édifice moderniste qui fut le lieu de rencontre des artistes et des intellectuels. Après restauration, cette construction, pensée comme un repère iconique pour qui arrivait à Pest en traversant le pont, a retrouvé son faste initial. Son café éponyme est une somptueuse réplique du Belvárosi Kávéház, un lieu de rendez-vous populaire à la Belle Époque.

Rives du Danube

PROMENADE

Du pont Élisabeth au pont des Chaînes, la promenade au-dessus des berges qu'on appelle Duna korzó (Promenade du Danube) découvre de splendides points de vue sur Buda.

OÙ LOGER À BELVÁROS

Hotel Rum
Un hôtel dessiné et pensé par des Hongrois, avec 4 catégories de chambres, de Light Rum à Black Rum. **€€€**

Three Corners Hotel Art
Entièrement rénové, un établissement mâtiné d'Art déco aux chambres et aux appartements bien tenus. **€€€**

Gerlóczy Boutique Hotel
Sur une place agréable, un édifice fin XIXe siècle à la déco sublime. Atmosphère agréable et bon rapport qualité/prix. **€€**

© RAKETIR/SHUTTERSTOCK

Duna korzó

Légèrement au-dessus de Belgrád rakpart, artère qui longe le fleuve, cette promenade est jalonnée de cafés et de restaurants. Le soir venu, artistes de rue et stands d'artisanat font place aux amoureux en balade. Deux places verdoyantes agrémentent ce parcours rafraîchissant (surtout l'été) : Petőfi tér, baptisée du nom du poète de la guerre d'indépendance de 1848-1849, et Március 15 tér, qui rappelle le début du "printemps des peuples" à Buda (le 15 mars 1848), dans la lignée de la proclamation de la IIe République à Paris, en février 1848.

Rue de toutes les envies

PASSION SHOPPING

Bordée de restaurants, de boutiques et d'édifices notables, **Váci utca** est la rue commerçante par excellence. Au Moyen Âge, elle traversait tout Pest. Aujourd'hui, on parcourt volontiers Váci utca à la recherche du dernier article à la mode, d'un bijou, d'œufs peints ou d'articles de papeterie. On y trouve de tout, des créations vestimentaires à l'art traditionnel haut de gamme. En général, les secteurs autour de la partie nord de Váci utca (au-delà de Ferenciek tere) visent surtout une clientèle huppée, les grandes marques se regroupant sur Deák Ferenc utca, la rue de la mode par excellence. Dans sa partie sud se concentrent des boutiques indépendantes plus originales.

Ainsi, **Mono** présente le travail de plusieurs dizaines de créateurs hongrois émergents, tandis que **Nanushka** met en lumière les sublimes vêtements pour femmes de Sandra Sandor. Vous trouverez des pièces plus singulières chez **wonderLab**, avec des vêtements, sacs et bijoux de créateurs hongrois,

BELVÁROS CACHÉ ET PAISIBLE

Ágnes Fazakas, propriétaire de l'Asterisk Antiques Gallery and Café, nous dévoile ses coins à elle pour respirer un peu en paix dans la partie inférieure de Váci utca.

Parc Bástya
Ce parc englobe une partie des murailles médiévales de Pest, érigées par le roi Mathias Corvin.

Église orthodoxe serbe Saint-Georges
Tout proches du parc, cette église et le cimetière qui l'entoure derrière de hauts murs sont un havre de paix.

The Sliced Palazzo
Au n°15 de Szerb utca se dresse un beau bâtiment du XIXe siècle dont les loggias et le bossage rappellent les palais de la Renaissance. Chose curieuse : pour permettre l'accès à l'étroite Fejér György utca, on l'a comme coupé en deux. Désormais, ses voisins sont des immeubles Bauhaus des années 1930.

Leo Boutique Rooms
Anciennement une modeste *panzió* (pension), c'est aujourd'hui un délicieux havre de paix. **€€**

Katona Apartments
Des appartements sobres et judicieusement aménagés, dans un vieil immeuble au cœur de Belváros. **€€**

Loft Hostel
Un point de chute plébiscité par les voyageurs au budget serré. Cuisine, mini-salle de sport, salon et puits de lumière. **€**

et chez **Rododendron**, qui propose le même type d'articles, plus des jouets et des affiches.

Les souliers de qualité vendus par la maison **Vass**, chausseur de tradition, ont aussi leur version sur mesure. Non loin, le gantier **Balogh Kesztyű Üzlet** fabrique sur mesure des gants en cuir doublés en cachemire.

Notre adresse préférée pour l'art traditionnel hongrois est **Holló Műhely**, même si les boîtes et œufs peints sont fortement influencés par l'art traditionnel de Roumanie. Une sélection plus large et plus conventionnelle (mais de première qualité et produite en Hongrie) est proposée par **Folkart Kézművésház**. Pour les plus beaux papiers et articles de papeterie fabriqués à Budapest, notamment des carnets, albums photos et agendas reliés en cuir, rendez-vous chez **Bomo Art**.

LA CRÈME DES DOUCEURS DE BELVÁROS

Rózsavölgyi Csokoládé
Cette minuscule chocolaterie de Budafok, non loin, produit de manière artisanale des saveurs originales. Des chocolats souvent primés !

Szamos Marcipán
De la pâte d'amandes, ou massepain, sous toutes les formes, tailles et saveurs.

Cadeau
La folie du chocolat à Budapest vient de Gyula, une ville du sud-est de la Hongrie où sont concoctés ces savoureux chocolats artisanaux signés Cadeau, que vous trouverez dans la célèbre Százéves Cukrászda ("Pâtisserie du siècle").

Chez Dodo
Probablement la plus large gamme de macarons (80 au dernier recensement) et assurément la plus colorée de Budapest.

Vivre comme un Budapestois

REPAIRES ESTUDIANTINS

La convivialité des Budapestois incite à se fondre dans la vie locale, tout comme les bonnes tables et les bons vins. Le quartier estudiantin, autour d'Egyetem tér, est parfait pour en faire l'expérience.

Commencez la journée à **Asterisk**, un merveilleux café servant toute la journée petits-déjeuners, assiettes froides et mezze. Alentour, les galeries fleurissent, présentant un bric-à-brac d'esprit Art déco, des soieries japonaises anciennes et diverses œuvres d'art.

Egyetem tér (place de l'Université) doit son nom à la prestigieuse Université des Sciences Loránd Eötvös (ELTE). Adjacent au bâtiment principal, le bel édifice baroque (1742), appelé **église de l'Université**, a remplacé la mosquée ottomane d'origine. Une copie de la Vierge noire de Częstochowa, vénérée en Pologne, surmonte l'autel.

Une foule d'étudiants affamés se presse au **Belvárosi Disznótoros** pour ses généreuses portions de saucisses et salade. Gagnez ensuite **Károlyi kert**, un paisible jardin aux parterres de fleurs colorés et aux bancs ombragés.

À l'heure du thé, direction **1000 Tea**, qui évoque une maison de thé à la japonaise. Le vénérable **Centrál Kávéház** sert du café et de divines pâtisseries depuis 1887.

Pour un cocktail, repérez l'étonnant bar de ruine **Csendes Létterem Vintage Bar & Cafe** aux murs couverts d'objets recyclés. Un petit creux ? Au coin de la rue, l'**Hummus Bar** sert des plats végétariens bon marché d'inspiration moyen-orientale.

OÙ SE RESTAURER À BELVÁROS

Salt
La table étoilée (au Michelin) de l'Hotel Rum affiche un menu dégustation de 15 plats. La qualité a un prix... **€€€**

Baalbek
Sur les rives du fleuve, place aux délices libanais tels le *kebbé labanieh* et le kebab d'agneau. Un lieu élégant. **€€€**

Monk's Bistrot
Des plats hongrois réinterprétés, dans un environnement industriel chic. **€€**

PROMENADE À PIED DANS VÁCI UTCA

Piétonnière, Váci utca, authentique sanctuaire du shopping, ne se résume pas à une succession de boutiques chics et de restaurants. L'histoire y a laissé ses marques et quelques édifices remarquables. Débutez au **1 Párisi Udvar** (p. 92), la “galerie parisienne” dans sa version de 1909, au style éclectique en vogue à l'époque. Son café, sa brasserie ou son hôtel cinq étoiles combinent styles mauresque, néogothique et Art nouveau. Remontez Váci utca jusqu'à **2 Philanthia**, une boutique qui a conservé son décor intérieur Art nouveau (1906). À côté, la **3 maison Thonet** est un chef-d'œuvre de 1890 dû à Ödön Lechner, le maître hongrois du style Sécession. À l'ouest, Régiposta utca 13, le **4 relief** représentant une ancienne malle-poste est l'œuvre de la céramiste Margit Kovács, membre de la colonie d'artistes de Szentendre. Face à Szervita tér, **5** l'**immeuble de la banque Török** (1906) se distingue par sa façade habillée de verre. Le gâble supérieur est orné d'une mosaïque Sécession hongroise à la gloire du pays. Miksa Róth y a représenté la Vierge entourée d'anges et de bergers parmi lesquels se glissent d'éminents Hongrois qui ont fait la Hongrie. Revenez dans Váci utca. Le somptueux **6 palais de la Banque** (1915), qui abritait autrefois la Bourse, a été transformé en centre commercial. La rue débouche sur **7 Vörösmarty tér**, vaste place bordée de boutiques, galeries, cafés et portraitistes. Au centre, se dresse la statue du poète “national” Mihály Vörösmarty (1800-1855) et à l'extrémité nord, **8 Gerbeaud** (p. 92), la plus célèbre pâtisserie de la ville. Pour revenir vers Ferenciek tere, longez le **9 Duna korzó** (p. 92), la “Promenade du Danube”, entre le pont des Chaînes et le pont Élisabeth.

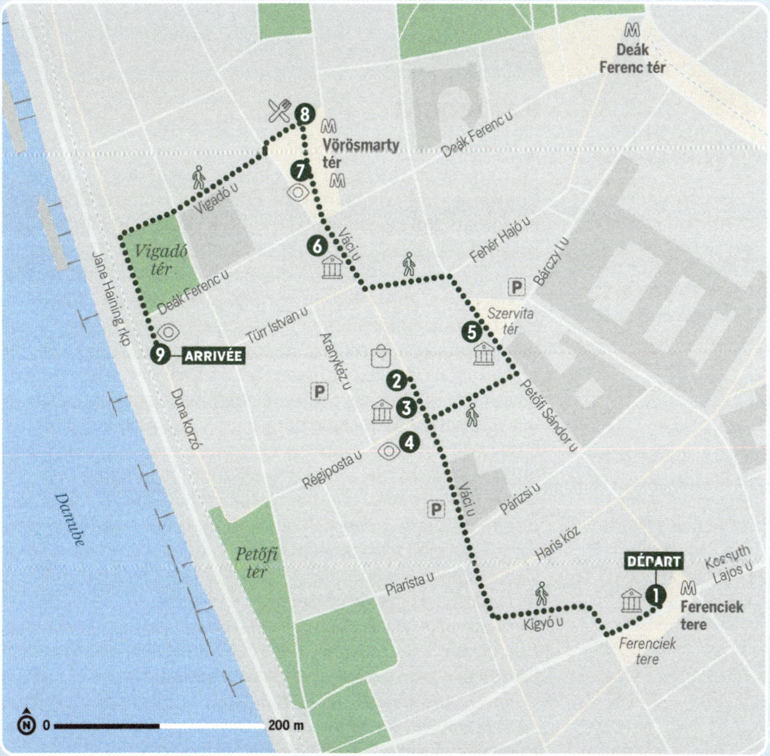

LE PARLEMENT ET SES ENVIRONS

SITES ET PLACES EMBLÉMATIQUES

Au nord de Belváros, Lipótváros (Léopold-Ville) s'enorgueillit de deux monuments phares : à l'ouest, le Parlement qui s'étire le long du Danube ; au sud-est, la vénérée basilique Saint-Étienne. Outre ses deux emblèmes hongrois, ce quartier éminemment touristique compte nombre de musées et de lieux culturels, de jolies places et de délicieux édifices Art nouveau.

Explorer ce quartier à pied est agréable et aisé, une découverte scandée par de grandes places : Széchenyi István tér, face au fleuve, Szabadság tér, site du seul mémorial soviétique conservé, et Kossuth Lajos tér, le long du Parlement. Restaurants chics, cafés accueillants et bars animés sont aussi la marque du quartier.

À l'est, Terézváros (Thérèse-Ville) honore l'impératrice Marie-Thérèse. À la nuit tombée, théâtres et salles de concerts donnent le ton sur VI Nagymező utca.

Pour les infos pratiques, voir le Carnet d'adresses p. 160

À SAVOIR

Le centre du quartier est le secteur autour d'Október 6 utca, à l'ouest de la basilique, où vous découvrirez l'ancien siège de l'Université d'Europe centrale (désormais basée à Vienne). Venez profiter des innombrables restaurants, bars et cafés.

LA COURONNE DE SAINT ÉTIENNE

Composée de deux diadèmes, byzantin pour le bas, latin pour le haut, la Sainte Couronne, avec sa croix inclinée, ses pendants latéraux et ses émaux figurant les apôtres, date du XIIe siècle. En 1945, ce symbole de la nation hongroise fut évacué en Autriche pour échapper à l'Armée rouge, puis envoyé à Fort Knox (Kentucky). Elle revint en 1978, un événement célébré en grande pompe, tous les jugements ayant toujours été prononcés "au nom de la couronne de saint Étienne".

Parlement

L'EMBLÈME MÊME DE LA HONGRIE

Plus grand bâtiment du pays et sanctuaire des joyaux de la Couronne, le Parlement (Országház) de Hongrie déploie sa façade sur 268 m le long du Danube, à Pest. Pendant du Palais royal, qui se dresse rive droite sur les hauteurs de la colline de Buda, il symbolise l'idée d'opposition à toute dérive absolutiste.

Conçue par Imre Steindl en 1885 et achevée en 1902, cette construction emblématique, mélange de styles architecturaux (néogothique, néo-roman, néo-baroque), aurait été inspirée par le palais de Westminster, à Londres. Les sculptures de personnages illustres contemplent le fleuve depuis la façade ouest. L'entrée principale donne sur V Kossuth Lajos tér.

Des 700 salles, somptueusement décorées, vous ne verrez qu'une infime partie. La visite guidée dure 45 minutes. Depuis le centre des visiteurs, grimpez les 132 marches de l'Escalier doré jusqu'à la salle du Dôme. Cet immense écrin des *regalia* (insignes royaux) au plan à 16 côtés culmine, au sommet du dôme, à 96 m. Y sont exposés la couronne de saint Étienne, principal emblème de la nation, l'épée de cérémonie (XVe siècle), le globe (1301) et le sceptre (Xe siècle) à pommeau en cristal, de facture persane. Les 96 marches assez glissantes du Grand Escalier descendent jusqu'à la porte du Lion, mais vous poursuivrez vers la salle du Congrès (400 places), où se réunissait la chambre supérieure de l'assemblée du Parlement, jadis bicaméral, jusqu'en 1944. Réservez en ligne via Jegymester (jegymester.hu).

INCONTOURNABLES
1 Basilique Saint-Étienne
2 Parlement

VOIR
3 Musée rétro interactif de Budapest
4 Maison des Photographes hongrois
5 In Memoriam : mémorial du soulèvement de 1956
6 Kossuth Lajos tér
7 Centre Robert Capa pour la photographie contemporaine
8 "Chaussures au bord du Danube"
9 Szabadság tér
10 Széchenyi István tér
11 Musée ethnographique Urban Betyár

PRENDRE UN VERRE ET FAIRE LA FÊTE
12 Bortodoor City
13 DiVino
14 Drop Stop
15 High Note Sky Bar
16 Marlou

SORTIR
17 Centre culturel Aranytíz
18 Budapest Operetta
19 Opéra national hongrois

SHOPPING
20 Anna Antikvitás
21 Dárius Antiques
22 Kieselbach Galéria
23 Moró Antik
24 Pintér Galéria

Basilique Saint-Étienne

LE SANCTUAIRE DE LA HONGRIE ET SA RELIQUE VÉNÉRÉE

Plus grand sanctuaire de Hongrie, la cathédrale de Budapest conserve la relique la plus vénérée du pays : la main droite momifiée de son saint patron, le roi Étienne Ier, fondateur du royaume. Cette cathédrale néoclassique au plan en croix grecque a été conçue par József Hild pour accueillir 8 000 fidèles. Elle fut édifiée entre 1851 et 1905. Après la mort de Hild en 1867 et l'écroulement du dôme en 1868, Miklós Ybl dut alors démolir tout l'édifice pour le rebâtir.

Hormis les mosaïques dorées de Károly Lotz qui tapissent le dôme, l'intérieur de la basilique est plutôt sombre et austère. Elle renferme la statue, par Alajos Stróbl, du roi saint sur le maître-autel et, à droite, le tableau de Gyula Benczúr dépeignant saint Étienne confiant la Hongrie à la Vierge Marie. Derrière l'autel, sur la gauche, la chapelle de la Sainte-Dextre (Szent Jobb kápolna) renferme la main droite momifiée de saint Étienne. Pour l'observer au mieux, placez-vous du côté droit.

La façade de la basilique est encadrée par deux larges clochers, l'un abritant une cloche de plus de 9 tonnes. Haut de 96 m, le dôme (Panoráma kilátó) se dresse derrière eux. Des statues des quatre évangélistes ornent ses niches. Deux ascenseurs et 42 marches (ou 302 marches en tout) mènent à son sommet pour profiter d'une des plus belles vues sur la ville. Au 2e étage, le trésor réunit encensoirs, calices, ciboires et habits sacerdotaux. Ne manquez pas le double ostensoir Art déco (1938). Les billets sont valables pour la basilique, le dôme, le trésor ou les trois.

SAINTE DEXTRE

Canonisé en 1083, le roi Étienne Ier (975-1038) est le saint patron de la Hongrie. Précieuse relique pour les Hongrois, sa main droite (dextre) momifiée fut longtemps conservée chez les dominicains de Raguse avant d'être récupérée par Marie-Thérèse d'Autriche, puis envoyée en 1771 à Pest. Comme la Sainte Couronne, elle fut aussi subtilisée à la faveur du second conflit mondial, puis rendue. En 1996, l'évêque de Passau a souhaité marquer le millénaire du mariage d'Étienne avec la princesse Gisèle de Bavière, qui avait dû se retirer dans un couvent bavarois à la mort de son époux. La main droite de la première souveraine hongroise a ainsi retrouvé celle de son époux dans leur royaume.

Basilique Saint-Étienne

DAVE Z/SHUTTERSTOCK ©

NICOLE_N/SHUTTERSTOCK ©

"Chaussures au bord du Danube"

"Chaussures au bord du Danube"

COMME UN MÉMORIAL DE LA SHOAH

Au sud du Parlement, sur les berges du fleuve, ce monument poignant est dédié aux Juifs hongrois fusillés et jetés dans le Danube par des membres du parti fasciste des Croix-Fléchées en 1944. Baptisé *Cipők a Dunaparton* (Chaussures au bord du Danube) par le sculpteur Gyula Pauer et le poète et réalisateur Can Togay, il figure sobrement 60 paires de souliers et bottines en fonte, jetées pêle-mêle sur la berge. Au début de la guerre menée par la Russie contre son pays, le président ukrainien Volodymyr Zelensky a fait référence à cette sculpture lors d'une téléconférence en 2022, alors qu'il adressait une critique au président Orbán.

Széchenyi István tér

PLACE LE LONG DU DANUBE

Nommée Roosevelt tér pendant plus d'un demi-siècle, cette place de Pest offre l'une des plus belles vues sur la colline du Château, au-delà du pont des Chaînes (Széchenyi lánchíd). Côté nord se dresse l'Académie hongroise des Sciences (Magyar Tudományos Akadémia) fondée en 1825 par le comte István Széchenyi, surnommé "le plus grand Hongrois" par son collègue réformateur Lajos Kossuth. À l'est, le somptueux édifice Art nouveau, avec ses reliefs en pierre sculptés, son toit aux tuiles multicolores, ses mosaïques et son portail en fer forgé orné de deux paons, fut construit par une compagnie d'assurances anglaise en 1907. Une rénovation de grande ampleur à la fin des années 1990 a fait de ce palais Gresham un luxueux établissement hôtelier. Côté sud, la statue de Ferenc Deák rappelle le rôle joué par ce ministre réformateur libéral qui négocia le Compromis de 1867, à l'origine de la double monarchie d'Autriche-Hongrie. À ses pieds, le sculpteur a figuré deux enfants se tenant la main, l'un autrichien, l'autre hongrois. Le jeune Magyar est nu, les cheveux ébouriffés, tandis que l'enfant osztrák est vêtu d'une sorte de robe patricienne, les cheveux bien peignés.

Szabadság tér

DU PASSÉ AU PRÉSENT

À l'extrémité nord de cette vaste esplanade appelée "place de la Liberté", se dresse un vestige du monde communiste. Une énorme étoile dorée coiffe l'obélisque frappé de la faucille et du marteau qui fut jadis dressé en hommage aux héros de l'Armée rouge libératrice.

Côté est, l'ambassade des États-Unis affiche une allure de forteresse, isolée de la place par de hautes grilles et des blocs de béton. Après le soulèvement de 1956, le cardinal József Mindszenty (1892-1975) – qui fut emprisonné par les nazis, puis torturé par les communistes – s'y réfugia et y vécut 15 ans avant son départ forcé pour Vienne en 1971. Derrière l'ambassade, Hold utca (rue de la Lune) s'est appelée jusqu'en 1990 Rosenberg házaspár utca (rue des Époux Rosenberg), en souvenir de ce couple juif communiste (Julius et Ethel Rosenberg) vivant aux États-Unis qui fut condamné en 1953 à la chaise électrique pour espionnage au profit de l'URSS. Aujourd'hui, les statues des anciens présidents américains Ronald Reagan et George W. Bush se dressent au nord du parc.

À l'extrémité sud, le monument antifasciste élevé en l'honneur des "victimes de l'occupation allemande" en 2014 reste très controversé. Beaucoup jugent que Ferenc Szálasi, chef du gouvernement fantoche issu du parti des Croix-Fléchées, apporta un soutien inconditionnel aux nazis dès son arrivée au pouvoir en 1944. Les opposants au monument ont improvisé un mémorial alternatif à base de bougies, de lettres et de souvenirs personnels, encore entretenu à ce jour.

Face à l'église presbytérienne du Retour, de l'autre côté de la rue, se dresse une statue de Miklós Horthy, régent du royaume de Hongrie de 1920 à 1944, considéré comme un héros par la droite et comme un dictateur fasciste par d'autres. Son piédestal est appelé "Trianon".

Monument à l'Armée rouge, Szabadság tér

PJRTRAVEL/ALAMY STOCK PHOTO ©

LE PARI DE L'ART NOUVEAU

Juste à l'est de Szabadság tér se trouve l'un des plus beaux édifices de Pest. Il s'agit de l'ancienne Caisse d'épargne de la Poste royale (Posta Takarékpénztár), une folie de style Sécession avec carreaux colorés et motifs traditionnels, imaginée par Ödön Lechner en 1901. Au sud-est, on découvre le sublime siège de la Banque nationale de Hongrie (Magyar Nemzeti Bank), orné sur les quatre côtés de bas-reliefs en terre cuite qui illustrent le commerce à travers les âges : caravaniers arabes, marchands de tapis africains, céréaliers égyptiens, vendeurs de thé chinois et les inévitables contrats de notaire.

Kossuth Lajos tér

PLACE GRANDIOSE

Site du Parlement, l'édifice le plus photographié de Budapest, cette place au bord du fleuve a retrouvé depuis 2014 son apparence originale d'avant-guerre. Les deux prestigieux édifices qui font face au Parlement côté est sont le ministère de l'Agriculture (1887), où l'on identifie encore les impacts de balles datant du "jeudi sanglant" de 1956, et le Palais de Justice (1896), qui abritait le musée d'Ethnographie jusqu'à son déménagement au bois de la Ville. À l'extérieur du Parlement, la relève de la garde a lieu toutes les heures entre 8h et 19h (plus tôt en hiver).

Relève de la garde, Parlement

Parlement

EN HAUT : PROXIMA13 Z/SHUTTERSTOCK ©, EN BAS : MATT LAVIGNE/SHUTTERSTOCK ©

Lapidarium

UNE NOUVELLE VIE POUR LE PARLEMENT

À l'origine, l'architecte du Parlement, Imre Steindl, avait imaginé une façade extérieure en brique, mais il misa finalement sur un habillage en pierre plus en accord avec le style néogothique. Malheureusement, le calcaire poreux utilisé souffre d'une érosion causée par la pollution urbaine et des vents forts qui soufflent le long du Danube. La taille du bâtiment et l'importance des décors sculptés en façade ont nécessité des décennies de restauration à l'abri des échafaudages. Après remplacement par des copies identiques, certaines des sculptures originales et autres ouvrages en pierre sont exposés dans le lapidarium, sous le côté nord de Kossuth Lajos tér. Photographies contemporaines et d'archives sont présentées côte à côte : le contraste est saisissant entre l'apparence de la place hier et aujourd'hui.

Mémorial du soulèvement de 1956

RÉVOLUTION DE 1956

Au sud de Kossuth Lajos tér, "In Memoriam 1956. Október 25" revient sur les événements du "jeudi sanglant" (3e jour de l'insurrection contre le gouvernement prosoviétique). Le 25 octobre 1956, alors que des manifestants se rassemblaient pacifiquement devant le Parlement, la police tira sur la foule depuis les toits, faisant des centaines de morts. Un néon rouge évoque une rivière de sang, fil conducteur de la visite. Vidéos, photos et souvenirs témoignent de cette période où le président du Conseil Imre Nagy (p. 111) adopta finalement la cause des protestataires et annonça le retrait de la Hongrie du pacte de Varsovie. S'ensuivit début novembre l'assaut de la capitale par les chars de l'Armée rouge et l'écrasement de cette insurrection spontanée dans le sang. Par respect, le silence est de mise et les photos sont interdites.

SURPRISES DE LIPÓTVÁROS

Virág Vántora, propriétaire et gérante de Katona Apartments, nous ouvre son carnet d'adresses à Lipótváros.

Mini-statues
Mihály Kolodko dépose ses minuscules sculptures en bronze à travers la ville : Kermit la grenouille sur Szabadság tér, un écureuil sans vie près de Peter Falk dans Falk Miksa utca, et l'empereur François-Joseph sur la rambarde du pont de la Liberté.

Teqball
Vous êtes tenté par le teqball, un sport entre le football et le ping-pong ? Rendez-vous au V30 Downtown Sports Center.

Olimpia Park
Un espace vert multiforme au nord du Parlement où l'on peut courir sur une piste en Rekortan de 435 m de long, avec un indicateur de vitesse.

MUSÉE RÉTRO INTERACTIF DE BUDAPEST ©

Musée rétro interactif de Budapest

À VOIR AUSSI AUTOUR DU PARLEMENT

Déguster en connaisseurs

OÙ GOÛTER LES MEILLEURS VINS

Partager un bon moment autour d'un verre de vin compte pour beaucoup dans la vie sociale d'un Budapestois. On ne saurait donc manquer cette occasion de goûter un ou deux crus locaux. Que l'on commande au verre ou à la bouteille, les prix restent raisonnables. Dans les bars à vins traditionnels, les vins vous seront servis au déci (10 cl). Si vous avez une authentique passion pour le vin, rejoignez l'un des excellents bars à vins du quartier du Parlement, et laissez-vous guider par les conseils du personnel. Ces établissements plus récents vous serviront le cru choisi dans un verre à dégustation de 15 cl.

Proche de la basilique et toujours animé, **DiVino** est le lieu où est né le vin passion tous azimuts. Choisissez parmi plus de 120 crus produits par une trentaine de viticulteurs. Juste en retrait de Nagymező, ou "Broadway" de Budapest, le populaire **Bortodoor City** est toujours festif et gai, mais le duo américano-britannique qui pilote le lieu ne plaisante

OÙ SE LOGER DANS LIPÓTVÁROS ET ALENTOUR

Four Seasons Gresham Palace Hotel
Le luxe de l'ancien palais Gresham (1906), longtemps laissé à l'abandon. **€€€**

Aria Hotel Budapest
Luxe et thème musical pour chaque chambre : jazz, opéra, classique ou contemporain. Sublime bar sur le toit. **€€€**

Cotton House Budapest
Un établissement pas très grand, à l'esprit années 1920. Chambres cosy, avec douche, baignoire ou Jacuzzi. **€€**

pas avec le vin, renouvelant chaque semaine sa cinquantaine de propositions.

Proche du pont Marguerite, **Drop Stop**, bar à vins discret et indépendant, conjugue le métier de caviste (en boutique) et la dégustation grâce à une fort belle sélection de crus haut de gamme et à un personnel compétent.

Le petit nouveau est **Marlou**, derrière l'Opéra. Ce spécialiste des vins naturels affiche une sélection pointue, mais les prix sont un peu élevés.

Si on chinait un peu...

RUE DES ANTIQUAIRES

En passant un samedi matin dans Falk Miksa utca, vous comprendrez pourquoi on l'appelle la “rue de l'art et des antiquités” tant il y a d'antiquaires et de boutiques de curiosités. À son extrémité nord, le promeneur est accueilli par la statue de l'acteur d'ascendance hongroise Peter Falk figuré en lieutenant Columbo face à son chien. À l'angle, se trouve une des boutiques **BÁV Art**, temple du rétro haut de gamme et, en face, la **Kieselbach Galéria** expose des peintres hongrois bien établis.

Continuez vers le sud jusqu'à **Moró Antik**, connu pour son riche fonds d'épées et pistolets anciens, ses porcelaines, peintures et autres objets asiatiques de Chine ou du Japon – son propriétaire est une encyclopédie vivante ! En face, **Dárius Antiques** collectionne meubles, peintures, verres, porcelaines, horloges et armes. **Anna Antikvitás** est réputé pour la qualité exceptionnelle et la variété de son linge de maison brodé, ainsi que dans le domaine des costumes traditionnels hongrois.

Au bout de la rue, la **Pintér Galéria** se distingue par ses 2 000 m^2 d'antiquités aménagés dans plusieurs caves juste au nord du Parlement qui regorgent de meubles, lustres, peintures à l'huile, porcelaines... La compétence des vendeurs et la qualité de l'accueil en font la meilleure adresse de la rue.

Retour sur un passé pas si lointain

LA BUDAPEST COMMUNISTE

Voyage nostalgique s'il en est, le **musée rétro interactif de Budapest** (Budapest Retro Élményközpont) ouvre une fenêtre sur la Hongrie (et Budapest en particulier) entre 1960 et 1989. Ici, vous pourrez vous asseoir au volant d'une emblématique Lada, visiter des boutiques de l'Est (comme un magasin d'électroménager particulièrement daté), entrer sur le plateau du journal télévisé de l'époque ou apprécier le

BONNES TABLES HONGROISES DE LIPÓTVÁROS

Borkonyha
Un restaurant étoilé au Michelin et une approche contemporaine de la cuisine hongroise. **€€€**

Kispiac
Un resto rétro aux saveurs hongroises authentiques comme les côtelettes de sanglier. Ambiance intimiste. **€€**

Pick Bistro
Épicerie fine hongroise et bistrot où goûter le salami le plus célèbre de Hongrie. **€€**

Első Pesti Rétesház
Dans un cadre parfaitement rétro, le lieu idéal pour se régaler du fabuleux strudel hongrois. **€€**

Kisharang
De goûteux plats du jour appréciés des travailleurs et des étudiants fidèles à cet *étkezde* (cantine) où manger sans se ruiner. **€**

Hotel Medos
Hôtel abordable, avec des chambres rénovées face aux restaurants et bars de Liszt Ferenc tér. **€€**

Full-Moon Budapest
Auberge de jeunesse/hôtel pas cher à l'ambiance joyeuse. D'immenses portraits de Joplin et Hendrix ornent le hall. **€€**

Pal's Hostel
Le Pal's se démarque des autres et propose des appartements un peu partout à Lipótváros. **€€**

S4SVISUALS/SHUTTERSTOCK ©

Opéra national hongrois

MANGER ASIATIQUE À LIPÓTVÁROS

Jin Galbi
Difficile de trouver meilleur barbecue coréen et meilleure sélection de *banchan* (accompagnements) qu'ici. €€€

Bombay Budapest
Cet élégant mais non moins authentique restaurant indien décline une large gamme végétarienne. €€

Parázs Thai Étterem
Tous les classiques de la cuisine thaïlandaise, de la soupe *tom yum* aux multiples currys. €€

Momotaro
Excellente adresse pour des nouilles à la taïwanaise – en soupe notamment – et des raviolis. €

confort d'une maison budapestoise et ses incontournables meubles de cuisine orange. Malgré un côté parfois grotesque, le musée redonne vie à un passé pas si lointain. Les cartels et autres explications bilingues (anglais) autorisent chacun à lire, téléphoner ou conduire à travers ce temps révolu.

Il était une fois la ferme

AUBERGE URBAINE

Le petit **Musée ethnographique** installé au sous-sol du restaurant **Urban Betyár** brosse un beau portrait de la vie rurale en Hongrie du XIXe au début du XXe siècle, à l'aide d'objets originaux et d'une présentation interactive moderne. Chaque salle aborde différents aspects, époques et lieux représentatifs de la culture paysanne hongroise. Mobilier sculpté et peint, céramiques vernissées, peintures, costumes traditionnels ou encore pistolets restituent la vie rurale du passé. Bien sûr, la présence d'un restaurant au rez-de-chaussée

OÙ FAIRE DU SHOPPING DANS LIPÓTVÁROS

Bestsellers
Une excellente librairie d'ouvrages en français et en anglais, romans ou essais. Vendeurs très compétents.

Cartographia
L'entreprise nationale de cartographie diffuse ici toute une gamme de plans de la ville et de cartes de la province.

Memories of Hungary
Dans le centre d'accueil des visiteurs du Parlement, une sélection sérieuse d'artisanat local.

est une invitation à s'attabler, mais l'Urban Betyár porte aussi un regard contemporain sur les traditions hongroises.

Focus sur la photographie hongroise

GALERIES CONNUES

La Hongrie s'est toujours distinguée dans le domaine de la photographie. La visite de deux établissements, au cœur du quartier des théâtres, vous permettra d'en prendre la mesure. La **Maison des Photographes hongrois** (Magyar Fotográfusok Háza) programme des expositions de haute volée, comme le travail plein d'humour de la Finlandaise Maija Astikainen, dont les clichés de chiens sont un clin d'œil à ceux des humains, ou de la Néerlandaise d'origine hongroise Ata Kandó qui a photographié des enfants à la frontière autrichienne fuyant la Hongrie après l'insurrection de 1956. Ce lieu séduisant – un édifice Art nouveau (1894) de 8 étages – fut la résidence de Manó Mai (Emánuel May, 1855-1917), l'un des plus célèbres portraitistes d'enfants. Il fut nommé "photographe de la cour royale et impériale" en 1885. Ne manquez pas son studio photos de jour, au dernier étage, qui permettait un éclairage à la lumière naturelle.

À un pâté de maisons au sud, le **Centre de photographie contemporaine Robert Capa** (Robert Capa Kortárs Fotográfiai Központ) a investi un centre culturel centenaire rénové. Il porte le nom du photographe et correspondant de guerre hongrois Robert Capa (1913-1954, né Endre Friedmann), cofondateur de l'agence de presse photographique Magnum. L'institution présente le meilleur des arts visuels contemporains, les accrochages changeant chaque trimestre. Admirez le magnifique vitrail de Miksa Roth dans l'escalier.

Une soirée à l'opéra

OPÉRAS ET OPÉRETTES COMME AUTREFOIS

Bâti par Miklós Ybl en 1884 dans un style néo-Renaissance, l'**Opéra national hongrois** (Magyar Állami Operaház) figure parmi les plus beaux édifices de Budapest. Il mérite une visite, autant pour apprécier la décoration incroyablement riche de l'intérieur que pour assister à un spectacle et profiter de l'acoustique. Statues des muses et de grandes figures de l'opéra comme Puccini, Mozart, Liszt, Verdi ou Ferenc Erkel ornent sa façade. À l'intérieur, on est ébloui par l'ampleur du décor : hautes colonnes de marbre, profusion de dorures au plafond, mosaïques Zsolnay, lustres... La programmation s'appuie sur les classiques de la musique hongroise, notamment les fameux *Bánk Bán* et *László Hunyadi* de Ferenc Erkel

QUELS TALENTS !

De nombreux Hongrois ont joué un rôle significatif dans de nombreux domaines, du cinéma aux beaux-arts.

Brassaï (Halász Gyula, 1899-1984) Un immense photographe de Paris la nuit, entre autres !

George Cukor (1899-1983) Né à New York, ce fils d'immigrés juifs hongrois a réalisé, entre autres succès, *My Fair Lady*.

Tony Curtis (Bernard Schwartz, 1925-2010) Aussi né à New York, un inoubliable comédien.

Joe Eszterhas (né en 1944) Écrivain, scénariste (*Basic Instinct*, *Flashdance*) et producteur américain.

Harry Houdini (Weisz Ehrich, 1874-1926) Illusionniste américain d'origine hongroise.

Bela Lugosi (Blasko Béla, 1884-1956) Le seul véritable Dracula du cinéma.

Ernő Rubik (né en 1944) L'inventeur du Rubik's Cube.

Billy Wilder (Samuel Wilder, 1906-2002) Producteur et réalisateur américain.

Originart Galéria
Des articles d'artisanat hongrois très ludiques, y compris pour les enfants.

Wave
Une petite boutique bourrée à craquer de vinyles alternatifs et de sons rares d'Europe de l'Est.

Culinaris Parliament
Ce paradis des gourmets propose des ingrédients difficiles à trouver ailleurs à Budapest.

CONSEILS DE GOURMET DANS LE CENTRE

Gourmand invétéré et Budapestois d'adoption, **Brandon Krueger** nous révèle ses bonnes adresses méditerranéennes ou moyen-orientales dans le centre.

Leila's
Pour les amateurs de cuisine libanaise (grillades, mezze...), mitonnée par un chef originaire de Beyrouth.

Garden Studio & Cafe
Un petit-déjeuner turc parfait pour les végétariens. Également de bons cocktails et une boutique d'artisanat local.

Dobrumba
Toujours bondé d'habitants et d'étrangers, ce restaurant fut l'un des premiers de Budapest à faire apprécier la cuisine orientale. Le tajine de poulet est vivement recommandé. Réservation impérative.

(1810-1893), compositeur de l'hymne national et père de l'opéra hongrois. La gamme de prix des billets peut s'envoler de façon stratosphérique, mais une place debout coûte trois fois rien. Si vous ne pouvez pas assister à une représentation, joignez-vous à l'une des 3 visites guidées quotidiennes (45 min, en anglais), avec un spectacle de 10 minutes inclus.

Face à l'opéra, le **palais Drechsler**, œuvre précoce de Lechner, est actuellement en rénovation. Passez derrière pour jeter un coup d'œil au **Nouveau Théâtre** (Új Színház), un bijou Art déco qui ouvrit ses portes en 1909 comme cabaret, le Parisiana : têtes de singes, globes et motifs géométriques ornent le haut de sa sobre façade.

Enfin, à un pâté de maisons au nord, vous découvrirez le "Broadway de Budapest", sur un bon tronçon de Nagymező utca. Entre autres théâtres, le **Théâtre d'opérette de Budapest** (Budapesti Operettszínház) programme des spectacles comme *Princesse Czárdas* d'Imre Kálmán (1882-1953) ou *La Veuve joyeuse* de Franz (Ferenc) Lehár (1870-1948) avec des décors et costumes extraordinaires. Une belle statue en bronze de Kálmán orne l'entrée principale.

Premier métro : en voiture !

EN L'HONNEUR DU MILLÉNAIRE MAGYAR

Les ferrovipathes (passionnés de trains) seront aux anges sur la ligne M1, la fameuse **Ligne du Millenium**, ou Kisföldalatti ("petit métro"), la plus ancienne des 4 lignes de métro de Budapest. Réalisée en 1896, un an après le précurseur *tube* londonien, elle fut la première voie ferrée souterraine créée en Europe continentale, soit 14 ans avant le métro parisien.

Longue à ce jour de 4,4 km, elle passe sous Andrássy út et marque 11 arrêts ; pour changer de sens, il faut sortir et traverser la rue. Le but premier de la ligne était de faciliter les transports publics jusqu'au bois de la Ville sans gâter la beauté de la rue. La liaison fut d'abord baptisée "Métro Franz Joseph" et l'avant-dernier empereur d'Autriche l'emprunta en personne lorsqu'il vint à Budapest pour les célébrations du millénaire de la présence magyare en Hongrie.

Vue d'aigle sur Buda, Pest et le Danube

LES MEILLEURS POINTS DE VUE AUTOUR DU PARLEMENT

Le quartier autour du Parlement offre quantité de points de vue mirifiques. Le pont des Chaînes permet d'admirer Buda, Pest et le Danube. Le dôme de la basilique Saint-Étienne offre également une belle perspective sur ces trois éléments. Si vous

OÙ SE RESTAURER DANS LIPÓTVÁROS

Costes Downtown
Ce bistrot gastronomique étoilé au Michelin apporte une nouvelle dimension à la scène culinaire de Budapest. **€€€**

Mák
"Pavot" décline des menus dégustation inventifs, où la cuisine internationale rencontre les saveurs de la Hongrie. **€€€**

Bigfish
Des poissons et fruits de mer très frais à choisir directement sur l'étal de glace. **€€**

BRIAN_KINNEY/ALAMY STOCK PHOTO ©

Métro du Millenium

souhaitez de la musique et des boissons pour accompagner le tableau, gagnez l'un des toits-terrasses les plus impressionnants de Pest : le **High Note Sky Bar**, au-dessus de l'Aria Hotel. De là, vous pourrez presque toucher le dôme de la basilique avec presque aussi tous les monuments de la ville à vos pieds.

Soirée musique traditionnelle

TROIS PETITS PAS...

Le **Centre culturel Aranytíz** (Aranytíz Kultúrház), à Lipótváros, est l'une des meilleures adresses de Budapest pour assister à des concerts et des spectacles de danse. Il offre une programmation très variée : théâtre, concerts de musique classique et pop, expositions, films, ballets pour enfants et arts visuels. Mais son premier atout reste les spectacles de musique et danse traditionnelles, surtout des *táncház* (ateliers pour s'initier). Un excellent moyen d'écouter de la musique traditionnelle hongroise tout en apprenant à danser. Vous aurez peut-être la chance de voir sur scène le groupe Kalamajka Táncház, qui a été parmi les premiers à lancer le mouvement il y a un demi-siècle. Avisez également l'extravagant Rajkó Gypsy Orchestra et l'Ensemble folklorique national de Hongrie (Magyar Állami Népi Együttes).

LE PARLEMENT EN CHIFFRES

Plus grand édifice de Hongrie, le Parlement de Budapest suscite toutes sortes de superlatifs : le plus grand nombre de pièces (691), la plus grande étendue le long du fleuve, les objets les plus sacrés du pays. Environ 100 000 personnes ont posé 40 millions de briques pour bâtir cet édifice gigantesque. L'intérieur est décoré d'un demi-million de pierres précieuses et semi-précieuses, sans compter l'utilisation de 40 kg d'or. Et ce n'est pas tout. Encore quelques chiffres étonnants : le Parlement possède 27 portes, 10 cours, 29 escaliers, 13 ascenseurs, 8 730 ampoules électriques et 108 horloges. Et 3 fois plus d'employés (700) que de statues (242) !

Lokum
Un restaurant lumineux et aéré, fabuleux pour un petit-déjeuner ou un brunch turc. **€€**

Iguana
Enchilada ou burrito : une cuisine mexicaine à déguster en toute confiance dans une ambiance joyeuse. **€€**

Pizzica
Nous n'avons pas trouvé meilleure pizza à Budapest. **€**

LES MEILLEURS LIEUX POUR FAIRE LA FÊTE À LIPÓTVÁROS

Alterego
Le meilleur club gay de Budapest. Clientèle chic, excellente musique et spectacles de drag-queens de qualité.

Morrison's 2
Le plus grand club de la capitale : 6 pistes de danse et autant de bars, pour la plus grande joie de la jeunesse locale.

Ötkert
Établissement de *lángos* le jour et club très fréquenté le soir, du mercredi au week-end.

Caledonia
L'eldorado des expatriés, avec 140 whiskys et du sport sur grand écran.

FERENC SZELEPCSENYI/SHUTTERSTOCK ©

Chorale, basilique Saint-Étienne

Musique sacrée

CONCERTS DANS LES ÉGLISES

Nombre de concerts classiques sont donnés dans les églises et très appréciés des Hongrois. La musique pour orgue y tient une place importante, avec violons, trompettes et chœur. Peu de salles de concerts – à l'exception de l'Académie de musique Franz Liszt (Liszt Zeneakadémia, p. 121) – conjuguent une acoustique exceptionnelle et un cadre grandiose comme ces églises. Ces concerts durent en moyenne un peu plus d'une heure pour un tarif très abordable (à partir de 20 € environ). À Lipótváros, le lieu musical le plus couru est bien sûr la basilique Saint-Étienne, où les concerts sont habituellement programmés le mardi et le dimanche à 20h – ils sont plus fréquents l'été. Sinon, la majorité des programmations classiques ont lieu à Belváros : à l'église Saint-Michel sur Váci utca, à l'église Sainte-Anne sur Szervita tér et à l'église de l'Université (p. 94) sur Egyetem tér.

OÙ BOIRE UN CAFÉ DANS LIPÓTVÁROS

Espresso Embassy
Selon certains, les meilleurs expressos, crèmes et cappuccinos de Budapest. Ambiance joyeuse.

Artizán
Merveilleux café moderne proposant des mets 100% naturels, du pain maison et un café corsé.

Ételem Étterem
Établissement végétarien et végan, servant l'un des meilleurs cafés bio de la ville.

ÎLE MARGUERITE ET NORD DE PEST

PARC, SENTIERS ET RUINES

Au milieu du Danube, donc ni à Buda, ni à Pest, l'île Marguerite (Margit-sziget) n'est longue que de 2,5 km et ne possède pas de sites prestigieux. Pourtant, par une chaude après-midi, on passera volontiers une demi-journée dans ses allées ombragées, ses piscines, ses thermes et ses ruines centenaires. Les voitures ne sont autorisées qu'au nord de l'île, pour rejoindre les hôtels ; le reste est réservé aux piétons et aux cyclistes.

Au sud de l'île, le pont Marguerite ouvre Szent István körút, le tronçon le plus septentrional du Grand Boulevard (Nagykörút) à Pest, qui conduit vers l'est à Nyugati tér. Au nord de ce boulevard s'étend Újlipótváros, “Nouvelle Léopold-Ville” (à ne pas confondre avec Lipótváros, “Léopold-Ville”, au sud du boulevard) : un quartier aux rues arborées à parcourir à pied, pour découvrir ses boutiques, ses antiquaires, ses cafés et ses restaurants.

Pour les infos pratiques, voir le Carnet d'adresses p. 163

À SAVOIR

Sur l'île, il est pratique de circuler à vélo. Il y a une station de vélos en libre-service Bubi Bikes sur XIII Jászai Mari tér, juste avant le pont Marguerite, et un stand de location Bringóhintó (rosalies 2 à 4 pers, scooters électriques) à côté de la Fontaine musicale.

Église et ruines de monastères

VESTIGES DU PASSÉ RELIGIEUX DE L'ÎLE

L'île des Lapins, ancien nom de l'île Marguerite, appartint à des ordres religieux jusqu'à l'arrivée des Turcs au milieu du XVIe siècle, qui y établirent un harem, interdit aux infidèles. Quelques vestiges témoignent encore de son histoire.

Au nord, l'**église des Prémontrés**, de style roman et dédiée à saint Michel, date du XIIe siècle, mais fut largement reconstruite en 1931. Sa cloche du XVe siècle réapparut mystérieusement une nuit de tempête de 1914, sous un noyer déraciné par les bourrasques de vent. Elle avait probablement été enterrée par des moines lors de l'invasion turque. Juste au sud se trouvent les ruines du **couvent dominicain** du XIIIe siècle édifié par Béla IV ; c'est là que sa fille Marguerite prit le voile et vécut. Le couvent disparut avec l'occupation ottomane. Juste à côté, subsistent les ruines d'un palais médiéval.

Au sud-ouest, presque au centre de l'île, on découvre les ruines – une tour et un mur – d'une **église et d'un monastère franciscains** datant de la fin du XIIIe siècle. Sur le mur ouest, on peut encore voir la porte menant à la tribune d'orgue ainsi qu'un escalier en colimaçon et une belle fenêtre cintrée. L'archiduc Joseph de Habsbourg construisit ici une résidence d'été lorsqu'il hérita de l'île en 1867. Elle fut ensuite aménagée en hôtel, qui resta ouvert jusqu'en 1949.

SAINTE MARGUERITE

La résidente la plus célèbre de l'île fut Marguerite (1242-1271), fille de Béla IV. Selon la légende et les récits hagiographiques, le roi promit de la consacrer à Dieu contre le départ des Mongols, qui avaient envahi la Hongrie en 1241 ; elle vécut dans la dévotion, la pauvreté et la mortification. Canonisée en 1943, sainte Marguerite fait l'objet d'un culte en Hongrie. Une dalle de marbre rouge entourée d'une grille en fer forgé marque l'emplacement original de sa tombe.

ÎLE MARGUERITE ET NORD DE PEST

VOIR

1 Couvent dominicain
2 Église et monastère franciscains
3 Statue d'Imre Nagy
4 Jardin japonais
5 Église Lehel
6 Marché Lehel
7 Pont Marguerite
8 Château d'eau et Théâtre de plein air
9 Fontaine musicale
10 Puits musical
11 Musée du Flipper
12 Église des Prémontrés
13 Parc Szent István

ACTIVITÉS

14 Piscine nationale Alfréd Hajós
15 Spa médical Ensana
16 Palatinus Strand

SORTIR

17 Budapest Jazz Club

Statue d'Imre Nagy

HÉROS D'HIER, NOUVEL EMPLACEMENT

Au pied du pont Marguerite, côté est, sur Jászai Mari tér, se dresse une statue singulière d'Imre Nagy, debout au milieu d'une passerelle. Signifie-t-elle qu'il n'est parvenu à conduire la Hongrie qu'"à mi-chemin de la liberté" ? Premier ministre communiste réformiste, Nagy fut exécuté en 1958 pour le rôle qu'il joua lors du soulèvement de 1956. La statue fut inaugurée en grande pompe à l'été 1996, en face du Parlement, puis déplacée à son emplacement actuel en 2019 – pour des raisons politiques ?

Statue d'Imre Nagy

Pont Marguerite

LIEN PÉRENNE ET LIGNE BRISÉE

Il prolonge le Grand Boulevard vers Buda, avec ceci d'étonnant qu'il forme un coude à la pointe sud de l'île Marguerite pour rester perpendiculaire à chacun des bras du Danube. Lors de son inauguration, en 1876, cet édifice construit par l'ingénieur français Ernest Gouin n'était que le deuxième pont permanent sur le fleuve. L'accès à l'île fut ajouté à l'ouvrage en 1901. Le pont fut détruit durant la Seconde Guerre mondiale, alors que voitures et piétons l'empruntaient pour fuir la ville. Une grande partie de son acier d'origine, repêchée dans le fleuve, fut réemployée dans la nouvelle structure en 1948.

Pont Marguerite

Château d'eau de l'île Marguerite

L'ESTHÉTIQUE FONCTIONNELLE

Cette tour de style Sécession (57 m) fut érigée en 1911 sur les plans de l'architecte Zielinski Szilárd, dans la partie nord de l'île. Sa structure octogonale était à la fois décorative et fonctionnelle puisqu'elle servait de réserve d'eau. Grimpez les 152 marches pour atteindre la galerie du Guet. Du sommet, on a une vue plongeante sur le **Théâtre de plein air**, en contrebas, qui accueille jusqu'à 3 500 spectateurs lors des concerts et spectacles organisés en été. On jouit également d'un beau panorama à 360 degrés sur l'île, la ville, le Parlement et les collines de Buda. En redescendant, jetez un coup d'œil aux œuvres d'art et aux photographies exposées sur les murs.

Église Lehel

Église et marché Lehel

LA BELLE ET LA BÊTE

Sur Lehel tér, se dressent les flèches jumelles de l'église Lehel, copie (1933) d'un édifice roman du XIIIe siècle de Zsámbék, à 33 km à l'ouest de Budapest, qui fut détruite par les Mongols en 1241, reconstruite puis à nouveau anéantie par un séisme en 1763. Juste au nord, un grand marché traditionnel se loge désormais dans un bâtiment postmoderne peu esthétique, dessiné par László Rajk dont le père, ministre communiste de l'Intérieur, fut exécuté pour "titisme" en 1949. On dit en plaisantant que ce bâtiment est sa revanche.

Parc de l'Histoire du chemin de fer hongrois

ELDORADO DES FERROVIPATHES

Un peu à l'écart d'Újlipótváros – à environ 4,5 km au nord-est de Lehel tér –, ce parc fera le bonheur des passionnés de trains et de voyages en général. Ce musée, en grande partie de plein air, se veut le plus grand du genre en Europe, avec 100 modèles de locomotives et machines diverses, et une exposition sur l'histoire du chemin de fer en Hongrie. Nombre d'activités ludiques et captivantes sont prévues pour les enfants, qui pourront notamment conduire une locomotive miniature. Pour rejoindre le parc, prenez le tram n°14 au métro Lehel tér ou le n°30A depuis la gare de Keleti.

Statue de Raoul Wallenberg, parc Szent István

Parc Szent István

LE TUEUR DE SERPENT

Dans le parc Saint-Étienne, se dresse le *Kígyóölő,* la statue d'un guerrier luttant contre un serpent. C'est la copie, érigée en 1999, d'une première sculpture retirée par le régime communiste en 1949. Elle se dresse en mémoire de Raoul Wallenberg, un diplomate suédois qui sauva 60 000 Juifs hongrois pendant la Seconde Guerre mondiale et est, à ce titre, devenu sans doute le plus célèbre des "Justes parmi les Nations". On distingue encore la trace d'une étoile jaune de David, à l'entrée d'un immeuble résidentiel au XIII Katona József utca 2/E, où les Juifs avaient obligation de venir s'identifier pendant l'Holocauste. Face au fleuve, le parc est bordé d'immeubles de style Bauhaus (fin des années 1920).

VARGA JOZSEF ZOLTAN/SHUTTERSTOCK ©

Piscine nationale Alfréd Hajós

À VOIR AUSSI SUR L'ÎLE MARGUERITE ET DANS LE NORD DE PEST

Eau, baignades et soins

PISCINES ET SPA

Si vous aimez vous baigner, l'île Marguerite comblera toutes vos envies. Vous pourrez faire des longueurs dans une piscine olympique, barboter dans le plus grand complexe aquatique de Budapest ou vous détendre dans un spa moderne.

La **piscine nationale Alfréd Hajós**, baptisée d'après le premier champion olympique hongrois, compte 8 bassins intérieurs et extérieurs. C'est ici que s'entraînent les équipes olympiques de natation et de water-polo. Plus au nord, côté ouest, le **Palatinus Strand** est le plus grand complexe aquatique de la capitale, avec 11 bassins (dont deux d'eau thermale), des piscines à vagues et des toboggans. L'été, c'est un lieu idéal où emmener des enfants ; quatre bassins étant désormais couverts, l'établissement est ouvert toute l'année. Près de la pointe nord de l'île, le **spa médical Ensana** est moderne et immaculé, mais manque de cachet. Le billet journée inclut les piscines, le sauna et le hammam. On peut y recevoir aussi une large gamme de soins.

LES DÉLICES CULINAIRES DE L'ÎLE MARGUERITE

Mézes Kuckó
Cookies miel-fruits à coque et *mézeskalácsok* (gâteaux au miel) colorés en forme de cœur.

Ligeti Bolt
Vente en vrac de pâtes, noix, confitures, produits laitiers et accessoires de cuisine.

Sarki Fűszeres
Un café au style rétro, idéal pour un brunch, doublé d'une épicerie et d'une cave.

Fromage
Fromages et autres victuailles pour un pique-nique sur l'île Marguerite.

Zsebi
Assortiment alléchant de viennoiseries, confitures maison, conserves et miel dans une boulangerie chic.

OÙ LOGER SUR L'ÎLE MARGUERITE ET DANS LE NORD DE PEST

Grand Margaret Island Hotel
Construit à la fin du XIXe siècle, cet hôtel tranquille et confortable est lié au spa Ensana. **€€€**

NH Budapest
Hôtel minimaliste et accueillant, avec un hall lumineux et une salle de sport au 8e étage. **€€**

Hotel City Ring
Les rénovations ont élevé le standing de cet hôtel, dont l'emplacement central est imbattable. **€€**

PRENDRE LE POULS D'ÚJLIPÓTVÁROS

Universitaire à la retraite, **Ildikó Moran** nous propose une petite visite de son quartier.

Újlipótváros s'apprécie pleinement dans Pozsonyi út, sa rue la plus animée, notamment lors du Pozsonyi Piknik (fête du quartier), à la fin de l'été, quand les habitants viennent en famille ou entre amis enchaîner les tours de manège et les attractions. La file d'attente devant la boulangerie Sommer Dunapark (pour goûter au *challah*, la brioche traditionnelle juive) est aussi un point de rendez-vous du quartier. Le matin, le serveur du Sarki Fűszeres vous sert votre café en silence, mais à la nuit tombée, le sympathique Américain qui gère le Gaby's, sur les berges du Danube, tente d'entraîner le passant dans une soirée drag-queens.

Tout au nord de Pest, **Aquaworld** est un des plus grands parcs aquatiques d'Europe. Sous un dôme de 72 m de hauteur, les familles viennent toute l'année profiter des saunas et jouer dans les piscines et les toboggans (même si beaucoup ne sont pas accessibles aux enfants de moins de 6 ans). Prenez le tram n°14 depuis Lehel tér.

Eau, musique et lumières

LAISSEZ-VOUS SURPRENDRE

L'île Marguerite réserve quelques surprises... à commencer par un **jardin japonais**, à la pointe nord-ouest de l'île. On y flâne au milieu d'étangs peuplés de carpes koï et de nénuphars, de bosquets de bambous, de massifs d'érables nains, de séquoias, de cyprès, sur un petit pont en bois et près d'une cascade. Ne soyez pas surpris si vous entendez une musique incongrue en fond sonore, et même quelques trompettes. Elle vient du **puits musical**, installé sur un kiosque surélevé à quelques pas. Il s'agit de la réplique (1936) d'une fontaine située à Marosvásárhely (actuelle Târgu Mureș) en Transylvanie ; elle est surmontée d'une statue de Neptune qui tourne (en théorie) en suivant le soleil. Des mélodies hongroises sont jouées à l'heure pile, et un air de trombone à la demie. Au niveau du sol, trois robinets dispensent de l'eau potable.

Un spectacle bien plus impressionnant vous attend à l'extrémité sud de l'île. Là, la **fontaine musicale** entre en action 5 fois par jour, avec des jets "dansant" sur la musique, qui peuvent atteindre 10 m de haut. La bande-son va de Vivaldi aux Rolling Stones. Essayez d'assister au dernier acte, à 21h, quand la fontaine s'illumine de centaines de lumières colorées.

Le monde du flipper

TESTEZ VOS RÉFLEXES

Réveillez l'Elton John qui sommeille en vous – chaussé ou non des Dr. Martens géantes du film *Tommy* (1975) – pour le **musée du Flipper**, à Újlipótváros. Bien que très spécialisé et insolite, ce musée en sous-sol est souvent cité dans les 10 meilleurs sites de Budapest. Il réunit la plus grande collection européenne de flippers (140 appareils vintage), sur lesquels vous êtes invité à jouer, à l'exception des plus vieux modèles en bois, datant de 1947. Comme disent les initiés, il y a deux catégories de personnes : celles qui jouent au flipper et celles qui jouent aux jeux vidéo. Venez et choisissez votre camp !

OÙ SE RESTAURER SUR L'ÎLE MARGUERITE ET DANS LE NORD DE PEST

Dunapark
Repas léger ou pause-café et gâteau dans un décor Art déco de 1938. **€€**

Firkász
Ici, les souvenirs aux murs et une excellente cuisine maison font délicieusement remonter le temps. **€€**

Babka
Plats délicieux, service aimable et clientèle branchée dans ce lieu qui rappelle Tel-Aviv. **€€**

ZGPHOTOGRAPHY/SHUTTERSTOCK ©

Fontaine musicale (page ci-contre)

All that Jazz

LA SALLE LA PLUS POINTUE DE BUDAPEST

Le cadre sophistiqué du **Budapest Jazz Club** est la meilleure adresse de la ville pour écouter du jazz, qu'il soit traditionnel, fusion, latino ou chanté. Des artistes locaux et internationaux (John Scofield, Emmet Cohen, Terence Blanchard, les Yellowjackets, Liane Carroll...) se produisent dans une salle moderne, dotée d'une sonorisation dernier cri. Les concerts ont lieu généralement à 20h, avec des jam-sessions souvent aux alentours de 22h ; un club de jazz pour enfants est organisé certains samedis matin et dimanches après-midi. Sur place, le BJC Bistro sert des repas complets et le **Jazz Café** ouvre tous les jours, en fin de matinée.

LES MEILLEURS BARS DE L'ÎLE MARGUERITE ET DU NORD DE PEST

Gaby's
Un bar et restaurant *gay-friendly* géré par un Américain, où boire un ou deux cocktails face au Danube.

Blue Tomato
Ce bistrot populaire semble tout droit sorti de la célèbre sitcom américaine *Cheers*.

Hippie Island
Ce café confortable, ouvert en saison sur l'île Marguerite, est tapissé de symboles de la paix.

Mosselen
Sélection de bières belges, dont 7 à la pression, et plus de 20 aromatisées aux fruits, en bouteille.

Figaró Kert
Ce bar et café saisonnier est une oasis dans la jungle de béton d'Újlipótváros.

Figi & Lipike
Un peu loin, mais la qualité, du petit-déjeuner au dîner, vaut le détour. Fait aussi épicerie. **€€**

Pozsonyi Kisvendéglő
Restaurant rétro, classiques hongrois aux portions gargantuesques et galerie d'habitués hauts en couleur. **€**

Oriental Soup House
Héritage de l'ère communiste, ce restaurant vietnamien propose d'authentiques *pho* et *bun cha*. **€**

ERZSÉBETVÁROS ET LE QUARTIER JUIF

LE CŒUR BATTANT DE PEST

Ces deux quartiers regorgent de lieux à visiter, qu'il s'agisse de musées et galeries ou de lieux mémoriaux et de culte majeurs comme la Grande Synagogue. Ici, chaque détour révèle une surprise, comme un édifice Art déco ou Sécession. On y trouve un large choix d'hébergements, de restaurants (indiens, juifs...) et les endroits les plus branchés de la Pest noctambule. C'est ici que le phénomène des "bars de ruine" (*romkocsmák*), d'anciens squats artistiques transformés en bars ou salles de concerts, est né et continue à prospérer. Presque chaque soir, la partie ouest d'Erzsébetváros est bondée de touristes et d'habitants passant de bar en bar. Les cafés, restaurants et boutiques y abondent. Une importante communauté juive y vit toujours. La partie est du quartier, délabrée, est moins intéressante, mais vous la traverserez pour gagner la gare Keleti sur Baross tér.

Pour les infos pratiques, voir le Carnet d'adresses p. 164

À SAVOIR

Familiarisez-vous avec ces quartiers en arpentant Andrássy út, de Deák Ferenc tér à la place des Héros (Hősök tere) : vous passerez par plusieurs musées et édifices remarquables, notamment la Maison de la Terreur et l'Opéra national hongrois.

FROG DARES/SHUTTERSTOCK ©

Grande Synagogue

Grande Synagogue

LA PLUS GRANDE D'EUROPE

En briques crénelées et vernissées rouge et jaune, et coiffée de deux tours à bulbe, cette synagogue conçue par Ludwig Förster, un architecte non juif, est la plus vaste au monde en dehors de New York. Elle peut accueillir 3 000 fidèles. Achevée en 1859 et appartenant au courant néologue (non orthodoxe), elle réunit des éléments architecturaux de styles romantique et mauresque.

Rappelant par certains aspects les églises chrétiennes – la **rosace** centrale arborant une citation du livre de l'Exode –, elle est parfois qualifiée de "cathédrale juive".

Les sculptures de l'**Arche d'alliance** sont dues à l'architecte romantique hongrois Frigyes Feszl, qui a aussi réalisé les **fresques** des murs et du plafond. Franz Liszt et Camille Saint-Saëns se sont essayés aux grandes orgues de 1859, un instrument à 5 000 tuyaux.

Dans une annexe se tient le **Musée juif hongrois et archives** (p. 119).

Le billet inclut une visite de 1 heure avec un membre de la communauté juive locale.

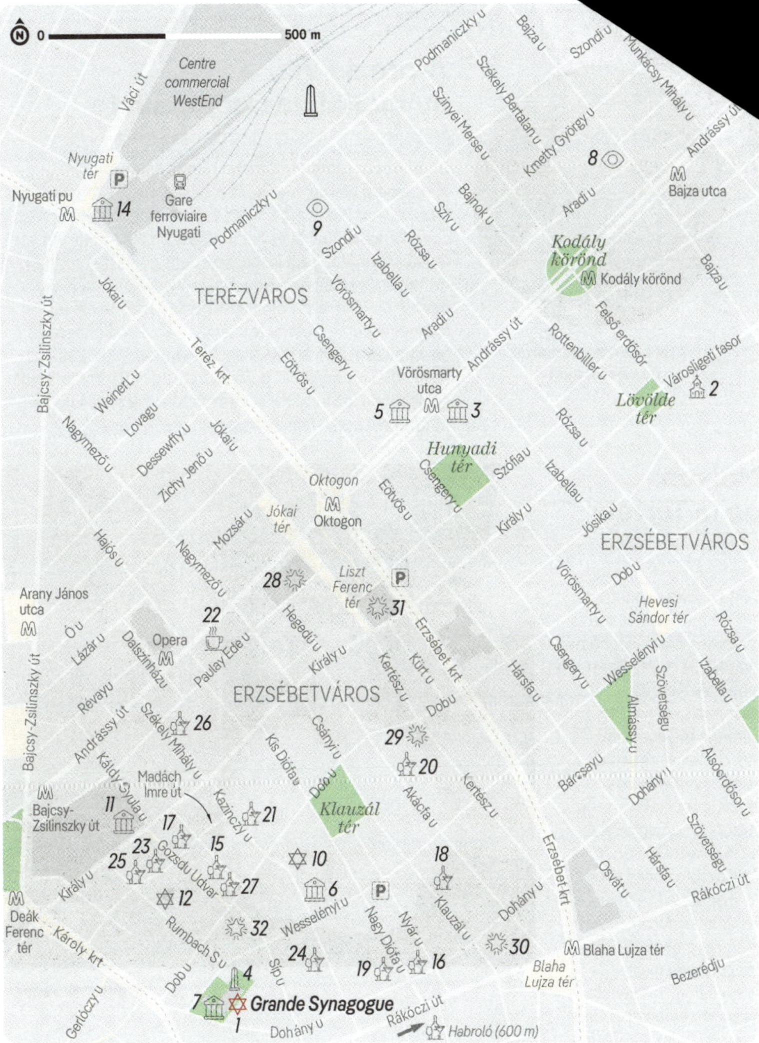

INCONTOURNABLE
1 Grande Synagogue

VOIR
2 Église calviniste du bois de la Ville
3 Musée-mémorial Ferenc Liszt
4 Mémorial de l'Holocauste
5 Maison de la Terreur
6 Musée hongrois du Génie électrique
7 Musée juif hongrois et archives
8 Maison Léderer
9 Immeuble Lindenbaum
10 Synagogue orthodoxe
11 Musée de la Pálinka
12 Synagogue de Rumbach Sebestyén utca
13 Maison Sonnenberg
14 Gare ferroviaire Nyugati (gare de l'Ouest)

PRENDRE UN VERRE ET FAIRE LA FÊTE
15 Blue Bird Karaoke
16 CoXx
17 Feri's Kitchen & Bar
18 Fügo Udvar
19 Grandio Jungle Bar
20 Instant-Fogas
21 Kőleves Kert
voir 21 Mika Tivadar Kert
22 Művész Kávéház
23 Spíler
24 Szimpla Kert
25 Telep
26 Tuk Tuk Bar
27 Vicky Barcelona

SORTIR
voir 3 Théâtre de marionnettes de Budapest
28 Giero Pub
29 Havana
30 Ladó Café
31 Académie de musique Franz Liszt
32 Spinoza Café

Arbre de Vie, mémorial de l'Holocauste

Arbre de Vie, mémorial de l'Holocauste

MONUMENT AUX VICTIMES DE LA SHOAH

Dans le parc commémoratif de l'Holocauste Raoul-Wallenberg, derrière la Grande Synagogue, l'Arbre de Vie du sculpteur Imre Varga étend ses branches sur les fosses communes de Juifs tués par les nazis en 1944-1945. Sur ses feuilles en métal, sont inscrits certains noms des centaines de milliers de victimes. Non loin, se trouve une dalle de marbre noir qui rend hommage à des "Justes parmi les Nations" dont le diplomate suédois Raoul Wallenberg, et un vitrail à la mémoire de Nicholas Winton (1909-2015), le "Schindler britannique" qui sauva plus de 600 enfants juifs au début de la Seconde Guerre mondiale. Il a été financé par l'acteur américain d'origine hongroise Tony Curtis.

Maison de la Terreur

L'ENFER DES TOTALITARISMES

Cette prison – construite par les fascistes hongrois (parti des Croix-Fléchées) avant la Seconde Guerre mondiale – abrite désormais un musée dérangeant, consacré aux crimes et atrocités commis par les régimes fascistes et staliniens de la Hongrie. L'immeuble fut aussi le siège de l'effroyable police secrète ÁVH après la guerre et les années qui précèdent le soulèvement de 1956 sont un sujet majeur de l'exposition. Les cellules de prison reconstruites au sous-sol et la Galerie des bourreaux, dans l'escalier, avec des photographies de traîtres, d'espions et de tortionnaires, font particulièrement froid dans le dos. Dès l'entrée, et sur le tank dans la cour centrale, les symboles communiste et fasciste donnent le ton de la visite. Le mur sur rue, couvert de photos des innombrables victimes, parle de lui-même.

Művész Kávéház

Művész Kávéház

UN HAVRE DE PAIX

Pour reprendre vos esprits après la Maison de la Terreur, rejoignez le "Café des Artistes", à 500 m au sud-ouest. Situé sur la grande avenue inscrite au patrimoine mondial de l'Unesco, Andrássy út, proche de l'Opéra national hongrois, mais sur le trottoir opposé, ce café est une excellente retraite d'où observer les passants tout en dégustant une tranche de gâteau. Installez-vous à l'intérieur : le mobilier de style Biedermeier tardif lui a valu le surnom de "Petit Gerbeaud". La clientèle y est généralement plus âgée et calme que les touristes qui affluent en terrasse.

Synagogue orthodoxe

ÉDIFICE ART NOUVEAU

La synagogue orthodoxe – ou synagogue Kazinczy – est la deuxième de la demi-douzaine de synagogues et maisons de prière qui existaient dans le quartier juif avant la Seconde Guerre mondiale. Elle fut conçue par les frères Béla et Sándor Löffler et achevée en 1913. Outre le lieu de culte pouvant accueillir 1 000 personnes sur deux niveaux, le projet comportait un centre communautaire, une école, un jardin d'enfants et un restaurant (le Hanna Garden, encore en activité). À l'époque, elle était considérée comme une rareté, car la tendance était à la construction de synagogues pour des communautés plus libérales comme les néologues (la Grande Synagogue, par exemple). Elle présente des traits Art nouveau tardif et un décor géométrique coloré. Au plafond, les splendides vitraux de Miksa Róth sont des reproductions, les originaux ayant été détruits pendant la dernière guerre.

Vitrail, Musée juif hongrois

Musée juif hongrois et archives

TRÉSOR INESTIMABLE DU JUDAÏSME

Dans une annexe de la Grande Synagogue, ce musée conserve des objets de la vie religieuse et quotidienne. Parmi les plus intéressants, citons une pierre tombale juive du IIIe siècle (époque de la Pannonie romaine) découverte dans le Danube près d'Esztergom, de nombreux objets rituels en argent, dont des ornements de Torah de 1602, une dizaine de vitraux représentant des scènes bibliques, et des manuscrits, dont un de la confrérie funéraire de Nagykanizsa, datant de la fin du XVIIIe siècle. Derrière le musée se trouve le temple des Héros, de style Art déco, de 250 places ; il fut construit en 1931 en hommage aux morts de la Première Guerre mondiale.

Synagogue Rumbach Sebestyén utca

VESTIGE DU SCHISME HONGROIS

Dans la petite rue qui lui donne son nom, la synagogue Rumbach Sebestyén utca, de style mauresque, fut imaginée par l'architecte autrichien sécessionniste Otto Wagner, et achevée en 1874 ; elle pouvait accueillir 1 265 fidèles. Elle fut financée par la communauté Status Quo Ante (Juifs conservateurs modérés), qui s'était détachée de la congrégation néologue de la Grande Synagogue. L'édifice a subi de longues rénovations et l'intérieur est habillé de rouge, de bleu et d'or, symbolisant le cœur, l'intellect et la richesse. Il y a une petite exposition à l'étage.

Musée hongrois du Génie électrique

INSOLITE, ÉLECTRIQUE, COLORÉ

Aménagé dans un ancien transformateur électrique, de style Bauhaus, ce musée peut sembler un peu pointu, mais il est si original que cela justifie une visite. Le personnel, des agents retraités en blouse blanche, guide les visiteurs à travers les 8 collections permanentes, qui mettent en lumière le développement et l'histoire de l'industrie électrique hongroise. On y apprend notamment comment fonctionnait l'alarme de la clôture barbelée qui séparait la Hongrie de l'Autriche à l'époque communiste. On vous montrera aussi les plateformes de nidification pour cigognes, construites par les compagnies d'électricité afin d'éviter qu'elles ne se s'emmêlent dans les fils et s'électrocutent.

Il y a foule de vieux appareils électroménagers (qui, pour beaucoup, fonctionnent encore), mais le point d'orgue est la collection d'enseignes lumineuses colorées de l'époque communiste, exposées dans la cour extérieure sous l'appellation Neonparade. Attendez la tombée du jour et ne manquez pas l'iconique cygne blanc de la laverie Patyolat, le panier à provisions de l'épicerie Csemege et le clin d'œil de la chouette de la librairie d'occasion Antikvárium. La palme de l'insolite revient à la collection de compteurs électriques, une des plus importantes au monde, dont celui qui fut installé en 1952 dans l'appartement de Rákosi Mátyás elvtárs (le camarade Mátyás Rákosi), secrétaire du Parti communiste, pour son 60e anniversaire, et un autre datant du 70e anniversaire de Staline en 1948.

Musée hongrois du Génie électrique

PE FORSBERG/ALAMY STOCK PHOTO ©

LA CHUTE DU COMMUNISME

On oublie souvent que la Hongrie a joué un rôle clé dans l'effondrement du communisme. En juin 1989, les Premiers ministres hongrois et autrichien découpèrent symboliquement un tronçon de la clôture barbelée qui marquait la frontière entre leurs pays depuis des décennies. Trois mois plus tard, un pique-nique festif fut organisé, qui fut l'occasion de nombreux passages à l'Ouest. Le 11 septembre, la Hongrie ouvrit officiellement ses frontières avec l'Autriche entraînant le départ de plus de 70 000 personnes. Le 9 novembre 1989, le mur de Berlin tomba.

Musée-mémorial Ferenc Liszt

LA DERNIÈRE DEMEURE DE LISZT

Ce merveilleux petit musée est aménagé dans l'ancienne Académie de musique, au 1er étage de laquelle vécut le grand compositeur, de 1881 à sa mort en 1886. En sa qualité de président fondateur et professeur de l'académie, Liszt n'était pas rémunéré pour son enseignement. En échange, il profitait de cet appartement de 3 pièces, désormais rempli de ses meubles, livres, portraits, effets personnels et instruments – tous d'origine – dont 3 pianos (2 Chickering américains et un minuscule en verre), ainsi qu'un ravissant bureau en noyer sur lequel il composait. Des concerts ont lieu dans la salle de musique de chambre attenante, le samedi à 11h, sauf en été.

Musée-mémorial Ferenc Liszt

Académie de musique Franz Liszt

Académie de musique Franz Liszt

LA PREMIÈRE SALLE DE CONCERTS DE BUDAPEST

Achevée en 1907, l'Académie de musique Franz Liszt, de style Art nouveau, vaut moins pour son extérieur que pour sa décoration intérieure. Sur le palier du 1er étage, on peut admirer une époustouflante mosaïque Art nouveau appelée *L'art est la source de la vie*, signée Aladár Körösfői-Kriesch, figure de proue de la colonie d'artistes de Gödöllő, et de beaux vitraux, œuvre du maître Miksa Róth. Cette école attire des étudiants du monde entier. Les salles de concerts, rénovées, sont richement ornées de porcelaine Zsolnay et de fresques. La visite guidée (environ 1 heure) parcourt le bâtiment, avec en prime un mini-concert (20 min) proposé par les étudiants. Les concerts sont souvent complets une semaine à l'avance, mais des billets de dernière minute, plus chers quoique abordables, sont souvent disponibles.

Giero Pub

MUSIQUE TSIGANE

Le compositeur Franz Liszt (Ferenc Liszt) se sentait "à moitié tsigane" et certaines de ses œuvres, en particulier ses 19 *Rhapsodies hongroises*, évoquent la musique traditionnelle rom. Si vous avez envie d'écouter de la musique tsigane authentique, descendez Andrássy út jusqu'à ce bar en sous-sol piloté par Gizi néni (tante Gizi). Les musiciens locaux se réunissent ici pour jouer, à partir de 22h, quand ils ne sont pas engagés dans les hôtels haut de gamme pour en donner une version sirupeuse aux touristes. Accueil simple et chaleureux.

PROMENADE À PIED À ERZSÉBETVÁROS ET DANS LE QUARTIER JUIF

La promenade commence dans le parc Liszt Ferenc tér. Visitez la somptueuse 1 **Académie de musique Franz Liszt** (p. 121). En longeant Király utca vers le sud-ouest, vous passerez devant 2 l'**église Sainte-Thérèse-d'Ávila** (1811) : la tour est de Miklós Ybl et son gigantesque autel néoclassique de Mihály Pollack (1824). Au n°47 de Király utca (en face de l'église), la 3 **maison Pekáry** est un intéressant édifice néogothique de 1847, avec un pignon à gradins et de charmants balcons. Tournez dans Csányi utca, puis à doite dans Dob utca jusqu'au cœur de l'ancien quartier juif, 4 **Klauzál tér**. La place a conservé quelque chose de la Budapest d'avant-guerre. Vous pouvez vous ravitailler dans l'épicerie casher 5 **Hanna Deli**, à côté de la 6 **synagogue orthodoxe** (p. 119). Tournez à droite dans Holló utca. Si la porte du n°15 de Király utca est ouverte, avancez au fond de la cour où se dresse un tronçon de 30 m du 7 **mur du ghetto** original, reconstruit en 2010. Sinon, regardez à travers le jour ménagé dans la porte. Sur la gauche, s'ouvre le passage 8 **Gozsdu udvar** (p. 127), désormais haut lieu de la vie nocturne du quartier. Au n°12 de Dob utca, se trouve le 9 **monument à Carl Lutz**, consul suisse qui, comme Raoul Wallenberg, procura de faux papiers aux citoyens juifs en 1944. À l'angle de la rue, le long d'un parking, arrêtez-vous devant 10 **deux fresques**. Celle de gauche commémore la victoire de l'équipe de football hongroise, "l'équipe en or", contre l'Angleterre à Wembley (6-3) en 1953. Celle de droite représente un gigantesque Rubik's cube, ce puzzle en 3D inventé en 1974 par le sculpteur et professeur d'architecture hongrois Ernő Rubik.

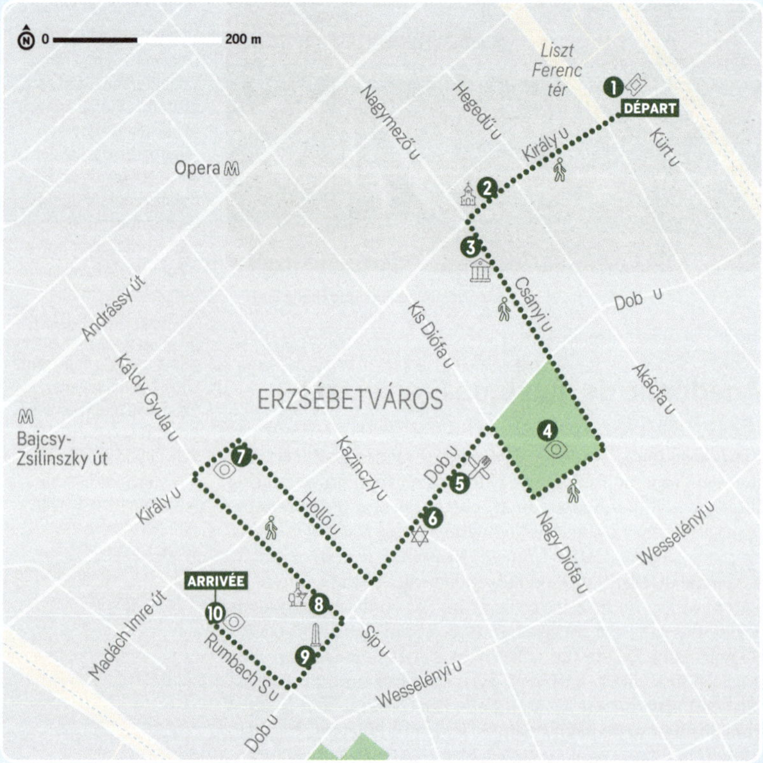

Escape room Mafia Mission, Gozsdu Mission

À VOIR AUSSI À ERZSÉBETVÁROS ET DANS LE QUARTIER JUIF

Budapest, capitale de l'escape game

COURSE CONTRE LA MONTRE

Budapest est la capitale européenne incontestée de l'*escape game* : des équipes de 2 à 6 personnes s'enferment volontairement dans une pièce et doivent en ressortir en 1 heure ou 1 heure 30 en résolvant des énigmes. Le plus célèbre artiste de l'évasion de l'histoire, Harry Houdini, naquit et grandit en Hongrie, est-ce un hasard ?

À l'instar des "bars de ruine", ces jeux sont souvent aménagés dans des immeubles résidentiels désaffectés, dont le délabrement ajoute à l'ambiance. Chaque jeu possède ses propres thème et scénario – Égypte antique, époque médiévale, guerre froide, science-fiction – et implique non seulement de résoudre les énigmes, mais d'abord de les identifier.

Inspirée par des jeux vidéo de réflexion, l'idée fut développée pour la première fois au Japon en 2007 ; 5 ans plus tard, le premier *escape game* ouvrait ses portes à Budapest. Véritables casse-tête (beaucoup d'équipes restent "enfermées"), ces jeux sont incroyablement addictifs et prisés des touristes comme des habitants. Certains des établissements précurseurs font encore fureur, comme **Gozsdu Mission**, tandis que de

ESCAPE GAMES À ERZSÉBETVÁROS ET DANS LE QUARTIER JUIF

Gozsdu Mission
4 salles sophistiquées, dont une prison ultrasécurisée et un espace blanc et vide.

Locked Room Budapest
6 parties différentes, de Zodiac Killer (débutant) à Bunker Heist (spécialiste).

A Room Budapest
Pour les enfants : Pirate Ship et Ghostland ; Deadland (zombies) fait vraiment peur.

Time Trap
7 salles terrifiantes, avec un tueur psychopathe, un boucher et une partie à Tchernobyl.

e-exit
2 adresses, 4 parties (une fête des Morts mexicaine, une plongée dans *1984* d'Orwell...).

OÙ S'HABILLER VINTAGE À ERZSÉBETVÁROS

Retrock
Boutique branchée avec une large gamme de vêtements vintage et streetwear, sacs, bijoux, chaussures.

Szputnyik Shop D-20
Mode rétro, des vestes d'universités américaines aux baskets Converse. Vaste et lumineux.

Ludovika
Petite boutique. Mode féminine d'époques différentes ; magnifiques sacs à main.

nouveaux venus comme **Time Trap** ont ajouté une foule d'éléments inédits.

Il n'est pas nécessaire de parler hongrois pour jouer. En revanche, il faut réserver votre séance bien à l'avance.

Bars de ruine et de plein air

POP, TAGS, SQUAT ET FOLLES SOIRÉES

Pendant les chaleurs estivales, un séjour à Budapest ne saurait être complet sans une soirée dans l'un des *romkocsmák* ("bar de ruine") ou *kertek* ("jardin") d'Erzsébetváros, qui ont fait leur apparition dans la ville au début des années 2000, lorsque des bâtiments abandonnés furent transformés en bars éphémères. Voici quelques-uns de nos favoris.

Szimpla Kert fut le premier bar de ruine de Budapest et demeure peut-être le meilleur et le plus insolite. Fusion de deux enseignes, **Instant-Fogas**, le plus grand de la capitale, est un véritable labyrinthe de recoins où se perdre. Autre lieu gigantesque, **Füge Udvar** possède une vaste cour couverte et beaucoup de salles secondaires avec de la musique et des jeux. Parmi les clubs de plein air les plus sophistiqués, **Mika Tivadar Kert** accueille des DJ et de la musique live presque tous les soirs. **Grandio Jungle Bar** est au rez-de-chaussée d'une auberge de jeunesse, dans une cour spacieuse envahie par la végétation, ce qui lui donne des airs de jungle. Propice à la détente avec ses hamacs, le jardin très coloré de **Kőleves Kert** est juste à côté du restaurant Kőleves.

Concerts trépidants

KLEZMER, SWING ET SALSA

En quête de soirées plus originales ? Le **Spinoza Café** organise des concerts de *klezmer* (musique traditionnelle juive) le vendredi soir. Le **Ladó Café**, assez quelconque de jour, s'anime en soirée avec des concerts de jazz et de swing. De son côté, le **Havana**, un restaurant cubain situé dans la plus belle cour végétalisée de la ville, reçoit d'authentiques musiciens de salsa tous les soirs.

Le gay Budapest

NOS ADRESSES, TRIÉES SUR LE VOLET

Dans une ville à la vie nocturne aussi trépidante, la scène gay n'est pas autant développée qu'on pourrait s'y attendre. Mais la qualité prime sur la quantité, non ? Ces 6 adresses LGBTIQ+ (bars, cafés et clubs) répondent à toutes les attentes. À Erzsébetváros, **Habroló** est un petit café-bar chaleureux, sur deux niveaux, qui doit son nom à une pâtisserie feuilletée

POURQUOI J'AIME BUDAPEST

Steve Fallon, auteur

Les raisons ne manquent pas d'aimer cette ville. Des bonnes : son architecture (en particulier l'Art nouveau), son romantisme (la vue d'un des ponts) et la confiture d'abricots. Des moins bonnes : la terrible *pálinka* (eau-de-vie de fruits), les traces de l'ère socialiste, les heures passées dans les bains turcs. Lors de mon premier séjour, j'ai été subjugué par cette ville à la fois triste mais confiante, dont l'histoire est difficile à appréhender, par une langue belle mais impénétrable, et par un peuple que je pensais ne jamais comprendre. Je suis donc resté pour connaître les trois.

OÙ LOGER À ERZSÉBETVÁROS

Mamaison Residence Izabella
Résidence quatre étoiles (38 appartements) dans un immeuble du XIXe siècle, en retrait d'Andrássy út. **€€€**

Continental Hotel Budapest
Belle rénovation des prestigieux bains Hungaria. Piscines couverte et extérieure. Un cachet fou. **€€€**

Soho Hotel
Boutique-hôtel élégant à l'ambiance new-yorkaise, comme son nom l'indique. **€€€**

Szimpla Kert (page ci-contre)

fourrée à la crème pâtissière. C'est une bonne option pour faire des rencontres en début de soirée. Juste à l'angle et s'adressant aux audacieux et/ou désespérés, **CoXx** est le seul véritable club gay pour draguer, avec un bar gigantesque, 400 m² de terrain de chasse, avec backrooms. Beaucoup plus tranquille, à 10 minutes de marche au nord, le **Tuk Tuk Bar** arbore une décoration d'inspiration asiatique. Aménagé dans le Casati Budapest Hotel, il vaut autant pour les œuvres aux murs que pour les cocktails.

Parmi les adresses gays des autres quartiers, citons **Alter Ego**, qui reste le premier club gay de la capitale – vous ne l'oublierez pas de sitôt. Il se situe dans Nagymező utca, près du Parlement. Autres cafés-bars LGBTIQ+ : **Why Not** à Belváros et **Gaby's**, nouveau lieu branché de Újlipótváros, au nord de Pest. Dans ce bar-restaurant tenu par un Américain, de nombreuses soirées thématiques sont organisées. Envie d'un bingo drag ?

ERZSÉBETVÁROS ET QUARTIER JUIF : HÉBERGEMENTS PETIT BUDGET

Netizen Budapest Centre
Hôtel hybride ultramoderne, ultracoloré, sur 6 étages. €€

Hive Party Hostel
Auberge de jeunesse gigantesque, centrale, festive. Bar sur le toit-terrasse. €€

Wombat's
Auberge de jeunesse élégante et bien équipée. Dortoirs et chambres doubles avec sdb. €€

A&O Hostel
Hôtel hybride de 4 étages, dans une ancienne fabrique de cartes à jouer. €

Maverick Urban Lodge
Hôtel hybride sur 3 étages dans un ancien entrepôt rénové, moderne et coloré. €

Hotel Mika Downtown
Boutique-hôtel intimiste et discret, proche – mais pas trop – de l'animation de Gozsdu udvar. €€

Casati Budapest Hotel
L'hôtel occupe un bâtiment du XVIIIe siècle. Chic et élégant. Adultes uniquement. €€

Connection Guest House
Maison d'hôtes centrale. Cour luxuriante et propriétaires charmants. €

STREET ART

Spécialiste de l'art comme de la cuisine, **Noémi Nádudvar** nous fait découvrir des œuvres de street art du 7e arrondissement de Budapest.

L'Ange de Budapest (Walls for Freedom) Près de la Grande Synagogue, sur Dob utca, cette fresque colorée d'influence cubiste d'Okuda San Miguel est un portrait du diplomate espagnol Ángel Sanz Briz (1910-1980), le "Schindler espagnol", qui aurait sauvé plus de 5 000 Juifs hongrois en 1944.

Motivation is a Wonderland Chef-d'œuvre de l'artiste espagnol Dan Ferrer, cette fresque située dans un parking de Kertész utca représente une fillette tentant de s'extirper de son quotidien, symbole d'espoir.

Fresque d'AkaCorleone Fresque saisissante de l'artiste portugais, dans le jardin du bar de ruine Kőleves.

L'Art nouveau à Budapest

BIJOUX ARCHITECTURAUX

L'histoire de Budapest naît avec l'Aquincum romaine. La ville n'a cessé d'évoluer et continue de le faire. Elle a été notamment très marquée par l'Art nouveau.

Les plus beaux palais Art nouveau d'Erzsébetváros sont le musée des Arts décoratifs au sud de Pest et l'Institut national des aveugles près du bois de la Ville. Mais beaucoup d'écoles, d'églises et de résidences privées en sont aussi des exemples exceptionnels. Toutes sont situées à l'est du Grand Boulevard, dans les 6e et 7e arrondissements.

L'**immeuble Lindenbaum** (Izabella utca 94, 6e), le premier immeuble Art nouveau de la ville, en 1896. Il fut conçu par Frigyes Spiegel qui décora sa façade colorée de motifs végétaux, d'animaux, de soleils, d'étoiles et de femmes à longue chevelure. Albert Kálmán Kőrössy imagina la **maison Sonnenberg** (Munkácsy Mihály utca 23, 6e) en 1903, avec deux sculptures de femmes surmontant la porte principale, ce qui est une rareté.

Zoltán Bálint et Lajos Jámbor édifièrent la **maison Léderer** (Bajza utca 42, 6e) en 1902, ornée de jolies mosaïques sous la corniche principale. Aladár Arkay conçut l'**église calviniste du bois de la Ville** (Városligeti fasor 7, 7e), un bel exemple d'Art nouveau tardif (1913), avec portes en bois sculpté, vitraux et céramiques.

Enfin, ne manquez pas l'**école élémentaire bilingue d'Erzsébetváros** (Dob utca 85, 7e), réalisée par Ármin Hegedűs en 1906, à la façade ornée de mosaïques.

Plus qu'une gare

NE PERDEZ PAS LE NORD

Sur Nyugati tér, le grand bâtiment en acier et verre, construit par la société Eiffel et inauguré en 1877, est la **gare Nyugati (gare de l'Ouest)**. Elle porte mal son nom, puisque les trains y partent pour l'est et le nord du pays. En 1962, suite à une panne de freins, un train traversa la façade principale donnant sur Teréz körút pour s'écraser là où passent désormais les trams nos 6 et 4. L'ancien foyer, au sud de la gare, abrite un des plus élégants restaurants McDonald's du monde depuis les années 1980. Au nord, se trouve Westend, un centre commercial qui fut un temps le plus grand d'Europe centrale.

Ainsi font, font, font

UN LANGAGE UNIVERSEL

Ne manquez pas le **théâtre de marionnettes de Budapest** si vous voyagez avec des enfants. Les spectacles (de marionnettes

OÙ SE RESTAURER À ERZSÉBETVÁROS

Twentysix Budapest Menu méditerranéen servi dans le cadre d'exception d'un atrium végétalisé. **€€€**

Fleischer Restobar Ambiance très new-yorkaise, assiettes à partager, critiques élogieuses. **€€€**

Kőleves Cuisine d'inspiration juive. La "Soupe aux cailloux" attire une clientèle jeune. **€€**

à fils, à gaine, bunraku...) s'adressent à des jeunes de tous âges et de toutes langues : il n'est pas nécessaire de comprendre le hongrois pour les apprécier. Qui ne connaît pas l'histoire de Nyúl Péter (Pierre Lapin) ? Consultez le programme et les horaires en ligne.

Egészségedre ! (À votre santé !)

MUSÉE DU BON GOÛT

En face du Gozsdu udvar (voir plus bas), le **musée de la Pálinka** explique la place particulière que tient cette puissante eau-de-vie dans la culture hongroise. On y découvre aussi les secrets de la production et de la consommation de la *pálinka* (vous pourrez même vous essayer à la distillation virtuelle). La plupart des visiteurs viennent pour les petits verres d'eau-de-vie de fruits (pas plus de trois !), inclus dans le prix d'entrée.

Que la fête commence !

HAUTS LIEUX DE LA VIE NOCTURNE

Erzsébetváros est réputé pour bénéficier de la vie nocturne la plus trépidante de Budapest et **Gozsdu udvar** en est l'épicentre. Ces 6 "cours" s'alignent sur plusieurs centaines de mètres, du n°13 de Király utca au n°16 de Dob utca, avec un troisième point d'accès dans Madách Imre út. Elles traversent un ensemble résidentiel de 7 immeubles, construits en 1901, qui faisaient partie du ghetto juif pendant la Seconde Guerre mondiale. Les cours sont aujourd'hui occupées par des bars, des clubs, des cafés et des restaurants. Clameurs des fêtards et musique résonnent du crépuscule à l'aube.

Les virées nocturnes se déclinent ici à l'infini. Vous pouvez commencer au **Telep**, un lieu branché comprenant une petite galerie d'art à l'étage (concerts et DJ sets). Pour une ambiance festive, mais plus sophistiquée (et une clientèle plus âgée), entrez à côté, au **Spíler**. Ce grand bistrot très animé propose des DJ sets le week-end et une carte de cuisine de rue. Pour des plats plus consistants, direction le **Feri's Kitchen & Bar**, quelques mètres au sud (goûtez le Brooklyn Burger).

Pour pousser la chansonnette, misez sur le **Blue Bird Karaoke**. Juste à côté, **Vicky Barcelona** est un bar à tapas (jusqu'à 23h), où l'on danse la salsa jusqu'au petit jour. Il est alors l'heure du petit-déjeuner...

LES MEILLEURS PETITS-DÉJEUNERS À ERZSÉBETVÁROS

London Coffee Society
Un petit établissement (repérez la pancarte "I was born in Hackney") qui sert des petits-déjeuners toute la journée. €

Blue Bird Café
Un des meilleurs cafés de la ville qui sert aussi des petits-déjeuners toute la journée. €

Cirkusz
Adresse colorée près de Gozsdu udvar. Ouvert jusqu'en fin d'après-midi. €€

Anyam Szerint
Petit-déjeuner maison dans un ravissant petit jardin à l'arrière. €€

New York Café
Petit-déjeuner dans le cadre élégant du "plus beau café du monde", selon certains. €€€

Barack & Szilva
Restaurant-bistrot tenu par un couple. Bons plats provinciaux hongrois cuisinés avec amour. Belle terrasse en été. €€

Macesz Bistro
Cuisine juive hongroise traditionnelle mise au goût du jour. Cadre élégant. €€

Ghettó Gulyás
Excellents *pörkölt* (que l'on appelle ailleurs le goulasch) et *gulyás* (soupe épaisse au bœuf). €€

SUD DE PEST

DEUX QUARTIERS QUI ONT LE VENT EN POUPE

Józsefváros ("Joseph-Ville") et Ferencváros ("Ville de Franz") sont deux quartiers pittoresques qui portent le nom d'empereurs Habsbourg. Il fait bon flâner au fil de leurs ruelles, en jetant des coups d'œil dans les cours et les échoppes. Traditionnellement ouvriers et estudiantins, ces quartiers sont aujourd'hui en pleine mutation et de nouveaux lieux apparaissent, autour de Mikszáth Kálmán tér ou Ráday utca par exemple.

Á partir de Blaha Lujza tér, le Grand Boulevard traverse Józsefváros. À l'ouest, on passe de ravissantes maisons de ville et villas du XIXe siècle, près du Petit Boulevard, à un vaste "campus" étudiant. À l'est, le quartier, autrefois réputé malfamé, est en pleine transformation. Au sud d'Üllői út, le quartier de Ferencváros est celui de l'équipe de football la plus populaire de Budapest, le Ferencvárosi Torna Club (FTC), où résident aussi ses plus fervents supporters, qui arborent ses couleurs vert et blanc.

Pour les infos pratiques, voir le Carnet d'adresses p. 167

À SAVOIR

Prenez le temps de flâner dans le quartier. Après la visite du Musée national hongrois, promenez-vous dans Gutenberg tér, Rákóczi tér et Mikszáth Kálmán tér. Ou commencez par le musée des Arts décoratifs, avant de descendre jusqu'au Danube.

MARCHE VERS L'INDÉPENDANCE

Moins d'un an après avoir déménagé dans un imposant bâtiment néoclassique conçu par Mihály Pollack en 1847, le Musée national fut le théâtre d'un événement capital. Le 15 mars, une foule se rassembla pour écouter le poète Sándor Petőfi déclamer le *Nemzeti Dal* (chant national) sur les marches du parvis, prélude à la révolution de 1848-1849. Depuis, chaque 23 octobre, jour de la fête nationale, le musée est le cadre d'une reconstitution en grande pompe de la lecture de Petőfi.

Musée national hongrois

L'ÉPOPÉE HONGROISE

Ce musée conserve les plus importantes reliques historiques de la nation. Il fut fondé en 1802, lorsque le comte Ferenc Széchényi fit don à l'État de sa collection de gravures, cartes, manuscrits, pièces de monnaie et autres trésors archéologiques.

Le rez-de-chaussée abrite une collection lapidaire et des vestiges de l'époque romaine, dont une mosaïque du IIe siècle. Le 1er étage est dédié à l'histoire du bassin des Carpates, de la préhistoire à l'arrivée des Magyars au IXe siècle. Ne manquez pas le Cerf d'Or, un ornement de l'âge du fer façonné à la main (VIe siècle av. J.-C.) qui ornait le bouclier d'un prince scythe. Une salle est consacrée au manteau du couronnement en soie cramoisie du roi Étienne, cousu par des nonnes en 1031. Remanié au XIIIe siècle, ce vêtement à la grandeur fanée a été rehaussé de broderies associant perles et fils d'or.

L'étage supérieur concerne la période allant de la dynastie des Árpád à la chute du communisme. Des salles sont consacrées au rôle de la Hongrie durant la Seconde Guerre mondiale, au soulèvement de 1956 et aux décennies de régime communiste qui suivirent. On peut y voir une gigantesque main, fragment d'une statue de Staline qui, autrefois, gracia la ville, des images d'archives de 1956, un bureau de la police secrète...

Les jardins, aménagés en 1856, ont été remaniés. Cadeau de Mussolini, la colonne près de l'entrée se dressait jadis dans le Forum romain. Parmi les monuments figure une statue de János Arany (1817-1882), auteur de l'épique *Trilogie de Toldi*. Le tank soviétique datant de l'insurrection de 1956 a été remplacé par un terrain de jeu.

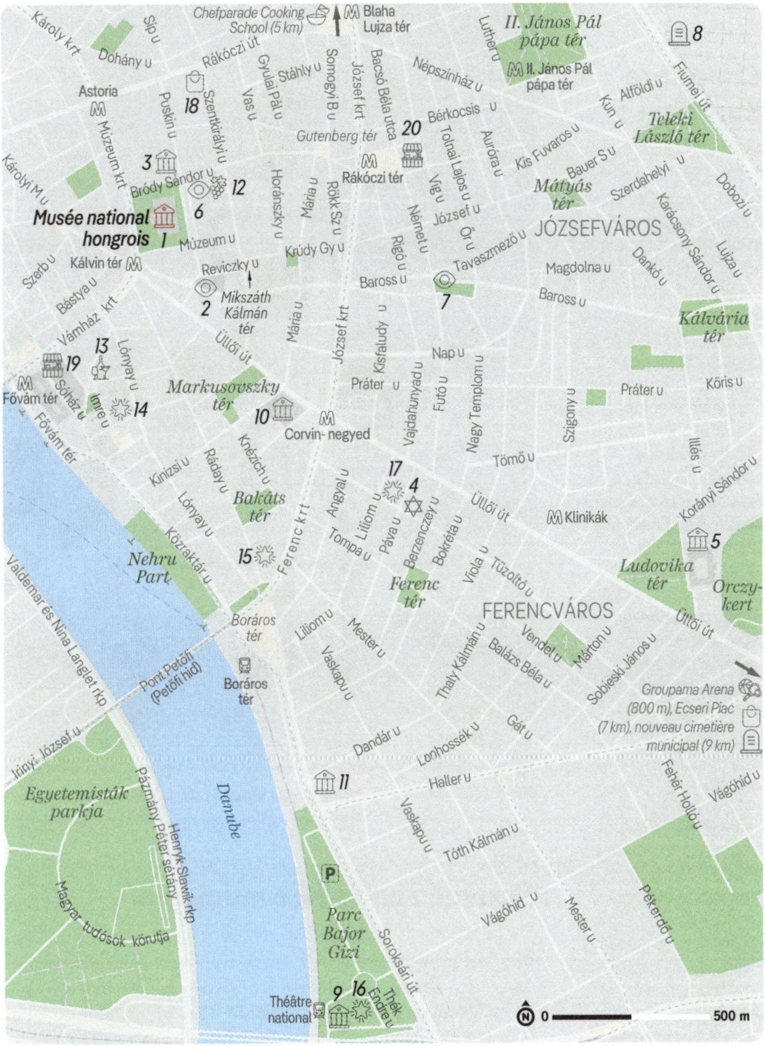

INCONTOURNABLE
1 Musée national hongrois

VOIR
2 Bibliothèque centrale Ervin Szabó
3 Manoir Gschwindt
4 Centre mémorial de l'Holocauste
5 Muséum national d'histoire naturelle
6 Ancien siège de la radio hongroise
7 Bâtiment du central téléphonique de Józsefváros
8 Cimetière Kerepesi
9 Muoóo Ludwig d'Art contemporain
10 Musée des Arts décoratifs
11 Centre du patrimoine Zwack Unicum

ACTIVITÉS
12 Tasting Table

PRENDRE UN VERRE ET FAIRE LA FÊTE
13 Borbíróság

SORTIR
14 Budapest Music Center
15 Jedermann Café
16 Palais des Arts
17 Trafó – Maison des Arts contemporains

ACHATS
18 Magyar Pálinka Háza
19 Nagycsarnok
20 Marché de Rákóczi tér

Cimetière Kerepesi

REPOS ÉTERNEL

Créé en 1847, le cimetière Kerepesi est l'équivalent du Père Lachaise, à Paris. Il réunit quelque 3 000 tombes et caveaux sur 56 ha. Y reposent notamment les hommes d'État et héros nationaux Lajos Kossuth, Ferenc Deák et Lajos Batthyány. Certaines sépultures sont pharaoniques, d'autres très émouvantes, comme celles de l'actrice Lujza Blaha ou du poète Endre Ady. La concession 21 abrite les sépultures de nombreuses victimes de l'insurrection de 1956... non loin du colossal panthéon réservé aux caciques du Parti, qui porte l'inscription "J'ai vécu pour le communisme, pour le peuple". La simple tombe de János Kádár (1912-1989), toute proche, a été profanée en 2007 (son crâne et plusieurs ossements ont été dérobés). Dans le cimetière, le musée Piety initie à l'approche de la mort et du deuil des Hongrois. Non loin de l'entrée principale, se dresse le splendide corbillard Aponyi tiré par des chevaux (1932), utilisé pour les funérailles d'État. Des plans gratuits indiquant l'emplacement des principales tombes sont disponibles à l'entrée.

Tombe de Lajos Kossuth, cimetière Kerepesi

Nouveau cimetière municipal

ICI GISENT LES HÉROS DÉCHUS

Dans cet immense cimetière de 207 ha ouvert en 1886 reposent, dans des tombes anonymes (concessions 298 à 301), Imre Nagy, Premier ministre à l'époque du soulèvement de 1956, ainsi que 2 000 Hongrois exécutés à la fin des années 1940 et dans les années 1950. Ce secteur est devenu un émouvant panthéon national, à 30 minutes à pied de l'entrée du cimetière. Suivez les panneaux "*298, 300, 301 parcela*". En haute saison, un minibus fait le tour du cimetière, qui est lui-même facile à atteindre en tram depuis Blaha Lujza tér. Des taxis attendent à l'entrée pour le retour.

Nouveau cimetière municipal

Centre mémorial de l'Holocauste

LA SHOAH EN HONGRIE

Ce centre est l'unique collection publique dans le pays à traiter exclusivement de l'histoire de l'Holocauste en Hongrie et en Europe. Il occupe un remarquable bâtiment moderne inauguré en 2004 pour le 60e anniversaire du début de l'Holocauste dans le pays. Les expositions permanentes thématiques retracent la montée de l'antisémitisme et le génocide des communautés juive et rom. Dans la cour, une synagogue magnifiquement restaurée, conçue par Leopold Baumhorn et achevée en 1924, accueille des expositions temporaires. À l'extérieur, un mur haut de 8 m porte le nom des victimes hongroises de l'Holocauste.

Le fonds est composé de cartes, photos, journaux intimes, images d'archives et films réalisés par les libérateurs des camps. Des effets personnels sont présentés dans des colonnes en verre. Au début, la musique est festive, puis est remplacée par le son des battements du cœur et des pas des communautés condamnées, privées de liberté et de dignité, lors de leur déportation vers les camps allemands et polonais. Dans le petit jardin, plusieurs plaques et monuments commémoratifs rendent hommage aux "Justes", dont Jan Karski, courrier pendant la Seconde Guerre mondiale, qui tenta d'alerter le monde sur ce qui se passait dans le ghetto de Varsovie et les camps. La liste des communes juives disparues figure sur la "tour des communautés perdues".

Centre mémorial de l'Holocauste

MUR DE LA MÉMOIRE ET DES DISPARUS

Les noms figurant sur le mur commémoratif dans la cour intérieure ont été gravés au laser dans le verre. Quelque 60 000 noms étaient inscrits au moment de l'inauguration ; ce chiffre a, depuis, plus que triplé. Une simple mention "anonyme" rappelle de manière symbolique aux visiteurs les nombreuses victimes dont l'identité n'est pas et ne sera probablement jamais connue. Au pied du mur, des visiteurs ont déposé des petits galets en signe de respect et de deuil.

Marché de Rákóczi tér

Borbíróság

À L'ÉCOLE DES VINS HONGROIS

Toute proche du marché Nagycsarnok, la "Cour des vins", adresse à la fois simple et élégante, bénéficie d'une délicieuse et vaste terrasse en été. Une cinquantaine de vins hongrois y sont servis au verre, et la carte, à base surtout de canard et d'oie, est une excellente introduction à la gastronomie locale. On peut venir y siroter un verre d'Etyeki sauvignon blanc ou un tokaj Furmint.

Marché de Rákóczi tér

MARCHÉ TRADITIONNEL LOCAL

C'est le rendez-vous des habitants de Budapest qui viennent y faire leurs courses. Occupant, depuis 1897, une jolie halle en brique blonde, il a été restauré au début des années 1990 suite à un incendie. On y trouve l'alimentation fraîche habituelle : fruits, légumes, charcuterie, pâtes, fromages et viennoiseries, ainsi qu'une supérette Spar. Cerise sur le gâteau : c'est aussi l'un des rares marchés où des producteurs de la campagne alentour viennent y vendre miel, paprika fumé et confitures artisanales.

Nagycsarnok

Nagycsarnok

LE PLUS GRAND MARCHÉ DE BUDAPEST

Les "**Grandes Halles**", inaugurées en 1897, abritent le plus grand marché de la ville. Depuis leur rénovation en 1996, elles attirent des foules de touristes et d'habitants venant y faire leurs courses ou acheter une grande variété de produits vendus moins cher que dans les magasins de la Váci utca voisine : terrines de foie gras, guirlandes de poivrons séchés, sachets et boîtes souvenirs de paprika en poudre, et une grande variété de miels. Au 1er étage, vous pourrez acheter : costumes traditionnels hongrois, poupées de collection, œufs peints, nappes brodées, couteaux de chasse sculptés et autres souvenirs, ainsi que des plats préparés tels que les *kolbász*, *pörkölt* et *lángos*.

À VOIR AUSSI DANS LE SUD DE PEST

Promenade architecturale

MUSÉE DES ARTS DÉCORATIFS

Dans un magnifique bâtiment Art nouveau (1896) couvert de céramiques Zsolnay, signé Ödön Lechner, le **musée des Arts décoratifs** propose deux collections permanentes fascinantes. L'une présente du mobilier hongrois et européen des XVIIIe et XIXe siècles, des objets Art nouveau et Sécession et d'autres liés à l'histoire du commerce et de l'artisanat (verrerie, reliure, orfèvrerie, maroquinerie, etc.). L'autre regroupe textiles, armes et céramiques islamiques datant du IXe au XIXe siècle. Dans la première, remarquez la porcelaine de Herend et de Zsolnay, ainsi que les 300 pièces offertes par Magda Bácsi, une violoniste hongroise dont les trésors couvrent 5 millénaires. Le musée subit actuellement des rénovations prolongées qui entraînent la fermeture de nombreuses salles. Renseignez-vous. Le hall et la cour intérieure d'un blanc immaculé, rappelant l'Alhambra de Grenade, peuvent accueillir des expositions spéciales.

Tout proche, le **cinéma Corvin**, installé dans un édifice Art déco restauré, au milieu d'une place composée de maisons de style Régence, est orné de deux magnifiques reliefs. À proximité de l'entrée principale, le monument aux *Pesti srácok* rend hommage aux héroïques "gamins de Pest" qui ont combattu et sont morts dans le quartier lors du soulèvement de 1956. À une vingtaine de minutes au nord, le **cinéma national Uránia** est, quant à lui, une incroyable salle Art déco-néomauresque. Il dispose d'un beau café à l'étage, donnant sur Rákóczi út.

Non loin du bois de la Ville, à une trentaine de minutes à pied, le **musée György Ráth** expose l'élégante collection d'objets Art nouveau d'un influent collectionneur d'art de la fin du XIXe siècle et du début du XXe siècle.

Dégustation de vin avec des experts

LE VIN HONGROIS DE A À Z

Les amateurs de vin hongrois apprécieront la belle cave de **Tasting Table**, dotée de deux salles de dégustation. Deux fois par jour, sont organisées des dégustations de 5 à 8 vins, accompagnées de savoureuses planches de fromage et de charcuterie. Un sommelier compétent vous accompagne tout le long du parcours. La boutique de l'autre côté de la rue offre un large choix de vins locaux, issus notamment de petits producteurs, et une très belle sélection de tokaj. L'établissement organise chaque semaine des dîners de 3 plats/6 vins.

LES MEILLEURS CAFÉS DANS LE SUD DE PEST

Hauer Cukrászda és Kávéház
Confiserie fin de siècle, véritable "image d'Épinal" du café d'Europe centrale.

Rengeteg RomKafe
Café pour enfants et adultes, encombré d'ours en peluche, de vieilles machines à coudre, de livres et de jeux.

Nem Adom Fel Kávézó
Premier café solidaire du pays employant des personnes en situation de handicap.

Nándori Cukrászda
Depuis 1957, la renommée des biscuits et pâtisseries de ce café est telle qu'il y a toujours une file d'attente.

OÙ PRENDRE UN VERRE DANS LE SUD DE PEST

Café Csiga
Café très accueillant, en face du marché de Rákóczi tér. Clientèle d'étudiants.

Lumen Café
Plusieurs salles et une cour en plein air. Animations musicales presque tous les soirs.

Tilos a Tilos
Une institution sur une place sans voiture. Terrasse immense, souvent envahie par les étudiants.

Les joueurs en vert et blanc

LE FERENCVÁROSI TC À DOMICILE

La dégringolade de la Hongrie, tombée des cimes du football européen au *béka segge alatt* ("en dessous du derrière de la grenouille"), reste l'un des plus grands mystères du sport. On parle encore, comme si elles avaient eu lieu la veille, des victoires historiques de la Hongrie sur l'Angleterre, à Wembley en 1953 (6-3) et à domicile en 1954 (7-1). Si vous voulez voir évoluer les "joueurs du Fradi", le Ferencvárosi Torna Club, l'impétueuse équipe du pays, direction le **Groupama Arena**, un stade flambant neuf construit sur le site de l'ancien Flórián Albert Stadium, face à la gare routière de Népliget. Avec ses 23 700 places, c'est le deuxième stade du pays après le Ferenc Puskás.

Promenade à l'ombre des palais

ÉLÉGANCE ARCHITECTURALE DU 8e ARRONDISSEMENT

On appelle "quartier des palais" (*palotanegyed*) les rues environnant le Musée national hongrois pour leurs magnifiques palais du XIXe siècle bordant des places ombragées. Dans ce périmètre en plein essor abondent restaurants, boutiques-hôtels et galeries d'art indépendantes. Ces palais étaient autrefois la propriété de grandes familles et portent encore, pour certains, leur nom d'origine. Le **manoir Gschwindt**, à l'angle de Bródy Sándor 12 et Puskin utca, est un de nos préférés. Il fut construit au tournant du siècle par un riche producteur et marchand de vin, dont le buste se dresse au-dessus de l'entrée. Tout proche, vers l'est, le Bródy Sándor utca 5-7 abrite l'**ancien siège de la radio hongroise**. C'est là que, le soir du 23 octobre 1956, des agents de l'ÁVH (la police politique hongroise) ouvrirent le feu sur des manifestants qui revendiquaient la nomination du réformiste Imre Nagy au poste de Premier ministre. Le lendemain débutait l'insurrection de Budapest.

Cul sec !

DEUX SPIRITUEUX EMBLÉMATIQUES

L'Unicum est une des boissons les plus appréciées de Hongrie. Cet épais apéritif amer au goût de médicament est fabriqué à base de quelque 40 herbes et épices. Pour connaître son histoire, rendez-vous au **Centre du patrimoine Zwack Unicum**. La visite comprend le visionnage d'une vidéo assez fade, la découverte d'une collection de 17 000 mignonnettes du monde entier et une dégustation. La boutique adjacente vend un grand choix de flacons, petits ou grands.

Pour rapporter de la *pálinka*, l'eau-de-vie de fruits servie dans tous les bars de la ville, rendez-vous au **Magyar Pálinka**

COUPS DE CŒUR DE BUDAPESTOIS

Tony Dabbous Láng, fondateur de la librairie indépendante Bestsellers.

Nagycsarnok
J'habite juste à côté des grandes halles, que j'aperçois depuis mes fenêtres. J'y vais presque tous les jours acheter des produits frais, notamment à l'excellente boucherie au sous-sol.

Ázsia
J'achète toutes mes épices, herbes fraîches, sauces et condiments dans la boutique asiatique, derrière Nagycsarnok.

Trattoria La Coppola
Mon restaurant préféré ? Cette authentique trattoria sicilienne, à quelques pas de chez moi.

Promenade
J'aime marcher le long du Danube, au sud, après le centre commercial Bálna. J'aime la vue sur le fleuve, les bateaux de croisière, les péniches, le mont Gellért.

OÙ SE RESTAURER DANS LE SUD DE PEST

Costes
Premier restaurant hongrois à décrocher une étoile au Michelin. Menus dégustation exceptionnels. **€€€**

Padrón
Authentique coin d'Espagne niché dans une petite rue de Pest. Grand choix de tapas. **€€**

Paletta Bistró
Bistrot international. Il sert un des plats préférés des petits Hongrois : les *rántott sajt* (fromage pané frit). **€€**

ANDOCS/SHUTTERSTOCK ©

Centre du patrimoine Zwack Unicum (page ci-contre)

Háza. Dans ce grand magasin, vous aurez le choix entre des centaines de variétés – prune, abricot, poire, framboise... Les chocolats à la *pálinka* font aussi un excellent cadeau.

Secrets de chefs

COURS DE CUISINE HONGROISE

Envie de faire la différence entre le *gulyás* (bouillon de bœuf) et le *pörkölt* (appelé aussi goulasch, le plus souvent préparé à base de veau ou de porc) ou, mieux, d'enfiler un tablier et de passer en cuisine ? Rendez-vous à la **Chefparade Cooking School**, un cours de cuisine hongroise et internationale contemporaine de 4 heures. Le créneau du matin remporte un franc succès : visite du marché, préparation de 3 plats et dégustation.

Les arcanes du vivant

HISTOIRE NATURELLE POUR JEUNES ET MOINS JEUNES

Les enfants adoreront le **Muséum national d'histoire naturelle**. Un squelette de rorqual de 2 tonnes trône à l'entrée. Des animations interactives sont proposées sur les 4 étages du musée. D'intéressantes expositions y sont consacrées à la biodiversité des récifs coralliens, aux ressources naturelles du bassin des Carpates, au monde secret des pierres précieuses, des météorites et des minéraux. L'Arche de la biodiversité explore la nature hongroise, tandis que l'excellent Âge des dinosaures captive les plus jeunes. Des expositions temporaires d'excellente facture sont organisées, notamment sur la photographie du monde sauvage.

SPIRITUEUX HONGROIS

Ne quittez pas la Hongrie sans avoir goûté ses deux alcools les plus célèbres. La *pálinka* s'apparente à une eau-de-vie de fruits. Très titrée en alcool, elle est servie dans la plupart des bars, dont certains proposent une vaste gamme. L'Unicum, dont la bouteille caractéristique évoque un flacon d'apothicaire, est une liqueur amère, apparue vers 1790. Si sa recette est tenue secrète, on sait que son vieillissement se fait en fût de chêne. Elle se décline, pour sa part, dans quatre parfums différents. Il se raconte que cette liqueur aurait été baptisée après une dégustation de l'empereur austro-hongrois Joseph II qui se serait exclamé : *"Das ist ein Unikum!"* ("C'est unique !")

Petrus
Cuisine de brasserie française : bœuf bourguignon, confit de canard et escargots à la carte. **€€**

Öcsi
Cuisine hongroise maison dans un véritablement authentique *étkezde* (restaurant). **€**

African Buffet
Oasis africaine à prix doux : soupe épicée à la chèvre, riz pilaf de Zanzibar, délicieux accompagnements. **€**

Jusqu'au bout de la nuit

ENTRE JAZZ ET DANSE

À 15 minutes de marche les uns des autres, trois lieux branchés sont la promesse de nuits sous le signe de la musique et de la danse. Le **Budapest Music Center** offre une formidable programmation de jazz hongrois et de musique classique. Il réunit une élégante salle de 350 places, l'**Opus Jazz Club**, où se produisent 5 soirs par semaine des groupes de jazz hongrois et international, un restaurant, une bibliothèque et des studios d'enregistrement. Le ravissant **Jedermann Café**, plus ancien, se transforme en salle de concerts le soir venu, principalement de jazz, world et folk. Pour les esprits plus éclectiques, le **Trafó – Maison des Arts contemporains** qui programme théâtre, musique et danse, accueille des artistes locaux et internationaux (Patti Smith s'y est produite), en plus de sa galerie d'art et d'une boîte de nuit au sous-sol.

Découverte architecturale

TRÉSORS CACHÉS DE LA BIBLIOTHÈQUE

Au sud-est du Musée national, la **bibliothèque centrale Ervin Szabó** possède quelque 2,4 millions d'ouvrages et de périodiques. Achevée en 1889 et restaurée avec goût, la salle de lecture arbore un décor en gypse, des dorures et d'énormes lustres. Achetez le pass visiteur d'un jour (prix modique) pour découvrir ce joyau. Vous pouvez aussi vous contenter de vous faire une idée du lieu en vous installant au café du rez-de-chaussée. À quelques encablures à l'est, se dresse le **bâtiment du central téléphonique de Józsefváros**, construit en 1910. Cet édifice impressionnant est orné de bas-reliefs illustrant l'histoire des communications à travers les époques : le dieu Mercure, les pigeons voyageurs, le téléphone...

Marché aux puces

BROCANTE, FRIPES, ARGENTERIE ET FER-BLANC

Pour certains, visiter le célèbre **Ecseri Piac**, un des plus grands marchés aux puces d'Europe centrale, est plus qu'une occasion de faire (parfois) de bonnes affaires, c'est faire l'expérience la plus complète possible de Budapest. Ici, on chine tout ou presque, des bijoux anciens aux montres de l'Armée rouge, sans oublier les hauts-de-forme à la Fred Astaire (et bon nombre d'objets à la provenance incertaine). C'est, paraît-il, le samedi matin que l'on fait les meilleures affaires. Ecseri est à une dizaine de kilomètres au sud-est des Grandes Halles. Prenez le bus n°54 sur Boráros tér, à Pest ou, plus rapide, le bus express 84E, 89E ou 94E à l'arrêt Határ út sur la ligne de métro M3.

LES MEILLEURES TABLES ASIATIQUES DU SUD DE PEST

Enso
Izakaya et bar à ramens contemporain, caché dans un bâtiment désaffecté. Réservation obligatoire. €€

Hanoi Xua
À la carte, d'authentiques classiques vietnamiens : soupe *pho* (nouilles), *bún* (nouilles de riz) et autres. €

Barako Kávéház
Spécialiste des "*boodle fights*", des plateaux tapissés de feuilles de bananier débordant de spécialités philippines. €

Pesti Chutney
Choix de plats indiens végétaliens et végétariens. Le curry est peut-être un peu trop adapté au goût de l'Europe centrale. €

OÙ LOGER DANS LE SUD DE PEST

Hotel Palazzo Zichy
Ravissant hôtel dans une somptueuse résidence de l'aristocratie du XIXe siècle bien conservée. €€€

Escala Hotel & Suites
Appartements spacieux avec coin salon, repas et cuisine équipée. Services à la demande. €€€

Brody House
Ancienne résidence de Premier ministre au style rétro chic. Pas d'ascenseur. €€

Théâtre national

Une soirée culturelle

MUSIQUE CLASSIQUE ET THÉÂTRE

Dans un cadre certes moins romantique que celui de l'Opéra national hongrois ou de l'Académie de musique Franz Liszt, les deux salles de concerts du **palais des Arts** (Művészetek Palotája ou Müpa), au bord du Danube, l'emportent avec leur acoustique quasi parfaite. Optez pour une représentation de l'orchestre au complet dans l'**auditorium national Béla Bartók** (1 700 places) ou du concert plus intime d'un quatuor à cordes au **Théâtre Festival** (450 places). Pour découvrir une pièce en hongrois (ou juste son architecture controversée), rendez-vous au **Théâtre national**, tout proche. Dessiné par Mária Siklós, il affiche un mélange postmoderne de motifs classiques et folkloriques, avec portiques, balcons et colonnes.

En quête d'art moderne

ART CONTEMPORAIN

En visitant le **Millenniumi negyed** ("quartier du Millennium"), voué initialement à accueillir l'exposition universelle de 1996 organisée conjointement avec Vienne, entrez au **musée Ludwig d'Art contemporain**. Installé dans l'imposant palais des Arts, au nord du pont Rákóczi en surplomb du Danube, ce musée présente la plus importante collection hongroise d'art contemporain international. Les œuvres de talents hongrois, américains, russes, allemands et français couvrent le dernier demi-siècle, tandis que celles d'artistes d'Europe centrale et de l'Est ne datent que des années 1990. Les expositions temporaires du musée sont également très courues.

LE SUD DE PEST INTIME

Gábor Bánfalvi, œnophile et propriétaire de Tasting Table, nous dévoile ses lieux préférés du 8e arrondissement.

Jardin et gourmandise
Le jardin du Musée national hongrois : j'adore m'allonger dans l'herbe et admirer l'ensemble architectural. En plus, la chaîne de pâtisseries Auguszt vient d'ouvrir une boutique derrière le musée : Geraldine.

Galeries d'art, cafés et strudel
Flânez le long de Bródy Sándor utca, où foisonnent cafés et galeries d'art ; goûtez au strudel aux graines de pavot et *túró* (fromage blanc) de Rétesbolt Anno 1926, au début de la Vas utca.

Un îlot de calme
Mikszáth tér, avec ses bars et restaurants, est le lieu de rencontre et de détente des nombreux étudiants du quartier.

BO18 Hotel Superior
Hôtel chic dans une rue tranquille. Petit sauna, salle de sport et jardin. **€€**

Corvin Hotel Budapest
Chambres dépouillées, minimalistes et confortables. **€€**

Thomas Hotel
Une quarantaine de chambres (certaines avec un balcon sur cour), très bien situées dans le centre. **€**

BOIS DE LA VILLE ET SES ENVIRONS

LE POUMON VERT DE LA VILLE

Le bois de la Ville (Városliget) est le lieu de détente préféré de Pest. Le quartier comprend la plus célèbre place de la ville, la place des Héros, les fameux bains Széchenyi, le château de conte de fées faussement historique de Vajdahunyad, l'immense zoo de Budapest et son jardin botanique, quelques musées remarquables et un joli lac, le tout à moins de 15 minutes à pied du centre-ville. Les familles s'y promènent. Les sportifs amateurs s'entraînent sur les installations à disposition (parcours sportifs, tables de ping-pong et de teqball, terrains de football, volley-ball et basket-ball).

Le bois de la Ville a accueilli la plupart des événements du millénaire de la Hongrie en 1896. Plus récemment, le très controversé projet Liget Budapest s'est traduit par des travaux de rénovation, l'ouverture de la Maison de la musique et du musée d'Ethnographie, et un nouveau bâtiment pour la Musée national est en projet.

Pour les infos pratiques, voir le Carnet d'adresses p. 170

À SAVOIR

Pour gagner le bois de la Ville, longez Andrássy út, une rue bordée d'arbres et de villas centenaires, ou, plus rapide, empruntez la ligne de métro la plus ancienne d'Europe, au charme rétro (M1, dite du Millénaire, p. 106).

UNE CAVALCADE HÉROÏQUE

La place des Héros sert de cadre aux grands événements de la ville. Chaque automne, elle est recouverte de sable et se transforme en hippodrome à l'occasion de la **Nemzeti Vágta** (le Grand Prix national), temps fort des amateurs de courses hippiques. De jeunes cavaliers revêtus de la tenue des hussards hongrois se disputent le prix autour de la place, tandis que la foule se masse dans les tribunes installées devant le musée des Beaux-Arts et le palais de l'Art.

MISTERVLAD/SHUTTERSTOCK ©

Place des Héros

Place des Héros

FIERTÉ NATIONALE

La place des Héros est la plus grande place de Budapest. Elle se déploie au bout de Andrássy út et offre un bel accès au bois de la Ville. Site classé au patrimoine mondial de l'Unesco, elle a pour âme le **monument du Millénaire** (*Ezeréves emlékmű*), érigé en 1896 pour célébrer le millénaire de la conquête du bassin des Carpates par les Magyars. Ses colonnades en arc de cercle sont ornées des statues des 14 principaux chefs du pays, du roi Étienne (à l'extrémité gauche), premier souverain du pays, à Lajos Kossuth (à l'extrémité droite), figure emblématique de la révolution de 1848-1849. Elles portent

INCONTOURNABLE
1 Place des Héros

VOIR
2 Mémorial du soulèvement de 1956
3 Statue d'Anonymus
4 Tour des Apôtres
5 Zoo de Budapest
6 Musée Ferenc Hopp d'art extrême-oriental
7 Tour de garde
8 Maison de la musique
9 Chapelle Ják
10 Palais de l'Art
11 Musée des Beaux-Arts
12 Château de Vajdahunyad
13 Lac Városliget

ACTIVITÉS
14 BalloonFly
15 Bains Széchenyi

SE RESTAURER
16 Gundel
17 Robinson

également les chariots de la guerre et de la paix, ainsi que les figures allégoriques en bronze du travail, de la richesse, du savoir et de la gloire.

Au centre, un obélisque domine la place, surmonté d'une statue de l'archange Gabriel, tenant la couronne de Hongrie et une croix patriarcale (à deux croisillons). Selon la légende, le pape Sylvestre II vit en songe l'archange Gabriel présenter la croix de Hongrie à Étienne. Le pape envoya alors une croix à ce dernier, lui conférant le titre de "majesté apostolique". À la base du monument sont représentés les 7 chefs qui menèrent les Magyars dans les Carpates à la fin du IXe siècle. Devant l'obélisque se dresse la tombe du soldat inconnu hongrois. De nuit, la visite prend une dimension particulièrement majestueuse.

Palais de l'Art

MUSÉE D'ART CONTEMPORAIN

Face au musée des Beaux-Arts, un magnifique bâtiment néoclassique au fronton historié de temple grec accueille le palais de l'Art (Műcsarnok), dévolu à l'art plastique contemporain. Suivant le modèle du Kunsthalle allemand, le palais de l'Art ne détient aucune collection permanente, mais organise 5 ou 6 expositions temporaires majeures tout au long de l'année. Il fait ainsi la promotion des arts hongrois et internationaux, tels que la photographie d'avant-garde, la sculpture et les installations. Le musée compte également un joli café et une boutique intéressante. Des concerts y sont parfois programmés.

Palais de l'Art

EN HAUT : ANDOCS/SHUTTERSTOCK ©, EN BAS : DSAJO/SHUTTERSTOCK ©

Musée des Beaux-Arts

Musée des Beaux-Arts

CHEFS-D'ŒUVRE DE L'HISTOIRE DE L'ART

Aménagé dans un bâtiment néoclassique, sur le côté nord de la place des Héros, le musée des Beaux-Arts rassemble le plus bel ensemble d'art étranger de Budapest, sur une période allant de l'Antiquité au XXIe siècle. Le cœur en est le fonds privé du comte Miklós Esterházy, racheté par l'État en 1870. Plus de 100 000 œuvres sont exposées, dont des toiles de Raphaël, Le Greco, Toulouse-Lautrec, Chagall, Velázquez, Rembrandt, Goya, Manet, Monet ou Cézanne. Les collections sont organisées autour de 6 grands thèmes : antiquité égyptienne, antiquité classique, maîtres anciens, sculptures, estampes et dessins, et Hongrie ancienne. Les maîtres anciens forment le plus gros de la collection, avec environ 3 000 œuvres des écoles hollandaise, flamande, espagnole, italienne, allemande, française et anglaise, du XIIIe au XVIIIe siècle. L'école espagnole est richement représentée avec, notamment, 7 œuvres du Greco, dont *la Marie-Madeleine pénitente*. La *Madone Esterházy* (1508), de Raphaël, figure parmi les plus belles œuvres de la collection Esterházy.

La collection d'objets égyptiens est riche de plusieurs sarcophages et portraits de momies. Au rez-de-chaussée, la section classique renferme des œuvres grecques, étrusques et romaines. La céramique grecque constitue une des collections les plus complètes d'Europe.

Les autres départements ne sont pas moins bien dotés. Entre autres peintures, aquarelles, illustrations et sculptures du XIXe siècle, on dénombre des œuvres impressionnistes de grande qualité. La collection de gravures et de dessins compte au nombre des plus importantes d'Europe, avec plus de 10 000 gravures et 10 fois plus de dessins. En haut du bâtiment, la salle des sculptures européennes recèle des pièces splendides, dont celles de Franz Xaver Messerschmidt.

Bains Széchenyi

BAINS FUMANTS DANS UN DÉCOR DE RÊVE

Les splendides bains Széchenyi sont les thermes les plus populaires de Budapest avec ceux du Gellért, et l'un des plus grands spas d'Europe. Malgré la foule des touristes en haute saison et pendant les vacances, ils sont très fréquentés par les Hongrois. En attestent ces vieux habitants de Budapest jouant aux échecs sur un plateau flottant dans le bassin extérieur.

Si l'intérieur s'apparente à un labyrinthe, où il est facile de se perdre mais cela fait partie du jeu, l'extérieur est réellement étonnant : l'architecture néoclassique d'un jaune lumineux tranche avec le bleu de l'eau. L'extérieur est occupé par trois grands bassins : le plus frais est réservé aux nageurs (bonnet de bain obligatoire) ; un plus chaud avec des remous au centre est destiné au divertissement ; un plus chaud encore sert à se détendre. Il y a également des piscines thermales à l'intérieur, ainsi que des saunas, des cabines de Jacuzzi et des services de soins (massages...). Une cafétéria sert des plats froids et chauds.

Comme dans les autres thermes de la ville, l'eau a des vertus curatives et sa température est agréable. En hiver, rien de tel que de barboter dans les bassins extérieurs de Széchenyi. La vapeur s'élève dans l'air glacé, tandis que des flocons de neige volètent dans le ciel.

LE THERMALISME EN HONGRIE

Les bains Széchenyi datent de 1913, mais l'histoire du thermalisme hongrois est bien plus ancienne. Les Romains furent les premiers à profiter des vertus curatives des sources d'eau chaude du pays (p. 36).

Bains Széchenyi

CASIER OU CABINE ?

Les visiteurs qui se rendent aux bains Széchenyi hésitent souvent entre l'achat d'un billet simple avec casier ou celui, plus cher, avec cabine, c'est-à-dire comprenant un vestiaire individuel pour se changer et laisser ses affaires. L'option la moins onéreuse, le bracelet électronique, ne permet d'ouvrir qu'un seul casier. Vous devrez vous changer dans les vestiaires collectifs, souvent bondés.

Château de Vajdahunyad

UN VRAI-FAUX CHÂTEAU DE CONTE DE FÉES

Le château de Vajdahunyad, en plein cœur du bois de la Ville, n'a jamais été habité par des rois ou des reines. Conçu sur le modèle du château éponyme des Hunyadis en Transylvanie, il fut construit en bois en 1896 à l'occasion des célébrations du Millénaire. Il séduisit tellement les visiteurs qu'il fut par la suite rebâti en pierre. Le château devait alors servir de vitrine pour présenter les différents styles architecturaux en Hongrie au cours du dernier millénaire, d'où cet entrelacs d'éléments de styles roman, gothique, Renaissance et baroque.

Actuellement, seule l'aile Renaissance-baroque est ouverte aux visiteurs. Le **musée hongrois de l'Agriculture** y a pris ses quartiers. Au fil de 12 salles monumentales, il présente la plus grande collection européenne sur l'agriculture, l'élevage, la chasse, la pêche ou la viticulture. Ne manquez pas la pirogue du XVIIIe siècle creusée dans un tronc et la section présentant l'histoire du raisin et la culture de la vigne en Hongrie. Le château de Vajdahunyad est particulièrement saisissant la nuit, lorsqu'il est illuminé.

Château de Vajdahunyad

Tour des Apôtres et tour de garde

GRIMPER DANS LES TOURS

Du haut de ses 30 m, la tour des Apôtres du château de Vajdahunyad n'est accessible qu'en visite guidée. Après avoir monté les 150 marches, vous serez récompensé par une vue plongeante sur Budapest. Repérez la basilique et le mont Gellért et jetez un coup d'œil sur les parties du château fermées au public. Si vous préférez faire la visite sans guide, rejoignez la tour de garde, d'où la passerelle mène au château. La vue y est un peu moins impressionnante, mais une exposition de photos anciennes sur deux niveaux retrace l'histoire du château.

Tour de garde

EN HAUT : PHOTO SPIRIT/SHUTTERSTOCK © ; EN BAS : DIEGO GRANDI/SHUTTERSTOCK ©

Chapelle Ják

Chapelle Ják

PHOTO DE MARIAGE

Cette petite église dotée d'un cloître qui fait face au château de Vajdahunyad possède un portail au riche décor ornementé, fidèle copie de celui de l'abbatiale bénédictine de Ják (XIIIe siècle), dans l'ouest du pays. Des niches au-dessus du portail accueillent les statues du Christ et de dix apôtres (les deux derniers se trouvent sur les côtés). Cet édifice devait à l'origine être une bibliothèque. Finalement consacrée en 1915, l'église ne sert qu'en de rares occasions à des fins religieuses. Elle est notamment très demandée pour les mariages. L'intérieur (visites uniquement les mercredis et vendredis) est bien moins impressionnant.

Statue d'Anonymus

UN PEU DE CHANCE

Dans la cour intérieure du château de Vajdahunyad, vous serez surpris par une longue file de gens qui patientent pour se prendre en photo devant la statue mystérieuse d'un personnage à capuche, assis sur un banc, un livre ouvert à ses côtés. Ce chroniqueur anonyme de la cour du roi Béla III (r. 1172-1196) est célèbre pour avoir rédigé le premier ouvrage d'histoire hongrois, La *Gesta Hungarorum*, récit détaillé de l'arrivée des Magyars dans le bassin des Carpates au IXe siècle. Il n'en existe qu'un seul manuscrit, rédigé vers 1 200, en latin médiéval. Conservé à Vienne pendant des siècles, l'ouvrage a aujourd'hui rejoint le fonds de la Bibliothèque nationale Széchenyi, dans le palais royal. Pourquoi une telle attente devant la statue ? Selon la tradition, elle donnerait de l'inspiration et porterait chance à tous les aspirants écrivains qui touchent la plume qu'Anonymus tient dans la main droite.

Anonymus

Gundel

L'INVENTEUR DE LA GASTRONOMIE HONGROISE

Ce restaurant indissociable du bois de la Ville est une des tables les plus célèbres de Hongrie. Son existence remonte à 1860, mais son histoire ne démarre véritablement qu'en 1910, lorsque l'établissement est repris par un restaurateur bavarois, Károly Gundel, incarnation légendaire du sens de l'hospitalité – on dit que tout client y était considéré comme un vieil ami. Il devint si populaire qu'on faisait la queue devant le restaurant simplement pour lui parler. Gundel est progressivement devenu synonyme de gastronomie en Hongrie, au point que, lors de l'exposition universelle de New York en 1939, il dirigea le restaurant du pavillon national. Ce faisant, il inscrivit la Hongrie au patrimoine mondial de la gastronomie.

Gundel a créé des plats devenus des classiques de la cuisine hongroise, comme ses crêpes fourrées à la crème de noix, arrosées d'une sauce au chocolat et de rhum, puis flambées à la table. Sur la carte, National 11 est un plateau de 11 plats traditionnels, considérés comme les contributions les plus importantes du restaurant à la cuisine locale.

Chez Gundel

À la table de Robinson

RENDEZ-VOUS ROMANTIQUE

Sur un îlot du lac du bois de la Ville, ce restaurant est un havre romantique. Le dîner se déroule à la belle étoile, au son d'un orchestre, tandis que cygnes et canards s'ébrouent. Au rez-de-chaussée, le menu change en fonction des saisons et affiche des plats traditionnels hongrois, français ou italiens ; à l'étage, un restaurant-grill ravira les amateurs de viande. Les entrecôtes à la florentine proviennent directement de chez Dario Cecchini, boucher toscan de renommée internationale. Les vins hongrois y sont succulents. Pensez à réserver en saison.

Le Robinson

EN HAUT : HEMIS/ALAMY STOCK PHOTO ©, EN BAS : UNGVARI ATTILA/SHUTTERSTOCK ©

Maison-mémorial de Miksa Róth

Musée Ferenc Hopp d'art extrême-oriental

TOUJOURS PLUS À L'EST

Créé en 1919, ce musée occupe l'ancienne villa de son fondateur, Ferenc Hopp, grand voyageur et collectionneur d'art. Situé Andrássy út, non loin du bois de la Ville, c'est le seul du pays à être consacré aux arts et cultures d'Asie. Des expositions temporaires, organisées toute l'année, présentent sa collection de céramiques, porcelaines, étoffes, sculptures chinoises et japonaises, ainsi que des objets rapportés d'Indonésie, d'Inde et du Tibet. Une bibliothèque, la seule de Hongrie spécialisée dans les arts asiatiques, et un jardin complètent la visite. La pagode devant l'entrée donne le ton.

Musée Ferenc Hopp d'art extrême-oriental

Maison-mémorial de Miksa Róth

CHEFS-D'ŒUVRE DE L'ART NOUVEAU

Rares sont les bâtiments de la Belle Époque à Budapest où Miksa Róth (1875-1944) n'a pas apporté sa touche, qu'il s'agisse de vitraux aux dessins entrelacés ou de mosaïques colorées. C'est le cas d'édifices tels que le Parlement, les bains Széchenyi ou le palais Gresham, ainsi que nombre de résidences privées. Il a même signé le dôme du palais des Beaux-Arts de Mexico.

Sa maison-mémorial est située dans la Nefelejcs utca, non loin du bois de la Ville. Ses œuvres sont exposées dans les appartements et l'atelier où il vécut et travailla de 1911 jusqu'à sa mort. Le 1er étage, resté tel qu'il était lorsque les Róth quittèrent l'appartement, donne aux visiteurs une image assez précise de la vie d'une famille hongroise de la classe moyenne au XXe siècle. Les lieux ont depuis bénéficié de l'ajout de chefs-d'œuvre Art nouveau. Au rez-de-chaussée, est exposée une collection d'œuvres remarquables en verre de l'artiste. Fermeture le lundi.

Maison de la musique

SALLE DE CONCERTS ET ESPACE D'EXPOSITION

Conçue par l'architecte japonais Sou Fujimoto, la Maison de la musique semble avoir poussé hors de terre, au milieu des arbres. La façade, entièrement de verre, semble abolir la frontière entre le dedans et le dehors, tandis que le toit perforé se fond dans la canopée environnante. Le bâtiment contient une salle de concerts, un musée et un centre de formation ; le principal espace d'exposition est l'étonnante galerie interactive "Dimensions sonores – voyages musicaux dans le temps et l'espace". On peut, au propre, traverser l'histoire de la musique européenne et hongroise, des tambours chamaniques aux bandes-son des films actuels. Chacun de vos mouvements, passage ou arrêt devant une installation modifie ce que vous écoutez dans le casque audio que vous devez porter. Des écrans interactifs vous permettent de tester les tambours, de jouer dans un quatuor à cordes ou de faire de la musique sur un plateau d'échecs. Assister à un concert, avec en arrière-plan le château de Vajdahunyad illuminé, est une expérience inoubliable.

UN JARDIN MUSICAL

À l'extérieur de la Maison de la musique s'élève un flot continu de sons. Dans le jardin, une aire de jeux musicale d'un genre unique, invite, en effet, les visiteurs à explorer différents sons et rythmes. On peut jouer des congas, de la cornemuse, des cajons, sauter sur des coussins musicaux ou marcher sur des carreaux en céramique qui imitent les sons d'un piano, d'une guitare ou d'une harpe. Adultes et enfants s'en donnent à cœur joie !

Maison de la musique

KRISZTIAN TEFNER/SHUTTERSTOCK ©

Toit végétalisé, Musée d'Ethnographie

Mémorial du soulèvement de 1956

POUR MARQUER LES ESPRITS, OCCUPER LES LIEUX

Niché entre les deux ailes du Musée ethnographique, ce monument triangulaire en métal brillant et acier rouillé a été érigé en 2006 pour commémorer le 50e anniversaire du soulèvement de 1956. À son emplacement, dès le premier soir, une statue géante de Staline fut déboulonnée par des manifestants. Le socle de la statue constituait le promontoire d'où les dirigeants communistes regardaient le défilé du 1er mai, en saluant la foule en contrebas. Il dessine un angle à 56 degrés avec Dózsa Görgy út, et représente la foule des Hongrois manifestant contre le régime communiste.

Mémorial du soulèvement de 1956

Musée d'Ethnographie

LES CULTURES TRADITIONNELLES AU XXIe SIÈCLE

Inauguré en 2022, le musée renferme une collection composée de quelque 250 000 objets ethnographiques, ainsi que des documents photographiques et cinématographiques, des manuscrits et enregistrements musicaux, qui sont autant de témoignages exceptionnels de la culture et du mode de vie hongrois. S'y ajoute une vaste collection de pièces ethnographiques du monde entier.

Le musée est en quasi-totalité en sous-sol ; les espaces en surface sont enveloppés dans un mur-rideau de verre recouvert d'un filet en aluminium, orné d'un demi-million de pixels dessinant 20 motifs ethnographiques hongrois et 20 motifs contemporains internationaux (Venezuela, Congo, Cameroun, Mongolie, Chine, Mélanésie...) extraits de la collection du musée. Le bâtiment est aisément reconnaissable à son toit-jardin incurvé qui touche pratiquement le sol en son centre, promenade plantée d'arbres et d'arbustes, libre d'accès, où les Budapestois peuvent venir se détendre et pique-niquer ; de son point culminant, la vue sur la ville est superbe.

BAINS DANSANTS

Tous les samedis soir, les bains Széchenyi s'enflamment sur un DJ set. Sur de la musique électronique, un spectacle laser illumine ces bâtiments chargés d'histoire. C'est la fameuse " Szecska sparty" qui débute à 21h30, après la fermeture officielle, et dure jusqu'à 2h. L'entrée comprend l'accès à un casier standard. Des billets plus chers donnent droit à un vestiaire individuel et une boisson, avec accès au salon VIP. Possibilité de réserver en ligne ou paiement en espèces à l'entrée s'il reste des places. Les services proposés en journée (saunas et massages) ne sont pas possibles en soirée. Ces soirées sont très prisées de la gent masculine.

ILPO MUSTO/ALAMY STOCK PHOTO ©

Bains Széchenyi (p. 141)

À VOIR AUSSI DANS LE BOIS DE LA VILLE ET SES ENVIRONS

Bain de mousse

SOINS À LA BIÈRE

Les **bains Széchenyi** (p. 141) offrent en soi une expérience inoubliable. On peut pousser davantage l'inédit en essayant le bain de bière du spa : une baignoire en bois d'acacia pour deux, remplie d'eau minérale chaude (36°C), malt, houblon, orge, levure de bière et sels de bain à la bière de la République tchèque. Ce n'est pas qu'une attraction touristique. La levure de bière est un remède de grand-mère consacré par le temps pour ses bienfaits sur la digestion et le système immunitaire, en plus de son apport en vitamine B (bénéfique pour les cheveux et la peau). Le malt est un sédatif naturel. Ce type de bain existe depuis le XVIe siècle, tout du moins à Prague.

OÙ DÉJEUNER SUR LE POUCE AU BOIS DE LA VILLE

Léghajó Kert
Café, hot dogs et pâtisseries. Près de l'aire de jeux principale du bois. €

Nyereg Bar & Grill
Vaste terrasse au bord du lac. Parfait pour se désaltérer et grignoter rapidement. €€

Pavilon Kert
Près des bains Széchenyi, des stands proposent les classiques hongrois (*lángos*, beignets à la viande...). €

Deux spas à la bière sont aménagés, chacun doté de 6 baignoires : un pour ceux qui se concentrent sur les bienfaits de la bière, l'autre pour ceux qui gagneront ensuite les bains principaux. Leurs murs sont couverts de carreaux de céramique Zsolnay de couleur émeraude aux motifs de houblon.

Un robinet, près de chaque baignoire, permet de tirer, sans limite, une bière tchèque à déguster en barbotant pendant 45 minutes. La séance est censée stimuler le métabolisme, éliminer les toxines et venir à bout des fatigues, tensions et abus en tous genres. Un spa à la bière est également disponible aux bains Lukács (p. 83).

Le lac préféré des Budapestois

AU FIL DES SAISONS

Selon les habitants, le **lac Városliget**, juste derrière la place des Héros, est une des meilleures attractions du bois de la Ville. Creusé au début du XIXe siècle lors des travaux d'aménagement du bois, il est profond d'à peine 60 cm et alimenté par les eaux usées des bains Széchenyi, d'où l'interdiction de baignade – ce qui n'empêche pas les habitants de faire trempette.

Du printemps à l'automne, il est possible de louer une barque colorée ou un pédalo et de profiter de la vue sur le château de Vajdahunyad. En hiver, le lac devient la plus grande **patinoire** d'Europe. Cette merveille hivernale revêt un charme particulier à la nuit tombée, lorsque les lumières éclairent cette immense surface sur un fond musical. Un espace est réservé aux débutants (des employés y dispensent quelques conseils), tandis que les patineurs confirmés s'élancent avec grâce à proximité du pont. Entre deux figures, vous pouvez siroter un thé ou un vin chaud. Location de patins sur place.

Voyage en ballon

S'AFFRANCHIR DE LA GRAVITÉ

Où que vous soyez à Budapest, vous apercevrez probablement une montgolfière flotter au-dessus de la ville, ajoutant une touche de rouge et de blanc à la ligne d'horizon. Il s'agit de **BalloonFly** dans le bois de la Ville, dont les vols de 15 minutes offrent un point de vue unique. L'entreprise est installée sur le mont Mimóza, à l'endroit même où Balloon Captif – une autre montgolfière, pilotée par le capitaine français Louis Godard – avait emporté des touristes au-dessus du bois de la Ville en 1896, à l'occasion des célébrations du Millénaire.

Aujourd'hui, le ballon ne quitte pas le mont Mimóza et s'élève comme un ascenseur à 150 m d'altitude, à horaires fixes. Un vol (déconseillé aux personnes ayant le vertige)

BÂTIMENTS ART NOUVEAU PRÈS DU BOIS DE LA VILLE

Institut hongrois de géologie et géophysique (Stefánia út 14) Construit en 1869, cet édifice arbore une splendide toiture en tuiles bleu ciel Zsolnay.

Institut national des aveugles (Ajtósi Dűrer sor 39) Époustouflant dehors comme dedans, cet édifice de 1898 abrite la plus grande composition en vitraux du pays.

Villa Kőrössy (Városligeti fasor 47-49) Véritable pâtisserie à la crème, cette villa de 1899 est la plus ancienne de la rue.

Pántlika Kiosque de l'époque communiste au drôle de toit ondulé. Belle terrasse ombragée. €

Piknik Paniers de pique-nique prêts à être emportés et dégustés sur l'herbe ; tables à disposition. €€

Zöld Küllő Tout près du château de Vajdahunyad. Lumières féeriques l'été et igloos transparents l'hiver. €

LE PLUS ANCIEN ÉDIFICE DU BOIS DE LA VILLE

La Maison du Millénaire fut conçue par Ferenc Pfaff en 1885 pour les célébrations du Millénaire l'année suivante. Le bâtiment était initialement prévu pour accueillir l'Exposition générale nationale, à l'époque pensée comme "une petite exposition universelle".

C'est encore aujourd'hui un espace culturel consacré à des expositions et événements temporaires, doublé d'un élégant café-restaurant qui déborde sur une terrasse l'été.

C'est aussi le plus beau bâtiment du parc, avec ses façades ornées de carreaux de céramique Zsolnay ; à l'extérieur, une magnifique roseraie invite à la détente, autour d'une ravissante fontaine, de Zsolnay également.

Zoo de Budapest (page ci-contre)

peut embarquer 30 personnes au maximum – il vous sera simplement demandé de veiller à bien répartir le poids dans la nacelle pour ne pas la déséquilibrer. La forme et les couleurs du ballon – visible de partout – sont un clin d'œil à un tableau de Pál Szinyei Merse, *Le ballon* (1878), conservé au Musée national hongrois.

Après avoir acheté votre billet, vous attendrez que votre numéro soit appelé. Un café est à votre disposition pour faciliter l'attente. La nuit, la vue sur la ville illuminée en contrebas est superbe. Notez que BalloonFly est fermé en janvier et en cas de mauvais temps. Même si la météo paraît clémente au sol, le vent peut souffler fort en altitude. Mieux vaut vérifier le plan de vol du jour sur le site de l'organisateur (balloonfly.hu).

OÙ LOGER DANS LE BOIS DE LA VILLE

Baroque Hostel & Coworking
Chambres impeccables, salle de bains partagée. Espaces de coworking. Réception ouverte 24h/24. **€€**

D50
Hôtel quatre étoiles sans chichis. Jolies chambres, excellent petit-déjeuner. **€€**

Ibis Budapest Heroes' Square
Belles chambres, petit-déjeuner roboratif. Vue sur le zoo et le jardin botanique. **€€**

Sortie en famille au bois de la Ville

ANIMAUX SAUVAGES ET ACROBATES CASSE-COU

Lions, tigres, ours... près d'un millier d'espèces animales différentes résident au **zoo de Budapest** et dans son **jardin botanique**, à l'orée du bois de la Ville. Vous pourrez facilement passer 2 ou 3 heures – voire tout un après-midi – à vous promener autour d'un ravissant lac où s'ébattent des oiseaux colorés, à vous approcher des grands félins ou à visiter la zone australienne. Vous pouvez organiser votre visite en fonction des heures des repas des animaux afin d'observer girafes, pingouins et autres requins en action. Les animaux sont certes l'attraction principale, mais le zoo compte aussi quelques splendeurs architecturales. Admirez l'entrée de style Art nouveau, flanquée de décors animaliers. La **maison des Éléphants**, dans le style Sécession, est ornée de céramiques Zsolnay. Sans oublier, l'étonnante **maison des Palmiers** qui fut dessinée par les ateliers Gustave Eiffel. À côté, le parc de loisirs pour enfants (Holnemvolt Vár ou "château des contes de fées") est construit sur le site d'un ancien parc d'attractions, avec un zoo miniature, un centre équestre, un élevage de requins et un hôpital pour hérissons.

Le **Capital Circus**, non loin, est ouvert toute l'année. Avec 1 850 places, il se visite par tous les temps. Les spectacles (acrobatie, voltige, jonglage...), souvent en hongrois, sont très visuels et faciles à comprendre.

AIRES DE JEUX DU BOIS DE LA VILLE

Au sud-est du bois de la Ville, une des plus grandes aires de jeux du pays attend les plus grands avec une cinquantaine d'équipements (grands toboggans, parcours d'escalade, balançoires...). À proximité, leurs cadets trouveront des balançoires adaptées, une tyrolienne et des trampolines encastrés dans le sol.

Au milieu du bois, près du mont Royla, une petite aire de jeux avec bac à sable et balançoires est adaptée aux tout-petits.

Près de l'extremité est du bois, une ville miniature permet aux enfants de s'initier au code de la route. Ronds-points, pistes cyclables, dos-d'âne, passages pour piétons et feux de circulation n'auront plus de secrets pour eux.

Mamaison Hotel Andrássy Budapest
Boutique-hôtel central dans Andrássy út. Chambres soignées. Bains à remous. **€€€**

Mirage Medic Hotel
Chambres dans un bâtiment traditionnel du XIXe siècle. Programme de soins complets. **€€€**

Star City Hotel
Hôtel de catégorie moyenne, à quelques minutes à pied de la gare Keleti. Tarifs familles. **€€**

ENVIRONS DE BUDAPEST : GÖDÖLLŐ

LE PLUS GRAND ENSEMBLE BAROQUE DE HONGRIE

La ville de Gödöllő, à 30 km au nord-est de Budapest, regorge de bâtiments et de monuments délicieusement baroques. Mais la raison pour laquelle les touristes affluent est son château royal. Le plus grand palais baroque de Hongrie a été dessiné par Antal Mayerhoffer au XVIIIe siècle pour le comte Antal Grassalkovich, confident de l'impératrice Marie-Thérèse. Achevé dans les années 1760, il fut par la suite agrandi pour servir de résidence d'été à l'empereur François-Joseph et fut l'une des demeures préférées de son épouse, la bien-aimée impératrice Élisabeth (1837-1898), reine de Hongrie.

Entre les deux guerres mondiales, l'amiral régent Miklós Horthy en fit également sa résidence d'été. Après l'arrivée des communistes au pouvoir, une partie du palais servit de caserne avant d'être transformée en maison de retraite, le reste étant resté à l'abandon. Une rénovation partielle a été engagée dans les années 1980 et le palais a rouvert ses portes en 1996.

Pour les infos pratiques, voir le Carnet d'adresses p. 171

À SAVOIR

Le plus simple est de prendre le train HÉV (H8). Depuis Örs vezér tere (ligne de métro M2), descendez à Szabadság tér, deuxième arrêt de Gödöllő qui en compte quatre. Si vous détenez une carte de transport urbain, un supplément doit être acquitté car la ville est hors zone BKK.

Château royal de Gödöllő

Château royal de Gödöllő

LIEU DE SÉJOUR DES ROIS ET DES DESPOTES

Les 34 pièces du palais sont ouvertes au public. Leur restauration restitue le décor dans lequel vécut le couple impérial. La suite de François-Joseph (en grande partie bordeaux) et les appartements privés de Sissi (bleu lavande) au 1er étage sont impressionnants. Ne manquez pas le hall d'apparat (salle 17), tout en or, stucs et lustres ; des concerts de musique de chambre y sont programmés toute l'année. Visitez aussi le salon de la Reine (salle 18), orné d'un portrait de Sissi dans le style Sécession où elle apparaît raccommodant, en bonne patriote, le manteau de couronnement du roi Étienne.

La collection permanente, qui encadre les appartements privés, sur l'ère des Grassalkovich (salles 5 à 12), donne un aperçu de ce que fut le palais pendant son premier siècle d'existence (la chapelle et son oratoire sont magnifiques). Une exposition en mémoire de Sissi (salles 24 à 26) relate son règne, de son mariage avec François-Joseph à son assassinat à Genève par l'anarchiste italien Luigi Lucheni, en 1898. Cette exposition s'intéresse aussi à sa postérité, qui n'a cessé de croître depuis sa disparition. Quatre salles à la fin de la visite retracent l'histoire du palais depuis les années de l'entre-deux-guerres jusqu'à la période communiste.

Visitée guidée impérative pour découvrir le superbe théâtre baroque, les deux écuries et le bunker de Horthy, cet abri souterrain de 55 m^2 de deux pièces, construit en 1944 pour le régent et sa famille.

LES MEILLEURES TABLES DE GÖDÖLLŐ

Smarni
Dans une dépendance du palais royal, face à la gare ferroviaire principale HÉV. Cuisine hongroise revisitée et délicieuse. **€€**

SvédKakas
Charmant restaurant avec jardin couvert. Déjeuner à la carte en semaine et buffet à volonté le week-end. **€€**

Pizza Palazzo
Restaurant italien populaire (pizzas et plats de pâtes). Attenant à la gare HÉV de Szabadság tér. **€**

Solier Cafe
Au centre de Gödöllő, merveilleuse *cukrászda* (pâtisserie) avec menu du jour au déjeuner. **€**

Carnet d'adresses

QUARTIER DU CHÂTEAU

Bastion des Pêcheurs
Voir p. 55 (Halászbástya ; 06 202 394 9825 ; I Szentháromság tér ; tarif plein/réduit 1 200/600 Ft ; 9h-19h mi-mars à déc, jusqu'à 21h juin-sept ; 16, 16A, 116)

Batthyány tér
Voir p. 61 (M M2 Batthyány tér, 19, 41)

Corps de garde royal
Voir p. 56 (palais Főőrség ; 06 30 553 6126 ; foorseg.hu ; I Hunyadi udvar ; 11h30-21h30 ; 16, 216)

Église Mathias
Voir p. 55 (Mátyás templom ; 1-355 5657 ; www.matyas-templom.hu ; I Szentháromság tér 2 ; tarif plein/réduit église 2 500/1 900 Ft, tour 2 900/2 400 Ft ; 9h-17h lun-ven, 9h-13h sam, 13h-17h dim ; 16, 16A, 116)

Hôpital souterrain
Voir p. 62 (Sziklakórház ; 06 70 701 0101 ; www.sziklakorhaz.eu ; I Lovas út 4/c ; tarif plein/réduit/6-12 ans 7 620/5 715/3 810 Ft ; 10h-19h, visites guidées ttes les heures 10h-18h ; 16, 16A, 116)

Labyrinthe
Voir p. 62 (Budavári Labirintus ; 1-212 0207 ; I Úri utca 9 et Lovas út 4/a ; tarif plein/réduit/- 12 ans 3 000/2 000/600 Ft ; 12h-18h30 ; 16, 16A, 116)

Maison de Houdini
Voir p. 63 (1-951-8066 ; www.houseofhoudinibudapest.com ; I Dísz tér 11 ; adulte/4-11 ans 3 600/2 400 Ft ; 10h-19h ; 16, 16A, 116)

Manège royal
Voir p. 56 (Királyi lovarda ; 06 30 553 6126 ; foorseg.hu ; I Hunyadi udva ; 16, 216)

Monastère des Carmélites
Voir p. 53 (I Színház utca 5-7 ; 16, 105, 116)

Musée d'Histoire de la musique
Voir p. 63 (I Zenetörténeti Múzeum ; 1-214 6770 ; I Táncsics Mihály utca 7 ; tarif plein/réduit 1 000/500 Ft ; 10h-16h mar-dim ; 16, 16A, 116)

Musée d'Histoire militaire
Voir p. 63 (I Hadtörténeti Múzeum ; 1-325 1600 ; militaria.hu ; I Tóth Árpád sétány 40 ; entrée libre ; 9h-17h mar-dim ; 16, 16A, 116)

Palais De La Motte Beer
Voir p. 64 (1-202-1967 ; I Dísz tér 15 ; 16)

Palais royal
Voir p. 54 (I Szent György tér 2 ; jardins gratuit, tarif plein/réduit musée du château 2 400/1 200 Ft, Galerie nationale 3 800/1 900 Ft ; musée du Château et Galerie nationale 10h-18h mar-dim, Bibliothèque nationale 10h-18h mar-jeu, 9h-19h sam-dim ; 19, 41, 16, 216)

Palais Sándor
Voir p. 52 (1-224 5000 ; I Szent György tér 2 ; Relève de la garde 9h-17h ttes les heures ; 19, 41, 16, 216)

Parc Millenáris
Voir p. 61 (Millenáris Park ; 06 70 510 8100 ; millenaris.hu ; II Kis Rókus utca 16-20 ; 6h-21h ; M M2 Széll Kálmán tér, 4, 6)

Pharmacie de l'Aigle d'or
Voir p. 63 (Arany Sas Patika ; 1-375 9772 ; semmelweismuseum.hu ; I Tárnok utca 18 ; tarif plein/réduit 1 000/500 Ft ; 10h-18h mar-dim ; 16, 16A, 116)

Pierre du Km 0
Voir p. 59 (I Clark Ádám tér ; 16, 19, 41)

Pont des Chaînes
Voir p. 60 (I Széchenyi lánchid ; 16, 19, 41)

Synagogue médiévale
Voir p. 58 (I Táncsics Mihály utca 26 ; 10h-18h dim et mar-jeu, 10h-17h ven ; 16, 16A, 116)

Széll Kálmán tér
Voir p. 61 (M M2 Széll Kálmán tér, 4, 6, 17, 19)

Tour Marie-Madeleine
Voir p. 58 (www.budatower.hu/en ; I Kapisztran tér 6 ; tarif plein/réduit/-1 4 ans 1 500/900/600 Ft ; 11h-16h ; 16, 16A, 116)

Sikló (funiculaire)
Voir p. 57 (1-201 9128 ; I Clark Ádám tér ou Szent György tér ; billet aller-retour adulte/3-14 ans 3 000/2 000 Ft ; 8h-22h ; 19, 41, 16, 216)

Baltazár Boutique Hotel
Voir p. 62 (1-300 7051 ; baltazarbudapest.com/en-hotel.html ; I Országház utca 31 ; M M2 Széll Kálmán tér, 16, 16A, 116)

Hilton Hotel
Voir p. 62 (1-889 6600 ; www.hilton.com ; I Hess András tér 1-3 ; 16, 16A, 116)

Hotel Clark
Voir p. 63 (1-610 4890 ; hotelclarkbudapest.hu/en ; I Clark Ádám tér 1 ; 19, 41, 16, 216)

Hotel Victoria
Voir p. 63 (1-457 8080 ; www.victoria.hu ; I Bem rakpart 11 ; 19, 41)

Lánchíd 19 Design Hotel
Voir p. 62 (1-457 1200 ; I Lánchíd utca 19 ; 19, 41)

Pest Buda Hotel
Voir p. 63 (1-800 9213 ; www.pest-buda.com ; I Fortuna utca 3 ; 16, 16A, 116)

21 Magyar Vendéglő
Voir p. 63 (1-202 2113 ; 21restaurant.hu ; I Fortuna utca 21 ; 12h-minuit ; 16, 16A, 116)

Arany Kaviár
Voir p. 63 (1-201 6737 ; aranykaviar.hu ; I Ostrom utca 19 ; 18h-23h mar-sam ; 16, 16A, 116)

Jamie's Italian
Voir p. 63 (1-800 9212 ; www.jamiesitalian.hu/en/ji-buda-castle ; I Szentháromság utca 9-11 ; 11h30-23h ; 16, 16A, 116)

Pavillon de Paris
Voir p. 63 (06 30 711 1135 ; www.pavillondeparis.hu ; II Fő utca 20-22 ; 12h-23h ; 19, 41)

Stand25
Voir p. 63 (06 30 961 3262 ; stand25.hu ; I Attila út 10 ; 12h-16h et 18h-23h lun-sam ; 5, 16, 216)

Leo Budapest
Voir p. 63 (1-610 4890 ; hotelclarkbudapest.hu/en ; Hotel Clark, I Clark Ádám tér 1 ; 12h-minuit ; 19, 41, 16, 216)

Ruszwurm
Voir p. 58 (1-375 5284 ; www.ruszwurm.hu ; I Szentháromság utca 7 ; 10h-18h ; 16, 16A, 116)

Bastion des Pêcheurs

White Raven
Voir p. 64 (06 30 676 2620 ; whiteravenskybar.com ; Hilton Hotel, I Hess András tér 1-3 ; avr à mi-oct ; 16, 16A, 116)

Bortársaság
Voir p. 64 (06 20 518 0780 ; www.bortarsasag.hu ; I Lánchíd utca 5 ; 10h-20h lun-ven, 10h-19h sam ; 19, 41)

Herend Shop
Voir p. 64 (1-225 1051 ; herend.com ; I Szentháromság utca 5 ; 10h-18h lun-ven, 10h-14h sam ; 16, 16A, 116)

Marché de Fény Utca
Voir p. 64 (1-345 4112 ; www.fenyutcaipiac.hu ; I Lövőház utca 12 ; 6h-18h lun-ven, 6h-14h sam ; M M2 Széll Kálmán tér, 4, 6, 17, 19, 22, 22A, 222)

MONT GELLÉRT ET TABÁN

Bazar du jardin du Château
Voir p. 71 (Várbazár ; 06-30 198 5274 ; varkertbazar.hu ; I Ybl Miklós tér 2-6 ; 86, 19, 41)

Chapelle de la Grotte
Voir p. 68 (06 20 775 2472 ; sziklatemplom.hu/eng ; XI mont Gellért ; tarif plein/réduit 850/750 Ft, gratuit - 10 ans ; 9h30-19h30 lun-sam ; 86, 19, 41)

Citadelle et monument à la Liberté
Voir p. 67 (XI mont Gellért ; réouverture en 2024 ; 27)

Lac sans fond
Voir p. 71 (XI Feneketlen tó ; 17, 61 ; 27, 53, 150, 150B)

Memento Park
Voir p. 70 (1-424 7500 ; www.mementopark.hu ; XXII Szabadkai utca sarok ; tarif plein/réduit/- 14 ans 3 000/1 800/1 200 Ft ; 10h-17h lun-ven, 10h-18h sam-dim ; 710, 712, 720, 722)

Musée Semmelweis d'histoire médicale
Voir p. 71 (Semmelweis Orvostörténeti Múzeum ; 1 375 3533 ; semmelweismuseum.hu ; I Apród utca 1-3 ; tarif plein 1 400 Ft, tarif réduit citoyen de l'EEE senior et - 26 ans 700 Ft, gratuit 1er dim du mois ; 10h-18h mar-dim mars-oct, 10h-16h mar-ven, 10h-18h sam-dim nov-fév ; 5, 8, 109, 110, 112, 19, 41)

MARKO KLARIĆ/WIRESTOCK CREATORS/STOCKADOBE.COM ©

Bains Gellért

Bains Gellért
Voir p. 67 (Gellért gyógyfürdő ; 1-466 6166 ; www.gellertbath.hu ; XI Kelenhegyi út 4, Danubius Hotel Gellért ; avec casier lun-jeu 9 400 Ft, sam-dim 10 900 Ft ; 9h-19h ; M4 Szent Gellért tér, 18, 19, 47, 49, 7, 86)

Bains Rudas
Voir p. 69 (Rudas Gyógyfürdő ; 1-356 1322 ; en.rudasfurdo.hu ; I Döbrentei tér 9 ; en journée sem/we 8 600/12 200 Ft, nuit we 12 600 Ft ; hommes 6h-20h lun et mer, 6h-12h45 jeu, 6h-10h45 ven, femmes 6h-20h mar, mixte 13h-20h jeu, 11h-20h et 22h-2h ven, 6h-20h et 22h-2h sam, 6h-20h dim ; 7, 86, 18, 19)

RedJet
Voir p. 75 (06 70 942 2633 ; www.redjet.hu ; XI Kopaszi gát ; 9 000 Ft/pers ; 15h-18h mar-ven, 10h-12h et 14h-17h30 sam-dim ; 1, 41, 107, 153, 154)

Danubius Hotel Gellért
Voir p. 72 (36 1 889 9999 ; danubiushotelgellert.hu-budapest.com/fr/ ; XI Szent Gellért tér 2 ; M4 Szent Gellért Tér)

Engel View
Voir p. 72 (06 20 410 1959 ; I Attila út 29 ; 17, 41, 5, 16, 216)

Hotel Orion
Voir p. 72 (1-356 8583 ; www.hotelorion.hu ; I Döbrentei utca 13 ; 17, 19, 41)

Jewel in Buda Apartments
Voir p. 73 (XI Bartók Béla út 32 ; 17, 19, 41)

Minilux Apartment
Voir p. 73 (XI Kemenes utca 8 ; 17, 19, 41)

Shantee House
Voir p. 73 (06 30 399 4880 ; www.backpackbudapest.hu ; XI Takács Menyhért utca 33 ; 53, 150, 150B, 17, 19, 49)

Amore di Napoli
Voir p. 72 (06 30 248 7080 ; amoredinapoli.hu ; XI Budafoki út 16 ; 11h30-14h30 et 17h-20h lun, 11h30-14h30 et 17h-21h mar, 11h30-14h30 et 17h-21h30 mer-jeu, 11h30-21h30 ven-sam, 12h-20h dim ; M4 Móricz Zsigmond körtér, 6, 17, 19, 41)

Arany Szarvas
Voir p. 74 (06 30 984 7518 ; www.aranyszarvasetterem.hu ; I Szarvas tér 1 ; 11h-22h ; 17, 19, 41)

Czakó Kert
Voir p. 73 (1-501 4002 ; www.czakokert.hu ; I Czakó utca 15 ; 8h-22h30 mer-dim ; 178)

Gösser Tabán
Voir p. 74 (1-375 9482 ; I Attila út 19 ; 12h-22h mer-lun ; 17, 19, 41)

Moto Pizza
Voir p. 72 (XI Bartók Béla út 46 ; 11h30-22h ; M4 Móricz Zsigmond körtér, 17, 19, 41)

Tabáni Kakas
Voir p. 74 (1-200 3055 ; I Attila út 27 ; 11h-21h mer-sam, 11h-17h dim ; 17, 19, 41)

Tasty Pizza
Voir p. 72 (06 20 345 7535 ; facebook.com/tastypizzaburgerbuda ; XI Bartók Béla út 93 ; 11h-22h lun-jeu, 8h-22h ven-dim ; 17, 19, 41)

Béla
Voir p. 74 (06 70 590 7974 ; www.belabudapest.com ; XI Bartók Béla út 23 ; 11h30-23h dim-lun, 11h30-minuit mar-mer, 11h30-1h jeu-sam ; M4 Móricz Zsigmond körtér, 17, 19, 47, 49)

Füge Bolt és Kávézó
Voir p. 73 (06 20 555 9599 ; facebook.com/FugeKavezo ; XI Szirtes út 19 ; 7h-21h ; 27)

Hadik
Voir p. 73 (06 20 502 2597 ; www.hadik.hu ; XI Bartók Béla út 36 ; 12h-23h dim-mer, 12h-minuit jeu-sam ; M4 Móricz Zsigmond körtér, 17, 19, 47, 49)

Kelet
Voir p. 73 (keletkavezo.hu ; XI Bartók Béla út 29 ; lun-ven 7h30-22h30, sam-dim, vac et jours fériés 9h-22h30 ; 19, 41, 47, 48, 49)

Mitzi
Voir p. 73 (06 70 659 1161 ; facebook.com/mitzibudapest ; XI Bartók Béla út 1 ; lun 17h-23h, mar-jeu 11h30-23h, ven-sam 10h-minuit, dim 10h-21h ; M4 Szent Gellért tér, 19, 41, 47, 48, 49)

Palack Borbár
Voir p. 74 (06 30 997 1902 ; palackborbar.hu ; XI Szent

Gellért tér 3 ; 12h-23h lun-mar, 12h-minuit mer-sam, 12h-22h dim ; M M4 Szent Gellért tér, 17, 19, 47, 49, 7, 86)

Szatyor Bár
Voir p. 74 (06 20 502 2597 ; facebook.com/szatyorbar ; XI Bartók Béla út 36-38 ; 12h-23h dim-mer, 12h-minuit jeu-sam ; M M4 Móricz Zsigmond körtér, 17, 19, 47, 49)

A38
Voir p. 72 (1-464 3940 ; www.a38.hu ; XI Pázmány Péter sétány 3-11 ; 8h-23h lun-sam, 8h-22h dim ; 4, 6, 212)

Barba Negra
Voir p. 75 (06 20 563 2254 ; www.barbanegra.hu ; XXI Szállító utca 3 ; 179)

Dürer Kert
Voir p. 72 (1-789 4444 ; www.durerkert.com ; XI Öböl utca 1 ; 22h-6h ven, 19h30-1h sam ; 33)

Fonó Ház
Voir p. 75 (1-206 5300 ; www.fono.hu ; XI Sztrevoga utca 3 ; 10h-21h lun-mer, 10h-23h jeu, 10h-2h ven, 14h-2h sam ; 1, 17, 19, 41, 47, 213)

Romkert
Voir p. 75 (06 30 591 4450 ; romkert.eu ; I Döbrentei tér 9 ; 17, 19, 41, 47, 49 ; 7, 107)

Fiók
Voir p. 75 (06 70 938 6237 ; fiok.net ; XI Csiki utca 1 ; 10h-18h30 lun-ven ; M M4 Szent Gellért tér, 17, 19, 47, 49, 107)

Repertory
Voir p. 75 (06 30 639 6559 ; XI Budafoki út 5 ; 12h-19h mar-ven, 11h-18h sam ; M M4 Szent Gellért tér, 17, 19, 47, 49, 107)

Szia+
Voir p. 75 (36-1-279 1241 ; facebook.com/SZIA.adomanybolt ; XI Budafoki út 17 ; 10h-19h lun-ven, 12h-19h sam ; M M4 Szent Gellért tér, 17, 19, 47, 49, 107)

ÓBUDA ET LES COLLINES DE BUDA

Belvédère Élisabeth
Voir p. 82 (Erzsébet kilátó ; XII Erzsébet kilátó utca ; télésiège tarif plein/réduit 2 000/1 000 Ft ; Tour 8h-20h, télésiège 10h-19h mai-août, lun fermé sem paire, horaires réduits reste de l'année ; 291 arrêt Zugliget, Libegő pour le télésiège, Children's Railway arrêt János-hegy)

Centre des merveilles scientifiques Csopa
Voir p. 81 (Csodák Palotája ; www.csopa.hu ; centre commercial Buda Entertainment & Gastro, III Bécsi út 38-44 ; tarif plein/réduit 5 500/4 000 Ft ; 10h-19h ; 29, 65, 65A, 111, 17, 19, 41, HÉV Szépvölgyi út)

Grotte Pálvölgy
Voir p. 84 (Pálvölgyi-barlang ; 1-325 9505 ; www.dunaipoly.hu/hu/helyek/bemutatohelyek/pal-volgyi-barlang ; II Szépvölgyi út 162/a ; tarif plein/réduit 3 000/2 300 Ft, billet combiné grotte Szemlőhegy 4 700/3 700 Ft ; visites ttes les heures 10h15-16h15 mar-dim ; 65)

Grotte Szemlőhegy
Voir p. 84 (Szemlőhegyi-barlang ; 1-325 6001 ; www.dunaipoly.hu/hu/helyek/bemutatohelyek/szemlo-hegyi-barlang ; II Pusztaszeri út 35 ; tarif plein/réduit 2 900/2 300 Ft, billet combiné grotte Pálvölgy 4 700/3 700 Ft ; visites ttes les heures 10h-16h mer-lun ; 29, 111)

Musée d'Aquincum
Voir p. 78 (1-250 1650 ; www.aquincum.hu ; III Szentendre út 133-135 ; tarif plein/réduit 2 200/1 100 Ft avr-oct, 1 600/800 Ft nov-mars ; musée 10h-18h mar-dim avr-oct, 10h-16h mar-dim nov-mars ; parc 9h-18h mar-dim avr-oct, 10h-16h mar-dim ; 34, 106, 134, HÉV Aquincum)

Musée d'Óbuda
Voir p. 79 (1-250 1020 ; III Fő tér 1 ; 10h-18h mar-sam ; 1, 17, 41, 34, 106, 118, 134, 137, 226)

Musée hongrois du Commerce et de la Restauration
Voir p. 81 (Magyar Kereskedelmi és Vendéglátó-ipari Múzeum ; 1-375 6249 ; mkvm.hu ; III Korona tér 1 ; tarif plein/réduit 1 800/1 200 Ft ; 10h-18h mar-dim ; 9, 29, 109, HÉV Tímár utca ou Szentlélek tér)

Musée Kassák
Voir p. 79 (36 1 368 70 21 ; kassakmuzeum.hu/en ; III Fő tér 1 ; tarif plein/réduit 1 200/600 Ft, gratuit dernier sam du mois ; 10h-17h mer et ven-dim, 12h-19h jeu ; 34, 106, 118, 134, 137, 226, 1, 17, 41, HÉV Szentlélek tér)

Musée Kiscelli
Voir p. 79 (Kiscelli Múzeum ; 1-388 8560 ; www.kiscellimuzeum.hu ; III Kiscelli utca 108 ; tarif plein/réduit 2 000/1 000 Ft ; 10h-18h mar-dim ; 160, 260, 17, 19, 41)

Musée Victor Vasarely
Voir p. 79 (1-388 7551 ; en.vasarely.hu ; III Szentlélek tér 6 ; tarif plein/réduit 2 400/1 200 Ft ; 10h-18h mer-dim ; 34, 106, 118, 126, 134, HÉV Szentlélek tér)

Synagogue d'Óbuda
Voir p. 79 (1-268 0183 ; obudaizsinagoga.hu ; III Lajos utca 163 ; 9h-14h lun-ven ; 34, 106, 118, 126, 134, 1, 17, 41, HÉV Szentlélek tér)

Tombeau de Gül Baba
Voir p. 81 (Gül Baba türbéje ; 1-618 3842 ; gulbabaalapitvany.hu ; II Türbe tér 1 ; entrée libre ; 10h-18h mar-dim ; 4, 6, 17, 19, 41, HÉV Margit híd, Budai Hídfő)

Bains Lukács
Voir p. 83 (Lukács Gyógyfürdő ; 1-326 1695 ; en.lukacsfurdo.hu ; II Frankel Leó út 25-29 ; sem/we 4 400/4 800 Ft, casier ou cabine 1 000 Ft en supp ; 7h-19h jeu-lun, 7h-20h mar-mer ; 9, 26, 226, 4, 6, 17, 19, 41)

Mosaïques d'Aquincum

Bains Római
Voir p. 83 (en.romaistrand.hu ; III Rozgonyi Piroska út 2 ; tarif plein/réduit à partir de 3 200/2 800 Ft en sem, 3 600/3 100 Ft le we, casier 1 200 Ft en supp ; été)

Bains Veli Bej
Voir p. 83 (Veli Bej Fürdője ; 1-438 8587 ; www.irgalmasrend.hu/site/velibej/sprachen/en ; II Árpád fejedelem útja 7 et Frankel Leó út 54 ; sam 6h-9h/9h-12h 4 500/4 000 Ft, dim 6h-12h 4 500 Ft, lun-jeu 15h-21h 4 000 Ft, ven-dim 15h-21h 4 500 Ft ; 15h-21h lun-ven, 6h-12h et 15h-21h sam-dim ; 17, 19, 41, 9)

Budapest Garden
Voir p. 84 (1-250 4799 ; budapestgarden.com ; III Árpád fejedelem útja 125 ; 14h-23h lun-jeu, 14h-1h ven-sam, 10h-23h dim ; 29, HÉV Tímár utca)

Garden Placc
Voir p. 84 (36 30 435 4518 ; Királyok útja 33 ; mer-ven 14h-22h, sam-dim 12h-22h ; 34)

Monkey Boulder
Voir p. 84 (1-400 6326 ; monkeyboulder.hu ; III Szentendrei út 95 ; adulte 2 200-3 000 Ft, enfant 1 700 Ft ; 8h-23h lun-ven, 9h-20h sam-dim ; 34, 106, 134, HÉV Kaszásdűlő)

SUP Budapest
Voir p. 84 (06 30 701 9318 ; facebook.com/supbudapest/ ; III Kossuth Lajos üdülőpart 81 ; 9h-17h ; 34)

Train à crémaillère
Voir p. 83 (XII Fogaskerekű ; 1-258 4636 ; depuis arrêt Városmajor ; 17, 19, 56, 56A, 59, 5, 22, 57)

Train des Enfants
Voir p. 80 (1-397 5394 ; gyermekvasut.hu ; II Gyermekvasúthoz vezető út 5 ; adulte/enfant aller sans arrêt 1 000/500 Ft, aller-retour ou aller avec arrêt 1 800/900 Ft ; train 1/heure tlj mai-août, 1/heure mar-dim sept-avr, musée 9h-18h sam-dim ; 56, 56A, 56B, 61 jusqu'à Hűvösvölgy)

Aquincum Hotel
Voir p. 85 (1-436 4100 ; www.aquincumhotel.com ; II Árpád fejedelem útja 94 ; 34, 106, 118,226, 1, 17, 41, HÉV Szentlélek tér)

M&M Apartman
Voir p. 85 (06 30 960 2770 ; XXII Csengery utca 15 ; 4, 6, M M1 Oktogon ou Vörösmarty utca)

Vendégház a hegyen
Voir p. 85 (06 70 584 6004 ; vendeghazahegyen.hu ; III Vadóc utca 84 ; S72, S76 arrêt Üröm)

Csalánosi Csárda
Voir p. 83 (06 20 955 5565 ; csalanosi-obuda.hu ; III Hídfő utca 16 ; 9h-minuit ; 34, 106, 118,226, 1, 17, 41, HÉV Szentlélek tér)

Hummus Bar
Voir p. 83 (06 70 380 1854 ; hummusbar.hu ; III Bécsi út 38 ; 11h-22h lun-ven, 12h-22h sam-dim ; 29, 111, 17, 19, 41, HÉV Szépvölgyi út)

Kéhli
Voir p. 83 (1-368 0613 ; kehli.hu ; III Mókus utca 22 ; 12h-22h ; 29, 137, 218, 237, 1, 17, 41, HÉV Szentlélek tér, Tímár utca)

Fellini Rómain
Voir p. 84 (III Kossuth Lajos üdülőpart 5 ; 13h-22h lun-ven, 9h-22h sam-dim ; 34)

Két Rombusz
Voir p. 84 (06 20 942 7392 ; III Római part 43 ; 14h-23h lun-jeu, 11h-23h ven-dim avr-oct ; 34)

Kobuci Kert
Voir p. 84 (06 70 205 7282 ; kobuci.hu ; III Fő tér 1 ; à partir de 16h lun-ven, à partir de 11h sam-dim ; 29, 137, 218, 237, 1, 17, 41, HÉV Szentlélek tér)

BELVÁROS

Budapest Eye
Voir p. 89 (06 70 636 0629 ; oriaskerek.com/en ; V Erzsébet tér ; + 12 ans/- 12 ans 3 900/2 100 Ft ; 11h-23h dim-jeu, 11h-minuit ven-sam ; M M1/2/3 Deák Ferenc tér)

Église luthérienne de Deák tér
Voir p. 89 (1-483 2150 ; www.deakter.hu ; V Deák Ferenc tér 4 ; 9h-13h dim-ven ; M M1/2/3 Deák Ferenc tér)

Église paroissiale de la Ville intérieure
Voir p. 90 (1-318 3108 ; www.belvarosiplebania.hu ; V Március 15 tér ; tarif plein/réduit 2 600/1 800 Ft ; 9h-18h lun-sam ; 2, 23, M M3 Ferenciek tere)

Galerie Foton
Voir p. 92 (06 30 211 2705 ; fotongaleria.hu ; V Képíró utca 6 ; 14h-18h mer-sam ; M M3/4 Kálvin tér, 47, 48, 49)

Jardin Károly
Voir p. 92 (Károlyi kert ; V Ferenczy István utca ; M M3/4 Kálvin tér, 47, 48, 49)

Maison Thonet
Voir p. 95 (V Váci utca 11/a ; M M1/2/3 Deák Ferenc tér, 2, 23)

Musée du Métropolitain
Voir p. 87 (Földalatti Vasúti Múzeum ; 1-461 6500 ; www.bkv.hu/hu/muzeumok/foldalatti_vasuti_muzeum_budapest ;

V Erzsébet tér 14 ; tarif plein/réduit 350/280 Ft ; 10h-17h mar-dim ; M1/2/3 Deák Ferenc tér, 47, 48, 49)

Parc Bástya
Voir p. 93 (V Bástya utca 3 ; 8h-17h ; M 3/4 Kálvin tér/ Fővám tér, 2, 23, 47, 48, 49)

Párisi Udvar
Voir p. 92 (1-576 1600 ; www.hyatt.com ; V Petőfi Sándor utca 2-4 ; 2, 23, M3 Ferenciek tere)

Pesti Vigadó
Voir p. 88 (vigado.hu ; V Vigadó tér 1 ; visite guidée tarif plein/réduit 4 000/2 000 Ft ; M1 Vörösmarty tér, 2, 23)

Église de l'Université
Voir p. 94 (1-318 0555 ; egyetemitemplom.com ; V Papnövelde utca 8 ; M 3/4 Ferenciek tere, Fővám tér)

Église orthodoxe serbe Saint-Georges
Voir p. 93 (06 30 989 6139 ; stgeorgecinci.org/ctgeorge ; V Szerb utca 4 ; entrée libre ; 2, 23, M 3/4 Kálvin tér/ Fővám tér)

Matild Palace
Voir p. 92 (1-550 5000 ; www.marriott.fr ; V Váci utca 36 ; 2, 23, M3 Ferenciek tere)

Mahart PassNave
Voir p. 92 (1-484 4013 ; mahartpassnave.hu/en ; + 7 ans 1 500 Ft, gratuit - 7 ans ; sam-dim avr et sept, mar-dim mai-août ; 2, 23)

River Ride
Voir p. 92 (1-332 2555 ; riverride.com ; V Széchenyi István tér 7-8 ; adulte/enfant 8 000-14 000/7 000-12 000 Ft ; fermé mar ; 2, 23)

Trip to Budapest
Voir p. 91 (06 20 340 9217 ; www.triptobudapest.hu ; gratuit ; 10h30 tlj et 16h30 à partir d'avril ; M1/2/3 Deák Ferenc tér)

Tuk Tuk Taxi
Voir p. 92 (06 70 257 3020 ; budapesttuktuk.com ; V Fehér Hajó utca 8-10 ; à partir de 59 €/pers)

Urban Tours
Voir p. 92 (06 70 675 1308 ; urbantours.hu ; V Irányi utca 7 ; visite 2 heures 30 35 €/pers ; 2, 23 ; M3 Ferenciek tere)

Yellow Zebra Bikes
Voir p. 91 (06 70 576 6115 ; www.yellowzebratours.com ; V Galamb utca 3 ; visite à vélo 4 heures à partir de 45 €/pers ; 2, 23 ; M3 Ferenciek tere)

Gerlóczy Boutique Hotel
Voir p. 92 (1-501 4000 ; www.gerloczy.hu ; V Gerlóczy utca 1 ; 47, 48, 49, M2 Astoria, M3 Ferenciek tere)

Hotel Rum
Voir p. 92 (1-424 9060 ; hotelrumbudapest.com ; V Királyi Pál utca 4 ; 47, 48, 49, M3/4 Kálvin tér)

Katona Apartments
Voir p. 93 (06 70 221 179/ ; www.katonaapartments.hu ; V Petőfi Sándor utca 6 ; 2, 23, M3 Ferenciek tere)

Leo Boutique Rooms
Voir p. 93 (06 70 630 1098 ; leoboutiquerooms.com ; V Kossuth Lajos utca 2/A ; 2, 23, M3 Ferenciek tere)

Loft Hostel
Voir p. 93 (1-328 0916 ; lofthostel.hu ; V Veres Pálné utca 19 ; 2, 23, M3/4 Kálvin tér)

Three Corners Hotel Art
Voir p. 92 (1-266 2166 ; threecorners.com/fr/budapest/hotel-art ; V Királyi Pál utca 12 ; 47, 48, 49, M3/4 Kálvin tér)

Baalbek
Voir p. 94 (06 70 705 0505 ; www.baalbek.hu ; V Belgrád rkp. 22 ; 12h-minuit ; 2, 23, M 3/4 Ferenciek tere, Fővám tér)

Belvárosi Disznótoros
Voir p. 94 (1-267 3795 ; belvarosidisznotoros.hu ; V Károlyi utca 17 ; 11h-18h lun-ven, 11h-17h sam ; 2, 23, M3 Ferenciek tere)

Gerlóczy Café
Voir p. 92 (1-501 4000 ; V Gerlóczy utca 1 ; 7h30-23h ; 47, 48, 49, M2 Astoria, M3 Ferenciek tere)

Hummus Bar
Voir p. 94 (06 70 380 1854 ; hummusbar.hu ; III Bécsi út 38 ; 11h-22h lun-ven, 12h-22h sam-dim ; 29, 111, 17, 19, 41, HÉV Szépvölgyi út)

Monk's Bistrot
Voir p. 94 (06 30 789 4718 ; english.monks.hu ; V Piarista köz 1 ; 12h-23h ; 2, 23, M3 Ferenciek tere)

Salt
Voir p. 94 (06 70 333 2190 ; saltbudapest.com ; Hotel Rum Budapest, V Királyi Pál utca 4 ; 18h-23h mer-sam ; 47, 48, 49, M3/4 Kálvin tér)

1000 Tea
Voir p. 94 (1-337 8217 ; www.1000tea.hu ; V Váci utca 65 ; 12h-21h lun-sam ; 2, 23, M3 Ferenciek tere)

Asterisk
Voir p. 94 (06 70 776 2092 ; asteriskgallery.hu ; V Papnövelde utca 8 ; 9h-19h mar-sam, 9h-16h dim ; 2, 23, M3 Ferenciek tere)

Centrál Kávéház
Voir p. 94 (06 30 945 8058 ; centralgrandcafe.hu ; V Károlyi utca 9 ; 9h-22h dim-mar, 9h-minuit mer-sam ; 2, 23, M3 Ferenciek tere)

Csendes Létterem Vintage Bar & Cafe
Voir p. 94 (06 30 727 2100 ; V Ferenczy István utca 5 ; 14h-minuit lun-jeu et sam, 14h-23h ven, 15h-minuit dim ; M2 Astoria)

Fröccsterasz
Voir p. 91 (06 30 419 5040 ; froccsterasz.hu ; V Erzsébet

tér 11-13 ; 16h-5h lun-jeu, 14h-5h ven-dim ; 47, 48, 49, M M1/2/3 Deák Ferenc tér)

Good Spirits
Voir p. 91 (06 20 286 8040 ; goodspiritbar.hu/en ; V Veres Pálné utca 7 ; 17h-minuit mar-jeu, 17h-1h ven-sam ; 2, 23, M M3 Ferenciek tere)

Három Holló
Voir p. 91 (06 70 784 6614 ; www.haromhollo.hu ; V Piarista köz 1 ; 12h-minuit ; 2, 23, M M3 Ferenciek tere)

Solid
Voir p. 91 (06 70 333 2113 ; solidbudapest.com ; V Királyi Pál utca 4 ; 7h-12h lun, 7h-12h et 17h-minuit mar-jeu, 7h-12h et 17h-1h ven, 7h-14h et 17h-1h sam, 7h-14h dim ; 47, 48, 49, M M3/4 Kálvin tér)

Why Not
Voir p. 91 (1-780 4545 ; www.whynotcafe.hu/en ; V Belgrád rkp. 3-4 ; 11h-3h ; 2, 23, M M4 Fővám tér)

Théâtre József Katona
Voir p. 91 (1-266 5200 ; katonajozsefszinhaz.hu ; V Petőfi Sándor utca 6 ; M M3 Ferenciek tere)

Puskin Art Mozi
Voir p. 91 (1-459 5050 ; puskinmozi.hu ; V Kossuth Lajos utca 18 ; 47, 48, 49, M M2 Astoria)

Auguszt Cukrászda
Voir p. 91 (1-316 3817 ; auguszt.hu/en ; V Kossuth Lajos utca 14-16 ; 10h-18h mar-sam ; 47, 48, 49, M M2 Astoria, M3 Ferenciek tere)

Balogh Kesztyű Üzlet
Voir p. 94 (1-483 0820 ; V Károly krt. 4 ; 10h-18h lun-ven, 10h-15h sam ; 47, 48, 49, M M2 Astoria)

Bomo Art
Voir p. 94 (06 20 594 2223 ; www.bomoart.com ; V Régi posta utca 14 ; 10h-18h30 lun-sam ; M M3 Ferenciek tere)

Cadeau
Voir p. 94 (1-317 7127 ; cukraszok.hu ; V Veres Pálné utca 8 ; 10h-18h lun-ven ; 2, 23, M M3 Ferenciek tere)

Chez Dodo
Voir p. 94 (06 70 341 3845 ; www.chezdodo.hu ; V Sas utca 7 ; 11h-20h lun, 10h-20h mar-sam, 10h-19h dim ; M M1/2/3 Deák Ferenc tér)

Folkart Kézművésház
Voir p. 94 (1-318 5143 ; folkartkezmuveshaz.hu/?lang=en ; V Régi posta utca 12 ; 10h-18h lun-ven, 10h-15h sam ; 2, 23, M M3 Ferenciek tere)

Gerbeaud
Voir p. 91 (06 30 382 7701 ; gerbeaud.hu ; V Vörösmarty tér 7-8 ; 9h-20h dim-jeu, 9h-21h ven-sam ; 2, 23, M M1 Vörösmarty tér)

Holló Műhely
Voir p. 94 (06 70 599 8147 ; facebook.com/hollomuhely ; V Vitkovics Mihály utca 12 ; 14h-18h mar, 10h-13h mer, 11h-13h et 14h-18h jeu ; M M2 Astoria)

Mono
Voir p. 93 (06 70 607 4906 ; facebook.com/monoartanddesign ; XXI Kossuth Lajos utca 12 ; 11h-19h lun-ven, 10h-19h sam, 11h-18h dim ; M M2 Astoria, M3 Ferenciek tere)

Nanushka
Voir p. 93 (06 70 394 1954 ; www.nanushka.com ; V Bécsi utca 3 ; 11h-19h lun-sam, 12h-18h dim ; M M1/2/3 Deák Ferenc tér)

Philanthia
Voir p. 95 (V Váci utca 9 ; 10h30-18h lun-mar et jeu-sam ; 2, 23, M M1/2/3 Deák Ferenc tér)

Rododendron
Voir p. 94 (06 70 419 5329 ; rododendronart.com/en ; V Semmelweis utca 19 ; 11h-19h lun-ven, 10h-17h sam, 11h-15h dim ; M M2 Astoria)

Rózsavölgyi Csokoládé
Voir p. 94 (06 30 814 8929 ; www.rozsavolgyi.com ; V Királyi Pál utca 6 ; 10h30-13h et 13h30-18h30 mar-ven, 12h-18h sam ; M M3/4 Kálvin tér)

Szamos Marcipán
Voir p. 94 (www.szamos.hu ; V Vértanúk tere 1 ; 7h30-19h lun-ven, 9h-19h sam-dim ; 2, 23, M M2 Kossuth Lajos tér)

wonderLab
Voir p. 93 (06 20 263 8963 ; wonderlabconcept.com ; V Veres Pálné utca 3 ; 13h-19h mer-sam ; 2, 23, M M3 Ferenciek tere)

LE PARLEMENT ET SES ENVIRONS

Chaussures au bord du Danube
Voir p. 99 (Cipők a Dunapartján ; V Antall József rakpart ; 2, 23)

Mémorial du soulèvement de 1956
Voir p. 101 (XIV Ötvenhatosok tere ; M M1 Hősök tere)

Basilique Saint-Étienne
Voir p. 98 (1-311 0839 ; www.bazilika.biz ; V Szent István tér 1 ; tarif plein/réduit basilique 2 000/1 500 Ft, panorama et trésors 3 200/2 700 Ft, pass complet 4 500/4 000 Ft ; basilique 9h-16h30 lun, 9h-17h45 mar-sam, 12h30-17h45 dim, terrasse panoramique et trésors 9h-19h lun-dim ; M M1 Bajcsy-Zsilinszky út)

Centre de photographie contemporaine Robert Capa
Voir p. 105 (1-413 1310 ; capacenter.hu ; VI Nagymező utca 8 ; tarif plein/réduit 2 000/1 500 Ft ; 14h-19h mar-ven, 11h-19h sam-dim ; trolleybus 70, 78, M M1 Opera)

Maison des Photographes hongrois
Voir p. 105 (Magyar Fotográfusok Háza ; 06 30 167 4034 ; www.maimano.hu ; VI Nagymező

utca 20 ; tarif plein/réduit 2 000/1 000 Ft ; 12h-19h mar-dim ; trolleybus 70, 78, M1 Opera)

Olimpia Park
Voir p. 102 (V Olimpia Park ; 2, 4, 6, 23)

Opéra national hongrois
Voir p. 105 (1-814 7100 ; www.opera.hu ; VI Andrássy út 22 ; visite guidée 1 heure en anglais 7 000 Ft ; visites guidées en anglais 13h30, 15h et 16h30, autres langues sur demande ; trolleybus 70, 78, M1 Opera)

Palais Drechsler
Voir p. 106 (VI Andrássy út 25 ; M1 Opera)

Parlement
Voir p. 96 (Országház ; 1-441 4904 ; www.parlament.hu ; V Kossuth Lajos tér 1-3 ; tarif plein/réduit et citoyen EEE 5 000/2 500 Ft, citoyen hors EEE 10 000/5 000 Ft ; billetterie 8h-16h nov-mars, 8h-16h lun-jeu, 8h-18h ven-dim avr, 8h-18h mai-oct ; 2, 23, M2 Kossuth Lajos tér)

Musée ethnographique et restaurant Urban Betyá
Voir p. 104 (1-796 3285 ; urbanbetyar.com/en/ethnographic-experience-centre ; V Október 6. utca 16-18 ; gratuit pour les clients du restaurant ; 12h-minuit ; 2, 23, M1 Bajcsy-Zsilinszky út, M2/3 Deák Ferenc tér)

Musée rétro interactif de Budapest
Voir p. 103 (06 70 429 9544 ; bpretro.com/en ; V Október 6. utca 4 ; tarif plein/reduit lun-ven 4 300/3 600 Ft, week-end 5 400 Ft ; 10h-20h ; M1 Bajcsy-Zsilinszky út, M2/3 Deák Ferenc tér)

Nouveau Théâtre
Voir p. 106 (1-269 6021 ; www.ujszinhaz.hu ; VI Paulay Ede utca 35 ; trolleybus 70, 78, M1 Opera)

TTSTUDIO/STOCKADOBE.COM©

Basilique Saint-Étienne

Théâtre d'opérette de Budapest
Voir p. 106 (Budapesti Operettszínház ; 1-312 4866 ; operett.hu ; VI Nagymező utca 17 ; M1 Opera)

V30 Downtown Sports Center
Voir p. 102 (v30 Belvarosi Sportközpont ; 06 70 662 8690 ; V Vadász utca 30 ; 6h-22h lun-ven, 8h-20h sam-dim ; M3 Arany János utca, M2 Kossuth Lajos tér)

Aria Hotel Budapest
Voir p. 102 (1-445 4055 ; ariahotelbudapest.com ; V Hercegprímás utca 5 ; 9, 15, 105, M1 Bajcsy-Zsilinszky út)

Cotton House
Voir p. 102 (06 30 184 1128 ; www.cottonhousebudapest.hu ; VI Jókai utca 26 ; 4, 6, M3 Nyugati pályaudvar)

Four Seasons Gresham Palace Hotel
Voir p. 102 (1-268 6000 ; www.fourseasons.com/budapest ; V Széchenyi István tér 5-6 ; 16, 105, 2, 23)

Full-Moon Budapest
Voir p. 103 (1-792 9045, 06 30 326 6888 ; fullmoonbudapest.com ; V Szent István tér 11 ; 4, 6, M3 Nyugati pályaudvar)

Hotel Medos
Voir p. 103 (1-374 3000 ; medoshotel.hu/fr ; VI Jókai tér 9 ; 4, 6, M1 Oktogon)

Pal's Hotel
Voir p. 103 (06 30 524 2466 ; palshostel.com ; V Szent Istvan tér 3 ; 9, 105, M1 Bajcsy-Zsilinszky út)

Bigfish
Voir p. 106 (1-269 0693 ; thebigfish.hu ; VI Andrássy út 44 ; 12h-22h ; 4, 6, M1 Oktogon)

Bombay Budapest
Voir p. 104 (06 20 413 0484 ; www.bombay.hu/en ; V Október 6. utca 17 ; 11h30-minuit lun-sam, 11h30-23h dim ; M1 Bajcsy-Zsilinszky út)

Borkonyha
Voir p. 103 (1 266 0835 ; www.borkonyha.hu ; V Sas utca 3 ; 12h-16h et 18h-minuit lun-sam ; 15, 16, 105, M1 Bajcsy-Zsilinszky út)

Costes Downtown
Voir p. 106 (06 20 926 7837 ; costesdowntown.hu/en ; V Vigyázó Ferenc utca 5 ;

12h-15h et 18h-23h mar-sam ; 15, 16, 105, 2, 23)

Dobrumba
Voir p. 106 (06 30 194 0049 ; dobrumba.hu ; VII Dob utca 5 ; 12h-23h lun-mer, 9h-23h jeu-dim ; 47, 48, 49, M M2 Astoria)

Első Pesti Rétesház
Voir p. 103 (1-428 0134 ; reteshaz.com ; V Október 6 utca 22 ; 10h-23h ; 15, 16, 105, 2, 23, M M3 Arany János utca)

Garden Studio & Cafe
Voir p. 106 (06 20 423 4077 ; thegardenstudio.hu ; VI Paulay Ede utca 18 ; 12h-20h mar, 9h-20h mer-sam, 9h-18h dim ; M M1 Bajcsy-Zsilinszky utca)

Iguana
Voir p. 107 (1-331 4352 ; www.iguana.hu ; V Zoltán utca 16 ; 11h30-23h ; 15, 2, 23, M M2 Kossuth Lajos tér)

Jin Galbi
Voir p. 104 (06 30 011 7300 ; V Hold utca 15 ; 11h30-14h30 et 17h-21h30 lun-sam ; M M3 Arany János utca)

Kisharang
Voir p. 103 (06 30 732 7874 ; kisharang.hu ; V Október 6 utca 17 ; 11h30-22h ; 15, 16, 105, M M3 Arany János utca)

Kispiac
Voir p. 103 (1-269 4231 ; facebook.com/Kispiac ; V Hold utca 13 ; 12h-22h mar-sam ; 15, M M3 Arany János utca)

Leila's
Voir p. 106 (06 30 245 3393 ; www.leilascuisine.com ; V Váci utca 42 ; 12h-23h ; 5, 7, 2, 23, M M3 Ferenciek tere)

Lokum
Voir p. 107 (06 30 420 5031 ; facebook.com/lokumbrunchandbistro ; VI Zichy Jenő utca 30 ; 9h30-22h mar-ven, 10h-22h sam, 10h-17h dim ; 4, 6, M M1 Oktogon, M3 Arany János utca)

Mák
Voir p. 106 (06 30 723 9383 ; mak.hu ; V Vigyázó Ferenc utca 4 ; 18h-23h mer-ven, 12h-15h et 18h-23h sam ; 15, 16, 105, 2, 23)

Momotaro
Voir p. 104 (06 30 670 5184 ; V Nádor utca 24 ; 11h-22h30 mar-dim ; 2, 23)

Parázs Thai Éttererm
Voir p. 104 (06 30 371 5035 ; www.parazspresszo.com ; VI Jókai utca 8 ; 12h-22h ; 4, 6, M M1 Oktogon)

Pick Bistro
Voir p. 103 (06 30 630 2450 ; www.pickbistro.com ; V Kossuth Lajos tér 9 ; 9h-23h ; 2, 23, M M2 Kossuth Lajos tér)

Pizzica
Voir p. 107 (06 30 993 5481 ; facebook.com/pizzicapizza ; VI Nagymező utca 21 ; 11h-23h lun-jeu, 11h-minuit ven-sam ; 2, 23, M M1 Opera, Oktogon)

Artizán
Voir p. 108 (06 30 856 5122 ; artizan.hu ; V Hold utca 3 ; 7h-18h lun-sam, 7h30-13h sam ; 15, M M3 Arany János utca)

Bortodoor City
Voir p. 102 (06 20 455 6605 ; www.bortodoor.com ; VI Zichy Jenő utca 32 ; 17h-minuit mar-jeu et dim, 17h-1h ven-sam ; 4, 6, M M3 Arany János utca, M1 Oktogon)

DiVino
Voir p. 102 (06 70 935 3980 ; bazilika.divino.hu ; V Szent István tér 3 ; 16h-minuit dim-mer, 16h-2h jeu-sam ; M M1 Bajcsy-Zsilinszky út)

Drop Stop
Voir p. 103 (06 30 345 3739 ; www.dropshop.hu ; V Balassi Bálint utca 27 ; 9h-19h lun-mar, 11h-minuit mer-sam ; 2, 4, 6, 23)

Espresso Embassy
Voir p. 108 (06 20 445 0063 ; V Arany János utca 15 ; 7h30-16h lun-ven, 8h-18h sam-dim ; 2, 23, M M3 Arany János utca)

Ételem Étterrem
Voir p. 108 (06 70 776 7067 ; pest.elelemetterem.hu ; V Garibaldi utca 5 ; 11h-16h lun-mer, 11h-20h jeu-sam ; 2, 23, M M2 Kossuth Lajos tér)

High Note Sky Bar
Voir p. 107 (06 20 438 8648 ; www.ariahotelbudapest.com ; Aria Hotel Budapest, V Hercegprímás utca 5 ; 16h-minuit lun-jeu, 14h-minuit ven-dim ; 15, 16, 105, M M1 Bajcsy-Zsilinszky út)

Marlou
Voir p. 103 (1-950 9388 ; www.marlouwinebar.com ; VI Lázár utca 16 ; 15h-21h lun, 12h-22h mar-jeu, 12h-23h ven-sam ; 4, 6, M M1 Opera, M3 Arany János utca)

Alterego
Voir p. 108 (06 70 345 4302 ; www.alteregoclub.hu ; VI Dessewffy utca 33 ; 22h-5h ven, 22h-6h sam ; 4, 6, M M1 Opera, M3 Arany János utca)

Caledonia
Voir p. 108 (06 30 635 2557 ; facebook.com/caledoniabudapest ; VI Mozsár utca 9 ; 4, 6, M M1 Oktogon)

Centre culturel Aranytíz
Voir p. 107 (Aranytíz Kultúrház ; 1-354 3400 ; www.aranytiz.hu ; V Arany János utca 10 ; 15, 2, 23)

Morrison's 2
Voir p. 108 (1-374 3329 ; www.morrisons2.hu ; V Szent István körút 11 ; 17h-5h lun-sam ; 2, 4, 6, 23)

Ötkert
Voir p. 108 (06 70 330 8652 ; otkert.hu ; V Zrínyi utca 4 ; 23h-5h jeu-sam ; 15, 16, 105, 2, 23)

Anna Antikvitás
Voir p. 103 (1-302 5461 ; www.annaantikvitas.eu ; V Falk Miksa utca 18-20 ; 10h-18h lun-ven, 10h-13h sam ; 2, 4, 6, 23)

BÁV Art
Voir p. 103 (1-331 0513 ; bav-art.hu/en ; V Szent István körút 3 ; 10h-18h lun-ven, 10h-14h sam ; 2, 4, 6, 23)

Bestsellers
Voir p. 104 (1-312 1295 ; bestsellers.hu ; V Október 6 utca 11 ; 10h-18h30 lun-ven, 11h-18h sam ; M1/2/3 Deák Ferenc tér)

Cartographia
Voir p. 104 (1-312 6001 ; cartographia.hu ; VI Bajcsy-Zsilinszky út 21 ; 9h-17h lun-mer et ven, 9h-18h jeu ; M3 Arany János utca)

Culinaris Parliament
Voir p. 105 (1-345 0777 ; culinaris.hu ; V Balassi Bálint utca 7 ; 9h-20h lun-sam, 10h-18h dim ; 2, 23)

Dárius Antiques
Voir p. 103 (1-311 2603 ; www.dariusantik.hu ; Falk Miksa utca 24-26 ; 10h-16h30 lun et mer, 10h-18h mar et jeu-ven, 10h-13h sam ; 2, 4, 6, 23)

Kieselbach Galéria
Voir p. 103 (1-269 3148 ; www.kieselbach.hu ; V Szent István krt. 5 ; 10h-18h lun-ven ; 2, 4, 6, 23)

Memories of Hungary
Voir p. 104 (06 30 768 3918 ; memoriesofhungary.hu ; V Váci utca 14 ; 9h-21h ; 15, M3 Ferenciek tere)

Moró Antik
Voir p. 103 (1-311 0814 ; moroantik.hu ; V Falk Miksa utca 13 ; 10h-18h lun-ven ; 2, 4, 6, 23)

Originart Galéria
Voir p. 105 (1-302 2162 ; www.originart.hu ; V Arany János utca 18 ; 10h-18h lun-ven ; 15, M3 Arany János utca)

Pintér Galéria
Voir p. 103 (1-311 3030 ; pinteraukcioshaz.hu ; V Falk Miksa utca 10 ; 10h-18h lun-ven, 10h-14h sam ; 2, 4, 6, 23)

Wave
Voir p. 105 (1-269 0754 ; VI Révay köz 1 ; 11h-19h lun-ven, 11h-17h sam ; M1 Bajcsy-Zsilinszky út)

ÎLE MARGUERITE ET NORD DE PEST

Château d'eau de l'île Marguerite
Voir p. 111 (1-340 4196 ; XIII Margitsziget ; 12h-18h mar-ven, 10h-18h sam-dim ; 26, 226, 4, 6)

Couvent dominicain (ruines)
Voir p. 109 (Domonkos kolostor ; XIII Margitsziget ; 26, 226, 4, 6)

Église des Prémontrés
Voir p. 109 (Premontre templom ; XIII Margitsziget ; 26, 226, 4, 6)

Église et monastère franciscains
Voir p. 109 (XIII Margitsziget ; 26, 226, 4, 6)

Fontaine musicale
Voir p. 114 (XIII Margitsziget ; musique ttes les heures 10h-22h mai-oct ; 4, 6)

Jardin japonais
Voir p. 114 (Japánkert ; XIII Hajós Alfréd stny ; 4, 6)

Musée du Flipper
Voir p. 114 (Flippermúzeum ; flippermuzeum.hu ; XIII Radnóti Miklós utca 18 ; adulte/+ 26 ans 4 200/3 000 Ft ; 16h-minuit mer-ven, 13h-minuit sam, 11h-22h dim ; 2, 4, 6, 23, M3 Nyugati pályaudvar)

Parc de l'Histoire du chemin de fer hongrois
Voir p. 112 (Magyar Vasúttörténeti Park ; 1-450 1497 ; vasuttortenetipark.hu ; XIV Tatai utca 95 ; tarif plein/3-18 ans 2 000/1 000 Ft ; 10h-18h mar-sam, 10h-17h dim avr-oct ; 30, 120, 230, 1, 14, 41)

Dans le jardin japonais de l'île Marguerite

Parc Szent István
Voir p. 112 (Szent István körút ; XIII Újpesti rakpart ; 8h-20h ; trolley bus 75, 76)

Puits musical
Voir p. 114 (Zenélő kút ; XIII Margitsziget ; musique ttes les heures 8h-18h ; 4, 6)

Statue d'Imre Nagy
Voir p. 111 (V Vértanúk tere ; M2 Kossuth Lajos tér)

Aquaworld
Voir p. 114 (1-231 3760 ; www.aquaworldresort.hu/en/aquaworld ; IV Íves út 16 ; tarif plein/réduit/- 10 ans 8 700/[illegible]/4 400 Ft la journée, 6 500/5 200/3 300 Ft les 3 heures ; 7h-21h ; 230)

Palatinus Strand
Voir p. 113 (1-340 4500 ; en.palatinusstrand.hu ; XIII Margit-sziget ; adulte/enfant sem 2 900/2 100 Ft, week-end 3 400/2 300 Ft ; 9h-19h ; 26, 226)

Piscine nationale Alfréd Hajós
Voir p. 113 (1-450 4200 ; mnsk.hu/hajos-alfred-nemzeti-sportuszoda-es-szechy-tamas-uszoda ; XIII Margitsziget ; 6h-18h ; 26, 226, 4, 6)

Spa médical Ensana
Voir p. 113 (1-889 4737 ; www.ensanahotels.com/en/hotels/thermal-margaret-island/spa ; XIII Margit-sziget ; tarif journée lun-jeu adulte/- 14 ans 8 000/5 500 Ft, ven-dim 10 000/6 500 Ft ; 7h-21h ; 26, 226, 4, 6)

Grand Margaret Island Hotel
Voir p. 113 (1-889 4700 ; www.ensanahotels.com/en/hotels/grand-margaret-island ; XIII Margit-sziget ; 26, 226)

Hotel City Ring
Voir p. 113 (1-340 5450 ; www.cityhotel-ring.hu ; XIII Szent István krt. 22 ; 2, 4, 6, 23, M3 Nyugati pályaudvar)

NH Budapest
Voir p. 113 (1-814 0000 ; www.nh-hotels.com ; XIII Vígszínház utca 3 ; 2, 4, 6, 23, M3 Nyugati pályaudvar)

Babka
Voir p. 114 (1-789 9672 ; facebook.com/babkabudapest ; XIII Pozsonyi út 3 ; 17h-23h lun, 12h-23h mar-mer et dim, 12h-minuit jeu-sam ; 2, 4, 6, 23)

Dunapark
Voir p. 114 (1-786 1009 ; facebook.com/dunapark1938 ; XIII Pozsonyi út 38 ; 9h-20h lun-ven, 9h-21h sam-dim ; trolley bus 75, 76)

Figi & Lipike
Voir p. 115 (06 70 707 5300 ; shop.figieslipike.hu ; XIII Klapka utca 4-6 ; 8h-22h lun-sam, 9h-20h dim ; 34, 106, trolley bus 75, 79, M3 Dózsa György út)

Firkász
Voir p. 114 (06 30 116 4298 ; facebook.com/firkaszbp ; XIII Tátra utca 18 ; 12h-23h ; trolley bus 75, 76, 2, 4, 6, 23)

Oriental Soup House
Voir p. 115 (06 70 617 3535 ; www.orientalsouphouse.com ; XIII Balzac utca 35 ; 11h30-22h ; trolley bus 75, 76)

Pozsonyi Kisvendéglő
Voir p. 115 (1-787 4877 ; XIII Radnóti Miklós utca 38 ; 9h-23h lun-ven, 10h-23h sam-dim ; 2, 4, 6, 23, trolley bus 75, 76)

Blue Tomato
Voir p. 115 (1-339 8099 ; www.bluetomato.hu ; XIII Pannónia utca 5-7 ; 11h30-minuit lun-sam, 11h30-23h dim ; 15, 2, 4, 6, 23)

Figaró Kert
Voir p. 115 (06 70 365 1078 ; facebook.com/FigaroKertFigaroCsemegeSarok ; XIII Borbély utca 2 ; 8h30-22h ; 2, 4, 6, 23, M3 Nyugati pályaudvar)

Gaby's
Voir p. 115 (06 70 317 7771 ; facebook.com/GabysBudapest ; XIII Katona József utca 41 ; 12h-23h lun-jeu, 12h-minuit ven, 10h-minuit sam, 10h-23h dim ; trolley bus 75, 76, 2, 4, 6, 23)

Hippie Island
Voir p. 115 (06 30 467 2375 ; www.hippisziget.com ; XIII Margit-sziget ; 12h-minuit été ; 26, 226, 4, 6)

Mosselen
Voir p. 115 (1-452 0535 ; mosselen.hu ; XIII Pannónia utca 14 ; 12h-23h dim-lun et jeu, 12h-minuit mar-mer et ven-sam ; 15, 2, 4, 6, 23, M3 Nyugati pályaudvar)

Sarki Fűszeres
Voir p. 113 (06 30 347 7037 ; www.sarkifuszeres.hu ; XIII Pozsonyi út 53-55 ; 8h-18h lun, 8h-20h mar-ven, 9h-17h sam, 9h-15h dim ; trolley bus 75, 76)

Budapest Jazz Club
Voir p. 115 (1-798 7289 ; www.bjc.hu ; XIII Hollán Ernő utca 7 ; 16h-minuit lun, 11h30-1h mar-jeu, 11h30-2h ven, 10h-2h sam, 10h-23h dim ; trolley bus 75, 76, 2, 4, 6, 23)

Fromage
Voir p. 113 (1-798 4848 ; XIII Pozsonyi út 7 ; 7h30-20h lun-ven, 8h30-19h sam ; trolley bus 75, 76, 2, 4, 6, 23)

Ligeti Bolt
Voir p. 113 (06 30 145 0740 ; csomagolasmentes.hu ; XIII Katona József utca 9-11 ; 9h-19h lun-ven, 10h-15h sam ; 4, 6, M3 Nyugati pályaudvar)

Marché Lehel
Voir p. 113 (Lehel Csarnok ; 1-288 6895 ; XIII Lehel tér ; 6h-18h lun-ven, 6h-14h sam, 6h-13h dim ; 14, M3 Lehel tér)

Mézes Kuckó
Voir p. 113 (06 20 344 5778 ; XIII Jászai Mari tér 4b ; 10h-18h lun-ven ; trolley bus 75, 76, 2, 4, 6, 23)

Zsebi
Voir p. 113 (XIII Pozsonyu utca 22 ; 8h-18h mar-ven, 9h-18h sam-dim ; trolley bus 75, 76)

ERZSÉBETVÁROS ET LE QUARTIER JUIF

Académie de musique Franz Liszt
Voir p. 121 (1-462 4600 ; lfze.hu ; VI Liszt Ferenc tér 8; visite guidée avec mini-concert tarif plein/réduit 3 900/1 950 Ft ; 14h-18h ; 4, 6, M1 Oktogon)

Arbre de Vie, mémorial de l'Holocauste
Voir p. 118 (VII Raoul Wallenberg Memorial Park ; trolley bus 74, 47, 48, 49, M2 Astoria)

École élémentaire bilingue d'Erzsébetváros
Voir p. 126 (VII Dob utca 85 ; trolley bus 74, 4, 6)

Église calviniste du bois de la Ville
Voir p. 126 (1-342 7311 ; fasor.hu ; VII Városligeti fasor 7 ; trolley bus 70, 78, M1 Kodály körönd)

Église Sainte-Thérèse-d'Ávila
Voir p. 122 (1-342 0534 ; avilaiterezplebania.hu ; VI Pethő Sándor utca 2 ; 7h30-12h et 15h-19h lun-sam, 8h30-13h et 16h30-19h30 ; 4, 6, M1 Opera)

Fresque d'AkaCorleone
Voir p. 126 (VII Kazinczy utca 37-41 ; M1/2/3 Deák Ferenc tér)

Gare de l'Ouest
Voir p. 126 (VI Nyugati tér ; 4, 6, M M3 Nyugati pályaudvar)

Grande Synagogue
Voir p. 116 (Nagy zsinagóga ; 1-413 1515 ; www.dohany-zsinagoga.hu ; VII Dohány utca 2 ; tarif plein/réduit/6-12 ans avec musée 9 000/7 100/3 300 Ft ; 10h-18h dim-jeu, 10h-16h ven mars-avr et oct, 10h-20h dim-jeu, 10h-16h ven mai-sept, 10h-16h dim-jeu, 10h-14h ven nov-fév ; trolley bus 74, 47, 48, 49, M M2 Astoria)

Immeuble Lindenbaum
Voir p. 126 (VI Izabella utca 94 ; trolley bus 72, 73, 76, M M3 Nyugati pályaudvar)

L'Ange de Budapest (Wall for Freedom)
Voir p. 126 (VII Dob Utca ; trolley bus 70, 78, 4, 6)

Maison de la Terreur
Voir p. 118 (Terror Háza ; 1-374 2600 ; www.terrorhaza.hu ; VI Andrássy út 60 ; tarif plein/réduit 4 000/2 000 Ft, Audioguide 2 000 Ft ; 10h-18h mar-dim ; 105, M M1 Oktogon, Vörösmarty utca)

Maison Léderer
Voir p. 126 (VI Bajza utca 42 ; 105, M M1 Bajza utca)

Maison Pekáry
Voir p. 122 (VII Király utca 47 ; M M1 Opera)

Maison Sonnenberg
Voir p. 126 (VI Munkácsy Mihály utca 23 ; 105, M M1 Bajza utca)

Motivation is a Wonderland
Voir p. 126 (VII Kertész utca ; 4, 6)

Musée hongrois du Génie électrique
Voir p. 120 (Magyar Elektrotechnikai Múzeum ; 1-342 5750 ; VII Kazinczy utca 21 ; 10h-17h mar-ven, 10h-16h sam ; trolley bus 74, M M2 Astoria

Musée juif hongrois et archives
Voir p. 119 (Magyar Zsidó Múzeum és Levéltár ; 1-342 8949 ;

JBYARD/STOCKADOBE.COM ©

Grande Synagogue

www.milev.hu ; VII Dohány utca 2 ; 10h-20h dim-jeu, 10h-16h ven mai-août ; trolley bus 74, 47, 48, 49, M M2 Astoria)

Musée de la Pálinka
Voir p. 127 (06 30 712 1619 ; palinkaexperience.com ; VI Király utca 20 ; musée et dégustation adulte à partir de 3 900 Ft, étudiant à partir de 3 500 Ft ; 14h-minuit ; 47, 48, 49, M M1 Bajcsy-Zsilinszky út)

Musée-mémorial Ferenc Liszt
Voir p. 121 (1-322 9804 ; lisztmuseum.hu ; VI Vörösmarty utca 35 ; tarif plein/étudiant UE 3 000/1 500 Ft ; 10h-18h lun-ven, 9h-17h sam ; 105, trolley bus 73, 76, M M1 Vörösmarty utca)

Synagogue de Rumbach Sebestyén utca
Voir p. 119 (Rumbach Sebestyén utcai zsinagóga ; 1-343 0320 ; rumbachopen.hu ; VII Rumbach Sebestyén utca 11-13 ; 4, 6, M M2 Astoria)

Synagogue orthodoxe
Voir p. 119 (Ortodox zsinagóga ; 1-351 0524 ; VII Kazinczy utca 29-31 ; 47, 48, 49, M M2 Astoria)

Théâtre de marionnettes de Budapest
Voir p. 126 (Budapest Bábszínház ; 1-321 5200, réservations 1-342 2702 ; budapestbabszinhaz.hu ; VI Andrássy út 69 ; billets 3 700-4 500 Ft ; billetterie 10h-18h lun-jeu, 10h-17h ven ; 105, M M1 Vörösmarty utca)

A Room Budapest
Voir p. 123 (1-200 3473 ; www.locked.hu ; VI Király utca 14 ; 13h-22h lun-jeu, 10h-22h ven-dim ; M M1/2/3 Deák Ferenc tér)

e-exit
Voir p. 123 (06 30 085 4571 ; www.escaperoom.hu ; VII Nyár utca 27 ; 11h-21h30 lun et mer-ven, 12h-20h30 mar, 10h-22h sam, 10h-20h30 dim ; 4, 6, M M2 Blaha Lujza tér)

Gozsdu Mission
Voir p. 123 (06 20 372 5454 ; gozsdumission.hu ; VII Dob utca 16 ; 10h-22h ; 47, 48, 49, M M2 Astoria)

Locked Room Budapest
Voir p. 123 (1-204 2030 ; www.locked.hu ; VI Székely Mihály utca 4 ; 13h-22h lun-ven, 10h-22h sam-dim ; M M1 Opera)

Time Trap
Voir p. 123 (1-311 9471 ; idocsapda.hu/kezdolap ; VII Erzsébet krt. 17 ; 10h-minuit ; 4, 6, M2 Blaha Lujza tér)

A&O Hostel
Voir p. 125 (1-245 5196 ; www.aohostels.com/en/budapest/budapest-city ; VII Csengery utca 11 ; 4, 6)

Casati Budapest Hotel
Voir p. 125 (1-343 1198 ; www.casatibudapesthotel.com ; VI Paulay Ede utca 31 ; M1 Opera)

Connection Guest House
Voir p. 125 (1-267 7104 ; connectionguesthouse.com ; VII Király utca 41 ; M1 Opera, 4, 6)

Continental Hotel Budapest
Voir p. 124 (1-815 1000 ; continentalhotelbudapest.com ; VII Dohány utca 42-44 ; 4, 6, M2 Blaha Lujza tér)

Hive Party Hostel
Voir p. 125 (06 30 826 6197 ; www.thehive.hu ; VII Dob utca 19 ; 47, 48, 49, M2 Astoria)

Hotel Mika Downtown
Voir p. 125 (06 30 194 6568 ; hotelmika.com ; VII Kazinczy utca 47 ; M1 Opera, M2 Astoria)

Mamaison Residence Izabella
Voir p. 124 (1-475 5900 ; www.mamaisonizabella.com/en ; VI Izabella utca 61 ; trolley bus 73, 76, M1 Vörösmarty utca)

Maverick Urban Lodge
Voir p. 125 (1-472 5232 ; mavericklodges.com/en/urban-lodge-budapest-hostel ; IX Lónyay utca 31 ; 15, 2, 3)

Netizen Budapest Centre
Voir p. 125 (06 70 416 8160 ; netizenbudapestcentre.hu ; VII Rákóczi út 54 ; 4, 6, M2 Blaha Lujza tér)

Soho Hotel
Voir p. 124 (1-872 8292 ; www.sohoboutiquehotel.com ; VII Dohány utca 64 ; 4, 6, M2 Blaha Lujza tér)

Wombat's
Voir p. 125 (1-883 5005 ; www.wombats-hostels.com/budapest ; VI Király utca 20 ; M1/2/3 Deák Ferenc tér)

Anyam Szerint
Voir p. 127 (06 20 440 0525 ; anyamszerint.hu ; VII Wesselényi utca 25 ; 8h-16h lun-ven, 8h-15h sam-dim ; trolley bus 74, M2 Astoria)

Barack & Szilva
Voir p. 127 (36 302 580 965 ; barackesszilva.hu ; VII Klauzál utca 13 ; lun-sam 18h-minuit ; M2 Blaha Lujza tér)

Blue Bird Café
Voir p. 127 (06 30 170 8777 ; bbgroup.hu ; VII Rumbach Sebestyén utca 12 ; 9h-18h ; 47, 48, 49, M1/2/3 Deák Ferenc tér)

Cirkusz
Voir p. 127 (cirkuszbp.hu ; VII Dob utca 25 ; 8h-16h ; M1/2/3 Deák Ferenc tér)

Feri's Kitchen & Bar
Voir p. 127 (1-878 1377 ; feris.kitchen ; VII Király utca 13 ; 11h-23h ; 47, 48, 49, M1/2/3 Deák Ferenc tér)

Fleischer Restobar
Voir p. 126 (06 30 080 9333 ; www.fleischerrestobar.com ; VI Nagymező utca 7 ; 12h-23h30 ; 4, 6, M1 Opera)

Ghettó Gulyás
Voir p. 127 (06 20 376 4480 ; facebook.com/gettogulyas ; VII Wesselényi utca 18 ; 12h-22h30 dim-jeu, 12h-23h ven-sam ; 47, 48, 49, trolley bus 74, M2 Astoria)

Hanna Deli
Voir p. 122 (1-342 1072 ; hannagarden.hu ; VII Kazinczy utca 29 ; 12h-22h dim-jeu, 10h-14h ven ; 47, 48, 49, M2 Astoria)

Kőleves
Voir p. 126 (06 20 213 5999 ; kolevesvendeglo.hu ; VII Kazinczy utca 37-41 ; 12h-22h dim-jeu, 12h-23h ven-sam ; trolley bus 74, M1/2/3 Deák Ferenc tér)

London Coffee Society
Voir p. 127 (06 30 204 5379 ; facebook.com/LondonCoffeeSociety ; VII Dohány utca 27 ; 9h-15h lun-jeu, 9h-17h ven-dim ; 4, 6, M2 Blaha Lujza tér)

Macesz Bistro
Voir p. 127 (06 30 591 0065 ; maceszbistro.hu ; VII Dob utca 26 ; 12h-23h dim-mer, 12h-minuit jeu-sam ; M1/2/3 Deák Ferenc tér)

New York Café
Voir p. 127 (1-886 6167 ; newyorkcafe.hu ; VII Erzsébet körút 9-11 ; 8h-minuit ; 4, 6, M2 Blaha Lujza tér)

Twentysix Budapest
Voir p. 126 (06 70 395 6129 ; twentysixbudapest.com ; VI Király utca 26 ; 7h30-minuit dim-jeu, 7h30-2h ven-sam ; 47, 48, 49, M1/2/3 Deák Ferenc tér)

Füge Udvar
Voir p. 124 (06 20 200 1000 ; fugeudvar.hu ; VII Klauzál utca 19 ; 16h-4h ; 4, 6, M2 Blaha Lujza tér)

Giero Pub
Voir p. 121 (06 30 232 8953 ; VI Paulay Ede utca 58 ; 11h-0h30 lun-mer, 11h-1h jeu-ven, 15h30-1h sam ; 105, M1 Oktogon)

Grandio Jungle Bar
Voir p. 124 (06 70 670 0930 ; facebook.com/GrandioJungleGrillBar ; VII Nagy Diófa utca 8 ; 12h-minuit avr-nov ; 5, 7, 107, trolley bus 74, 4, 6, M2 Blaha Lujza tér)

Habroló
Voir p. 124 (1-950 6644 ; www.habrolo.hu ; V Szép utca 1 ; 17h-tard ; M3 Ferenciek tere)

Instant-Fogas
Voir p. 124 (06 70 638 5040 ; instant-fogas.com ; VII Akácfa utca 51 ; 18h-6h ; 4, 6, M2 Blaha Lujza tér)

Kőleves Kert
Voir p. 124 (06 20 213 5999 ; kolevesvendeglo.hu ; VII Kazinczy utca 37-41 ; 12h-22h dim-jeu, 12h-23h ven-sam ; 47, 48, 49, M1/2/3 Deák Ferenc tér)

Mika Tivadar Kert
Voir p. 124 (facebook.com/mikativadarmulato ; VII Kazinczy utca 43 ; 16h-1h lun-mer, 16h-2h jeu, 16h-3h ven-sam avr à mi-oct ; 47, 48, 49, M1/2/3 Deák Ferenc tér)

Művész Kávéház
Voir p. 118 (06 70 333 2116 ; www.muveszkavehaz.hu ; VI Andrássy út 29 ; 9h-20h ; 105, M1 Opera)

Spíler
Voir p. 127 (1-878 1320 ; spilerbp.hu ; VII Gozsdu udvar Király utca 13 ; 11h30-minuit dim-jeu, 11h30-1h ven-sam ; 47, 48, 49, M1/2/3 Deák Ferenc tér)

Szimpla Kert
Voir p. 124 (1-352 4198 ; szimpla.hu ; VII Kazinczy utca 14 ; 15h-4h lun-jeu, 12h-4h ven-sam, 9h-4h dim ; 47, 48, 49, M2 Astoria)

Telep
Voir p. 127 (1-784 8911 ; facebook.com/TelepGaleria ; VII Madách Imre út 8 ; 10h-minuit lun-mer, 10h-2h jeu-sam ; M1/2/3 Deák Ferenc tér)

Tuk Tuk Bar
Voir p. 125 (1-343 1198 ; www.tuktukbar.hu ; VI Paulay Ede utca 31 ; M1 Opera)

Vicky Barcelona
Voir p. 127 (06 30 465 9505 ; facebook.com/vickybarcelonatapas ; VII Dob utca 16 ; 18h-1h dim-jeu, 18h-5h ven, 18h-4h sam ; 47, 48, 49, M2 Astoria, M1/2/3 Deák Ferenc tér)

Alter Ego
Voir p. 125 (06 70 345 4302 ; www.alteregoclub.hu ; VI Dessewffy utca 33 ; 22h-5h ven, 22h-6h sam ; 4, 6, M1 Oktogon, M3 Arany János utca)

Blue Bird Karaoke
Voir p. 127 (06 70 403 3977 ; facebook.com/BlueBirdKaraokeRooms ; VII Gozsdu udvar, Dob utca 16 ; 20h-3h mer-jeu et dim, 20h-4h ven, 20h-3h dim ; 47, 48, 49, M1/2/3 Deák Ferenc tér)

CoXx
Voir p. 125 (1-344 4884 ; VII Dohány utca 38 ; 21h-4h dim-jeu, 21h-5h ven-sam ; 4, 6, M2 Blaha Lujza tér)

Havana
Voir p. 124 (06 20 388 2738 ; www.labodeguitadelmedio.hu ; VII Dob utca 57 ; 17h-1h jeu, 17h-3h ven-sam ; 4, 6, M2 Blaha Lujza tér)

Ladó Café
Voir p. 124 (06 70 635 3439 ; merrylado.eatbu.com ; VII Dohány utca 50 ; 16h-23h mar-sam ; 4, 6, M2 Blaha Lujza tér)

Spinoza Café
Voir p. 124 (1-413 7488 ; spinoza.hu ; VII Dob utca 15 ; 17h-23h lun-jeu, 12h-23h ven-dim ; 47, 48, 49, M2 Astoria)

Ludovika
Voir p. 123 (1-300 3662 ; VII Rumbach Sebestyén utca 15 ; 12h-19h lun-sam, 13h-18h dim ; 47, 48, 49, M1/2/3 Deák Ferenc tér)

Retrock
Voir p. 123 (06 30 472 3636 ; retrock.com ; VI Anker köz 2-4 ; 11h-20h lun-sam, 12h-20h dim ; 47, 48, 49, M1/2/3 Deák Ferenc tér)

Szputnyik Shop D-20
Voir p. 123 (1-321 3730 ; szputnyikshop.hu ; VII Dohány utca 20 ; 10h-20h lun-sam, 10h-18h dim ; M2 Astoria)

SUD DE PEST

Ancien siège de la radio hongroise
Voir p. 134 (Magyar Rádió épülete ; VIII Bródy Sándor utca 5-7 ; 47, 48, 49, M2 Astoria M3/4 Kálvin tér)

Bâtiment du central téléphonique de Józsefváros
Voir p. 136 (VIII Horváth Mihály tér 18 ; 4, 6)

Bibliothèque centrale Ervin Szabó
Voir p. 136 (Fővárosi Szabó Ervin Könyvtár ; 1-411 5000 ; www.fszek.hu ; VIII Reviczky utca 1 ; entrée libre ; 10h-20h lun-ven, 10h-16h sam ; 47, 48, 49, M3/4 Kálvin tér)

Centre du patrimoine Zwack Unicum
Voir p. 134 (36 1 476 2383 ; unicumhaz.hu ; IX Dandár utca 1 ; adulte/enfant 3 000/1 500 Ft ; 10h-17h lun-jeu et sam, visite guidée en anglais 11h30 et 15h lun-ven, 10h45 sam ; 2, 23)

Centre mémorial de l'Holocauste
Voir p. 131 (Holokauszt Emlékközpont ; 1-455 3333 ; hdke.hu ; IX Páva utca 39 ; tarif plein/réduit 2 400/1 300 Ft, gratuit - 26 ans dernier dim ; 10h-18h mar-dim ; 4, 6, M3 Corvin-negyed)

Cimetière Kerepesi
Voir p. 130 (Kerepesi temető ; 06 70 400 8632 ;

Plafond du musée des Arts décoratifs

DMITR86/STOCKADOBE.COM©

Intérieur du château de Vajdahunyad

fiumeiutisirkert.nori.gov.hu ; VIII Fiumei út 16 ; entrée libre ; 7h-20h mai-juil, horaires réduits reste de l'année ; 23, 24, M M2/4 Keleti pályaudvar)

Cinéma Corvin
Voir p. 133 (36 1 224 5650 ; VIII Corvin köz 1 ; M M3 Corvin-negyed)

Cinéma national Uránia
Voir p. 133 (36 1 486 3400 ; VIII Rákóczi út 21 ; M M2 Blaha Lujza tér, Astoria)

Ecseri Piac
Voir p. 136 (marché aux puces ; XIX Nagykőrösi út 156 ; 607, 608)

Groupama Arena
Voir p. 134 (1-455 2347 ; www.groupamaarena.com ; IX Üllői út 129 ; M M3 Népliget)

Manoir Gschwindt
Voir p. 134 (VIII angle Bródy Sándor 12 et Puskin utca ; 47, 48, 49, M M2 Astoria)

Musée György Ráth
Voir p. 133 (1-416 9601 ; VI Városligeti fasor 12 ; tarif plein/réduit 3 200/1 600 Ft ; 10h-18h mar-dim ; M M1 Bajza utca)

Musée des Arts décoratifs
Voir p. 133 (1-456 5100 ; www.imm.hu ; IX Üllői út 33-37 ; 4, 6, M M3 Corvin-negyed)

Musée Ludwig d'Art contemporain
Voir p. 137 (Ludwig Kortárs Művészeti Múzeum ; 1-555 3444 ; www.ludwigmuseum.hu ; IX Komor Marcell utca 1 ; billet expo 2 000 Ft, billet combiné expos temporaires 4 200 Ft ; 10h-20h mar-dim ; 1, 41, HÉV7 Közvágóhíd)

Musée national hongrois
Voir p. 128 (Magyar Nemzeti Múzeum ; 1-338 2122 ; mnm.hu ; VIII Múzeum körút 14-16 ; tarif plein 2 900 Ft, tarif 6-26 ans citoyens EEE 1 450 Ft, gratuit - 26 ans citoyens EEE 3e sam ; 10h-18h mar-dim ; 47, 48, 49, M M3/4 Kálvin tér)

Muséum national d'histoire naturelle
Voir p. 135 (Magyar Természettudományi Múzeum ; 1-210 1085 ; www.nhmus.hu ; VIII Ludovika tér 2-6 ; adulte/enfant 2 600/1 300 Ft ; 9h-17h ; M M3 Semmelweis Klinikák)

Nouveau cimetière municipal
Voir p. 130 (Új Köztemető ; 1-433 7300 ; www.btirt.hu ; X Kozma utca 8-10 ; entrée libre ; 7h30-17h nov-fév, 7h-17h30 mars, 7h-19h avr et août, 7h-20h mai-juil, 7h-18h sept ; 28, 37)

Chefparade Cooking School
Voir p. 135 (06 20 371 5004 ; www.chefparade.hu ; II Bécsi út 27 ; 9h-17h lun-jeu, 9h-16h ven ; 17, 19, 41)

Tasting Table
Voir p. 133 (1-701 1886 ; tastehungary.com/tasting-table-budapest ; VIII Bródy Sándor utca 9 ; 12h-20h lun-sam ; 47, 48, 49, M M2 Astoria, M3 Kálvin tér)

Bo18 Hotel Superior
Voir p. 137 (1-783 2007 ; www.bo18hotelbudapest.com ; Vajdahunyad utca 18 ; 4, 6, M M3 Corvin-negyed)

Brody House
Voir p. 136 (1-323 7583 ; www.brody.house ; VIII Bródy Sándor utca 10 ; 47, 48, 49, M M2 Astoria, M3 Kálvin tér)

Corvin Hotel Budapest
Voir p. 137 (1-215 0082 ; www.corvinhotelbudapest.hu ; IX Angyal utca 31 ; 4, 6, M M3 Corvin-negyed)

Escala Hotel & Suites
Voir p. 136 (1-872 5900 ; escalabudapest.com ; VIII Nagy Templom utca 31 ; 4, 6, M M3 Corvin-negyed)

Hotel Palazzo Zichy
Voir p. 136 (1-235 4000 ; hotel-palazzo-zichy.hu ; VII Lőrinc pap tér 2 ; 4, 6, M M3 Corvin-negyed, M3/4 Kálvin tér)

Thomas Hotel
Voir p. 137 (1-796 9460 ; thomashotel.hu ; IX Liliom utca 44 ; 4, 6, M M3 Corvin-negyed)

African Buffet
Voir p. 135 (06 30 443 2437 ; VIII Bérkocsis utca 21 ; 11h-

22h lun-ven ; 4, 6, M4 Rákóczi tér)

Barako Kávéház
Voir p. 136 (06 70 251 2330 ; facebook.com/BARAKOKAVEHAZ ; IX Liliom utca 46 ; 17h-21h mar-jeu, 17h-22h ven-sam, 11h-20h dim ; 4, 6, 51, M3 Corvin-negyed)

Borbíróság
Voir p. 132 (1-219 0902 ; www.borbirosag.com ; IX Csarnok tér 5 ; 11h30-23h lun-sam ; 2, 23, M4 Fővám tér)

Costes
Voir p. 134 (06 20 926 7837 ; www.costesrestaurant.hu ; IX Ráday utca 4 ; 18h30-21h30 ven-lun ; 47, 48, 49, M3/4 Kálvin tér)

Enso
Voir p. 136 (06 70 608 4090 ; VIII Baross u 85 ; 16h-22h mar-ven ; 4, 6, M4 Rákóczi tér)

Hanoi Xua
Voir p. 136 (1-314 6736 ; facebook.com/hanoixuarestaurant ; IX Ernő utca 30-34 ; 11h-20h30 ; M3 Nagyvárad tér)

Öcsi
Voir p. 135 (1-215 0270 ; VIII Bérkocsis utca 41 ; 4, 28, 37, M4 János Pál pápa tér)

Padrón
Voir p. 134 (06 30 900 1204 ; padron.hu ; VIII Horánsky utca 10 ; 17h-23h mar-sam ; 4, 6, M4 Rákóczi tér)

Paletta Bistró
Voir p. 134 (06 20 472 1117 ; facebook.com/palettabudapest ; IX Tompa utca 28 ; 11h30-22h30 lun-sam, 10h-16h dim ; 4, 6, 51, M3 Corvin-negyed)

Pesti Chutney
Voir p. 136 (06 30 883 0466 ; pestichutney.hu ; VIII Bródy Sándor utca 21 ; 12h-22h mer-lun, 18h-22h mar ; 4, 6, M4 Rákóczi tér)

Petrus
Voir p. 135 (1-951 2597 ; www.petrusrestaurant.hu ; IX Ferenc tér 2-3 ; 18h-23h mer-sam ; 4, 6, M3 Semmelweis Klinikák)

Trattoria La Coppola
Voir p. 134 (06 30 176 7039 ; www.lacoppola.hu ; V Károlyi utca 19 ; 12h-23h dim-jeu, 12h-23h30 ven-sam ; M3 Ferenciek tere)

Café Csiga
Voir p. 133 (1-790 5946 ; facebook.com/cafecsiga ; VIII Vásár utca 2 ; 9h-minuit ; 4, 6, M4 Rákóczi tér)

Hauer Cukrászda és Kávéház
Voir p. 133 (36 1 612 1313 ; facebook.com/hauercukraszda/?locale=hu_HU ; VIII Rákóczi út 47-49 ; 10h-19h ; M2 Blaha Lujza tér)

Lumen Café
Voir p. 133 (06 20 530 0850 ; facebook.com/lumen.kavezo ; VIII Horánszky utca 5 ; 10h-minuit ; 4, 6, M4 Rákóczi tér)

Nándori Cukrászda
Voir p. 133 (1-215 8776 ; nandori.hu ; IX Ráday utca 53 ; 7h30-19h lun-sam ; 2, 4, 6, 23)

Nem Adom Fel Kávézó
Voir p. 133 (06 30 434 0665 ; nemadomfelkavezo.hu ; VIII Magdolna utca 1 ; 9h-16h lun-ven ; 4, 6, M4 Rákóczi tér)

Rengeteg RomKafe
Voir p. 133 (06 20 321 0229 ; facebook.com/Rengeteg ; VI Szinyei Merse utca 22 ; 10h-22h ; M1 Bajza utca)

Tilos a Tilos
Voir p. 133 (06 30 148 7454 ; VIII Mikszáth Kálmán tér 2 ; 9h-minuit lun-ven, 12h-minuit sam-dim ; 4, 6, M3/4 Kálvin tér)

Budapest Music Center
Voir p. 136 (BMC ; 1-216 7894 ; bmc.hu ; IX Mátyás utca 8 ; M4 Fővám tér)

Jedermann Café
Voir p. 136 (06 30 406 3617 ; facebook.com/jedermann.budapest ; XI Ráday utca 58 ; 8h-minuit lun-jeu, 8h-1h ven, 9h-1h sam, 9h-minuit dim ; 2, 4, 6, 23)

Opus Jazz Club
Voir p. 136 (1-216 7894 ; opusjazzclub.hu ; IX Mátyás utca 8 ; 11h-16h lun-mar, 11h-23h mer-ven, 18h-23h sam ; 15, M4 Fővám tér)

Palais des Arts
Voir p. 137 (Művészetek Palotája ; 1-555 3300 ; www.mupa.hu ; IX Komor Marcell utca 1 ; billetterie 10h-18h ; 2, 4, HÉV7 Közvágóhíd)

Théâtre national
Voir p. 137 (Nemzeti Színház ; réservations 1-476 6868 ; nemzetiszinhaz.hu ; IX Bajor Gizi Park 1 ; billetterie 10h-18h lun-ven, 14h-18h sam ; 1, 2, 24, 41, 51 HÉV6 Közvágóhíd, HÉV7 Müpa-Nemzeti Színház)

Trafó - Maison des Arts contemporains
Voir p. 136 (Trafó Kortárs Művészetek Háza ; réservations 1-215 1600 ; trafo.hu ; IX Liliom utca 41 ; billetterie 17h-20h ; 4, 6, M3 Corvin-negyed)

Ázsia
Voir p. 134 (1-215 7148 ; azsiabolt.hu ; IX Csarnok tér 5 ; 10h-18h lun, 9h-18h30 mar-ven, 9h-15h sam ; 2, 23, M4 Fővám tér)

Magyar Pálinka Háza
Voir p. 134 (06 30 421 5463 ; www.magyarpalinkahaza.hu ; VIII Rákóczi út 17 ; 9h-19h lun-jeu et 9h-16h sam ; 5, 7, M2 Astoria)

Marché de Rákóczi tér
Voir p. 132 (www.piaconline.hu ; VIII Rákóczi tér 7-9 ; 6h-16h lun, 6h-18h mar-ven, 6h-13h sam ; 4, 6, M4 Rákóczi tér)

Nagycsarnok
Voir p. 132 (Grandes Halles ; 1-366 3300 ; www.piaconline.hu ; IX Vámház körút 1-3 ; 6h-17h lun, 6h-18h mar-ven, 6h-15h sam ; M4 Fővám tér)

Bains Széchenyi

LE BOIS DE LA VILLE ET SES ENVIRONS

Chapelle Ják

Voir p. 143 (Jáki kápolna ; 1-251 1359 ; jakikapolna.hu ; XIV Vajdahunyadvár ; 200 Ft ; 10h-13h et 16h-18h mer et ven ; M M1 Hősök tere)

Château de Vajdahunyad

Voir p. 142 (1-422 0765 ; www.mezogazdasagimuzeum.hu ; XIV Vajdahunyadvár ; tarif plein/réduit billet combiné musée et tour de garde 2 500/1 200 Ft, billet combiné musée et tour des Apôtres 3 000/1 700 Ft ; musée et tour des Apôtres 10h-17h mar-dim, tour de garde 9h-17h tlj ; M M1 Hősök tere)

Maison de la musique

Voir p. 146 (06 70 799 9449 ; zenehaza.hu ; XIV Olof Palme stny. 3 ; exposition tarif plein/réduit 3 000/1 500 Ft ; exposition 10h-18h mar-jeu et sam-dim, 10h-20h ven ; M M1 Hősök tere)

Institut national des aveugles

Voir p. 149 (1-383 1045 ; XIV Ajtósi Dürer sor 39 ; 1)

Institut hongrois de géologie et géophysique

Voir p. 149 (1-251 0999 ; mbfsz.gov.hu ; XIV Stefánia út 14 ; 1, M M2 Puskás Ferenc Stadion)

Kunsthalle

Voir p. 140 (1-460 7000 ; mucsarnok.hu ; XIV Dózsa György út 37 ; tarif plein/réduit 2 400/1 200 Ft ; 10h-18h mer et ven-dim, 12h-20h jeu ; M M1 Hősök tere)

Maison du Millénaire

Voir p. 150 (millenniumhaza.hu ; XIV Olof Palme stny. 1 ; visite à partir de 12h, restaurant 12h-22h mer-dim ; trolley bus 74, 1)

Maison-mémorial de Miksa Róth

Voir p. 145 (Róth Miksa Emlékház ; 06 18 980 792 ; www.rothmuzeum.hu ; VII Nefelejcs utca 26 ; adulte/enfant 1 000/500 Ft ; 10h-14h mar-mer, 13h-19h jeu, 10h-18h ven-sam, 12h-18h dim ; M M2/4 Keleti pályaudvar)

Musée des Beaux-Arts

Voir p. 140 (Szépmüvészeti Múzeum ; 1-469 7100 ; www.mfab.hu ; XIV Dózsa György út 41 ; expo permanente tarif plein/réduit 4 200/2 100 Ft, Audioguide 1 000 Ft ; 10h-18h jeu-dim ; M M1 Hősök tere)

Musée ethnographique

Voir p. 147 (Néprajzi Múzeum ; 1-474 2100 ; www.neprajz.hu ; XIV Dózsa György út 35 ; tarif plein/réduit à partir de 1 000/500 Ft, billet combiné ttes expos 3 500/1 750 Ft ; 10h-18h mar-dim ; M M1 Hősök tere)

Musée Ferenc Hopp d'art extrême-oriental

Voir p. 145 (Hopp Ferenc Kelet-Ázsiai Művészeti Múzeum ; 1-469 7761 ; hoppmuseum.hu ; VI Andrássy út 103 ; adulte/enfant 1 400/700 Ft ; 10h-18h mar-dim ; M M1 Bajza utca)

Palais de l'Art

Voir p. 140 (Műczarnok ; www.mucsarnok.hu ; XIV Dózsa György út 37 ; tarif plein/réduit 2 400/1 200 Ft ; 10h-18h mar-mer et ven-dim, 12h-20h jeu ; 20, 30, M M1 Hősök tere)

Place des Héros

Voir p. 138 (Hősök tere ; M M1 Hősök tere)

Villa Kőrössy

Voir p. 149 (VII Városligeti fasor 47-49 ; M M1 Hősök tere)

Zoo de Budapest
Voir p. 151 (Budapesti Állatkert ; 1-273 4900 ; zoobudapest.com ; XIV Állatkerti körút 6-12 ; adulte/2-18 ans/famille 3 300/2 200/8 000 Ft ; 9h-17h lun-ven, 9h-17h30 sam-dim ; trolley bus 72, M1 Széchenyi fürdő)

Bains Széchenyi
Voir p. 141 (Széchenyi Gyógyfürdő ; 1-363 3210 ; www.szechenyifurdo.hu ; XIV Állatkerti körút 9-11 ; lun-jeu 9 400 Ft, ven-dim 10 900 Ft, cabine ou casier 1 000 Ft supp ; 7h-19h lun et mer-ven, 8h-20h mar, 9h-20h sam-dim ; M1 Széchenyi fürdő)

BalloonFly
Voir p. 149 (1-533 3444 ; balloonfly.hu ; XIV Mimóza domb, Városliget ; adulte/enfant/famille 8 500/5 000/20 000 Ft, coucher de soleil 15 000 Ft ; 10h-18h ; trolley bus 72, 74, M1 Széchenyi fürdő)

Capital Circus
Voir p. 151 (1-343 9637 ; fnc.hu ; XIV Állatkerti krt. 12/a ; 10h-18h ; trolley bus 72, M1 Széchenyi fürdő)

Lac de Városliget
Voir p. 149 (M1 Hősök tere)

Baroque Hostel & Coworking
Voir p. 150 (1-788 3718 ; www.baroquehome.hu ; VII Dózsa György út 80/a ; 30, trolley bus 70, 75, 79, M1 Hősök tere)

D50
Voir p. 150 (1-616 6129 ; d50.hu ; VII Damjanich utca 50 ; trolley bus 70, M1 Hősök tere)

Ibis Budapest Heroe's Square
Voir p. 150 (1 269 5300 ; all.accor.com ; VI Dózsa György út 106 ; trolley bus 72, 75, 79, M1 Hősök tere)

Mamaison Hotel Andrássy Budapest
Voir p. 151 (1-462 2100 ; www.mamaisonandrassy.com ; Andrássy út 111 ; M1 Bajza utca)

Mirage Medic Hotel
Voir p. 151 (1-400 6158 ; miragemedichotel.hu ; VI Dózsa György út 88 ; M1 Hősök tere)

Star City Hotel
Voir p. 151 (1-479 0420 ; www.mellowmoodhotels.com/hotels/star-city-hotel ; VII István utca 14 ; trolley bus 74, 78, 79, M2/4 Keleti pályaudvar)

Gundel
Voir p. 144 (06 30 603 2480 ; gundel.hu ; XIV Gundel Károly út 4 ; 11h-22h ; trolley bus 74, 79 ; M1 Hősök tere)

Nyereg Bar & Grill
Voir p. 148 (06 30 732 1034 ; www.nyeregitato.hu ; XIV Városligeti krt. 2 ; 11h-22h ; M1 Széchenyi fürdő)

Pántlika
Voir p. 149 (06 70 376 9910 ; www.pantlika.hu ; XIV Hermina út 47-tel szemben ; 11h30-21h ; trolley bus 70, 72, 74, 1, M1 Széchenyi fürdo)

Pavilon Kert
Voir p. 148 (06 30 242 0245 ; www.pavilonkert.hu ; XIV Állatkerti krt. 3 ; 11h-19h ; trolley bus 72, M1 Széchenyi fürdo)

Piknik
Voir p. 149 (06 30 231 8166 ; piknikkert.eu ; XIV Zichy Géza utca ; 11h30-21h sam-dim ; trolley bus 74, 75)

Robinson
Voir p. 144 (1-422 0222 ; www.robinsonrestaurant.hu ; XIV Városligeti tó ; 12h-16h et 18h-23h ; trolley bus 72, 75, 79, M1 Hősök tere)

Zöld Küllő
Voir p. 149 (06 30 519 9355 ; facebook.com/zoldkullo.a.ligetben ; XIV Paál László út ; 11h-19h dim-jeu, 11h-20h ven-sam ; trolley bus 75, 79, M1 Hősök tere)

Léghajó Kert
Voir p. 148 (06 30 711 0278 ; XIV Dvorák sétány 1 ; 8h30-19h ; trolley bus 75, 79)

ENVIRONS DE BUDAPEST : GÖDÖLLŐ

Château royal de Gödöllő
Voir p. 153 (Gödöllői Királyi Kastély ; 06 30 427 3535 ; kiralyikastely.hu ; Szabadság tér 1 ; adulte/enfant 4 200/2 600 Ft, Audioguide 1 000 Ft ; 10h-18h avr-oct, horaires réduits reste de l'année ; HÉV8 Gödöllő, Szabadság tér)

Pizza Palazzo
Voir p. 153 (28-420 688 ; www.pizzapalazzo.hu ; Szabadság tér 2 ; 11h-22h dim-jeu, 11h-23h ven-sam ; HÉV8 Gödöllő, Szabadság tér)

Smarni
Voir p. 153 (06 20 270 1239 ; smarnietterem.hu ; Szabadság út 4 ; 11h-22h ; HÉV8 Gödöllő, Szabadság tér)

Solier Cafe
Voir p. 153 (06-20 396 5512 ; cukraszda.solier.hu ; Dózsa György utca 13 ; 8h-19h lun-sam, 9h-19h dim ; HÉV8 Gödöllő, Szabadság tér)

SvédKakas
Voir p. 153 (06 70 947 5884 ; svedkakas.hu ; Bajcsy-Zsilinszky utca 27 ; 11h30-21h jeu-dim ; HÉV8 Gödöllő, Szabadság tér)

Ci-dessus : citadelle (p. 183) de Visegrád. À droite : basilique d'Esztergom (p. 187)

COURBE DU DANUBE ET TRANSDANUBIE OCCIDENTALE

CITÉS FLUVIALES ET FORÊTS LOINTAINES

Au nord et à l'ouest de Budapest, des villes chargées d'histoire se nichent sur les collines au bord du deuxième fleuve d'Europe. Au-delà du Danube s'étirent plaines, forêts et tout un paysage campagnard.

Serpentant, jaillissant et débordant dans les bras latéraux et les marécages à ses flancs, le Danube (*Duna* en hongrois) est à la fois l'âme et le miroir de la Hongrie. Au fil des millénaires, le fleuve a unifié comme divisé ces terres. La voie royale qu'il offre a favorisé les échanges, incitant monarques ou envahisseurs à élire domicile sur ses rives. Au nord de Budapest, la présence des monts Pilis et Börzsöny a infléchi le cours du fleuve, d'où le nom de Dunakanyar ("Courbe de la Duna"). De jolies cités fluviales baignées d'histoire ponctuent ses rives, successivement habitées par des Celtes, des Romains, des tribus magyares, des Serbes orthodoxes, des Juifs, puis des Turcs ottomans qui occupèrent la région un siècle et demi. Les forteresses perchées témoignent elles aussi des méandres de l'Histoire : troubles, conquêtes et périodes de relative tranquillité.

GAUCHE : FEELTHEDRONE/SHUTTERSTOCK ©, DROITE : IVAN VASYLYEV/SHUTTERSTOCK ©

Plus on remonte le fleuve depuis Budapest, plus la magie opère, surtout lorsqu'en fin de journée on quitte la belle Szentendre et ses visiteurs d'un jour et que l'on passe le méandre pour naviguer au pied de l'altière citadelle de Visegrád. En amont, Esztergom fut un autre siège historique du pouvoir mais plus ecclésiastique que temporel avec sa gigantesque basilique.

La Transdanubie occidentale dévoile tranquillement ses secrets. N'y cherchez pas de paysages spectaculaires, mais la lenteur et la douceur de vivre, surtout au sud de Sopron, entre forêts, prairies, bourgs et villages.

SITES PRINCIPAUX

SZENTENDRE
Cité d'art, colonie d'artistes et porte d'entrée de la Boucle.
p. 178

VISEGRÁD
Ruines castrales et panoramas prodigieux, terre de randonnée.
p. 183

ESZTERGOM
Basilique inouïe et pages incontournables de l'histoire hongroise.
p. 187

SOPRON
Patrimoine et point de départ pour explorer les villages.
p. 191

Sopron, p. 191
Chargée d'histoire, la plus jolie cité de Hongrie occidentale est aussi la porte d'entrée du parc national de l'Őrség.

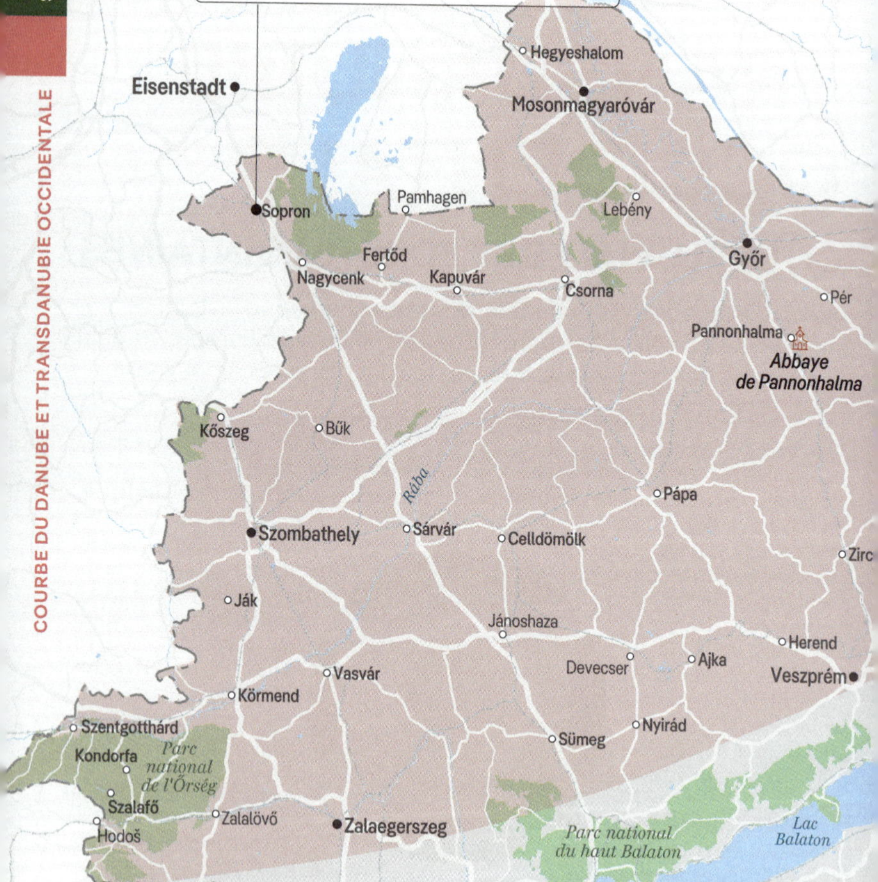

S'orienter

Au nord de Budapest, trois cités historiques encadrent la courbe à 90° qu'amorce le Danube. À l'ouest, Sopron marque quasiment la frontière avec l'Autriche, mais ouvre la route vers les villages du parc national de l'Őrség, au sud de la Transdanubie.

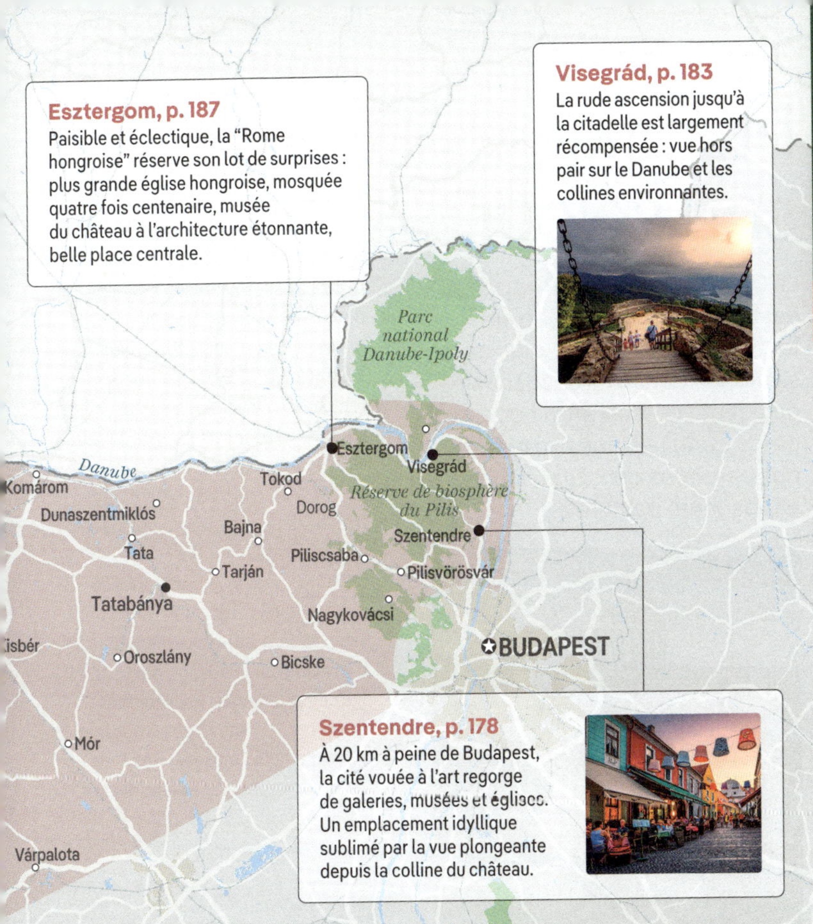

Esztergom, p. 187

Paisible et éclectique, la “Rome hongroise” réserve son lot de surprises : plus grande église hongroise, mosquée quatre fois centenaire, musée du château à l'architecture étonnante, belle place centrale.

Visegrád, p. 183

La rude ascension jusqu'à la citadelle est largement récompensée : vue hors pair sur le Danube et les collines environnantes.

Szentendre, p. 178

À 20 km à peine de Budapest, la cité vouée à l'art regorge de galeries, musées et églises. Un emplacement idyllique sublimé par la vue plongeante depuis la colline du château.

BATEAU

De mai à septembre, des bateaux de croisière et des hydroptères plus rapides remontent le fleuve vers les cités riveraines de la Boucle du Danube. C'est le moyen de transport le plus paisible et le plus beau pour explorer le coin.

VOITURE

Il est possible de se déplacer en bus ou en train à condition de planifier ses trajets. Pour découvrir la Transdanubie occidentale ou si vous voyagez hors saison de transports fluviaux, être motorisé est pratique. Dans ce cas, louez un véhicule à Budapest ou à Győr.

TRAIN ET BUS

Des trains relient Budapest à Szentendre (p. 178). Une ligne distincte dessert Esztergom (p. 187). Un autre train part de Budapest et dessert la rive gauche du Danube (p. 183), en face de Visegrád que l'on rejoint par le bac (1/heure). Pour gagner le parc national de l'Őrség, des trains desservent aussi Csákánydoroszló, à l'entrée du parc. Des bus réguliers rejoignent les villes de la rive droite (ouest) du Danube.

Planifier son séjour

La Courbe du Danube (*Dunakayar*) est la promesse du grand air loin de Budapest. Puis, plus on s'enfonce dans la Transdanubie occidentale, plus l'attrait du passé cède la place à la beauté des paysages dans une douce atmosphère pastorale.

Basilique d'Esztergom (p. 187)

Si vous avez une journée

- Depuis Budapest (en saison de transport fluvial), gagner par hydroptère les 3 cités riveraines dévoile au mieux le Danube. Sinon, prenez à Budapest le train pour **Visegrád** (p. 183) où, par beau temps, vous grimperez par les sentiers à l'assaut de sa citadelle et ses tours. En forêt ou près du fleuve, on peut pique-niquer dans de jolis endroits, ou bien déjeuner au restaurant.

- L'après-midi, réservez du temps pour visiter la basilique d'**Esztergom** (p. 187) ou bien filez directement à **Szentendre** (p. 178) et accordez votre attention à ses multiples musées. Ces deux cités sont reliées à Budapest par le train.

AU FIL DES SAISONS

L'été se prête aux croisières sur le Danube, aux pique-niques, à la randonnée à pied ou à vélo. L'hiver invite à se réfugier dans de chaleureux bars et restaurants.

JANVIER

Couvrez-vous bien… puis direction musées et galeries d'art. Revigorez-vous d'un vin chaud (***forralt bor***) et d'une solide soupe de bœuf (***gulyásleves***).

AVRIL

Les fêtes de Pâques et le **musée d'Ethnographie de plein air** de Szentendre célèbrent les traditions folkloriques (spectacles des différentes régions).

MAI

Le mois idéal pour une **croisière en bateau** sur la Courbe du Danube, visiter une cité puis une autre, avec une halte pique-nique.

Si vous avez trois jours

- Arpentez les cités des rives sublimes du Danube et leurs forteresses avant de partir à la découverte de la Transdanubie occidentale. Vous avez le choix entre train et bateau pour gagner **Szentendre** (p. 178), la cité d'artistes, et y visiter une galerie d'art ou un musée avant de repartir par bus ou bateau pour grimper vers l'incroyable citadelle de **Visegrád** (p. 183).

- En dormant à **Visegrád**, vous rejoindrez ainsi, le lendemain, **Esztergom** (p. 187) par voie routière ou fluviale. Une journée suffit pour voir la basilique, le musée du château et le musée du Danube. Accordez la troisième journée à la ravissante cité de **Sopron** (p. 191), chargée d'histoire.

Si vous avez plus de temps

- En une semaine, voire plus, vous pouvez prendre le bateau (ou le train hors saison) jusqu'à **Szentendre** (p. 178) pour apprécier l'œuvre post-impressionniste de Czóbel (au musée du même nom) et les expositions temporaires programmées au Moulin des arts.

- Embarquez pour **Visegrád** (p. 183) – en bateau ou en bus – et partez randonner sur les sentiers grimpant aux tours et à la citadelle. Poursuivez par voie d'eau ou en bus jusqu'à **Esztergom** (p. 187) pour explorer sa basilique et ses musées, et pique-niquer l'été sur les berges du Danube.

- Attrapez un train pour la belle cité de **Sopron** (p. 191), en faisant halte en chemin à l'**abbaye de Pannonhalma** (p. 196). Pédalez ensuite jusqu'au **parc national de l'Őrség** (p. 198) en visitant des villages à votre rythme.

JUILLET

Le 2e week-end de juillet, le **Festival du palais** de Visegrád donne 3 jours de joutes médiévales, musique et autres démonstrations.

AOÛT

Randonnée dans les collines au-dessus du Danube, **vélo** dans le parc national de l'Őrség ou **kayak** si le temps est agréable.

SEPTEMBRE

Les **vendanges** battent leur plein à Sopron. Le vin coule à flots, airs et danses folkloriques rythment les journées.

NOVEMBRE

La **Saint-Martin** est célébrée le 11 novembre dans la Transdanubie natale de Martin de Tours. On y mange traditionnellement une oie.

VARNAKOVR/SHUTTERSTOCK ©, WATCHER FOX/SHUTTERSTOCK ©, PHOTOSTAR72/SHUTTERSTOCK ©, ECSTK22/SHUTTERSTOCK ©

SZENTENDRE

Seuil méridional de la Courbe du Danube, Szentendre (Saint-André) est facilement accessible depuis Budapest, à 19 km au sud. Habitée dès la période celtique, la ville a traversé les aléas de l'Histoire jusqu'aux années 1920 où l'installation d'une colonie d'artistes l'a inscrite au palmarès des sites touristiques. Du jeudi au dimanche, la foule envahit ses multiples galeries d'art, musées et expositions. Rien n'oblige à suivre le mouvement et l'on peut simplement arpenter le cœur historique et s'imprégner de son singulier caractère balkanique. Szentendre le doit à ses nombreuses églises orthodoxes serbes renfermant des collections d'art religieux et d'objets liturgiques, un legs des Serbes ayant fui les Ottomans par vagues successives. Pour découvrir l'habitat rural hongrois, rejoignez le musée d'Ethnographie de plein air pour une balade à travers l'architecture vernaculaire des régions de Hongrie.

Pour les infos pratiques, voir le Carnet d'adresses p. 200

À SAVOIR

Mieux vaut visiter Szentendre le jeudi ou le vendredi, les week-ends étant bondés et la plupart des musées fermés du lundi au mercredi. Le musée d'Ethnographie de plein air est fermé en hiver. Si vous y allez en excursion à la journée depuis Budapest, le dernier train de retour part vers 23h30.

MUSÉES DE SZENTENDRE

Ferenczy Múzeumi Centrum (femuz.hu) administre 10 des principaux musées de Szentendre. Tous, hormis la collection de céramiques de Margit Kovács, sont fermés du lundi au mercredi. Un même billet couvre toutes les entrées. Le site Internet bilingue (hongrois/anglais) permet de repérer l'emplacement de chacun sur le plan en ligne. Organisez vos différentes visites en fonction des heures d'ouverture et des fermetures saisonnières.

Patrimoine rural

ÉCOMUSÉE DE LA HONGRIE

Voué au patrimoine rural hongrois d'antan (à partir de la seconde moitié du XVIIIe siècle), le **musée d'Ethnographie de plein air** (Szabadtéri Néprajzi Múzeum) est le *skanzen* (écomusée) le plus ambitieux du pays. Sa "collection" de bâtiments ruraux et villageois couvre toutes les régions de Hongrie et les savoir-faire du monde paysan. Il est divisé en sections régionales hongroises, plus une nouvelle section roumaine consacrée à la Transylvanie (2022). En longeant à pied ou à vélo (location sur site) fermes, granges, greniers, moulins, clochers, chapelles... voire des villages entiers reconstruits sur place, vous ne croirez plus être à Szentendre, mais dans le haut Balaton, par exemple. En croisant artisans et paysans en costume traditionnel assis sur les marches de l'église, cueillant des fleurs ou vaquant à leurs activités, l'illusion opère et l'on a véritablement l'impression d'être en pleine campagne du temps jadis. Outre la reconstitution des intérieurs campagnards, la diversité des maisons paysannes et autres communs remontés et restitués dans leur authenticité confère un caractère exceptionnel à cet écomusée.

Autre surprise : passé le poste-frontière romano-hongrois, vous vous retrouvez sur la place d'une ville étonnamment reconstruite de Transylvanie. Le café est superbe pour y siroter une véritable bière. La fiction se mêle à la réalité. Vous penserez que tout ceci est vrai – et, dans un sens, ça l'est car le musée est la copie conforme de sites ruraux du passé.

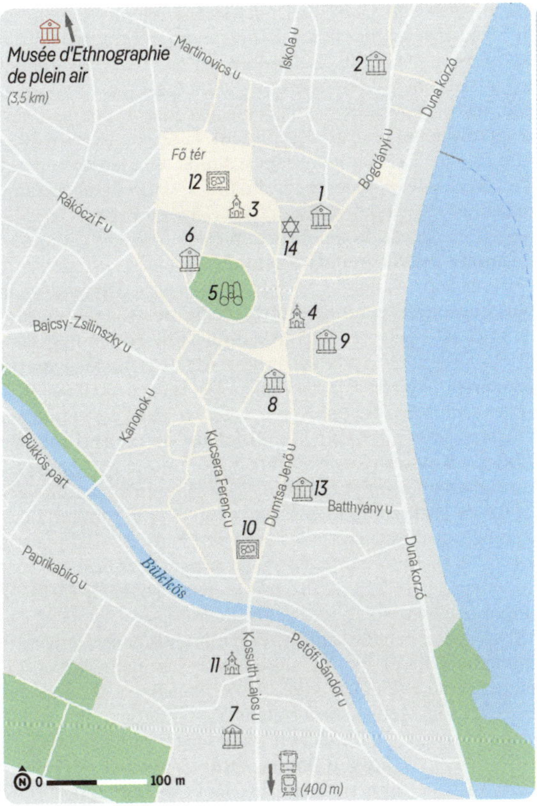

VOIR

1 Musée Ámos-Anna
2 Moulin des arts
3 Cathédrale de Belgrade
4 Église Blagoveštenska
5 Colline du château
6 Musée Czóbel
7 Musée Ferenczy Károly
8 Musée Kmetty
9 Collection de céramiques de Margit Kovács
10 Old Goat Art Gallery
11 Église Požarevačka
12 Collection d'art sacré serbe
13 Musée du Massepain Szamos
14 Synagogue et mémorial juif Szanto

Comptez 2 ou 3 heures de visite, de préférence en semaine pour plus de tranquillité. Situé à 5 km au nord-ouest du centre de Szentendre et fermé les lundis et en saison hivernale, le musée est desservi par le bus 230 (embarquement au quai 7 de la gare routière).

Ville d'art et d'artistes

GALERIES ET MUSÉES

Les multiples musées et galeries d'art de Szentendre ont depuis longtemps assis sa réputation dans le monde de l'art. Proche des gares routière et ferroviaire, le **musée Ferenczy Károly** occupe la maison de famille du peintre

OÙ SE RESTAURER À SZENTENDRE

From Sea
Produits de la mer cuisinés avec une touche terrienne, comme le burger de saumon. Terrasse en été. **€€**

Himalaya
Tout une sélection de plats indiens, avec un bon choix végétarien. L'été, prenez place en terrasse. **€€**

Passata
En plein cœur historique, des pizzas bien goûteuses que l'on peut dévorer l'été sur quelques tables en extérieur. **€**

Károly Ferenczy (1862-1917), considéré comme le pionnier de l'impressionnisme en Hongrie et s'étant installé à Szentendre dès 1890. Nombre de ses œuvres ayant rejoint la Galerie nationale hongroise à Budapest, certaines sont néanmoins exposées ici aux côtés de celles de ses deux fils, respectivement peintre et sculpteur, et des tapisseries de sa fille Noemi. Passé le pont sur la Bükkös, la **Galerie d'art Vén Kecske** expose les œuvres d'une artiste contemporaine majeure de Szentendre, Eszter Győry (née en 1942), et les *Soul Angels* en argent de son époux américain, Osiris O'Connor. Le **musée du Massepain Szamos** (Marcipán Ház) présente des créations élaborées en massepain (pâte d'amandes), la plus inattendue étant peut-être une figure grandeur nature de Michael Jackson. Du côté sud-ouest de Fő tér, la grand-place que domine la colonne de Peste (1763), le **musée Kmetty** expose le travail de l'artiste cubiste János Kmetty (1889-1975) et des sculptures de Jenő Kerényi. Traversez Fő tér et tournez à droite pour aller voir la **collection de céramiques de Margit Kovács** (Kovács Margit Kerámia Gyűjtemény) à l'abri d'un ancien grenier à sel. La céramiste Margit Kovács (1902-1977) alliait les thèmes folkloriques hongrois, religieux et modernes pour créer des silhouettes fortes. Grimpez le long des ruelles étroites jusqu'au **musée Czóbel**, qui met en valeur les œuvres fauvistes de Béla Czóbel (1883-1976), un ami de Picasso et un disciple de Matisse.

Grimpez en haut de la **colline du château** pour contempler la vieille ville et son lacis. La forteresse médiévale a fait place à une église baroque, Saint-Jean-Baptiste, dont les fresques sont l'œuvre de la colonie d'artistes des années 1930 (dont Béla Czóbel). En redescendant, gagnez un peu au nord, côté fleuve, le **musée Ámos-Anna**, consacré à l'œuvre surréaliste et expressionniste du couple Margit Anna et Imre Ámos dans leur propre demeure. Puis, continuez vers le nord jusqu'au **Moulin des arts** (Művészet Malom), gigantesque galerie sur 3 étages accueillant des expositions d'artistes hongrois.

Quête spirituelle

SITES ET OBJETS SACRÉS

L'influence des chrétiens orthodoxes serbes à Szentendre a été considérable au fil des siècles. Les Serbes, de confession orthodoxe, sont arrivés par vagues successives, fuyant les Ottomans et les conflits régionaux entre les XIVe et XIXe siècles. Cela explique le riche héritage architectural religieux, la plupart des églises orthodoxes datant du XVIIIe siècle. Joyau de Fő tér, l'**église Blagoveštenska** (Blagoveštenska

POURQUOI J'AIME SZENTENDRE

Anthony Haywood, auteur

La proximité de Budapest et les accents "méditerranéens" expliquent les flots des touristes, surtout les week-ends d'été. La scène culturelle animée de Szentendre n'en possède pas moins une saveur bien à elle, sans même évoquer l'odeur sucrée qui se dégage du musée du Massepain ! Il y a ici une foule de galeries d'art originales, allant de l'art miniature aux supports textiles et aux autos entre autres objets nostalgiques des années 1960 et 1970 réunis au Retro Design Center. Quand on se promène en ville, il y a toujours quelque chose de nouveau. J'adore le fleuve et ses paysages. Mes activités préférées ? Grimper sur la colline du château et surplomber le Danube.

OÙ PRENDRE UN VERRE À SZENTENDRE

Teddy Beer
Quelque 150 bières différentes, des tas de whiskys et de rhums, accompagnés de savoureuses grillades.

Művész
Pour siroter un verre au son d'un groupe de jazz, de musique latino, de rock… les vendredis et samedis de mai à octobre.

Musée national du Vin (Nemzeti Bormúzeum)
Dégustation de vins dans une cave labyrinthique avec un sommelier.

Cathédrale de Belgrade

templom, 1752), tout en volutes baroques et rococo, révèle son caractère oriental à l'intérieur avec une belle iconostase. Au nord de la colline du château se dresse l'imposante **cathédrale de Belgrade** (Belgrád Székesegyház, 1764) et sa tour rouge. C'était le siège de l'évêque orthodoxe serbe en Hongrie, à l'époque où le pays comptait une importante population serbe. L'intérieur, magnifique, est orné d'icônes du Nouveau Testament. Sur la rive sud de la Bükkös, l'**église Požarevačka** (1763) possède aussi une magnifique iconostase de 1742.

En retrait de Fő tér, la **collection d'art sacré serbe** (Szerb Egyházművészeti Gyüjtemény) réunit un véritable trésor d'icônes, d'habits religieux et d'objets d'art sacré provenant

LA COLONIE D'ARTISTES DE SZENTENDRE

Dès la fin du XIXe siècle, les artistes ont trouvé ici l'inspiration. Puis, toute une colonie d'artistes devenus apatrides après le traité de Trianon y a emménagé. Post-impressionnistes et constructivistes ont ainsi largement contribué à façonner la peinture hongroise du XXe siècle. Certaines œuvres de Lajos Vajda, qui y vécut au début des années 1920, montrent aussi l'influence qu'a eue l'art religieux serbe et le caractère multiculturel de la ville. Dezső Korniss a repris des motifs traditionnels dans sa peinture d'avant-garde. Ces deux artistes ont largement inspiré l'École européenne hongroise qui prit forme après 1945. Par la suite, Béla Czóbel (1883-1976), membre de l'École de Paris, a également exercé une influence majeure.

OÙ LOGER À SZENTENDRE

Hotel Centrum Panzió
Une adresse centrale, à quelques pas du Danube, qui propose 7 chambres, spacieuses et lumineuses. **€€**

Bükkös Hotel & Spa
Un petit hôtel à quelques minutes de la place principale de Szentendre. Chambres modernes. Spa. **€€€**

Mathias Rex Panzió
Cette *panzió* (pension) en plein centre offre une douzaine de chambres propres et spacieuses. **€€**

UN PEU D'HISTOIRE

Szentendre fut habitée par les Celtes, puis les Romains, qui y érigèrent une forteresse. Dès le IXe siècle, les Hongrois colonisèrent la région, puis, au XIVe siècle, Szentendre était devenue un État prospère sous l'autorité de Visegrád. Les chrétiens orthodoxes serbes arrivèrent depuis le sud avant les Turcs au XVe siècle, mais l'occupation turque de la Hongrie au cours des deux siècles suivants mit un terme à la paisible cohabitation qui y prévalait ; à la fin du XVIIe siècle, elle était désertée. Même si le pays fut libéré des Ottomans, les combats continuèrent dans les Balkans avec l'arrivée d'une deuxième vague de Serbes à Szentendre. Pensant d'abord rentrer chez eux, mais séduits par la liberté religieuse de mise sous les Habsbourg, les clans orthodoxes bâtirent leurs propres églises et la ville leur doit son singulier caractère balkanique.

Les ruelles de Szentendre

des églises orthodoxes serbes de Hongrie. Sa pièce la plus précieuse est sans doute un manuscrit du XIIIe ou XIVe siècle, le codex de Lőrév. Les objets d'art sacré orthodoxe sont somptueux, souvent parés d'or.

La communauté juive de Szentendre comptait au moins 250 âmes avant la déportation à Auschwitz. Elle avait pour lieu de prière la plus petite synagogue d'Europe qui conserve quelques reliques : la **synagogue et mémorial juif Szanto** (Szántó Emlékház és Imaház).

COMMENT CIRCULER

Szentendre se parcourt très bien à pied. Le musée d'Ethnographie de plein air, hors de la ville, est accessible en bus.

Pour rejoindre Szentendre depuis Budapest, prenez le train de banlieue HÉV (H5) partant de Batthyány tér dans Buda (40 min, 2/heure). Si vous avez un billet pour Budapest intramuros (il faut le poinçonner), vous devrez acheter un autre ticket. Le dernier train part de Szentendre vers 23h30. La remontée fluviale du Danube de Budapest à Szentendre ne présente pas beaucoup d'attrait. Préférez le train.

Des bus partent toutes les heures de la gare routière d'Újpest-Városkapu pour Visegrád et Esztergom ; le trajet (30 min) est assez monotone jusqu'à Szentendre.

Les dessertes fluviales sont parfois fortement moindres à cause du niveau du fleuve. Mahart PassNave (mahartpassnave.hu ; adulte 3 500 Ft) opère un service de bateaux lents et d'hydroptères jusqu'à Szentendre une fois par jour, du vendredi au dimanche de mai à septembre, au départ de Vigadó tér à Budapest. Réservez l'hydroptère bien à l'avance.

VISEGRÁD

Enchassée dans un profond cadre forestier, la ville royale de Visegrád ("haut château" en slave) affiche un riche patrimoine historique. Les Romains, puis des colons slovaques s'y établirent. Après l'invasion mongole de 1241-1242, le roi Béla IV entama la construction d'un donjon-résidence proche du fleuve, puis d'une citadelle au sommet de la colline. Moins d'un siècle plus tard, le roi Charles Ier Robert (Róbert Károly, 1308-1342) la conquiert et y installe la cour. En presque deux siècles, Visegrád devient "l'autre capitale" de Hongrie (du moins celle d'été). Son véritable âge d'or correspond au règne de Mathias Corvin (1458-1490) et de la reine Béatrice, qui transformèrent le palais gothique en une sublime résidence Renaissance, laquelle tomba sous les coups des Turcs au siècle suivant. Histoire mise à part, la montée à la citadelle de Visegrád est un voyage en soi au-dessus du fleuve majestueux. Sans compter toutes les randonnées alentour.

Pour les infos pratiques, voir le Carnet d'adresses p. 201

À SAVOIR

Ouverte tous les jours une grande partie de l'année (avec horaires restreints en décembre et janvier), la citadelle de Visegrád est une belle destination en début de semaine, quand les musées sont fermés. La montée et la vue depuis ce nid d'aigle sont particulièrement magiques, surtout par beau temps.

Citadelle altière et tour Salomon

RUDE MONTÉE POUR UN POINT DE VUE ROYAL

Grimper jusqu'à la **citadelle** par le sentier escarpé "Fellegvár" (40 minutes) partant de la **tour Salomon** (Salamon-torony) nécessite d'être en bonne forme. Plus court, le sentier Kálvária sétány (promenade du calvaire), qui débute près de l'église, exige moins d'effort mais dévoile un panorama moins spectaculaire. Un circuit complet englobe les deux. Sise au nord de Visegrád, au bout d'une tranquille rue pavée (Salamontorony utca), la tour Salomon est un donjon hexagonal du XIIIe siècle (30 m de haut), massif, aux murs redoutables (8 m d'épaisseur). Il faisait autrefois partie du château bâti sous le règne de Béla IV au pied de la colline, afin de contrôler les passages sur la rivière. Des remparts le reliaient à la citadelle 350 m plus haut. De mai à octobre (sauf lundi et mardi), vous pourrez vous y instruire sur l'histoire de Visegrád.

Passé la tour, le sentier part sur la droite, amorçant une montée difficile, mais vivifiante. Une fois parvenu au nid d'aigle, on a une vue à 180 degrés sur le Danube et les monts de Börzsöny. En longeant la promenade ventée sur les remparts, le panorama s'élargit à 360 degrés.

À l'intérieur de la citadelle, plusieurs expositions détaillent armes et armures, vie au château, chasse, fauconnerie et activités de la région (apiculture, taille des pierres...). Vous verrez aussi une reconstitution du congrès de Visegrád de 1335, où Charles Ier Robert d'Anjou, roi de Hongrie, réunit les rois de Pologne et de Bohême plus les représentants de l'ordre Teutonique dans le but d'une alliance contre l'Autriche (encadré p. 185).

LE SENTIER BLEU

L'office de tourisme de Visegrád, proche de l'embarcadère pour Nagymaros (rive gauche), délivre de bonnes cartes de randonnée. Vous pourrez suivre le **sentier bleu national** (Országos Kéktúra) jusqu'à Pilisszentlászló, soit 11 km jalonnés de points de vue sur le Danube et les collines, avec aires de repos et de pique-nique. Au retour, prenez à Pilisszentlászló le bus 870 vers Szentendre pour rejoindre Budapest ou Visegrád. Prévoyez un équipement de randonnée et vérifiez la météo au préalable.

Achevée en 1259, la citadelle fut aussi le dépositaire des joyaux de la couronne hongroise jusqu'en 1440, quand Élisabeth de Luxembourg, fille du roi Sigismond, les vola avec l'aide de sa dame d'honneur avant de se précipiter à Székesfehérvár pour faire roi son jeune fils László. Rendue à la citadelle en 1464, la couronne y fut soigneusement conservée jusqu'à l'invasion turque au XVIe siècle.

Émergence de la Renaissance

LE PALAIS ROYAL DE MATHIAS CORVIN

Bon point de départ pour explorer la ville, l'**office de tourisme de Visegrád** (fermé le lundi) diffuse un plan de la ville et des cartes de randonnée pour arpenter les monts Pilis. Suivez la route jusqu'au **palais royal** (Királyi Palota) implanté en bord de fleuve. De style gothique tardif et Renaissance, ce fut l'un des plus vastes de Hongrie avec plus de 300 pièces, dont il ne reste aujourd'hui que des ruines hormis le bâtiment principal reconstruit au siècle dernier. Ses salles et expositions temporaires se visitent tous les jours, sauf le lundi. Résidence royale durant deux siècles jusqu'au déplacement de la cour à Budapest en 1410, le palais a connu son apogée à la fin du XVe siècle sous le règne de Mathias Ier Corvin, qui fut le premier à introduire l'architecture de la Renaissance italienne au nord des Alpes.

OÙ LOGER À VISEGRÁD

Hotel Silvanus
Sur le flanc boisé d'une colline, non loin de la citadelle. Vue superbe, piscine extérieure et spa agréable. **€€€**

Hotel Honti
Hôtel et chambre d'hôtes de style chalet cosy en plein centre. Location de vélos et piscine. **€€**

Kék Duna Autós Kemping
Seul camping des environs, très pratique pour les cyclistes avec tente. **€**

SHUTTERSTOCKSTUDIO/SHUTTERSTOCK ©

Scène de banquet des trois rois au congrès de Visegrád, citadelle

Objet de toutes les conversations dans l'Europe du XVe siècle, la somptueuse résidence de plaisance du roi Mathias et de la reine Béatrice tomba en ruine au milieu du siècle suivant, après l'arrivée des Turcs. On en ignora même l'emplacement jusqu'aux fouilles archéologiques menées à partir des années 1930.

Aujourd'hui, même partiellement reconstruit, il n'est plus que l'ombre de lui-même. Les salles que l'on peut visiter sont principalement les appartements royaux autour de la cour d'honneur et sa fontaine d'Hercule. Jetez un coup d'œil aux céramiques, aux armes et aux objets domestiques dans le petit musée. D'une salle à l'autre, vous découvrirez reconstitutions et répliques : une chambre à coucher royale froide et moite du début du XVe siècle, une cuisine plus chaleureuse, de magnifiques poêles en céramique et, dans la cour à l'est, la fontaine du Lion en marbre rouge. La petite chapelle Saint-Georges (1366) est aussi une réplique. L'esprit initial du palais Renaissance se retrouve au centre de la cour d'honneur entourée d'une galerie à arcades à double niveau : la fontaine d'Hercule, une réplique de l'œuvre originale (que les archéologues ont retrouvée en pièces mais qui figure au recto des billets de banque de 1 000 Ft).

Échappées fluviales : bateau ou kayak

MARÉCAGES ET BERGES BORDÉES DE SAULES

Dans ce pays privé d'accès maritime, les Hongrois aiment naviguer en rivière, que ce soit en bateau de croisière ou en

LE GROUPE DE VISEGRÁD

La **scène en cire** représentant le congrès de Visegrád dans la citadelle souligne le rôle diplomatique joué par la ville à travers les siècles. Tout commence en 1335. Les trois rois de Bohême, Hongrie et Pologne tombent alors d'accord pour former une alliance anti-Habsbourg afin de faciliter les échanges en Europe centrale. C'est la première coopération diplomatique entre lesdits "pays de Visegrád". En février 1991, la Hongrie, la Tchécoslovaquie et la Pologne constituent un groupe de coopération appelé le "triangle de Visegrád", qui deviendra le groupe de Visegrád 4 après la partition de la Tchécoslovaquie (Tchéquie et Slovaquie). Les différentes réactions à l'invasion de l'Ukraine par la Russie ont récemment fait naître quelques frictions au sein du groupe.

OÙ SE RESTAURER À VISEGRÁD

Don Vito Pizzeria
Des pizzas cuites sur pierre à savourer au beau milieu des photos de gangsters accrochées aux murs. **€**

Sirály
Des recettes hongroises, des plats de cuisine internationale et de bonnes spécialités végétariennes. **€€**

Kovács-Kert
Large choix de classiques hongrois servis l'été sur une terrasse ombragée. Personnel efficace. **€€**

BONS VERRES À VISEGRÁD

Zugfőzde Pálinkamúzeum
Ce musée de *pálinka*, l'eau-de-vie de fruits traditionnelle, revient notamment sur les aléas de la distillation à travers l'histoire hongroise. Et si l'on peut en rapporter une bouteille pour se réchauffer l'hiver, on peut aussi en déguster sur place entre alambics et objets dédiés à sa fabrication.

Rigoletto Cukrászda
Place à la gourmandise dans cette pâtisserie-café. Les gâteaux (certains sans gluten ni lactose) y sont délicieux, à savourer au calme dans la cour pavée.

Schachtel Étterem
Parfait pour prendre un verre avec vue sur la Duna, en attendant le bac pour Nagymaros ou avant de reprendre le train.

SEBI_2569/STOCKADOBE.COM

La citadelle de Visegrád

paddle. La remontée du Danube en bateau depuis Budapest n'offre pas grand intérêt avant les abords de Visegrád, où la végétation devient plus naturelle et où la vue se déploie sur la citadelle. Mais une croisière fluviale de Visegrád à Esztergom dévoile un paysage bien plus attrayant, composé d'îlots, de marécages et de berges à la végétation dense. Naviguez en kayak au nord de Visegrád permet d'observer de plus près encore ces rives si verdoyantes. À l'approche d'Esztergom, la basilique surgit soudain en pleine campagne, accrochant tous les regards ébahis par ce colosse de pierre et son dôme visible à des kilomètres à la ronde. À votre descente du train à Nagymaros, vous pourrez, entre mai et octobre, louer un kayak de tourisme simple ou double chez **BTZ**. Ce prestataire organise aussi le transport des embarcations et l'on peut ainsi, par exemple, descendre le Danube en kayak au départ d'Esztergom (6 heures environ pour rejoindre la base nautique de Nagymaros).

COMMENT CIRCULER

Du lundi au jeudi, il faut beaucoup marcher pour visiter Visegrád, parfois sur des chemins pentus. Du vendredi au dimanche, un bus touristique à arrêts multiples circule entre l'office de tourisme et la citadelle. De mars à octobre, il existe aussi un service de taxi-minibus, City-Bus (www.city-bus.hu), entre le quai de l'embarcadère et la citadelle. La location d'un vélo électrique auprès de Tekerentyű (tekerentyu.hu) est aussi une option. En arrivant en bateau, marchez vers le sud depuis le quai sur environ 300 m et suivez les panneaux jusqu'à la citadelle.

Mahart PassNave (mahartpassnave.hu) organise des excursions en bateau depuis Budapest, ainsi qu'une ligne circulaire depuis Visegrád qui permet de changer à Zebegény et de continuer jusqu'à Esztergom (4 500 Ft). Un hydroptère part le matin de Budapest du vendredi au dimanche (6 500 Ft).

Des trains partent toutes les heures de Budapest-Nyugati vers Nagymaros (1 120 Ft ; 40 min), sur la rive opposée à Visegrád. Un bac (420 Ft ; 10 min), transportant aussi des voitures, permet de traverser le fleuve (horaires cadencés par les horaires des trains).

ESZTERGOM

La plus en amont des trois cités fluviales de la Dunakanyar s'impose d'office par sa basilique haut perchée, la plus grande église de Hongrie. Lieu de naissance du saint patron de la Hongrie, Étienne Ier (vers 975-1038) – couronné "roi chrétien" ici même en l'an mille –, Esztergom fut résidence royale de la fin du Xe siècle au milieu du XIIIe siècle, et le siège de l'Église catholique romaine en Hongrie pendant plus d'un millénaire. Le premier roi de Hongrie ayant instauré le royaume de Hongrie comme un haut lieu de la civilisation occidentale, nombre d'éminents visiteurs, de Godefroy de Bouillon à l'empereur Frédéric Barberousse, furent ensuite reçus à Esztergom, qui connut son âge d'or politique jusqu'au déplacement de la capitale à Buda. Les archevêques prirent alors le relais, accueillant savants et artistes de toute l'Europe.

Pour les infos pratiques, voir le Carnet d'adresses p. 202

À SAVOIR

L'attrait d'Esztergom ne repose pas que sur sa richesse ecclésiale et muséale. C'est en effet la ville la plus paisible de la région. Moins bondée que Szentendre et plus animée que Visegrád, elle est aussi plus urbaine.

Basilique Saint-Adalbert

LA PLUS GRANDE ÉGLISE DE HONGRIE

Lorsqu'on approche par le fleuve, impossible de manquer la majestueuse **basilique d'Esztergom** dont la masse perchée au-dessus de la falaise domine le Danube. Cette incroyable église de 114 m de long sur 47 m de large culminant au sommet du dôme central à 72 m se repère à des milles à la ronde. Le mieux est d'y grimper lentement par les volées de marches médiévales qu'on appelle "escaliers de chat", soigneusement dissimulées dans Berényi Zsigmond utca. Si la montée est raide, elle est scandée par de petites aires où souffler un peu et où profiter d'une vue de plus en plus majestueuse sur le Danube.

La construction de l'édifice néoclassique actuel débuta en 1822 à l'emplacement de l'église initiale vouée à saint Adalbert par le premier roi de Hongrie, Étienne Ier. Restaurée au XIIe siècle, elle fut finalement rasée par les Turcs. József Hild, à qui l'on doit la cathédrale d'Eger, apporta sa touche finale. La basilique fut consacrée en 1856 avec une messe chantée, composée par Franz Liszt.

Une fois à l'intérieur, on est saisi par la lumière que diffusent sur les fresques les hautes fenêtres des murs et celles du dôme. Seule la chapelle Bakócz, dans la partie sud-ouest, a réchappé aux dégradations commises par les Turcs, mais pas à toutes (voyez le visage abîmé de l'ange Gabriel et les têtes manquantes des autres anges au-dessus de l'autel). Réalisée par des sculpteurs toscans en marbre rouge et blanc, c'est un splendide exemple de gravure sur pierre et de sculpture de la Renaissance italienne. La peinture de Michelangelo Grigoletti (1854) qui orne l'autel serait la plus grande (13,5 m par 6,6 m) jamais réalisée sur une seule toile.

BONS VERRES À ESZTERGOM

BorYou bor&Bisztró
Son personnel sympathique sert vin et plats savoureux en terrasse sur la place principale.

Kaleidoszkóp Ház
Café et centre culturel alternatif où sont programmés des groupes et sessions à micro ouvert. Auberge de jeunesse (p. 188).

42 Restaurant
Une adresse élégante pour se détendre et siroter un verre de vin. Hébergement et restaurant gourmet.

INCONTOURNABLE
1 Basilique d'Esztergom

VOIR
2 Musée Balassa Bálint
3 Musée du Christianisme
4 Musée du Danube
5 Mosquée Öziçeli Haci Ibrahim
6 Château royal
7 Széchenyi tér

PRENDRE UN VERRE ET FAIRE LA FÊTE
Voir 7 BorYou

L'accès au trésor se trouve du côté nord-ouest de la cathédrale. Avec ses vêtements d'apparat et ses objets de culte en or et argent, incrustés de joyaux, c'est la collection ecclésiastique la plus riche du pays. Quand on pénètre dans la basilique, une porte sur la droite mène à la crypte où sont enterrés les cardinaux hongrois depuis toujours, gardés par des monolithes incarnant le Deuil et l'Éternité. Une fois les restaurations achevées, vous pourrez aussi emprunter l'escalier en colimaçon (400 marches) qui grimpe tout en haut du dôme pour découvrir la vue imprenable sur la ville. En attendant, profitez du spectacle sur le Danube de l'extérieur de la basilique ou au café de la salle panoramique, au 2e étage du monument.

OÙ LOGER À ESZTERGOM

Room42
Suites élégantes et 3 grands appartements dans un lieu d'exception situé dans le quartier piéton. **€€€**

Szent Kristóf Panzió
Des chambres confortables, proches de la basilique et prisées des cyclistes. Propriétaire sympathique. **€€**

Kaleidoszkóp Ház
Une auberge de jeunesse d'esprit hippie au sein d'un centre culturel et bar alternatif (p. 187). **€**

Basilique d'Esztergom

Voisin de la basilique, le **château royal** a une histoire mouvementée qui démarre au XIe siècle. Destructions et reconstructions se sont succédé au fil des siècles, jusqu'à sa prise par les Turcs en 1543 après un siège de deux semaines. Il fallut attendre 150 ans avant de reconquérir la ville. Lors de la visite du château, littéralement exhumé de terre dans les années 1930, vous découvrirez sous vos pieds, à travers les dalles de verre, certains vestiges archéologiques. D'autres ont été remontés et complétés à l'époque moderne pour reconstituer une partie des salles anciennes où sont exposées diverses trouvailles médiévales. La chapelle royale est incontestablement la plus impressionnante, avec son plafond voûté de style gothique précoce et divers éléments romans. On l'attribuerait à des maîtres d'œuvre venus de France à l'âge d'or d'Esztergom.

Musées et fouilles archéologiques

UN GLORIEUX PASSÉ RESSUSCITÉ

En partant du café-restaurant **BorYou** sur **Széchenyi tér**, une grand-place aux édifices baroques et rococo, vous débuterez une belle demi-journée de découverte de la ville elle-même. Au centre de la place trône une colonne de peste que la ville fit ériger pour avoir échappé à une épidémie de

POÈTE LYRIQUE MORT D'UN BOULET DE CANON

Même si Esztergom n'est pas le lieu de naissance de Bálint Balassa (1554-1594), ce célèbre poète lyrique de la Renaissance y est décédé, d'où le musée qui porte son nom. Parlant 8 langues (il a écrit aussi des poèmes en slovaque), le Hongrois Bálint Balassi est considéré comme le premier et principal poète de renom de Hongrie jusqu'au siècle des Lumières. Converti au catholicisme, après avoir écrit des poèmes d'amour lyriques et parfois érotiques, il mit son art au service d'une poésie religieuse et militaire. Et, rejoignant les rangs de l'armée lors de la lutte contre les Turcs, il fut blessé par un boulet de canon avant de décéder en 1594.

OÙ SE RESTAURER À ESZTERGOM

Koriander
Peu engageant de l'extérieur, Koriander vous étonnera avec ses plats audacieux. Remarquable. **€€**

Prímás Pince
Dans les caves sous la basilique, plats classiques revisités avec créativité et belle carte de vins. **€€**

42 Restaurant
Une cuisine hongroise et européenne de qualité. Menus de 5 ou 7 plats avec accord mets-vins. **€€€**

POUR SOUFFLER UN PEU À ESZTERGOM

Section lapidaire du musée Balassa Bálint
Au beau milieu des vieilles pierres mises au jour par les fouilles du château, des gargouilles et autres fragments de l'histoire d'Esztergom, un havre de paix.

Escaliers de chat
Non loin de la basilique, un banc stratégiquement installé invite à un repos bien mérité en profitant de la vue sur le Danube.

Petit Danube
Flânez dans Kis Duna sétány sous les grands platanes, du quartier de Királyi à celui de la ville des Eaux. Vous découvrirez la vie locale, à l'écart des sites touristiques, avec un petit café et une terrasse en chemin.

peste. Plongez ensuite dans les présentations interactives du **musée du Danube** (Duna Múzeum) pour mieux comprendre le fleuve, ses crues centennales et les moyens mis en œuvre pour les contenir. Dans le **musée Balassa Bálint** du quartier de Víziváros (“ville des Eaux”), sont exposés les résultats des fouilles faites au château, photographies à l'appui. Son petit musée lapidaire est particulièrement reposant.

Tout proche, à l'intérieur de l'ancien palais de l'évêque, au bord du fleuve, le **musée du Christianisme** (Keresztény Múzeum) abrite la plus belle collection d'art religieux exposée en Hongrie. Y figurent des triptyques et des retables gothiques hongrois, ainsi que des œuvres plus tardives de maîtres allemands, hollandais et italiens. Parmi ses trésors, le musée expose l'étonnant sépulcre de Garamszentbenedek (1480), haute chapelle roulante entourée des statues des 12 apôtres et reposant sur un coffre en bois sculpté représentant les soldats romains montant la garde devant le tombeau du Christ. Lors des fêtes pascales, le sépulcre transportait en procession le gisant en bois du Christ mort. L'ensemble a été restauré à grand-peine dans les années 1970. Enfin, ne manquez pas de méditer devant l'*Ecce Homo* (vers 1490) de Hans Memling.

De là, la basilique et la mosquée peuvent se rejoindre facilement à pied.

Héritage ottoman

UNE MOSQUÉE QUATRE FOIS CENTENAIRE

Construite au XVIIe siècle sous l'occupation ottomane d'Esztergom, la **mosquée Öziçeli Haci Ibrahim** (Dzsámi Múzeum és Kávézó) servit ensuite de grenier et de résidence, avant d'être convertie en musée retraçant son histoire. Le mihrab (niche de prière orientée vers La Mecque) est quasi intact et c'est la seule mosquée à deux niveaux de toute la Hongrie. Une roue à eau se trouve à l'arrière ; il y avait ici un puits, pendant le siège ottoman d'Esztergom. Privés d'eau et de nourriture dans le château, les Hongrois capitulèrent. Clôturez votre visite dans l'agréable café au bas des escaliers ou dans le restaurant Rózsakert tout proche, avec vue sur le Danube.

COMMENT CIRCULER

Les gares ferroviaire et routière sont à 2 km du centre ; prenez-y le bus 1 qui vous dépose à hauteur de la zone piétonne. Si vous y allez à pied, tournez à gauche dans Árok utca, puis marchez le long du petit Danube, c'est le trajet le plus agréable.

Il existe des bus et des trains fréquents en direction de Budapest (75-90 min). Comptez 45 min de bus entre Esztergom et Visegrád, et 1 heure 15 entre Esztergom et Szentendre.

Du vendredi au dimanche matin, les hydroptères rapides de la compagnie fluviale Mahart PassNave (mahartpassnave.hu ; adulte 8 000 Ft) partent de Vigadó tér à Budapest à 9h30 et repartent d'Esztergom à 17h. Il vaut mieux réserver. Vous pouvez également arriver à Esztergom par la ligne circulaire Mahart PassNave depuis Visegrád en changeant à Zebegény (4 500 Ft). Pour aller en Transdanubie occidentale sans repasser par Budapest, il faut changer de train à Komárom (1 heure 30).

SOPRON

Adossée littéralement à la frontière autrichienne au nord-ouest de la Hongrie, Sopron n'est qu'à quelques encablures de Vienne à l'ouest et de Bratislava (Slovaquie) au nord. C'est la ville "la plus fidèle" de Hongrie depuis ce référendum de 1921 qui lui permit de rester hongroise, alors que le traité de Trianon l'avait attribuée à l'Autriche. Sa communauté juive a joué un rôle important dans ce maintien, même si ces membres furent souvent tenus pour responsables de conflits bien des siècles avant leur tragique déportation entre mai et juillet 1944. Sopron est la plus belle cité de l'ouest de la Hongrie ; on a plaisir à parcourir son cœur médiéval (Belváros) intact et ses rues pavées. La montée à la tour du Feu, symbole de la ville, offre une vue sensationnelle (et très ventée parfois) sur les environs. Centre culturel majeur au Moyen Âge et à la Renaissance, Sopron la fidèle a conservé le goût des spectacles et festivals.

Pour les infos pratiques, voir le Carnet d'adresses p. 202

À SAVOIR

Découvrez le centre historique médiéval de Sopron par une paisible soirée d'été pour profiter des jeux de lumière. La tour du Feu s'illumine de rouge. Ne manquez pas les illuminations de la fontaine sur Petőfi téri et la minuscule Orsolya tér.

Fő tér, cœur de la cité médiévale

UN RÉSUMÉ DU PASSÉ

Vaste espace aéré sans forme particulière, Fő tér s'organise autour de sa colonne de peste (1701) centrale. Une impressionnante **tour du Feu** (Tűztorony) culmine à l'angle nord-est, destinée à veiller sur la sécurité de la ville. Les vigies perchées tout en haut (60 m) avaient la charge de surveiller les départs d'incendie (les signalant par des drapeaux le jour et des lanternes la nuit), de repérer toute approche ennemie ou tout contrebandier cherchant à commercialiser un vin venu d'ailleurs. Chaque quart d'heure, elles sonnaient aussi trompette, rythmant la vie de la cité. Quant à vous, vous pourrez admirer la ville à vos pieds, ainsi que les contreforts des Alpes autrichiennes au loin. La structure de la tour peut surprendre : médiévale à la base, Renaissance pour le tambour central avec sa galerie à arcades et baroque au sommet !

Les fouilles entreprises au niveau des fondations du XIIe siècle ont révélé un substrat bien plus ancien remontant aux Romains, voire aux premiers temps de la route de l'Ambre – comme le montrent les ruines du forum visibles tout près de l'hôtel de ville et de la tour du Feu. À ce niveau se trouve un petit **musée lapidaire** que l'on traverse entre stèles funéraires romaines, corniches sculptées et fragments de statues pour grimper dans la tour. Au 1er étage, un café à grandes baies vitrées invite à profiter tant des antiquités que de la vue sur la tour et la place.

Au-dessus du porche qui passe sous la tour du Feu, est représenté l'hommage (à genoux) rendu par la *civitas*

BONS VERRES À SOPRON

Kultúrpresszó
Bagels, sandwichs et boissons entre rayonnages de livres, vieux comptoirs et tapis au sol : l'idéal pour un petit café du matin !

Cezár Pince
Au fin fond d'une cave du XVIIe siècle, ce bar convivial affiche une large gamme de vins servis avec des assiettes froides.

TasteVino Borbár & Vinotéka
Avisez donc cette cave et ses voûtes pour y déguster le meilleur des vignobles de Sopron et acheter vos millésimes préférés.

VOIR
1 Maison Fabricius
2 Tour du Feu
3 Église de la Chèvre
4 Monument
5 Synagogue Neológ
6 Nouvelle synagogue
7 Ancienne synagogue
8 Maison Storno

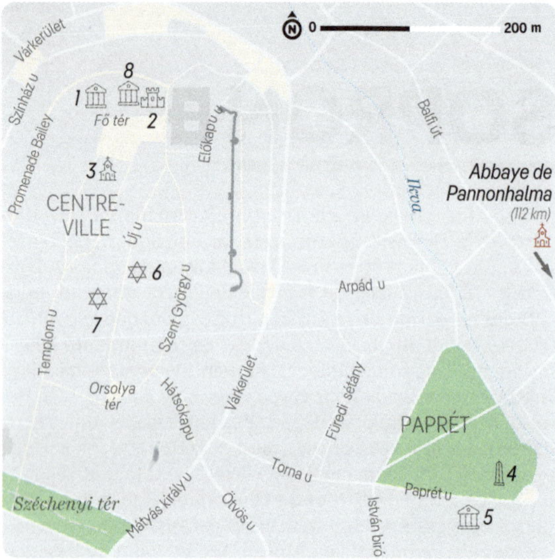

fidelissima ("cité très fidèle"), Sopron, à la Hongrie sa souveraine. Cette **porte de la Fidélité** datant de 1922 commémore le rattachement à la Hongrie après le référendum invalidant les décisions prises au traité de Trianon. Poursuivez jusqu'à la **maison Storno** (Storno Ház) au n°8 de Fő tér. Bâtie en 1417, cette demeure qui a hébergé le roi Mathias Corvin et accueilli quelques concerts de Liszt est devenue celle de Ferenc Storno, un ramoneur devenu restaurateur d'art, dont les reconstitutions sculptées de monuments romans et gothiques, essaimées dans toute la Transdanubie, font encore débat de nos jours. Fenêtres serties de plomb, fresques et trésors familiaux méritent la visite (fermeture le lundi).

Au n°6, la **maison Fabricius**, demeure baroque, est divisée en trois sections : la collection archéologique, les vestiges romains au sous-sol (d'anciens bains où ont été réunis sarcophages et statues de la Scarbantia romaine) et, à l'étage, les appartements d'une famille patricienne du XVIIe siècle vue à travers son quotidien. Un peu en retrait de la place, poussez la porte de l'église franciscaine (fin XIIIe siècle) que l'on appelle l'**église de la Chèvre** (Kecsketemplom) car un trésor mis au jour par un chevrier aurait permis de financer sa construction. Son intérieur baroque abrite au maître-autel une peinture d'un grand maître hongrois, István Dorfmeister (1729-1797).

OÙ SE RESTAURER À SOPRON

Erhardt
Des plats de saison imaginatifs et délicieux : le choix n'est pas aisé ! Un menu-dégustation avec accord mets-vins. **€€**

Sopronbánfalvi Pálos-Karmelita Kolostor
Place à la gastronomie sous les voûtes d'un monastère du XVe siècle. On peut y loger. **€€€**

Bacha Sushi Shop
Sushis frais, pour changer de la cuisine hongroise traditionnelle. Horaires pratiques. **€**

Mémorial de l'Holocauste

Les synagogues de Sopron

HISTOIRE DE LA COMMUNAUTÉ JUIVE

L'arrivée des premiers colons juifs en Hongrie remonte à l'époque romaine, précédant largement l'installation des tribus nomades magyares du IXe siècle. Nombre de Juifs arrivés au XIe siècle des principautés allemandes (l'actuelle République tchèque) se sont ensuite installés dans les villes le long du Danube et en Transdanubie occidentale. À Sopron, une rue leur fut assignée, Zsidó utca (rue juive), l'actuelle Új utca où s'élève l'**ancienne synagogue** (Ó Zsinagóga) de style gothique, bâtie au XIVe siècle. La salle principale inclut un "saint des saints" datant du Moyen Âge avec des motifs

PIQUE-NIQUE CONTRE RIDEAU DE FER

Expression symbolique et physique à la fois – du fait des lignes de barbelés séparant les pays du bloc de l'Est du reste de l'Europe –, le Rideau de fer a été entamé pour la première fois en Hongrie. Les premières brèches se firent en Transdanubie occidentale en août 1989. L'État hongrois ayant ouvert 3 heures durant sa frontière avec l'Autriche à Sopronköhida (5 km au nord de Sopron) et un vaste pique-nique paneuropéen ayant été organisé le 19 août, 600 citoyens est-allemands fuirent ainsi la RDA pour l'Autriche. Cela signa le début de la fin de l'emprise soviétique sur ses "pays satellites" (selon l'expression employée à l'Ouest). S'ensuivirent la chute du mur de Berlin en novembre et finalement la dissolution de l'URSS fin 1991.

OÙ LOGER À SOPRON

Braun Rooms Deluxe
Une adresse fantastique à mi-chemin entre la vieille ville et la gare ferroviaire offrant 3 chambres confortables. **€€**

Sopronbánfalvi Pálos-Karmelita Kolostor
Un monastère du XVe siècle restauré en un magnifique hôtel/ retraite. **€€€**

Hotel Wollner
Un élégant hôtel familial dans une villa de 300 ans, au cœur de la ville intérieure. Jardin étagé et belle cave à vins. **€€€**

FESTIVALS À SOPRON

Semaines du festival de Sopron
Concerts, spectacles en tout genre et expositions sur les places de Sopron de mi-juin à mi-juillet (prokultura.hu).

VOLT
Festival de musique où quelque 100 000 festivaliers dansent au son des groupes, hongrois pour la plupart. Début juillet (volt.hu/en/).

Vendanges
Dégustations de vin, musique et danses traditionnelles pour célébrer le début des vendanges. Fin septembre (soproniborvidek.hu).

géométriques et des arbres gravés dans la pierre, ainsi que quelques superbes vitraux.

Expulsés de Sopron une première fois en 1360, nombre d'entre eux se réfugièrent en Autriche avant de revenir 5 ans plus tard, pour être ensuite chassés par les Turcs en 1526. Si certains se réinstallèrent petit à petit à Sopron, ce n'est qu'au milieu du XIXe siècle que les Juifs furent de nouveau légalement autorisés à vivre ici. Lorsque l'Allemagne nazie occupa la ville à la fin de la Seconde Guerre mondiale, ils furent confinés dans un ghetto, puis déportés à Auschwitz en 1944.

Jalonnée de tragédies, l'histoire de la communauté juive de Sopron est aussi marquée par les accusations répétées, comme ailleurs dans l'Europe médiévale, de "profanation d'hosties". Les Juifs étaient régulièrement accusés de voler des hosties lors de la communion catholique pour les lacérer ensuite – tuant ainsi symboliquement le Christ.

Tout comme l'ancienne, la **nouvelle synagogue** (Új Zsinagóga) date du XIVe siècle ; toutes deux figurent parmi les plus beaux bâtiments gothiques juifs d'Europe. Cette synagogue abrite une exposition sur les "Soproniens oubliés" – les 40 familles juives de Sopron déportées à Auschwitz. Autre site mémoriel, la **synagogue Neológ** (Paprét utca 14), abandonnée et en ruine, porte une plaque rappelant qu'ici furent rassemblés "1 640 martyrs" déportés à Auschwitz. En face, un **mémorial de l'Holocauste** a été dressé en 2004, figurant 4 manteaux accrochés, frappés de l'étoile de David, et un tas de chaussures au pied.

COMMENT CIRCULER

Des trains express (2 heures 30 ; à partir de 2 400 Ft) relient Budapest à Sopron.

Des bus réguliers relient également Sopron à Balatonfüred (4 heures ; à partir de 3 150 Ft), Esztergom (4 heures ; à partir de 3 700 Ft), Győr (2 heures-2 heures 30 ; à partir de 1 800 Ft) et Keszthely (3 heures ; à partir de 2 500 Ft).

Sopron se découvre facilement à pied. Seuls les trajets pour la gare routière (à 1 km au nord-ouest du centre) ou la gare ferroviaire (à 1 km au sud, 10 minutes par Mátyás király utca) sont longs et sans intérêt. De la gare ferroviaire, prenez le bus 1, 2, 10 ou 20 le long de Várkerület et descendez près de la tour du Feu.

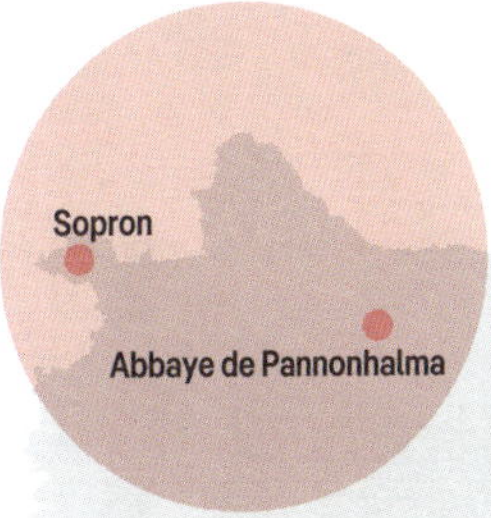

Environs de Sopron

Entre Budapest et Sopron, ne manquez pas l'abbaye bénédictine de Pannonhalma. Au sud, prairies et forêts de la Petite Plaine invitent à l'aventure.

Pour les infos pratiques, voir le Carnet d'adresses p. 203

À SAVOIR

La voiture est le meilleur moyen de transport pour circuler en Transdanubie occidentale. À condition de s'armer de patience, il est aussi possible de voyager en bus, en s'aidant du site très utile : menetrendek.hu.

Frontalier de l'Autriche, de la Slovaquie et de la Slovénie, le Kisalföld (la Petite Plaine) est une terre chargée d'Histoire. Ses douces collines et ses plaines verdoyantes se sillonnent sans effort à vélo en un voyage lent et respectueux. La voie ferrée qui vient de Budapest ou de la Courbe du Danube passe par Győr, d'où l'on gagne le site perché de la célèbre abbaye de Pannonhalma, à l'est de Sopron. Au sud, le parc national de l'Őrség offre un terrain à explorer tout aussi sagement par ses pistes cyclables sans grande déclivité : douces collines, forêts, prairies, villages ruraux et parfois de petits bourgs comme Őriszentpéter. Seuls les voyageurs les plus pressés auront recours à une voiture.

Abbaye de Pannonhalma (p. 196)

EXCURSIONS PRÈS DE SOPRON

Judit Käesz (facebook.com/kulturpresszosopron), propriétaire du café Kultúrpresszó à Sopron, nous fait partager ses sorties préférées, en périphérie de sa ville.

Grotte-théâtre, Fertőrákos
Il s'agissait à l'origine d'immenses carrières d'où était extraite la pierre qui revêtit les façades, à Vienne, des églises, des musées et de l'université. Ce décor naturel donne aux concerts, et à tout spectacle, une atmosphère unique.

Palais Esterházy, Fertőd
Surnommé "le Versailles hongrois", ce palais est le plus beau de style baroque (rococo) en Hongrie. Au service du fastueux prince Miklós Esterházy, Joseph Haydn y vécut et c'est là qu'il mourut. Des concerts y sont organisés en été, comme à son époque.

TAINAR/SHUTTERSTOCK ©

Bibliothèque de l'abbaye de Pannonhalma

Monastère fondateur

ÉVANGÉLISATION DE LA HONGRIE

La fondation en 996 de l'**abbaye de Pannonhalma** (Pannonhalmi Főapátság) marque le début de la conversion au christianisme des Hongrois. Converti, le prince Géza, père du roi Étienne Ier, fit pour cela appel à des moines venus de Venise et de Prague. Désormais inscrit au patrimoine mondial de l'humanité, le monastère – devenu mosquée sous l'occupation turque et refuge pour les Juifs à l'automne 1944 sous la protection de la Croix-Rouge – est toujours en activité aujourd'hui. Au fil des siècles, ses bâtiments initiaux ont été rasés, reconstruits et restaurés, d'où ce mélange éclectique de styles architecturaux. Depuis le début des années 1990, les bénédictins de l'abbaye de Pannonhalma ont renoué avec la tradition viticole ancestrale du monastère. La confrérie organise en terrasse des dégustations face au somptueux panorama dont jouit le monastère au sommet de sa colline. Si vous souhaitez visiter les chais, il faut réserver.

Dans la cour centrale s'élève la statue du premier abbé, Asztrik, chargé par le pape d'apporter de Rome la fameuse couronne dite de saint Étienne, pur chef-d'œuvre d'orfèvrerie du XIe siècle. On pénètre dans la basilique Saint-Martin (Szent Márton-bazilika) du XIIe siècle par la porte sud en grès rouge, la Porta Speciosa, surmontée d'une représentation de saint Martin de Tours partageant son manteau. À droite, figure le

OÙ SE RESTAURER DANS LES ENVIRONS DE SOPRON

Bognar Etterem, à Őriszentpéter
Plats traditionnels hongrois, gibier et spécialités de saison. **€€**

Pajta, à Őriszentpéter
Réservation impérative pour le déjeuner ou le dîner de 12 plats dans l'un des meilleurs restaurants de la région. **€€€**

Viator, à Pannonhalma
Proche de l'abbaye de Pannonhalma. Viandes et poissons à savourer avec vue. **€€€**

graffiti sans doute le plus ancien de Hongrie : "Le bénédictin Padary était ici en 1578", peut-on lire en latin.

L'intérieur de l'église est marqué du sceau de l'austérité des débuts du gothique (XIIe siècle). Dans la crypte du XIIIe siècle, la niche en marbre rouge recouvre le trône en bois de saint Étienne et une plaque de marbre gravée "Ottó 1912-2011" marque la sépulture du cœur d'Otto de Habsbourg, dernier prince couronné d'Autriche-Hongrie (le reste de sa dépouille est enterré à Vienne). Dans le cloître, de petits visages sculptés dans les murs rappellent aux moines les émotions et les vices humains. Enfin, la somptueuse bibliothèque néoclassique – construite en 1836 par János Packh, qui participa à la conception de la basilique d'Esztergom – abrite la plus grande collection privée de Hongrie, soit quelque 40 000 ouvrages. L'abbaye, ouverte tous les jours de juin à août, est fermée le lundi le reste de l'année (possibilité d'assister à la messe le dimanche).

Dans les pas des bénédictins

SENTIERS FORESTIERS

Une vingtaine de kilomètres séparent l'abbaye de Győr (et 106 km de Sopron). Si le monastère historique est le but premier de la visite, les terres du domaine monastique dévoilent plus largement la vie des moines suivant la règle de saint Benoît : prier et travailler, notamment la terre. Au bureau de Tourinform, à l'entrée du site, des cartes très utiles permettent de se promener sans se perdre dans le vaste domaine. Du bureau d'information, un sentier longe la route en direction de l'abbaye ; à gauche, l'**arboretum** du Xe siècle résonne du gazouillis des oiseaux et abrite sur 4 ha environ 1 300 espèces de plantes différentes. Au bout du sentier, l'abbaye se profile. Au-delà, les **caves de l'abbaye** se visitent sur rendez-vous et l'été il est plaisant de s'asseoir dans la cour pour goûter quelques crus. Les sentiers s'enfoncent dans la forêt de chênes et bientôt vous arrivez à la **chapelle Notre-Dame** (1714), puis, plus loin, à une tour de guet en bois et, tout près, à une **passerelle suspendue dans les arbres**, d'où la vue est fantastique sur les collines qui s'étendent au loin.

À VÉLO EN TRANSDANUBIE OCCIDENTALE

Nombre de pistes cyclables sillonnent la Petite Plaine. Louez un vélo (électrique ou non) auprès de **Bike Like** à Győr et partez en excursion à la journée à l'abbaye de Pannonhalma ou le long de l'Eurovélo n°6 jusqu'à la région de Mosoni-Duna ; un bras du Danube s'y divise en plusieurs bras latéraux et marécages non loin de la frontière slovaque. Les campings sont légion. On peut louer un kayak dans les villages de **Kisbodak** (33 km de Győr) et de **Dunasziget** (42 km). Et si vous décidez de gagner à deux-roues le parc national de l'Őrség (2 jours minimum), **Vaskarika Kerékpár Kölcsönző** (Városszer 116, à Őriszentpéter) propose un choix intéressant.

COMMENT CIRCULER

Les trains de la ligne Budapest-Sopron s'arrêtent à Győr, où vous devez changer de train ou prendre un bus pour Pannonhalma (30 min ; 2/heure ; 465 Ft). Le bus vous dépose directement à l'abbaye, mais, si vous avez un vélo, mieux vaut opter pour le train. Il n'y a pas de consigne à bagage en gare de Pannonhalma, mais l'agent en gare peut les garder dans son bureau.

Le plus simple pour rejoindre le parc national de l'Őrség par les transports publics consiste à prendre un train jusqu'à Csákánydoroszló (1 860 Ft), puis le bus en correspondance jusqu'à Őriszentpéter via la ferme-auberge Őrségi Patakparti Alpaka. La plupart des trains acceptent les vélos ; vérifiez néanmoins sur le site mavcsoport.hu. Depuis Csákánydoroszló, il faut compter 1 heure à pédaler sans difficulté jusqu'à Őriszentpéter. En chemin, faites un arrêt au bureau du parc national, à Csákánydoroszló.

VIRÉE À VÉLO

Circuits dans le parc national de l'Őrség

À l'extrême ouest du pays, l'Őrség est une terre profondément rurale aux bourgs assoupis entre prés verdoyants, forêts, collines et marécages. Plusieurs pistes cyclables – numérotées et bien tracées sur les cartes disponibles dans les bureaux du parc – sillonnent le parc national. Pour une piste de 75 km, comptez 2 à 3 jours de vélo (contre une journée en voiture). Loger en chemin ne pose pas de problème.

1 Őriszentpéter

Si vous arrivez à Csákánydoroszló par le train avec votre vélo, rejoignez en 1 heure le point de départ du circuit : Őriszentpéter, à 17 km. Le bureau du parc de l'Őrség diffuse cartes et informations sur les itinéraires, les restaurants et loue des vélos.

Circuit : suivez la route vers le nord-ouest et tournez vers Szalafő, après la sortie du bourg.

2 Environs de Szalafő

Faites une halte à l'église romane remarquablement préservée, avec son superbe portail sculpté et son retable du XVIIIe siècle, peint par un disciple de Franz Anton Maulbertsch.

Circuit : tournez à gauche en angle droit après Szalafő. La route étroite entre champs et forêt mène à l'ouest jusqu'à Szalafő-Pityerszer en 5 km.

3 Szalafő-Pityerszer

Avec ses maisons à toit de chaume à large bord, disposées en U autour d'une cour centrale, le musée d'Ethnographie en plein air est le lieu idéal pour découvrir l'architecture typique de l'Őrség.

Circuit : revenez à Őriszentpéter, puis prenez la piste cyclable n°2 vers le sud jusqu'à Bajánsenye (8 km), puis sur encore 10 km. Vous grimpez dans la forêt puis redescendez vers les champs et votre prochaine étape.

Église réformée, Szentgyörgyvölgy

BOTOND HORVATH/SHUTTERSTOCK ©

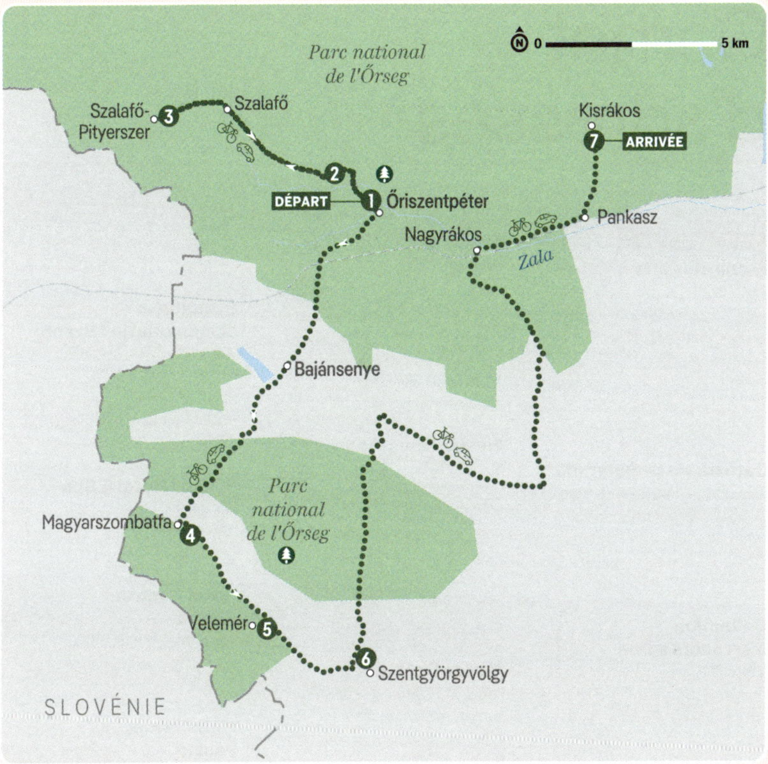

4 Magyarszombatfa

Depuis des siècles, le lieu est réputé pour ses poteries, un artisanat toujours bien vivant constituant une seconde ressource pour les paysans. Arrêtez-vous à la **Fazekasház** (maison de potier) de 1760, où sont exposés de splendides plats et récipients sans glaçure.

Circuit : roulez sur 7 km vers le sud-est jusqu'à Velemér et tournez à droite. Vous suivrez une étroite route pavée sur environ 750 m avant de découvrir la merveille du parcours.

5 Velemér

Nichée dans les arbres, une magnifique église du XIIIe siècle contient des fresques (1378) du peintre autrichien Johannes Aquila, conçues pour être illuminées par le soleil à certaines périodes de l'année. Faites une pause ou une promenade parmi les essences mêlées de la forêt alentour.

Circuit : revenez sur la route et continuez le long de la piste cyclable n°2 pendant 4 km jusqu'à la petite ville de Szentgyörgyvölgy, en tournant à gauche à hauteur de Kossuth Lajos utca pour atteindre l'église.

6 Szentgyörgyvölgy

Cette église réformée de 1517 surprend par le décor de son plafond à caissons peint (1829), étonnant de couleurs pour un lieu de culte calviniste.

Circuit : rebroussez chemin pour poursuivre à travers champs et forêt. La piste cyclable n°2 zigzague pour traverser les bourgs de Kerkáskápolna, Kerkafalva, Nagyrákos et Pankasz jusqu'à Kisrákos (30 km).

7 Ferme-auberge Őrségi Patakparti Alpaka

Dans cette ferme-auberge, la sympathique Katalin Könye concocte rafraîchissements et gâteaux. Elle loue aussi des chambres à l'étage et dans 3 cabanes perchées, dans un environnement forestier magique. De là, vous regagnerez Csákánydoroszló (15 km) où passent des bus, ou Őriszentpéter (9 km).

Carnet d'adresses

SZENTENDRE

Moulin des arts
Voir p. 180 (Művészet Malom ; 06 20 779 6657 ; femuz.hu ; Bogdányi utca 32 ; billet combiné 10 musées tarif plein/6-26 ans de l'UE 1 700/850 Ft ; 10h-18h mar-dim ; 870, 873, 874, HÉV5 Szentendre)

Cathédrale de Belgrade
Voir p. 181 (Belgrád Székesegyház ; 26-312 399 ; Alkotmány utca ; avec collection d'art 700 Ft ; 10h-16h ven-dim ; 870, 873, 874, HÉV5 Szentendre)

Collection d'art sacré serbe
Voir p. 181 (Szerb Egyházművészeti Gyűjtemény ; 26-312 399 ; www.semu.hu ; Fő tér 6 ; tarif plein/réduit musée 1 200/600 Ft, musée et église 1 400/900 Ft ; 10h-16h mar-dim oct-déc et mars-avr, 10h-16h ven-dim jan-fév, 10h-18h mai-sept ; 870, 873, 874, HÉV5 Szentendre)

Collection de céramiques de Margit Kovács
Voir p. 180 (Kovács Margit Kerámia Gyűjtemény ; 06 20 779 6657 ; femuz.hu ; Vastagh György utca 1 ; billet combiné 10 musées tarif plein/6-26 ans de l'UE 1 700/850 Ft ; tlj 10h-18h ; 870, 873, 874, HÉV5 Szentendre)

Église Blagoveštenska
Voir p. 180 (Blagoveštenska templom ; 26 314 457 ; Fő tér 5 ; 400 Ft ; 10h-17h mar-dim ; 870, 873, 874, HÉV5 Szentendre)

Galerie d'art Vén Kecke
Voir p. 180 (Vén Kecske Art Galéria ; 06 30 523 9184 ; Dumtsa Jenő utca ; 11h-17h ; HÉV5 Szentendre)

Musée d'Ethnographie de plein air
Voir p. 178 (Szabadtéri Néprajzi Múzeum ; 26-502 537 ; skanzen.hu ; Sztaravodai út 75 ; tarif plein/6-26 ans 3 000/1 500 Ft ; 9h-17h mar-dim avr-août ; 871, 879)

Musée Ámos-Anna
Voir p. 180 (Ámos-Anna Múzeum ; 06 20 779 6657 ; femuz.hu ; Bogdányi utca 10-12 ; billet combiné 10 musées tarif plein/6-26 ans de l'UE 1 700/850 Ft ; 10h-18h jeu-dim ; 870, 873, 874, HÉV5 Szentendre)

Musée Czóbel
Voir p. 180 (06 20 779 6657 ; femuz.hu ; Templom tér 1 ; billet combiné 10 musées tarif plein/6-26 ans de l'UE 1 700/850 Ft ; 10h-18h mar-dim ; 870, 873, 874, HÉV5 Szentendre)

Musée Ferenczy
Voir p. 179 (Ferenczy Károly Múzeum ; 06 20 779 6657 ; femuz.hu ; Kossuth Lajos utca 5 ; billet combiné 10 musées tarif plein/6-26 ans de l'UE 1 700/850 Ft ; 10h-18h jeu et sam-dim ; HÉV5 Szentendre)

Musée Kmetty
Voir p. 180 (06 20 779 6657 ; femuz.hu ; Fő tér 21 ; billet combiné 10 musées tarif plein/6-26 ans de l'UE 1 700/850 Ft ; 10h-18h jeu et sam-dim ; 870, 873, 874, HÉV5 Szentendre)

Musée du Massepain Szamos
Voir p. 180 (Marcipán Ház ; 26-310 545 ; www.szamosmarcipan.hu ; Dumtsa Jenő utca 14 ; 900 Ft ; 9h-18h ; HÉV5 Szentendre)

Synagogue et mémorial juif Szanto
Voir p. 182 (Szántó Emlékház és Imaház ; 06 30 932 2900 ; Hunyadi utca 2 ; don apprécié ; 11h-17h mar-dim ; 870, 873, 874)

Bükkös Hotel & Spa
Voir p. 181 (26-501 360 ; bukkoshotel.hu/en/ ; Bükkös part 16)

Hotel Centrum Panzió
Voir p. 181 (26 302 500 ; centrumpanzioszentendre.hu ; Duna korzó 5)

Mathias Rex Panzió
Voir p. 181 (26-505 570 ; mathiasrexpanzio.hu ; Kossuth Lajos utca 16 ; HÉV5 Szentendre)

From Sea
Voir p. 179 (06 20 956 5361 ; facebook.com/fromseaszentendre ; Duna korzó 5-a ; 12h-21h mer-dim ; 870, 873, 874, HÉV5 Szentendre)

Himalaya
Voir p. 179 (26 952 666 ; maharaja.hu ; Duna korzó 7-a ; 12h-22h ; 870, 873, 874, HÉV5 Szentendre)

Passata
Voir p. 179 (26 323 548 ; passata.hu ; Alkotmány utca 2 ; 11h30-21h ; 870, 873, 874, HÉV5 Szentendre)

Művész
Voir p. 180 (26 311 484 ; www.muveszetterem.hu ; Dumtsa Jenő

La basilique d'Esztergom

utca 7 ; 11h-21h ven-lun ; 870, 873, 874, HÉV5 Szentendre)

Musée national du Vin
Voir p. 180 (Nemzeti Bormúzeum ; 26-317 054 ; bor-kor.hu/en/national-wine-museum ; Bogdányi utca 10 ; 300 Ft, 5/9 dégustations 2 000/3 000 Ft ; 10h-20h ; 870, 873, 874, HÉV5 Szentendre)

Teddy Beer
Voir p. 180 (26-301 228 ; facebook.com/TeddyBeerSzentendre ; Péter Pál utca 2 ; 12h-22h dim-jeu, 12h-minuit ven-sam ; 870, 873, 874, HÉV5 Szentendre)

VISEGRÁD

Citadelle
Voir p. 183 (Fellegvár ; 06 33 471 169 ; parkerdo.hu ; Várhegy ; tarif plein/réduit 2 000/1 000 Ft ; 9h-18h avr-sept, horaires réduits reste de l'année ; 883)

Palais royal
Voir p. 184 (Királyi Palota ; 26-597 010 ; www.visegradmuzeum.hu ; Fő utca 23 ; tarif plein/réduit 1 800/900 Ft ; 9h-17h mar-dim mars-oct, 10h-16h mar-dim nov-fév ; 880, 882, 883, 889)

Tour Salomon
Voir p. 183 (Salamon-torony ; 06 26 398 233 ; www.visegradmuzeum.hu ; salamontorony utca ; tarif plein/réduit 700/350 Ft ; 9h-17h mer-dim mai-oct ; 880, 882, 883, 889)

Visegrád INFO
Voir p. 184 (26-397 188 ; visitvisegrad.hu ; Duna-parti út 1 ; 10h-16h mar-dim ; 880, 882, 883, 889)

BTZ
Voir p. 186 (06 30 999 1130 ; btz.hu ; Váci út 51, Nagymaros ; kayak s/d 5 500/6 500 Ft, canoë 2/4 pers 6 500/8 000 Ft ; 9h-19h sam-dim mai à mi-juin et sept-oct, 9h-20h mi-juin à août)

Hotel Honti
Voir p. 184 (26-398 120 ; hotelhonti.hu ; Fő utca 66)

Hotel Silvanus
Voir p. 184 (26-398 311 ; hotelsilvanus.hu ; Panoráma út 2 ; 883)

Kék Duna Autós Kempin
Voir p. 184 (26-398 120 ; Visegrád)

Don Vito Pizzeria
Voir p. 185 (26-397 230 ; don-vito.hu ; Fő utca 83 ; 12h-21h dim-jeu, 12h-22h ven-sam)

Kovács-Kert
Voir p. 185 (06 30 921 4303 ; kovacs-kertetterem.hu/en ; Rév utca 4 ; 12h-21h)

Sirály
Voir p. 185 (26-398 376 ; www.siralyvisegrad.hu ; Rév utca 15 ; 7h30-22h)

Rigoletto Cukrászda
Voir p. 186 (06 20 590 4970 ; Rév utca 13 ; 9h-17h mar-jeu et sam-dim, 8h-16h ven)

Schachtel Étterem
Voir p. 186 (Révkikötő ; 10h-21h ven-lun)

Zugfőzde Pálinkamúzeum
Voir p. 186 (06 20 939 1790 ; www.palinkamuzeumvisegrad.hu ; Rév utca 1 ; 14h-18h mar-sam)

ESZTERGOM

Basilique d'Esztergom
Voir p. 187 (Esztergomi Bazilika ; 33-402 354 ; bazilika-esztergom.hu ; Szent István tér 1 ; basilique entrée libre, trésor tarif plein/réduit 1 500/750 Ft, crypte 1 600/800 Ft, billets combinés 2 900/1 450 Ft ; 8h-17h jan-mars, 8h-19h avr-sept, horaires réduits reste de l'année)

Château royal
Voir p. 189 (33 415 986 ; mnm.hu/en/museums/esztergom ; Szent István tér 1 ; 10h-18h mi-avr à mi-oct, 10h-16h mi-oct à mi-avr)

Mosquée Öziçeli Haci Ibrahim
Voir p. 190 (Dzsámi Múzeum és Kávézó ; 33-315 665 ; www.esztergomidzsami.hu ; Berényi utca 18 ; entrée libre ; 10h-17h mar-dim)

Musée Balassa Bálint
Voir p. 190 (Balassa Bálint Múzeuma ; 33 500 175 ; balassamuzeum.hu ; Pázmány Péter utca 13, Víziváros)

Musée du Christianisme
Voir p. 190 (Keresztény Múzeum ; 33-413 880 ; www.keresztenymuzeum.hu ; Mindszenty tér 2 ; tarif plein/réduit 1 500/750 Ft ; 10h-18h mar-dim mars-nov)

Musée du Danube
Voir p. 190 (Magyar Környezetvédelmi és Vízügyi Múzeum ; 33-500 250 ; www.dunamuzeum.hu ; Kölcsey Ferenc 2 ; tarif plein/réduit 1 400/700 Ft ; 9h-17h mer-dim)

Room42
Voir p. 188 (06 70 341 9952 ; room42.hu ; Kossuth Lajos utca 3)

Szent Kristóf Panzió
Voir p. 188 (33-416 255 ; www.szentkristofpanzio.com ; Dobozi Mihály út 11)

Prímás Pince
Voir p. 189 (33-541 965 ; www.primaspince.hu ; Szent István tér 4 ; 11h-21h)

Koriander
Voir p. 189 (33-315 719 ; facebook.com/korianderhidegkonyha/?locale=fr_FR ; Simor János utca 8)

42 Restaurant
Voir p. 189 (06 70 678 7701 ; 42restaurant.hu ; Széchenyi tér 23 ; 18h-22h mer-jeu, 18h-minuit ven, 12h-15h et 18h-minuit sam)

BorYou Bistro
Voir p. 189 (06 30 421 6905 ; Széchenyi tér 16 ; 17h-22h mar, 12h-22h mer-jeu, 12h-23h30 ven-sam, 12h-17h dim)

Kaleidoszkóp Ház
Voir p. 187 (06 30 334 6024 ; www.kaleidoszkophaz.hu ; Pázmány Péter utca 7 ; 13h30-22h mar-jeu et sam, 13h30-1h ven, 16h-1h dim)

SOPRON

Ancienne synagogue
Voir p. 193 (99-311 327 ; Új utca 22 ; 10h-18h mar-dim mai-sept)

Tour du Feu
Voir p. 191 (Tűztorony ; 99-311 327 ; sopronimuzeum.hu ; Fő tér 5 ; tarif plein/réduit 1 700/850 Ft ; 10h-18h sept-juin, 10h-18h dim-jeu, 10h-20h ven-sam juil-août)

Église de la Chèvre
Voir p. 192 (Kecsketemplom ; 06 30 667 4101 ; Templom utca 1 ; tarif plein/réduit 800/400 Ft ; 10h-18h mar-dim avr-oct, 10h-15h mar-dim nov-mars)

Maison Fabricius
Voir p. 192 (99-311 327 ; sopronimuzeum.hu ; Fő tér 6 ; tarif plein/réduit exposition archéologique 900/450 Ft, section appartements 900/450 Ft ; 10h-18h mar-dim avr-sept, 10h-14h oct-mars)

Maison Storno
Voir p. 192 (Storno Ház és Gyűjtemény ; 99-311 327 ; www.muzeum.sopron.hu ; Fő tér 8 ; tarif plein/réduit collection Storno 1 000/500 Ft, histoire sans fin 700/350 Ft ; 10h-18h mar-dim)

Nouvelle synagogue
Voir p. 194 (Új Zsinagóga ; Új utca 11)

Synagogue Neológ
Voir p. 194 (Paprét)

Braun Rooms Deluxe
Voir p. 193 (06 70 300 6460 ; braun-rooms-deluxe-sopron.bedspro.com ; Deák tér 15)

Hotel Wollner
Voir p. 193 (99-524 400 ; www.hotelwollner.com ; Templom utca 20)

Monastère paulinien-carmélite de Sopronbánfalvi
Voir p. 193 (Sopronbánfalvi Pálos-Karmelita ; 99-505 895 ; www.banfalvakolostor.hu/en/ ; Kolostorhegy utca 1)

Bacha Sushi Shop
Voir p. 192 (06 30 087 2102 ; Várkerület 90 ; 11h-20h30 lun-ven, 12h-20h30 sam-dim)

Erhardt
Voir p. 192 (99-506 711 ; www.erhardts.hu ; Balfi út 10 ; 11h30-21h lun-jeu, 11h30-22h ven-sam, 11h30-16h30 dim)

Sopronbánfalvi Pálos-Karmelita Kolostor
Voir p. 192 (Monastère paulinien-carmélite de Sopronbanfalva ; 99-505 895 ; www.banfalvakolostor.hu ; Kolostorhegy utca 11 ; 12h-21h)

Cézár Pince
Voir p. 191 (99-311 337 ; www.cezarpince.hu ; Hátsókapu utca 2 ; 16h-minuit mar-sam)

Kultúrpresszó
Voir p. 191 (06 30 478 5000 ; www.kulturpresszo.hu ; Várkerület 96 ; 8h-19h lun-ven, 8h30-19h sam, 9h-19h dim)

TasteVino Borbár & Vinotéka
Voir p. 191 (06 30 519 8285 ; www.tastevino.hu ; Várkerület 5 ; 12h-minuit mar-sam)

Les fresques de l'église de Velemér (p. 199)

ENVIRONS DE SOPRON

Abbaye Pannonhalma
Voir p. 196 (Pannonhalmi Főapátság ; 96-570 191 ; foapatsagiturizmus.hu/en ; Vár utca 1, Pannonhalma ; tarif plein/réduit 2 500/1 800 Ft ; 9h-17h mar-dim mars-déb juin et sept-oct, tlj 9h-18h juin-août, 10h-16h mar-dim nov-fév)

Grotte-théâtre, Fertőrákos
Voir p. 196 (06 99 530 400 ; www.fertorakosikofejto.hu ; Fő utca 1, Fertőrákos ; billetterie 10h-17h)

Domaine viticole de l'Abbaye
Voir p. 197 (96-570 222 ; www.apatsagipinceszet.hu ; Vár 1, Pannonhalma ; visite guidée et dégustations sur rdv ; mai-oct)

Palais d'Esterházy, Fertőd
Voir p. 196 (06 99 537 640 ; www.eszterhaza.hu ; Joseph Haydn utca 2, Fertőd ; 9h-17h mar-dim, concerts en eté)

Bike Like
Voir p. 197 (06 70 332 5432 ; www.bikelike.eu ; Király utca 8, Győr ; vélo/e-bike 1 jour 4 500/8 000 Ft ; 10h-17h30)

Vaskarika Kerékpár Kölcsönző
Voir p. 196 (06 70 644 0050 ; orseg.hu ; Városszer 116, Őriszentpéter ; 1 heure/24 heures/2 jours vélo 800/3 500/7 000 Ft, e-bike 1 500/8 000/15 000 Ft ; 9h30-17h mai-sept, sur rdv oct-avr)

Bognar Etterem, Őriszentpéter
Voir p. 196 (06 30 237 2566 ; www.bognaretterem.hu ; Kovácsszer 96, Őriszentpéter ; 11h-21h jeu-sam, 11h-18h dim)

Pjata, Őriszentpéter
Voir p. 196 (06 70 416 3388 ; Templomszer 7, Őriszentpéter ; 12h-14h30 et 18h-20h30 jeu-dim)

Viator, Pannonhalma
Voir p. 196 (viator.co.hu ; Vár 1, Pannonhalma)

PARC NATIONAL DE L'ŐRSÉG

Fazekasház
Voir p. 199 (06 30 865 1550 ; magyarszombatfa.hu/latnivalok ; Fő út 52, Magyarszombatfa ; tarif plein/réduit 800/600 Ft ; 10h-17h mi-mars à oct)

Őrségi Patakparti Alpaka Farm & Guesthouse
Voir p. 199 (3630-8515556 ; alpacafarmhungary.com ; Petőfi u, Szaknyér)

 Ci-dessus : abbaye bénédictine (p. 215), Tihany. À droite : château des Festetics (p. 221), Keszthely

LAC BALATON ET TRANSDANUBIE MÉRIDIONALE

LA RIVIERA HONGROISE

Patrimoine historique, gastronomie, vins et cures thermales... Le lac Balaton et la Transdanubie méridionale sont, pour les Hongrois, synonymes de dolce vita.

Chaque été, les Hongrois se ruent sur le lac Balaton. Durant les beaux jours, hôtels, pensions et campings de qualité sont envahis par les vacanciers qui viennent bronzer sur ses plages ou naviguer sur ses eaux turquoise. Au-delà des images de carte postale, le plus grand lac d'Europe centrale, et le moins profond (12 m au maximum), est à la fois pittoresque et décontracté. Outre des spas et des cures thermales, il réunit tous les ingrédients de vacances réussies : randonnées en forêt, sites historiques, dégustations de vins blancs dans les domaines...

La Transdanubie méridionale présente un paysage inchangé depuis des siècles, émaillé de fermes blanches coiffées de toits de chaume. En plein cœur de la région trône la rivale de Budapest, Pécs, tout aussi riche en sites historiques et culturels, mais moins fréquentée. Cette ville universitaire à l'atmosphère méditerranéenne est jalonnée de vestiges de son passé ottoman et romain, ainsi que de musées exceptionnels. Les étudiants flânent sur les places et s'attardent dans les pubs. Dans le centre-ville, la scène gastronomique redouble de créativité pour appâter les jeunes actifs, friands de nouveaux restaurants.

Et en poursuivant au-delà de Pécs, vous découvrirez toute une sélection de forteresses médiévales et de caves à vins bien remplies.

SITES PRINCIPAUX

BALATONFÜRED
Détente en station balnéaire.
p. 210

TIHANY
Charmant village empreint d'histoire.
p. 215

KESZTHELY
Entre histoire et jeux de plage.
p. 220

PÉCS
Cité phare à l'écart des flots de touristes.
p. 225

S'orienter

Le littoral du lac Balaton (un peu plus de 210 km) est ponctué de jolis villages, à quelques minutes de route les uns des autres. Au contraire, la Transdanubie méridionale est la région la moins peuplée du pays. Les villages y sont plus rares.

Keszthely, p. 220
Farniente sur le sable, balades dans les collines et visites du château baroque des Festetics et des petits musées environnants.

TRAIN

Le Balaton, Pécs et leurs environs sont bien desservis par le train au départ de la gare Keleti de Budapest. Bien que plus lents que les bus, ils sont plébiscités par les Hongrois pour leur confort. Les trains express réduisent toutefois de plusieurs heures les temps de trajet.

VOITURE

Pour explorer la région, louer une voiture reste idéal. Vous pourrez ainsi suivre la rive du lac (et même prendre le ferry) ou découvrir le paysage de collines autour de Pécs. Rien de plus simple qu'un voyage en voiture au départ de Budapest.

BUS

Depuis Budapest (gare routière Népliget), le bus est le transport en commun le plus pratique pour rejoindre le lac Balaton et la Transdanubie méridionale (site de Volanbusz : volanbusz.hu). Très pratiques : les bus locaux réguliers de Pécs et des rives nord et sud du lac Balaton.

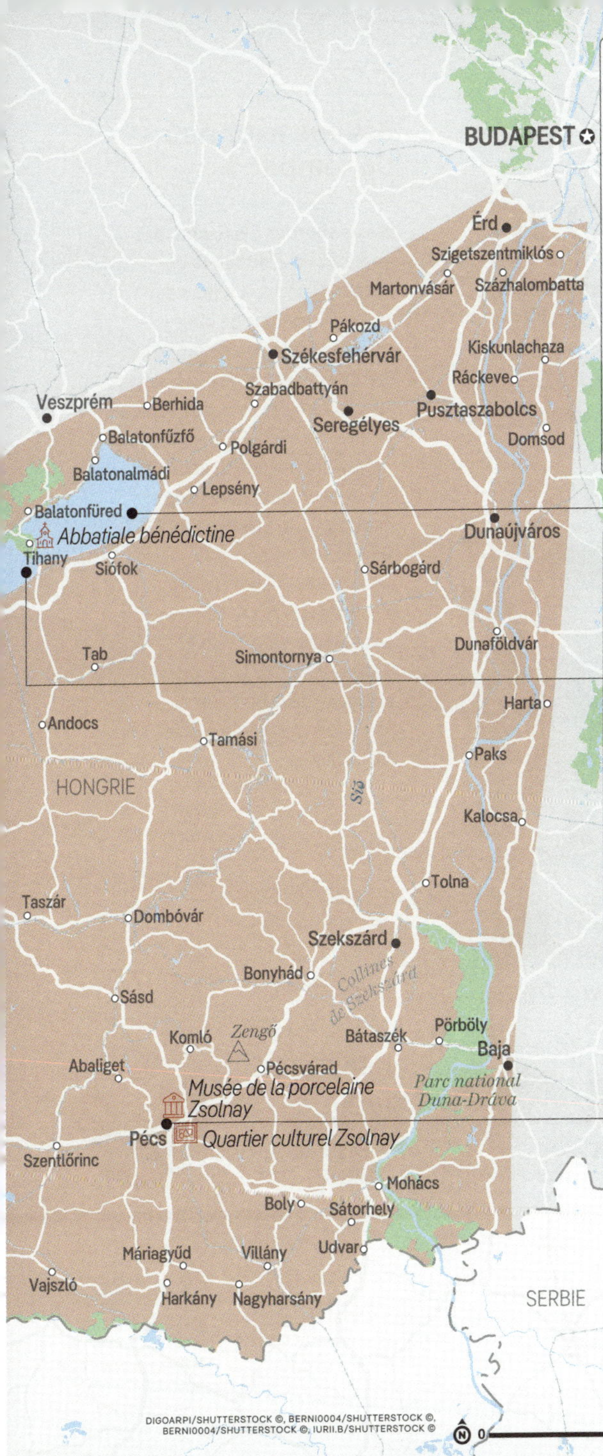

Balatonfüred, p. 210

La plus ancienne et huppée des stations balnéaires du Balaton. Sur la promenade au bord du lac, les statues côtoient la faune locale. La nature est proche.

Tihany, p. 215

Le village le plus chargé d'histoire de la région. Une merveille, à visiter absolument pour son abbaye du XVIIIe siècle, ses toits de chaume, ses plages et ses champs de lavande.

Pécs, p. 225

Musées, boutiques, artisanat, restaurants : les centres d'intérêt ne manquent pas dans cette charmante cité médiévale.

Planifier son séjour

Les rives du Balaton ont beaucoup plus à offrir qu'un séjour dans des centres de bien-être. Pécs se visite en peu de temps : vous aurez tout loisir d'explorer la campagne.

UNGVARI ATTILA/SHUTTERSTOCK ©

Quartier culturel Zsolnay (p. 225), Pécs

Si vous avez peu de temps

- **Les sources d'eau chaudes de Hévíz** (p. 224) offrent un spectacle saisissant (leur débit est de 80 millions de litres par jour !). Profitez du plus grand lac thermal d'Europe, de ses centres de soins, de ses lieux de baignade, avant de prendre le soleil sur une jetée. Allez ensuite flâner dans le très beau **quartier culturel Zsolnay** (p. 225) à **Pécs** (p. 225). On y trouve de bons restaurants ainsi que d'excellents artisans, auxquels une rue est dédiée. À la manufacture Zsolnay, vous assisterez à la production, à la main, de la porcelaine, puis vous visiterez le musée qui la jouxte.

AU FIL DES SAISONS

L'été, toute la région est en effervescence. Le lac Balaton vibre de concerts et d'événements, les parcs et les espaces publics de Pécs bruissent de vie.

MARS

Le **Festival de printemps de Pécs**, qui s'étend sur tout le mois, ouvre la saison : concerts, expositions...

MAI

À Pécs, les étudiants descendent dans la rue pour célébrer la fin des examens universitaires (de mi-mai à mi-juin).

JUIN

À Tihany, la saison de la lavande s'étend jusqu'en juillet ; le **festival Sound Balaton** prend alors le relais.

ZORAN MILOSAVLJEVIC/SHUTTERSTOCK ©, POSZTOS/SHUTTERSTOCK ©, FESUS ROBERT/SHUTTERSTOCK ©

Si vous avez trois jours

● Offrez-vous une journée spa à **Balatonfüred** (p. 210) ou à **Hévíz** (p. 224). Le lendemain, allez à **Tihany** (p. 215), le site phare du Balaton : visitez l'abbaye bénédictine (p. 215), arpentez les pavés de la rue médiévale Batthyány utca, bordée de cafés et boutiques pittoresques. En partant, humez le parfum des champs de lavande.

● Passez une journée à **Pécs** (p. 225). Visitez le **quartier culturel Zsolnay** (p. 225) et le **musée Victor Vasarely** (p. 227). Déjeunez dans le centre-ville, promenez-vous dans le quartier de **Széchenyi tér** (p. 229), puis admirez le coucher du soleil depuis la **tour TV** (p. 227).

Si vous avez plus de temps

● Randonnez à vélo sur la **piste cyclable du Balaton** (p. 213). Le terrain est plat près des rives (mais il grimpe très vite et raide dès qu'on s'en s'éloigne). Son itinéraire de 210 km traverse les destinations clés, comme **Balatonfüred** (p. 210), **Keszthely** (p. 220) et **Hévíz** (p. 224).

● Après la visite de **Pécs** (p. 225), gagnez **Mohács** (p. 232). Ce petit port danubien honore chaque année, à l'arrivée du printemps, une tradition slave méridionale : lors du **festival Busójárás** (p. 231), on se transforme en créatures effrayantes pour chasser l'hiver ! Quittez le carnaval pour arpenter sites historiques et vignobles locaux.

JUILLET

Depuis 1825, Balatonfüred accueille l'**Anna-bál**, un concours de beauté désuet mais populaire. En marge : défilés et concerts.

AOÛT

Keszthely : une compétition de nage en eau libre réunit des milliers de nageurs. **Festival du vin** sur les rives du lac.

SEPTEMBRE

La haute saison du Balaton s'achève avec une série de concerts et d'événements fêtant le vin et la voile.

OCTOBRE

En automne, nombre de restaurants et de domaines viticoles ferment leurs portes, et le tarif des hôtels est à la baisse.

BALATONFÜRED

Balatonfüred est la plus ancienne et la plus chic des stations balnéaires du lac Balaton. Au XIXe siècle, les élites politiques et culturelles de l'ère des réformes (1825-1848) y résidaient l'été. La haute société hongroise y construisit des villas dont on admire encore l'élégance. En 1846, István Széchenyi y inaugura le premier bateau à vapeur sur le lac. L'arrivée du train y attira peu à peu les classes moyennes aisées. C'est aujourd'hui la destination privilégiée des Hongrois.

La qualité de ses eaux curatives fut reconnue à la fin du XVIIIe siècle : Balatonfüred devint une ville thermale ; un service de médecine cardiaque s'y installa à demeure. L'hôpital public de cardiologie est toujours un établissement de renommée mondiale.

La destination est certes très touristique, mais ce sont les Hongrois qui y viennent et, pour un étranger, elle garde une certaine authenticité. Excellente base pour explorer le lac et ses environs, Balatonfüred compte certains des meilleurs hébergements de la région, ainsi que de superbes marinas.

Pour les infos pratiques, voir le Carnet d'adresses p. 234

À SAVOIR

Devant l'hôpital public de cardiologie, sur Gyógy tér, la **buvette thermale Kossuth** (1853) est une source naturelle : son eau légèrement sulfurique est potable. Si vous passez outre sa teinte jaunâtre, joignez-vous à la file des curistes pour remplir votre bouteille (elle soigne les maux d'estomac).

VOIR

1 Balaton Shipping Company
2 Buste de Rabindranath Tagore
3 Mémorial aux victimes du naufrage du *Pajtás*
4 Tagore Sétány
5 Le Pêcheur et le Capitaine de ferry (statues)

Tagore Sétány

Au bord de l'eau

POUMON VERT ET MÉMOIRE LOCALE

Balatonfüred possède une des plus belles marinas du lac. La rive est longée par une promenade arborée, **Tagore Sétány**. Bordée de restaurants et de boutiques de souvenirs, elle est noire de monde en été. Hors saison, c'est un havre de paix pour les habitants plus âgés, qui jouent aux cartes dans la roseraie, regardent passer les bateaux et donnent du pain aux canards. Flânez entre les statues qui la jalonnent et racontent chacune un peu de l'histoire locale. La première, près de la roseraie, est un **buste de Rabindranath Tagore** (1861-1941). Le poète fut le premier lauréat non européen du prix Nobel de littérature. Le citronnier qu'il planta en souvenir de sa guérison dans les thermes, en 1926, s'élève à côté de sa statue. En face, une main jaillit hors de la pierre : c'est le **mémorial aux victimes du naufrage du *Pajtás*** (1954). Deux autres statues, le **Pêcheur** et le **Capitaine de ferry**, surveillent l'entrée du port. On dit que, si vous frottez leurs bottes, vous reviendrez dans la région. En face, le réalisateur hongrois István Bujtor est immortalisé s'adonnant à son passe-temps favori : la voile. En descendant la promenade, vous trouverez la **Balaton Shipping Company**, installée sur la jetée de Balatonfüred depuis les années 1840 : elle organise des croisières romantiques au coucher de soleil de fin avril à début octobre.

BAIGNADE EN EAU DOUCE

Le sable ne manque pas sur la plage de Kisfaludy, la plus belle des trois plages publiques herbeuses de Balatonfüred, dont l'entrée est dotée d'une tyrolienne. Elle est située à l'est de Tagore Sétány et à 800 m au nord-est de la jetée en suivant le sentier.

OÙ SE RESTAURER À BALATONFÜRED

Baricska Csárda
On s'asseoit à l'ombre des plantes grimpantes pour savourer d'excellentes spécialités hongroises. **€€€**

Bistro Sparhelt
Un menu changeant au gré des saisons pour une expérience gastronomique exceptionnelle. Proche de l'hôtel de ville. **€€€**

Balaton Étterem
Des spécialités hongroises, dans un restaurant en retrait du lac, dans une partie ombragée du parc. **€€**

LES MEILLEURS SÉJOURS BIEN-ÊTRE

Lua
Établissement le plus récent. Petits-déjeuners gourmands, cours de yoga gratuits. Adultes uniquement. **€€€**

Aura
Proche d'un boutique-hôtel. Bains à remous luxueux et lits douillets. Adultes uniquement. **€€€**

Club Hotel Füred
Parcs, jardins et plages privées sur 2,5 ha. Établissement hôtelier le plus cher de la ville. **€€€**

Hôtel Golden Lake Resort
Suites avec balcons sur le lac. Centre de soins, sauna, salle de sport. Parfait en famille. **€€€**

Füred Camping
Bungalows et caravanes, avec piscine et accès direct au lac. Très abordable. **€**

BELIZAR/STOCKADOBE.COM©

Mémorial aux victimes du naufrage du *Pajtás*

Au cœur de la ville

BALATONFÜRED INTIME

En face de l'**hôpital public de cardiologie**, véritable source du développement de Balatonfüred, sur Gyógy tér, on peut voir au **Panthéon de Balaton** des plaques commémoratives aux noms des curistes du célèbre hôpital, parmi lesquels celui du poète Rabindranath Tagore.

Descendez ensuite Blaha Lujza ut. Ne manquez pas la **Villa Vaszary** (1892). Cette ancienne résidence magnifiquement restaurée des Vaszary présente une superbe collection d'objets artisanaux du XVIIIe siècle et quelques œuvres du plus connu d'entre eux, le peintre János Vaszary. Une d'entre elles, une *Crucifixion* de 1891, est accrochée au-dessus de l'autel du mur ouest de la petite **église ronde**, toute proche. Cet édifice circulaire de style néoclassique fut achevé en 1846.

Au nord de Vitorlás tér, le prolifique écrivain hongrois Mór Jókai (1825-1904) fit édifier une villa d'été. Il y écrivit une bonne partie de ses 200 romans, dans son bureau, sous le regard de son épouse, l'actrice Róza Laborfalvi (1817-1886). C'est aujourd'hui le site du **musée-mémorial Jókai**, qui regorge de souvenirs de famille et de meubles d'époque.

COMMENT CIRCULER

Balatonfüred s'explore facilement à pied, mais vous pourrez également rejoindre Vitorlás tér et le lac depuis les gares routière et ferroviaire avec les bus nos1, 1/a et 2 ; le bus n°1 dessert ensuite le Camping Füred (p. 211). Pour demander un taxi, appelez au : 30 275-3158.

Plusieurs bus par jour desservent Budapest, Keszthely et Tihany. Des trains fréquents rejoignent Budapest Keleti. Le site menetrendek.hu regroupe tous les horaires de bus, train et transports publics.

D'avril à juin et de septembre à fin octobre, au minimum 4 ferrys de la Balaton Shipping Company (Balatoni Hajózási Rt) relient Balatonfüred à Siófok et Tihany et jusqu'à 7 ferrys par jour en juillet-août.

Environs de Balatonfüred

Loin des foules, les environs de Balatonfüred sont propices à de nombreuses activités nature et détente.

Pour les infos pratiques, voir le Carnet d'adresses p. 234

À SAVOIR

Pour certains, dont des artistes et des auteurs qui y puisent leur inspiration, la région viticole de Badacsony est le plus bel endroit de Hongrie.

Il est tentant de passer un séjour à Balatonfüred emmitouflé dans le peignoir d'un hôtel-spa. Pourtant, en dehors de la station balnéaire, il y a beaucoup à faire et à découvrir. La ville est une base idéale pour explorer la rive nord, ses vignes, ses plages et ses sentiers pédestres boisés. Longue de 210 km, la **piste cyclable du Balaton** est un excellent moyen d'explorer les alentours sans rien perdre du paysage. Bon nombre de magasins spécialisés proposent en location des vélos de randonnée ou électriques. Certains hôtels en louent également. Les croisières de Balaton Shipping Company relient fréquemment Balatonfüred aux autres villages portuaires entre fin mai et mi-septembre.

Piste cyclable du Balaton

VIGNOBLES

Sur les terres qui dominent le Balaton, de roche volcanique ou calcaire, la vigne est cultivée depuis le Ier siècle av. J.-C. par les Romains, puis par les moines au Moyen Âge. La région viticole couvre aujourd'hui une surface de 100 km^2 et produit 6 variétés de cépages, dont l'olaszrizling, ou "riesling italien", est le plus connu. La plupart des domaines viticoles sont de petites entreprises familiales : mieux vaut téléphoner ou envoyer un e-mail avant de venir, surtout hors saison (d'avril à octobre). Aux alentours de Balatonfüred, les restaurants des vignobles proposent des formules dégustation. **Szent Donát Borküria**, **Figula Pincészet** et **Söptei Winery** conjuguent délicieux repas et vue imprenable sur les vignes.

Les porcelaines de la manufacture de Herend

Rêves de porcelaine

TRÉSORS DE DÉLICATESSE

À 33 km au nord de Balatonfüred, la **manufacture de porcelaine de Herend** produit des céramiques peintes à la main d'une rare délicatesse, et ce depuis près de deux siècles. L'entreprise fut d'abord spécialisée dans la copie et la réparation d'œuvres importées d'Asie pour la noblesse hongroise. Elle devint le fournisseur officiel de la Cour impériale et royale en 1872. Toutefois, pour éviter la faillite dans les années 1880, elle se lança dans la production en série de scènes pastorales plutôt kitsch, et de statuettes animalères au motif d'écaille. En 1992, la manufacture fut rachetée à 75% par ses 1 500 employés (l'État détenant le quart restant), devenant une des premières entreprises de Hongrie privatisées via un plan d'actionnariat salarié. Une visite guidée dévoile les secrets de la fabrication de la porcelaine et une collection de réalisations emblématiques, dont d'excentriques pièces japonisantes du XIXe.

De bas en haut

GROTTE ET PROMONTOIRE

Sur les hauteurs, au nord de Batalonfüred, la **grotte de Lóczy** propose une initiation à la spéléologique facile et rapide. Ouverte au public sur 40 m, elle dispose d'un éclairage mettant en valeur les spirales de calcaires qui ornent ses parois. Couvrez-vous bien : la température est de 12°C, même en été. Par beau temps, grimpez jusqu'au **point de vue de Jókai kilátó** qui domine Balatonfüred.

COMMENT CIRCULER

Au départ de Balatonfüred, de nombreux bus et ferrys relient la station balnéaire aux localités bordant le lac. Les plus petits villages du Balaton ne sont pas desservis par le train. Le wsite menetrendek.hu regroupe tous les horaires de bus, train et transports publics.

TIHANY

La péninsule de Tihany, longue de 5 km, est le lieu le plus chargé d'histoire du lac Balaton. Sur un plateau perché à 80 m d'altitude, sur la rive orientale de la péninsule, le village éponyme s'est construit autour d'une splendide abbaye bénédictine, attirant aujourd'hui des foules de touristes. Aussi, après sa visite, est-il agréable de parcourir ce charmant village aux toits de chaume, ou de monter à bord de son petit train touristique. La péninsule est une réserve naturelle d'une beauté sauvage indomptée, tout en collines douces et prairies marécageuses. La pluie et les cours d'eau alimentent deux bassins : le lac intérieur (Belső-tó), ancien cratère de volcan visible depuis le village, et le lac extérieur (Külső-tó) au nord-est, quasiment à sec. De nombreuses espèces d'oiseaux y nichent, comme le héron pourpré ou le fuligule nyroca. Des plages émaillent ses rives est et ouest, et un grand complexe touristique coiffe sa pointe sud.

Pour les infos pratiques, voir le Carnet d'adresses p. 234

À SAVOIR

De mi-juin à début juillet, Tihany organise une fête de la lavande pour célébrer sa floraison. Les champs sont violets et divinement parfumés. La **Maison de la lavande** initie à sa culture et propose des activités pour les enfants. Rue Batthyány utca, Lavender Shop offre une sélection de gourmandises et de cosmétiques aromatisés.

Âme, cœur et histoire du Balaton

ARCHITECTURE SACRÉE

Si les Romains occupèrent jadis la péninsule, Tihany est véritablement apparue sur la carte en 1055, lorsque le roi André Ier, fils de Vászoly, l'ennemi juré d'Étienne Ier, qui régna de 1046 à 1060, y fonda un monastère bénédictin. En 1267, une forteresse fut érigée autour de l'abbatiale, qui permit 300 ans plus tard de repousser l'envahisseur turc, avant d'être détruite par l'armée des Habsbourg en 1702 ; il n'en reste aujourd'hui que des ruines.

L'**abbatiale bénédictine** fut construite en 1754 sur le site de l'ancienne église d'André Ier. Cet édifice de couleur ocre à deux clochers domine Tihany. Arrêtez-vous devant les somptueux autels, chaires et paravents baroques rococo sculptés entre 1753 et 1779 par un frère convers autrichien, Sebastian Stuhlhof. La dépouille du roi André repose sous le sarcophage de calcaire. La croix torsadée évoquant une épée qui orne son couvercle est semblable à celles qu'utilisaient les rois hongrois du XIe siècle. En entrant dans la nef principale, tournez votre regard vers l'autel latéral, consacré à Marie. Derrière l'autel, au-dessus du pupitre, sont représentés les quatre docteurs de l'Église catholique romaine : saint Ambroise, saint Grégoire, saint Jérôme et saint Augustin. Les deux autels suivants,

UN MANUSCRIT INESTIMABLE

L'acte de fondation de l'abbatiale de Tihany est conservé à **l'abbaye de Pannonhalma** (p. 196), dans l'ouest de la Hongrie, dans la plus grande bibliothèque privée du pays, avec 400 000 volumes.

TRÉSOR NATIONAL

L'**acte de fondation de l'abbatiale de Tihany**, aujourd'hui conservé dans les archives de l'abbaye de Pannonhalma, est un des plus anciens documents connus contenant des mots hongrois (environ 50 noms de lieux dans un texte essentiellement en latin). Dans un pays où, jusqu'au XIXe siècle, on préférait à la langue locale le latin et l'allemand, plus "savants", dans les documents écrits, cet acte est un véritable trésor linguistique.

de part et d'autre de la nef, sont dédiés à saint Benoît et à sa sœur jumelle, Scolastique ; les deux derniers, un font baptismal et l'autel de Lourdes, datent respectivement de 1896 et de 1900.

Stuhlhof est également l'auteur de la superbe balustrade du chœur qui domine la galerie et l'orgue orné de chérubins. Les fresques du plafond, signées Bertalan Székely, Lajos Deák-Ébner et Károly Lotz, datent de la restauration de l'église, en 1889.

L'accès au **musée de l'Abbaye bénédictine**, installé dans le monastère bénédictin jouxtant l'abbatiale, est compris dans l'entrée. On y accède par la crypte de l'église. Il présente des expositions sur le lac Balaton, des ornements liturgiques, des objets religieux, quelques manuscrits et l'histoire d'André Ier. Une salle est consacrée aux belles esquisses pastorales de l'artiste contemporain Dudás Jenő. La boutique vend les 4 bières que produit l'abbaye.

Promenades dans la péninsule

ÉCHO ET DÉCOUVERTES

Gravissez **Visszhang-hegy** (la "colline de l'écho"). Par beau temps, un cri poussé depuis la pierre de l'**écho** se réverbère sur la paroi nord de l'abbaye, à 300 m de là. Autrefois, l'écho

OÙ SE RESTAURER À TIHANY

Rege Cukrászda
Dominant le musée de l'Abbaye bénédictine, ce café offre une vue incomparable sur le lac Balaton. **€**

Régi Idők Udvara Skanzen és Étterem
Mi-jardin enchanté, mi-musée ethnographique et le meilleur restaurant de Tihany. **€€**

Ferenc Pince
En cuisine, une explosion de saveurs hongroises, et, dans les verres, des vins parmi les meilleurs de Tihany. **€€**

renvoyait jusqu'à 15 syllabes, mais de nouvelles constructions (et le changement climatique) rendent désormais impossible d'en obtenir plus de trois. Depuis le sommet, profitez de la vue au restaurant **Echo Étterem**, dont les plats sont inspirés par la cuisine de monastère. Descendez vers le port intérieur et sa petite plage, ou continuez la promenade sur un sentier voisin.

La randonnée est une des activités touristiques principales de Tihany. Le **sentier de l'écho** (vert), le plus court des 3 chemins à code couleur, reste cantonné au village lui-même. Il part du centre du village vers le nord-est pour vous mener en 1 heure au Puits russe (Oroszkút) et aux ruines du vieux château (Óvár), perchées à 219 m d'altitude, où des moines orthodoxes russes, déplacés à Tihany par André Ier, creusèrent leurs cellules à même les parois de basalte. Culminant à 232 m, la colline de Csúcs (Csúcs-hegy), à 2 heures de marche à l'ouest de l'abbatiale par le sentier rouge, offre un beau panorama sur le lac Balaton.

De là, vous pourrez rejoindre le **sentier jaune**, qui part de Tihanyi-rév et vous conduira vers le nord jusqu'aux ruines de l'église Apáti (Ápáti templom ; XIIIe siècle) et à la Rte 71. Depuis l'abbatiale, on peut aussi prendre le sentier jaune vers le sud jusqu'au croisement avec le **sentier bleu**, près d'Aranyház, un ensemble de cônes de geysers formés par des sources chaudes et évoquant (avec de l'imagination) un "cheval d'or". De là, vous pourrez prendre le sentier bleu vers le nord jusqu'au lac intérieur, puis jusqu'au village.

Le **sentier de la légende** (rouge) est le deuxième plus long des 3 circuits de randonnée partant du village de Tihany. Il démarre à l'église, descend jusqu'au quai des ferrys et longe la côte avant de remonter vers le village.

Le **sentier de la lavande** (violet) est le plus long. Il part de la rue principale vers le lac Belső-tő avant de longer le rivage et de repartir en serpentant à travers champs vers le nord-ouest pour arriver au lac de Külső-tő. Faites un petit détour vers le sommet de la colline de Csúcs (Csúcs-hegy ; 232 m), pour une vue panoramique sur le Balaton. Plus au nord, le sentier rejoint la route principale de Tihany.

PLAISIRS BALNÉAIRES

Tihany est une région appréciée des estivants, attirés par les plages des côtes est et ouest, ainsi que par le vaste complexe hôtelier de la pointe sud, où l'on peut louer du matériel de planche à voile et de paddle. D'agréables sentiers dédiés au cyclotourisme zigzaguent à travers la péninsule.

L'excellent centre Sail & Surf (www.wind99.com) propose des cours de planche à voile et loue du matériel en excellent état.

Au nord du lac intérieur, le centre équestre Tihany Lovasudvar loue des chevaux et organise des balades équestres.

COMMENT S'Y RENDRE ET CIRCULER

Des bus relient toute la journée Budapest à Tihany (150 km ; 3 heures ; env 3 000 Ft). Des bus sillonnent également les 14 km (30 min) séparant les gares de Balatonfüred et Tihany. Ils s'arrêtent notamment aux quais des ferrys avant de remonter vers le village.

Les ferrys pour Balatonfüred (10 km ; 20 min ; 1 800 Ft) et Siófok (10 km ; 60 min ; 2 200 Ft) partent du port intérieur (Belső kikötő), situé en bas du village. Le port de Tihany (Tihanyi-rév), à la pointe sud-ouest de la péninsule, est la base de loisirs de Tihany.

Consultez le site menetrendek.hu pour connaître tous les prix et horaires.

Si vous arrivez en bateau et que vous ne vous sentez pas de monter à pied les 80 m de dénivelé jusqu'au village, un petit train touristique fait la navette entre l'embarcadère des ferrys et l'abbatiale.

Environs de Tihany

Prenez le ferry pour gagner la rive sud du Balaton, entre tourisme et traces de l'époque communiste.

Pour les infos pratiques, voir le Carnet d'adresses p. 235

À SAVOIR

À 17 km de Siófok, Club Aliga était autrefois un complexe hôtelier réservé aux chefs des partis communistes du monde entier.

Le port de Tihany est un point de passage entre sa région viticole et la rive sud du lac Balaton. Toute l'année, un ferry assure la liaison, toutes les heures environ, entre Tihany et Szántód. À 13 km de Szántód, Siófok tente de rivaliser avec Balatonfüred. Elle possède plusieurs centres de bien-être et conserve une vie nocturne animée, quoiqu'un peu passée de mode. Au final, Balatonfüred, qui exploite davantage son patrimoine historique et culturel, continue de l'emporter. L'été, leur population double : elles sont les points de départ et d'arrivée de la plus ancienne course à voile d'Europe, la régate du Ruban bleu. Le Balaton Sound, le plus grand festival estival d'électro d'Europe en bord de lac, se tient près de Siófok : des scènes gigantesques accueillent des DJ devant des ravers en maillot…

Embarcadère de Szántód

BOTOND HORVATH/SHUTTERSTOCK ©

Merlu pané

À la pêche

UNE ACTIVITÉ RÉGLEMENTÉE

Le lac Balaton abrite de nombreux poissons dont le bar, le poisson-chat, la daurade et la perche. Cependant, pêcher sans autorisation est interdit dans certaines zones et il faut avoir ses papiers en règle. Le plus simple est donc de passer par **Balaton Fishing** qui s'occupera pour vous des formalités. Cette entreprise, située à Balatonudvari, à 9 km de Tahani, propose de pêcher, en bateau ou en canot guidé au radar, ou depuis la rive ou la jetée.

Assiettes de poisson

PÊCHE DU JOUR

Sur la plage, il est traditionnel de déjeuner de *hekk* (merlu) frit, pané, croustillant assaisonné de poivre et de paprika, servi avec frites et cornichons dans une assiette en carton. Interrogez les Hongrois rencontrés sur la rive : tous vous diront que rien n'évoque mieux les baignades et les vacances d'été de leur enfance. Parmi les nombreux stands et étals qui bordent le lac, le préféré des pêcheurs locaux est **Aszófői Halsütő**, un cabanon en bord de route entre Balatonfüred et Tihany. Outre le merlu, ses friteuses mijotent aussi truite, daurade et sandre. A Siófok, **Fish House** sert une version moderne de ce classique sur son agréable terrasse. Ces deux établissements préparent également la pêche du jour (en friture, bien sûr).

JARDIN D'ÉDEN SOCIALISTE

Dans les années 1960 et 1970, le lac Balaton était le lieu de villégiature des leaders et cadres du Parti et autres personnalités du bloc de l'Est. Les villas austro-hongroises se muèrent alors en hébergements "populaires". Tihany et les localités de la rive nord devinrent synonymes de spas, d'histoire et d'œnologie. Sur la rive sud, Siófok était prisée par les jeunes pour ses soirées disco. Cette ville devint également le rendez-vous des Allemands de l'Est et de l'Ouest, séparés le reste du temps par le rideau de fer. Ils appréciaient à la fois un taux de change avantageux, une politique favorisant le tourisme et, disait-on, l'absence d'espions. Aujourd'hui encore, les Allemands sont les touristes étrangers les plus nombreux du Balaton, dont les habitants parlent fréquemment la langue.

COMMENT S'Y RENDRE ET CIRCULER

Le ferry reliant Tihany à Szántód embarque également vélos et voitures. Revenir en voiture à Tihany prend 2 heures environ, avec de beaux paysages à la clé. Le site menetrendek.hu regroupe tous les horaires de bus, train et transports publics.

KESZTHELY

Nichée à l'extrémité ouest du lac Balaton, Keszthely est une des destinations les plus agréables de la région, loin de l'agitation des sites plus touristiques. Démarrez par une baignade dans les eaux peu profondes de ses plages avant de déambuler dans des rues aux superbes demeures (quoique un peu délabrées pour certaines), puis visitez ses musées. Le soir, l'ambiance est conviviale et décontractée. Vers la moitié du XVIIIe siècle, Keszthely et ses environs passèrent sous le contrôle des Festetics. Ces aristocrates progressistes et réformateurs sont souvent comparés aux éminents Széchenyis, une famille des plus influentes dans l'empire austro-hongrois. István Széchenyi était d'ailleurs le neveu du comte György Festetics (1755-1819), le fondateur de Georgikon, première ferme expérimentale d'Europe. Pièce maîtresse de Keszthely, le château des Festetics est à ne manquer sous aucun prétexte, avec son opulence baroque digne de la royauté de l'époque.

Pour les infos pratiques, voir le Carnet d'adresses p. 235

À SAVOIR

L'été, Keszthely est le cadre d'un convivial festival du vin ; la présentation et la vente de produits régionaux se doublent d'une programmation de concerts de rock, de pop et de jazz, et d'événements festifs sur le lac.

INCONTOURNABLE
1 Château des Festetics

VOIR
2 Maison amazone
3 Musée du Carrosse
4 Musées de la Chasse et du Train miniature

SE RESTAURER
5 Maison des palmiers

Château des Festetics

Faste baroque

L'ÈRE DES RÉFORMES

Le **château des Festetics**, une des plus influentes familles de l'empire austro-hongrois, témoigne de l'histoire et de la vie quotidienne des aristocrates de l'époque. La construction de ce gigantesque château d'un blanc immaculé débuta en 1754, à l'emplacement des ruines de l'ancien château. Les deux ailes furent ajoutées au bâtiment central quelque 150 ans plus tard.

Les 18 salles baroques de l'aile sud, somptueuses, constituent le **musée du palais Helikon**. Ornées chacune d'une couleur différente, elles abritent œuvres d'art, portraits et mobilier, importés d'Angleterre dans les années 1800. De nombreuses pièces furent aussi rapportées d'Angleterre par la duchesse Mary Hamilton, qui épousa un Festetics dans les années 1860. Avant tout réputée pour sa fantastique collection d'ouvrages, réunissant plus de 90 000 volumes, la **bibliothèque Helikon** impressionne également par son mobilier en chêne doré, sculpté en 1801 par János Kerbl, un artisan local. Allez également voir les splendides marqueteries du salon Louis XIV, les miroirs de la salle à manger, les peintures de la galerie, l'escalier en chêne et la chapelle privée (1804).

Dans le parc du château, le **musée de la Ferme du Georgikon**, qui occupe plusieurs bâtiments de l'ancienne ferme expérimentale de Georgikon (XIXe siècle), est idéal pour qui s'intéresse aux outils et techniques agricoles du début de l'ère industrielle. Les expositions, divisées en une section artisanat et une section agriculture, présentent l'histoire vinicole de la région du Balaton et les métiers artisanaux de la ferme.

HALTES MUSÉALES À KESZTHELY

Musée du Balaton
Histoire du Balaton depuis la préhistoire et de ses habitants, à travers des expositions thématiques (peintures, aquarium, navigation, tourisme).

Musée de la Nostalgie
Collection hétéroclite d'objets anciens : machines à écrire, objets de propagande communiste, appareils photo vintage...

Musée du Jouet
Idéal pour les petits comme pour les grands. Temple de l'enfance, avec animaux en peluche, poupées et jeux de société, dont certains issus de l'époque soviétique.

Panoptikum érotique
Musée classé X plutôt kitsch, entre figures de cire licencieuses et textes libertins du XVIIIe siècle.

OÙ LOGER À KESZTHELY

Villa Sissi
Jolie petite pension tranquille dans une belle villa ancienne à quelques mètres du parc Helikon. **€**

Bacchus
Un emplacement central et des chambres impeccables, simples et agréables. Cave à vins et restaurant. **€€€**

Párizsi Udvar Étterem & Panzió
Une auberge toute proche du château des Festetics. Cour verdoyante et ensoleillée. **€€**

COQUILLES PARLEMENTAIRES

Envie de voir le Parlement de Budapest reproduit en coquilles d'escargot ? Cela est possible, grâce à une femme – Ilona Miskei –, qui a eu une obsession durant 14 années de travail acharné, utilisant quelque 4,5 millions de coquilles d'escargots. Le résultat ? Un modèle réduit de 7,5 m sur 4 m de ce monument emblématique. Ce n'est peut-être pas la "huitième merveille du monde" annoncée, mais la minutie du travail est remarquable.

Pour poursuivre la visite, un billet combiné donne aussi accès au **musée de la Chasse** et à l'**aquarium** voisins pour un prix raisonnable, ainsi qu'au **musée du Carrosse**. Ce dernier est harmonieusement complété d'un passage au **musée du Train miniature** et à la **Maison amazone**. Cet ancien hôtel de luxe, devenu un établissement peu fréquentable avant sa rénovation, propose désormais une exposition permanente sur les voyages des aristocrates. Pour déjeuner, direction la **Maison des palmiers**, avec son jardin tropical et sa cave à vins bien fournie.

Une ville d'histoire

LES FANTÔMES DU PASSÉ

Fő tér, la place centrale animée et rénovée de Keszthely est une belle étendue piétonne de pavés blancs, entourée de beaux édifices dont l'hôtel de ville baroque tardif au nord, la colonne de la Trinité (1770) au centre, et l'**ancienne église franciscaine** dans le parc au sud de la place.

Avant la Seconde Guerre mondiale, la communauté juive de Keszthely comptait un millier de membres ; à la fin du conflit, il n'en restait plus que 170. Aujourd'hui, seule une poignée d'entre eux vit encore ici et fréquente la **synagogue** baroque du XVIIIe siècle, située au fond d'une cour tranquille près de Kossuth Lajos utca (entrée sous l'arche au sud de Fejér György utca). On ne peut visiter la synagogue et le jardin des plantes bibliques que pendant les services religieux.

Le **cimetière juif**, tombé dans l'oubli, au nord du château, témoigne également de la présence historique d'une communauté juive à Keszthely.

COMMENT S'Y RENDRE ET CIRCULER

Des trains relient Keszthely à Budapest (190 km ; 3 heures) et Balatonfüred (77 km ; 1 heure 30-2 heures 30). Ceux pour Budapest s'arrêtent généralement à la gare de Budapest-Déli, mais certains desservent celle de Budapest-Keleti.

Keszthely est également bien desservie par les bus. La principale gare routière est à côté de la gare ferroviaire, sur Mártírok útja. Le site menetrendek.hu regroupe tous les horaires de bus, train et transports publics.

En voiture, prenez l'autoroute 71 depuis la capitale : elle offre de belles vues sur la rive nord du lac, avec des embranchements pour Balatonfüred et Tihany.

Environs de Keszthely

Le lac thermal d'Hévíz est une véritable fontaine de jouvence. Vous y ferez disparaître tensions, courbatures et douleurs.

Pour les infos pratiques, voir le Carnet d'adresses p. 236

À SAVOIR

Pendant la saison froide, de novembre à mars, les eaux chaudes du lac se prêtent à de tranquilles promenades en canoë.

Il n'y a pas de séjour à Keszthely sans une visite de la toute proche Hévíz, à seulement 8 km. Son lac thermal est le plus grand d'Europe – et le deuxième au monde. C'est sans doute la ville thermale la plus célèbre de Hongrie – et la plus lente. Certes, la majorité de ses visiteurs ont plus de 60 ans, mais nous défions quiconque de pouvoir s'agiter un tant soit peu après s'être baigné et détendu dans ce lac. Y flotter parmi les nénuphars est une expérience inoubliable – et incontournable.

Autre point fort de la région : les forêts et villages isolés du parc national de l'Őrség. La Croatie, la Slovénie et l'Autriche sont à 1 heure 30 de route de Keszthely.

Le lac thermal de Hévíz

UN SPORT NATIONAL

La natation est le sport favori des Hongrois. Quoique sans accès à la mer, le pays compte de nombreux médaillés olympiques. Événement sportif phare du lac, la compétition de nage en eau libre du Balaton se déroule, depuis 1983, le dernier samedi de juillet. L'édition 2021 a réuni près de 7 000 participants, dont des enfants, des retraités et même des concurrents en paddle. Les spectateurs se massent sur la rive, où stands de snacks et concerts contribuent à une ambiance festive. Pour les athlètes professionnels, le parcours de 5,2 km part du quai de Révfülöp (entre Balatonfüred et Keszthely) et finit sur la plage Platán de Balatonboglár, de l'autre côté du lac. Le vainqueur de l'édition 2022, l'Allemand Florian Wellbrock, a parcouru la distance en 52 min 48 s 80.

BARNABAS DAVOTI/SHUTTERSTOCK ©

Hévízi-tó

Eaux miraculeuses

BAINS DE VAPEUR

À la sortie de Keszthely, le village de **Hévíz** possède le plus grand lac thermal d'Europe. **Hévízi-tó** (lac de Hévíz) est quotidiennement alimenté par 80 millions de litres d'eau thermale, dont la température moyenne de 33°C n'est jamais inférieure à 22°C. Le décor et l'expérience y sont incroyables. En hiver, vous pourrez vous baigner au milieu de pins couverts de gel. Contentez-vous de faire la planche ou essayez les innombrables soins thermaux, massages et gommages de l'établissement thermal du lac. Un pont couvert mène au pavillon central fin de siècle, où l'on trouve un petit buffet, des chaises longues, des douches, des cabines pour se changer et un escalier descendant vers le lac. Passerelles et jetées partent en étoile du pavillon vers des terrasses au bord du lac et vers un second pavillon où sont proposés massages et soins. Baignez-vous à l'abri des pavillons et des jetées ou aventurez-vous plus loin dans le lac, où vous pourrez vous étendre sur des plateformes en bois. Les rives sont jalonnées de pontons, parfaits pour prendre un bain de soleil.

Enivrante Pálinka

UN SACRÉ PUNCH

Autre élixir local, la *pálinka* – une eau-de-vie de fruits, dont le taux d'alcool peut varier entre 37 et 86% – est réputée pour ses arômes puissants et son attaque en bouche. Dans le village de Cserszegtomaj, à 5 km au nord de Keszthely, la **distillerie Schmitz** initie les visiteurs à son processus de fermentation unique. La *pálinka* de cette entreprise familiale est à base de fruits de Transdanubie méridionale : cerises, poires, abricots, framboises et pommes.

COMMENT S'Y RENDRE

Des bus fréquents desservent Hévíz toute la journée depuis Keszthely. Si vous souhaitez louer une voiture pour vous rendre dans un des pays voisins, comme la Croatie, l'Autriche ou la Slovénie, demandez à votre agence de location des *vignettes* (abonnements autoroutiers) pour les pays en question. Sans cela, vous risquez une amende.

PÉCS

Dotée d'un climat doux, d'un passé illustre et de beaux musées et monuments, Pécs est l'une des villes hongroises les plus agréables et les plus intéressantes. Universitaire et cosmopolite, la ville satisfait les visiteurs venus également profiter de sa gastronomie, de ses pubs et de sa culture. Elle ne manque pas d'atouts pour rivaliser avec les plus grandes, et nombreux sont ceux qui l'inscrivent juste derrière Budapest sur la liste des villes hongroises à visiter.

Posée sur une plaine protégée des vents du nord par les collines du Mecsek, à mi-distance du Danube à l'est et de la Drave au sud, Pécs jouit d'un microclimat qui prolonge l'été, idéal pour la viticulture et la production de fruits, notamment des amandes. Ce chaud *indián nyár* (été indien), qui illumine les paysages d'une lumière unique, est la meilleure période pour visiter Pécs.

Pour les infos pratiques, voir le Carnet d'adresses p. 236

À SAVOIR

Pour clôturer un après-midi passé dans le quartier culturel Zsolnay, dînez au Zsolnay, un des meilleurs restaurants de Pécs. Le menu est d'une remarquable inventivité. Mention spéciale aux joues de bœuf infusées aux champignons et à la soupe de framboises. Service impeccable. Carte de vins hongrois sélectionnés avec soin.

Le savoir-faire en héritage

TRANSMISSION ET PATRIMOINE INDUSTRIEL

À la fin de l'ère ottomane, Pécs devient un haut lieu de l'artisanat et du commerce. Au XIXe siècle, de nombreuses manufactures (métal, papier, sucre, bière…) font sa prospérité. La plus célèbre d'entre elles est la **manufacture Zsolnay**, fondée en 1853 par le visionnaire Miklós Zsolnay. Cette fabrique de porcelaine fut à la pointe de l'art et du design européens pendant plus d'un demi-siècle. Elle a fourni des carreaux de faïence pour orner des monuments à travers tout le pays, contribué à l'apparition d'un style architectural pan-hongrois et a influencé le mouvement Art nouveau. En 1914, Zsolnay était la manufacture la plus importante de l'Empire austro-hongrois. Pourtant, après la Première Guerre mondiale, l'occupation serbe et l'introduction du socialisme entraînèrent son déclin. On peut y observer aujourd'hui la fabrication à la main de ses céramiques légendaires. Cette visite peut être complétée par celle du **musée de la porcelaine Zsolnay**, dont les collections comportent des céramiques chinoises du XIXe siècle, des pièces Art déco et Art nouveau décorées à l'éosine, ainsi que les appartements bien conservés de la famille Zsolnay.

L'ensemble fait aujourd'hui partie du **quartier culturel Zsolnay**, né du statut de Capitale culturelle obtenu par la ville en 2010. Divisé en 4 sections (artisanale, familiale, créative et universitaire), c'est un lieu où il fait bon se promener entre ses 15 bâtiments colorés, ses 88 statues, ses parcs et ses esplanades. Ne manquez pas le mausolée dédié à Miklós Zsolnay, le planétarium ou le théâtre de marionnettes.

BOUTIQUES D'ARTISANAT

Blázek
Sacs et portefeuilles : Pécs est réputée pour sa maroquinerie depuis l'ère ottomane.

Monokrom Design Store
Œuvres d'artistes et de designers hongrois.

Pécsi Műtárgy Galéria
Sélection de porcelaines Zsolnay et antiquités diverses (argenterie, horlogerie, tableaux…).

Nostalgic Candy Manufactory
Des bonbons de toutes formes et couleurs dans le quartier culturel Zsolnay.

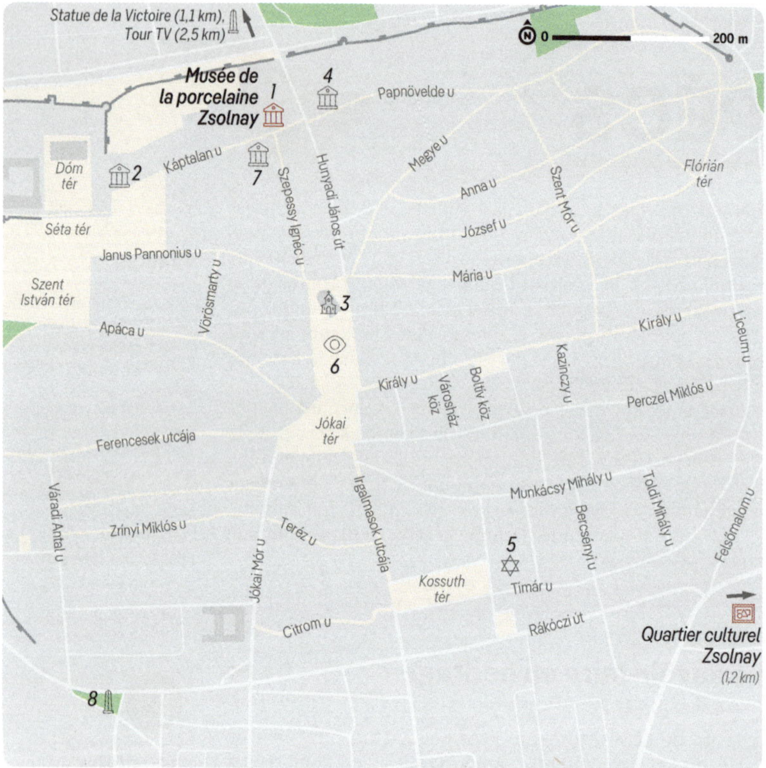

INCONTOURNABLE
1 Musée de la porcelaine Zsolnay

VOIR
2 Musée Ferenc Martyn
3 Église de la paroisse du centre-ville
4 Galerie d'art moderne
5 Synagogue
6 Széchenyi tér
7 Musée Victor Vasarely
8 Statue de Zsolnay

Une ville d'art

UNE HISTOIRE DE L'ART HONGROIS

À Pécs, c'est une partie de l'histoire de l'art moderne hongrois que l'on peut découvrir.

La **Galerie d'art moderne** retrace l'évolution de l'art hongrois de 1850 à nos jours à travers plusieurs étages d'expositions, des impressionnistes à des installations contemporaines. Ne manquez pas les œuvres de Simon Hollósy, József Rippl-Rónai et Ödön Márffy. Parmi les artistes abstraits

OÙ PRENDRE UN VERRE À PÉCS

WunderBar
Un charmant *kert* (jardin) niché dans une ruelle. Cocktails chargés et chats affectueux.

Cooltour Café
Café-bar rétro aux airs de “bar de ruine”, avec un jardin à l'arrière. Idéal pour un café en journée ou un verre en soirée.

Tüke Borház
Élégant bar à vins caché dans une maison de pierre sur les collines. Grande terrasse avec vue panoramique.

et constructionnistes sont exposés András Mengyár, Tamás Hencze, Béla Uitz et Gábor Dienes.

Le **musée Csontváry** présente les œuvres d'un célèbre peintre symboliste du XIXe siècle, Tivadar Kosztka Csontváry. Certaines d'entre elles laissent entrevoir des influences postimpressionnistes et expressionnistes, notamment *La gare de l'Est à Budapest la nuit* (1902), *Orage sur le grand Hortoba* (1903) et *Cèdre solitaire* (1907). Mais son œuvre la plus aboutie est sans doute *Baalbeck* (1906), dans laquelle on sent la recherche artistique d'une identité plus vaste à travers les thèmes religieux et historiques.

Le **musée Ferenc Martyn** est consacré aux œuvres de ce peintre et sculpteur originaire de Pécs (1899-1986), prédécesseur du père de l'op art (ou art optique), que l'on découvre, lui, au **musée Victor Vasarely**. Les œuvres d'art abstrait géométrique de cet enfant du pays (1906-1997) sont intelligemment éclairées afin d'intensifier l'expérience en 3D, donnant l'impression que les motifs cherchent à s'échapper de leur support. Mais certains puristes remettent en doute le fait que cette présentation corresponde à la volonté initiale de l'artiste. Quoi qu'il en soit, l'œuvre de Vasarely est bien présentée et la visite vaut le détour.

Pécs vue du ciel

RÉALISATION COMMUNISTE

La **tour TV** célébrait le communisme triomphant. Malgré son statut de plus haut bâtiment de Hongrie, elle n'a rien d'une attraction touristique. Son entrée est discrète, à peine indiquée. Ses 200 m de hauteur couronnent la colline de Misini (535 m). Par temps clair, prenez l'ascenseur vers sa plateforme d'observation. De là, vous verrez les monuments historiques de Pécs, les méandres du Danube et les collines du Mecsek. À visiter au coucher de soleil.

Au carrefour des religions

UN MULTICULTURALISME PRÉSERVÉ

"Ville sans frontières", Pécs est un creuset de différentes cultures et croyances. Hongrois, Croates et Souabes se sont partagé la ville, et en 1998, l'Unesco a récompensé Pécs pour sa préservation des cultures minoritaires et son aide aux réfugiés des Balkans.

Le multiculturalisme de Pécs s'illustre dans ses lieux de culte, à commencer par l'**église de la paroisse du centre-ville**, sur la place principale de Pécs, Széchenyi tér. Les Turcs bâtirent cet édifice carré au milieu du XVIe siècle avec les

POURQUOI J'AIME PÉCS

Barbara Woolsey, auteure

Mon activité préférée à Pécs ? Observer les passants. La cinquième ville la plus peuplée de Hongrie s'est toujours démarquée par son multiculturalisme, et cette diversité perdure encore. Ses ruelles pavées fourmillent de monde : des couples d'un certain âge partagent une pâtisserie, des parents poussent un landau devant une façade baroque... Au coucher du soleil, les terrasses se remplissent, les étudiants cherchent une table libre où s'installer entre amis. Les visiteurs apprécieront ce mélange de joie de vivre et de calme, d'ancien et de moderne, qui fait le charme de Pécs.

OÙ GOÛTER DES SPÉCIALITÉS HONGROISES À PÉCS

Maci Lángosozó
Lángos (beignets) et généreuses portions de garnitures diverses. Petit, mais apprécié des habitants. **€**

Bagolyvár Étterem
Restaurant en terrasse avec une superbe vue et de la musique live. Délicieux *paprikash* et raviolis. **€€€**

Morzsa
Boulangerie et bistrot nouvelle vague. Produits typiques régionaux. **€€€**

WEEK-END EN FAMILLE À PÉCS

Péter Árvai est coordinateur à l'université de Pécs et président de l'Alliance française locale. Marié et père d'un jeune enfant, il nous livre ses endroits favoris à visiter en famille.

Marché de Vásárcsarnok
On adore prendre un petit-déjeuner traditionnel : *lángos*, saucisse et boudin noir, et si on se sent d'humeur, de la langue de porc à l'ail.

Pécsi Kávé
À ne pas manquer : leur limonade au café.

Jardin des ruines
Le week-end, nous aimons grimper jusqu'au Jardin des ruines et randonner dans les collines.

Reggeli
Parfait pour déjeuner, avec de bonnes options locales et une atmosphère sympathique.

Tour TV (p. 227)

pierres des ruines de l'église gothique de Saint-Barthélemy, avant que les catholiques ne reprennent la ville au XVIIIe siècle. De l'époque islamique subsistent les arcs en accolade des fenêtres, typiquement ottomans, un mihrab, des versets à moitié effacés du Coran et de superbes fresques à motifs géométriques. Dans le labyrinthe du sous-sol sont enterrées les dépouilles de 6 martyrs, ainsi que celles, plus récentes, d'habitants illustres de Pécs. La peinture qui domine la galerie représente la défaite des Turcs. Le minaret de la mosquée fut détruit en 1753 et remplacé par un clocher, dont les cloches sonnent à 12h et à 19h.

C'est à Budaiváros, banlieue du nord-est de Pécs, que la plupart des Hongrois chassés de la ville par les Turcs élirent résidence ; au cœur de cette communauté se trouvait l'**église**

OÙ LOGER À PECS

Aranyhajó Fogadó
Présenté comme le plus vieil hôtel de Hongrie, cet établissement occupe un bâtiment médiéval classé. **€€**

Adele Boutique Hotel
Un splendide hôtel de charme avec 19 chambres aux tons crème et charbon spacieuses et modernes. **€€€**

Hotel Arkadia
Un hôtel minimaliste aux parties communes en acier poli, murs de brique et mobilier signé Le Corbusier. **€€€**

de Tous-les-Saints. La plus vieille église de la ville fut érigée au XIIe siècle, puis reconstruite dans un style gothique 200 ans plus tard. Seule église chrétienne autorisée à Pécs durant l'occupation ottomane, elle était alors partagée par trois cultes distincts, qui se disputaient âprement le moindre centimètre carré d'espace. Ce sont apparemment les musulmans turcs qui permirent de préserver la paix parmi les chrétiens.

Les fondations de la **cathédrale Saint-Pierre-et-Saint-Paul**, édifice néoroman à quatre tours, remontent au XIe siècle. Les chapelles attenantes sont du début du XIVe siècle, mais tout le reste fut bâti en 1881. L'autel central surélevé, les quatre chapelles à la base des tours, aux ornements distinctifs, et la crypte (partie la plus ancienne du monument) sont les éléments les plus intéressants de l'intérieur richement orné de l'édifice. La chapelle de Marie, côté nord-ouest de la basilique, et la chapelle du Sacré-Cœur, au nord-est, abritent des œuvres des peintres du XIXe siècle Bertalan Székely et Károly Lotz. La chapelle de Mór, au coin sud-est, recèle d'autres œuvres de Székely et de splendides bancs sculptés. La chapelle du Corpus Christi, côté sud-ouest (accès depuis l'extérieur) possède quant à elle un tabernacle en marbre rouge du XVIe siècle qui constitue l'un des plus beaux exemples de sculpture Renaissance du pays.

La **mosquée Hassan Jakovali**, coincée entre deux immeubles modernes, date du XVIe siècle. Elle possède un minaret et accueille encore la prière. On admire à l'intérieur une magnifique salle de miroirs dans lesquels se reflètent les sols carrelés, ainsi qu'un mihrab intact et une exposition sur l'histoire ottomane.

La **synagogue** conservative de Pécs, construite dans un style romantique en 1869 et magnifiquement conservée, se trouve au sud de Széchenyi tér, en face de la place Kossuth tér. Un fascicule de 7 pages, disponible en 11 langues, explique l'histoire de l'édifice et de la communauté juive de la ville. Environ 2 700 Juifs de Pécs furent déportés dans les camps de la mort nazis en mai 1944 ; il ne reste plus aujourd'hui qu'environ 150 membres de la communauté dans la ville. À l'intérieur, admirez les bancs en chêne de Slavonie et le superbe orgue Angster.

Une ville d'histoire

MONUMENTS HISTORIQUES ET ART DE VIVRE

Cernée d'immeubles en majorité baroques, **Szécheny tér**, la place principale de Pécs est le cœur battant de la ville, où il fait bon regarder défiler les passants. L'église de la paroisse du centre-ville (p. 227) la borde au nord, tandis qu'en son centre

THÉÂTRES DE PÉCS

Pécs est une ville de culture, et compte un nombre impressionnant de théâtres et de salles de concerts pour une ville de cette taille. Vous trouverez forcément quelque chose à votre goût tout au long de l'année.

Théâtre national de Pecs
(Pécsi nemzeti színház). Pécs est réputée pour son opéra et la compagnie de ballet Sopianae, qui se produisent tous deux ici. Réservez vos places à la billetterie du théâtre.

Théâtre de chambre
(Kamaraszínház). On joue dans le cadre intimiste de cette salle jouxtant le Théâtre national de Pécs des productions expérimentales.

Théâtre de marionnettes Bóbita
Le Bóbita programme des pièces pour enfants, mais certains spectacles sont destinés aux adultes.

Szinbád Panzió
Pension simple et douillette au pied des remparts de la vieille ville. Chambres confortables et bien tenues. **€€**

Hotel Diana
Pension au cœur du centre-ville avec vue sur la synagogue. Vingt chambres impeccables et 2 suites spacieuses. **€€€**

Nap Hostel
Une auberge de jeunesse conviviale offrant 3 dortoirs de 6 à 8 lits et une chambre double avec lavabo. **€**

CENTRE DES VISITEURS DE CELLA SEPTICHORA

La Cella Septichora est une chambre de sépulture qui constitue le plus grand édifice de la nécropole paléochrétienne de Pécs (appelée Sopianae à l'époque romaine) classée depuis 2000 au patrimoine mondial de l'Unesco. Ne manquez pas le mausolée à la cruche, tombeau romain du IVe siècle, ainsi nommé car il arbore une peinture d'un grand récipient, certainement une cruche à vin.

La fontaine Zsolnay

se dresse la **colonne de la Trinité**. Au sud de la place, la **fontaine Zsolnay**, donnée à la ville par la fabrique Zsolnay en 1892, est ornée de quatre têtes de taureau en porcelaine. La couche d'éosine donne aux ornements de la fontaine un aspect métallique irisé.

Marchez 8 minutes vers l'ouest, jusqu'au fascinant **musée d'Histoire** (Történeti múzeum), aménagé dans une ancienne tannerie à deux niveaux. Il retrace l'histoire de Pécs avec des costumes et vêtements d'époque, des photos et des expositions sur l'occupation ottomane et le développement, permis par la découverte de charbon dans la région, de manufactures, dont la fabrique de porcelaine Zsolnay.

Pour un aperçu des collines du Mecsek, marchez vers le nord pendant environ 15 minutes (1,3 km) jusqu'à Tettye et le **Jardin des ruines**, où se dressent les vestiges d'une résidence épiscopale d'été bâtie au début du XVIe siècle avant d'être convertie en monastère par les derviches turcs. Sur ces collines, les étudiants aiment se retrouver au pied de la Niké, ou **statue de la Victoire**, un monument – désormais en mauvais état – de Makrisz Agamemnon, inauguré en avril 1975 pour le 30e anniversaire de la "libération" par les Soviétiques. Il offre une superbe vue sur la ville.

COMMENT S'Y RENDRE ET CIRCULER

Le centre-ville est praticable à pied. Pour gagner la tour TV, prenez le bus n°34. Plusieurs trains express relient quotidiennement Pécs à la gare Kéléti de Budapest (3 heures, 237 km). Consultez le site menetrendek.hu pour les horaires et les tarifs.

Environs de Pécs

Autour de Pécs s'étend la Transdanubie méridionale, une région qui plaira tant aux amateurs d'histoire que de bons vins.

Pour les infos pratiques, voir le Carnet d'adresses p. 237

À SAVOIR

Vers fin février, avant le Carême, pendant le carnaval du Busójárás, les habitants de Mohács parcourent les rues déguisés en créatures qui semblent tout droit sorties des Enfers.

Ce furent sans doute le climat de la région, la fertilité de son sol et l'abondance de l'eau qui incitèrent les Romains à s'y installer. La Transdanubie n'a aujourd'hui rien perdu des ses attraits. Des collines verdoyantes de Mecsek aux vignobles de Villány, cette région est l'occasion d'une excursion depuis Pécs pour profiter de paysages à couper le souffle et de haltes autour d'un verre de cabernet franc. Plus à l'est, on rejoint le Danube et le port tranquille de Mohács, qui s'éveille une fois par an pour l'excentrique festival Busójárás (fin février ou mars). C'est aussi un passage obligé pour les amateurs d'histoire, tant la ville tient un rôle crucial dans l'histoire du pays. La ville est aussi une étape sur la route des vins.

Vignobles, Villány (p. 232)

DU NOUVEAU DANS LES VIGNES

Depuis quelques années, la Hongrie renonce peu à peu aux méthodes de production industrielles et se tourne vers une viticulture de terroir avec étiquetage spécifique à chaque vignoble. Produire un cabernet ou un chardonnay correct ne nécessite qu'un peu d'argent et de savoir-faire, mais ce que les amateurs de vin recherchent, c'est de l'authenticité. On parle même d'introduire une dénomination par village, chose qui ne se faisait jusque récemment qu'à Tokaj et Villány, mais qui devient aujourd'hui la norme dans d'autres vignobles, comme ceux de Badacsony, sur la rive nord du lac Balaton.

La plupart des vignerons ont désormais leurs propres cuvées premium, auxquelles ils donnent souvent leur nom, comme en atteste l'Attila de Gere. Certains vignobles, comme Pendits, à Tokaj, ont même adopté des méthodes de culture biodynamiques.

Caves à vins, Villány

La Hongrie voit rouge

DE SÉRIEUX CONCURRENTS AUX BORDEAUX

Si le lac Balaton se spécialise dans les vins blancs, la chaude région de Villány est particulièrement réputée pour ses vins rouges élaborés à partir des cépages *blauer portugieser* (autrefois appelé *kékoportó*), cabernet sauvignon et, surtout, cabernet franc et merlot. Le pinot noir est aussi à l'essai dans la région. Ces rouges sont presque toujours très ronds, dans le style bordeaux, et riches en tannin. Prenez le train pour Villány, à 35 km de Pécs, et faites votre choix parmi l'éventail de vignobles qui s'offrent à vous. Les domaines **Jammertal** et **Vylyan** ne sont pas que beaux : leurs caves sont remarquables. Le merlot de Jammertal (nommé meilleur vin rouge du monde en 2015) fait sa fierté, et les merlots fruités de Vylyan valent le détour, comme son mélange Bogyólé. Au centre du village de Villány, **Halasi Pince** est un charmant domaine, une maison d'hôtes et un restaurant, avec un fantastique menu dont les plats modernes mettent en valeur les ingrédients traditionnels hongrois.

La bataille de Mohács

RECONSTRUIRE APRÈS LA DÉSOLATION

Les deux batailles de Mohács, l'une en 1526, l'autre en 1687, marquent le début et la fin de la domination de la Hongrie par les Ottomans.

La défaite d'une armée hongroise, hétéroclite et mal préparée face aux Turcs, le 29 août 1526 à Mohács, constitue l'un des plus grands désastres de l'histoire de la nation, dont les effets se ressentent encore aujourd'hui. C'est en effet cette défaite qui entraîna la partition et une domination étrangère de plus de 5 siècles. On peut voir dans le petit centre des visiteurs, situé à Sátorhely, à 6 km au sud de la ville, de belles images de la bataille projetées aux murs, des vestiges archéologiques et des piquets de bois indiquant les positions turques et hongroises.

Inauguré en 1976 à l'occasion du 450e anniversaire de la bataille de Mohács, le **mémorial historique de Mohács**,

Le carnaval de Busójárás, à Mohács

construit sur le site d'une fosse commune découverte au début des années 1970, en raconte le déroulé et honore les soldats tombés au combat.

Le **musée Dorottya Kanizsai** apporte un éclairage supplémentaire sur cette période, à travers une collection de costumes portés par les Sokács, les Slovènes, les Serbes, les Croates, les Bosniens et les Souabes qui s'installèrent au XVIIe siècle dans cette région dévastée. On y voit également des poteries gris-noir caractéristiques de Mohács. Une exposition intéressante est consacrée à la célèbre bataille de 1526 contre les Turcs, où sont présentées les deux versions de l'histoire.

UNE FÊTE ÉPOUVANTABLE

Le **musée Busóház** de Mohács est dédié au **Busójárás**, un carnaval pré-carême qui se tient fin février ou en mars pour célébrer l'arrivée du printemps. On découvre ses origines et son histoire, au fil d'une exposition d'impressionnants masques de diables et de béliers (ils sont à peine moins terrifiants quand ils ne sont pas portés).

Selon la légende, le peuple Šokci fuit Mohács pour échapper aux Ottomans et se réfugia dans les bois et marécages alentour. Après des jours à affûter leurs armes et à sculpter leurs masques, ils contre-attaquèrent : les prenant pour des démons, les envahisseurs abandonnèrent la ville. Une autre théorie connecte l'origine du festival au sacre du printemps des Slaves méridionaux, qui utilisaient les *busós* (masques) pour faire fuir l'hiver.

COMMENT S'Y RENDRE ET CIRCULER

Outre la voiture, le train est le moyen le plus rapide et pratique pour explorer les alentours de Pécs. Des bus relient Pécs à Mohács (1 heure 15, 48 km), mais ils sont plus lents.

Des bus relient également Pécs à Villány (34 km, environ 1 heure sans changement). Consultez le site menetrendek.hu pour les horaires et les tarifs.

Carnet d'adresses

BALATONFÜRED

Église ronde
Voir p. 212 (Kerek templom ; 87-343 029 ; Blaha Lujza utca 1 ; durant les offices uniquement)

Hôpital public de cardiologie
Voir p. 212 (Állami Szívkórház ; Gyógy tér 2)

Musée-mémorial Jókai
Voir p. 212 (Jókai emlékmúzeum ; 87-950 876 ; www.furedkult.hu ; Honvéd utca 1 ; 10h-17h mar-dim)

Panthéon de Balaton
Voir p. 212 (Gyógy tér)

Villa Vaszary
Voir p. 212 (87-950 876 ; www.vaszaryvilla.hu ; Honvéd utca 2-4 ; 10h-18h mar-dim)

Balaton Shipping Company
Voir p. 211 (Balatoni Hajózási Rt ; 06 20 418 3132 ; bahart.hu ; ponton des ferrys ; tarif plein/réduit 1 300/650 Ft ; avr-nov)

Aura
Voir p. 212 (06 87 535 860 ; aura-hotel.hu ; Munkácsy Mihály utca 5)

Club Hotel Füred
Voir p. 212 (06 87 482 411 ; www.clubhotelfured.hu ; Anna sétany 1-3)

Füred Camping
Voir p. 212 (06 87 580 241 ; Anna sétany)

Hôtel Golden Lake Resort
Voir p. 212 (06 87 583 000 ; goldenlake.hu ; Zákonyi Ferenc utca 4)

Lua
Voir p. 212 (06 87 512 500 ; luaresort.com ; Anna sétany 5)

Balaton Étterem
Voir p. 211 (70 905-0085 ; www.balatonetterem.hu ; Kisfaludy utca 5 ; sam-mar 11h30-21h, ven 11h30-21h30)

Baricska Csárda
Voir p. 211 (70 621 9944 ; www.baricska.hu ; Baricska dűlő)

Bistro Sparhelt
Voir p. 211 (06 70 639 9944 ; sparheltbistro.hu ; Szent István tér 7 ; mer-sam 11h30-22h, dim 11h30-17h)

ENVIRONS DE BALATONFÜRED

Manufacture de porcelaine de Herend
Voir p. 214 (06 88 523 231 ; herend.com ; Kossuth Lajos utca 140, Herend ; adulte/enfant 4 100/2 500 Ft, visite guidée en anglais 3 000 Ft ; 10h-17h mar-sam)

Grotte de Lóczy
Voir p. 214 (Lóczy-barlang ; 06 30 019 4544 ; www.bfnp.hu ; Öreghegyi utca ; adulte/15-18 ans/3-14 ans 1 600/1 300/1 000 Ft ; 9h-18h juin-août, horaires réduits reste de l'année)

Figula Pincészet
Voir p. 214 (06 30 662 4332 ; figula.hu ; Csárda u, Balatonfüred ; sur rdv)

Söptei Winery
Voir p. 214 (06 30 520 8381 ; sopteizsolt.hu ; Venyige utca 1, Csopak ; dégustation 3/4/5/6/7 vins 3 890/4 790/5 490/6 590/7 690 Ft ; sur rdv)

Szent Donát Borküria
Voir p. 214 (06 20 9281 181 ; www.stdonat.hu ; Szitahegyi utca 28, Csopak ; visite mar-sam, dégustation sur RV)

TIHANY

Abbatiale bénédictine
Voir p. 215 (Bencés Apátság Templom ; 87-538 200 ; www.tihanyiapatsag.hu ; András tér 1 ; tarif plein/réduit avec entrée musée 2 900/1 800 Ft ; 9h-18h lun-sam, 11h15-18h dim mai-sept, horaires réduits et fermeture de certaines parties le reste de l'année)

Visszhang-hegy
Voir p. 216 (Colline de l'écho ; Pisky sétány)

Echo Étterem
Voir p. 217 (06 70 946 6687 ; echoetterem.hu ; Viszhang domb 23 ; 11h-21h)

Ferenc Pince
Voir p. 216 (87-448 575 ; www.ferencpince.hu ; Cserhegy 9 ; mars-oct ven-dim 12h-21h)

Rege Cukrászda
Voir p. 216 (06 30 901 2077 ; facebook.com/RegeCukraszda ; Kossuth Lajos utca 22 ; lun-ven 9h-21h, sam 8h-22h, dim 8h-21h)

Régi Idők Udvara Skanzen és Étterem
Voir p. 216 (06 70 284 6705 ; facebook.com/regiidokudvara/?locale=hu_HU ; Batthyány utca 3 ; mar-dim 12h-21h)

Péninsule de Tihany, lac Balaton (p. 215)

Centre équestre Tihany Lovasudvar
Voir p. 217 (06 30 927 0181 ; facebook.com/profile.php?id=100057473169274 ; Kiserdőtelepi utca 10)

Sail & Surf
Voir p. 217 (06 30 227 8927 ; www.wind99.com ; Rév utca 3, Club Tihany)

ENVIRONS DE TIHANY

Balaton Fishing
Voir p. 219 (06 30 636 0735 ; www.balatonfishing.hu/en ; Balaton utca 8, Balatonudvari ; tours à partir de 100 €/pers ; 10h-20h)

Aszófői Halsütő
Voir p. 219 (06 70 674 4458 ; Aszófő 71. sz. főút mellett ; 10h-19h mar-dim, 11h-19h lun)

Fish House
Voir p. 219 (06 20 485 1375 ; facebook.com/fishhousesosto.hu ; Pusztatorony tér 1, Siófok)

KESZTHELY

Château des Festetics
Voir p. 221 (Festetics Kastély ; 83-312 194 ; www.helikonkastely.hu ; Kastély utca 1 ; palais et musée du Carrosse adulte/6-26 ans 2 500/1 250 Ft ; 10-17h mar-dim oct-mai, 10h-17h tlj juin-sept)

Cimetière juif
Voir p. 222 (Goldmark karoly utca 33 ; 10h-16h dim-ven)

Maison amazone
Voir p. 222 (06 83 314 194 ; Kastély utca 17-19 ; 9h-18h mar-dim)

Musée de la Nostalgie
Voir p. 221 (83-318 855 ; www.szexpanoptikum.hu ; Kossuth Lajos utca 1 ; adulte/5-14 ans 1 500/1 000 Ft ; 9h-18h ven-dim)

Musée du Balaton
Voir p. 221 (83-312 351 ; www.balatonimuzeum.hu ; Múzeum utca 2 ; tarif plein/réduit 900/450 Ft ; 9h-18h)

Musée du Carrosse
Voir p. 222 (Hintómúzeum ; www.helikonkastely.hu ; Pál utca ; compris avec l'entrée du château des Festetics ; 9h-18h)

Musée du Jouet
Voir p. 221 (83-318 855 ; www.szexpanoptikum.hu ; Kossuth Lajos utca 12 ; adulte/5-14 ans 1 500/1 000 Ft ; 10h-16h sam-dim)

Musée du Train miniature
Voir p. 222 (83-312 191 ; Pál utca 1 ; 10h-17h)

Panoptikum érotique
Voir p. 221 (06 30 855 6533 ; www.szexpanoptikum.hu ; Kossuth Lajos utca 10 ; + 18 ans 1 800 Ft ; 9h-18h)

Parlement d'escargots
Voir p. 222 (83-318 855 ; www.szexpanoptikum.hu ; Bakacs utca ; 1 500 Ft ; 10h-17h)

Synagogue
Voir p. 222 (Kossuth Lajos utca 20 ; 17h-18h ven)

Bacchus
Voir p. 221 (83-314 096 ; bacchushotel.hu/hotel/ ; Erzsébet királyné útja 18)

Párizsi Udvar Étterem & Panzió
Voir p. 221 (83-311 202 ; facebook.com/parizsiudvar/?locale=hu_HU ; Kastély utca 5)

Villa Sissi
Voir p. 221 (83-315 394 ; Erzsébet királyné utca 70)

Cathédrale Saint-Pierre-et-Saint-Paul, Pécs (p. 229)

ENVIRONS DE KESZTHELY

Hévízi-tó
Voir p. 224 (Ady Endre utca, Hévíz)

Distillerie Schmitz
Voir p. 224 (06 30 871 7415 ; www.balaton-palinka.eu ; Dombhát utca 2, Cserszegtomaj ; 9h-16h lun-ven)

PÉCS

Église de la paroisse du centre-ville
Voir p. 227 (Pécs-Belvárosi templom ; 06 30 373 8900 ; pecsiegyhazmegye.hu ; Hunyadi út 4 ; tarif plein/réduit 2 400/1 900 Ft, billet combiné tarif plein 2/3/4 sites 4 000/6 000/7 000 Ft, tarif réduit 3 200/4 800/5 600 Ft ; 9h-17h lun-jeu et sam, 9h-21h ven, 13h-17h dim mai-sept, 9h-17h lun-sam, 13h-17h dim oct-avr)

Cathédrale Saint-Pierre-et-Saint-Paul
Voir p. 229 (Szent Péter bazilika ; pecsiegyhazmegye.hu/turisztika ; Dóm tér 2 ; tarif plein/réduit 2 400/1 900 Ft ; 9h-17h lun-sam, 11h30-17h dim)

Centre des visiteurs de Cella Septichora
Voir p. 230 (Cella Septichora látogató központ ; 72-224 755 ; www.vilagoroksegpecs.hu/fr ; Janus Pannonius utca ; tarif plein/réduit 2 800/1 900 Ft ; 10h-18h mar-dim avr-oct, 10h-17h jeu-dim nov-mars)

Église de Tous-les-Saints
Voir p. 228 (Mindenszentek temploma ; 72-512 400 ; Tettye utca 14 ; messe 19h)

Manufacture Zsolnay
Voir p. 225 (06 72 510 272 ; zsolnay.hu ; Zsolnay Vilmos utca 37, Quartier culturel Zsolnay ; 10h-17h lun-ven)

Galerie d'art moderne
Voir p. 226 (Modern Magyar Képtár ; 72-891 328 ; www.jpm.hu ; Papnövelde utca 5 ; tarif plein/réduit 700/350 Ft ; 10h-18h mar-dim)

Musée Csontváry
Voir p. 227 (72-310 544 ; www.jpm.hu ; Janus Pannonius utca 11 ; tarif plein/réduit 3 000/1 500 Ft ; 10h-18h mar-dim)

Musée de la porcelaine Zsolnay
Voir p. 225 (Zsolnay Porcélan Múzeum ; 72-514 045 ; www.jpm.hu ; Káptalan utca 2 ; tarif plein/réduit 2 500/1 250 Ft ; 10h-18h mar-dim)

Musée d'Histoire
Voir p. 2320 (Történeti múzeum ; 72-310 165 ; www.jpm.hu ; Felsőmalom utca 9 ; tarif plein/réduit 1 000/500 Ft ; 10h-14h mar-sam)

Musée Ferenc Martyn
Voir p. 227 (06 30 873 8116 ; www.jpm.hu ; Káptalan utca 4 ; tarif plein/réduit 1 000/500 Ft ; 10h-18h mar-dim)

Musée Victor Vasarely
Voir p. 227 (06 30 873 8129 ; www.jpm.hu ; Káptalan utca 3 ; tarif plein/réduit 2 500/1 250 Ft ; 10h-18h mar-dim)

Parc Tettye
Voir p. 230 (Böck János utca 41)

Quartier culturel Zsolnay
Voir p. 225 (72-500 350 ; www.zsolnaynegyed.hu ; tarif plein/réduit 7 500/4 500 Ft ; centre des visiteurs 9h-18h mar-dim avr-oct, 10h-17h jeu-dim nov-mars, quartier culturel 6h-21h)

Synagogue
Voir p. 229 (06 72 214 863 ; Fürdő utca 1 ; 10h-17h dim-ven)

Tour TV
Voir p. 227 (72-336 900 ; www.tvtoronypecs.hu ; Misina tető ; tarif plein/réduit/4-14 ans 1 400/1 200/800 Ft ; 10h-20h dim-jeu, jusqu'à 21h ven-sam)

Adele Boutique Hotel
Voir p. 228 (72-510 226 ; www.adelehotel.hu ; Mária utca 15)

Aranyhajó Fogadó
Voir p. 228 (72-210 685 ; Király utca 3)

Hotel Arkadia
Voir p. 228 (72-512 550 ; www.hotelarkadiapecs.hu ; Hunyadi János út 1)

Hotel Diana
Voir p. 229 (06 72 333373 ; www.hoteldiana.hu ; Tímár utca 4/a)

Nap Hostel
Voir p. 229 (72-950 684 ; www.naphostel.com ; Király utca 23-25)

Szinbád Panzió
Voir p. 229 (72-221 110 ; www.szinbadpanzio.hu ; Klimó György utca 9)

Bagolyvár Étterem
Voir p. 227 (06 72 513 213 ; www.bagolyvarpecs.hu ; Felsőhavi dűlő 6 ; 11h-23h)

Maci Lángosozó
Voir p. 227 (06 20 619 5458 ; facebook.com/MaciLangosozo ; Szigeti út 51 ; 7h-17h mar-jeu, 7h-13h sam, 9h-17h dim)

Morzsa
Voir p. 227 (06 20 3221 6730 ; @morzapecs ; Király utca 42 ; 9h-22h jeu-sam)

Reggeli
Voir p. 228 (06 72 5229 910 ; Király utca 23-25 ; 8h-15h)

Cooltour Café
Voir p. 226 (72-310 440 ; facebook.com/CooltourCafePecs ; Király utca 26 ; 14h-minuit dim-lun, 9h-minuit mar-jeu, 9h-2h ven, 14h-2h sam)

Pécsi Kávé
Voir p. 228 (72-951 586 ; www.facebook.com/pecsikave ; Irgalmasok utca 6 ; 13h-18h lun, 8h-18h mar-jeu, 9h-18h ven-dim)

Tüke Borház
Voir p. 226 (06 20 317 8178 ; facebook.com/profile.php?id=100048683005217 ; Böckh János utca 39/2 ; 16h-22h ven, 12h-22h sam, 12-19h dim)

WunderBar
Voir p. 226 (facebook.com/WunderBarPecs ; Király utca 18 ; 16h-minuit mer-jeu, 16h-2h ven-sam)

Théâtre de chambre
Voir p. 229 (Kamaraszínház ; 72 72-512 660 ; www.pnsz.hu ; Perczel Mór utca)

Théâtre de marionnettes
Voir p. 229 (Bóbit Bábszínház ; 72-210 301 ; www.bobita.hu ; Felsővámház utca 50, quartier culturel Zsolnay)

Théâtre national de Pécs
Voir p. 229 (Pécsi nemzeti színház ; 72-512 660, billetterie 72-211 965 ; www.pnsz.hu ; Színház tér 1 ; billetterie 10h-17h lun-ven, 1 heure avant les pièces sam-dim)

Blázek
Voir p. 225 (06 70 398 3726 ; facebook.com/terezbordiszmu ; Vadász utca 83 ; 8h-14h lun-ven)

Marché de Vásárcsarnok
Voir p. 228 (06 70 299 0987 ; pecsivasarcsarnok.pvh.hu ; Zólyom utca 4 ; 5h-17h lun-ven, 5h-14h sam)

Monokrom Design Store
Voir p. 225 (06 20 467 5535 ; monokromdesign.hu ; Király utca 33 ; 10h-13h et 14h-18h mar-jeu, 9h-13h et 14h-16h sam)

Nostalgic Candy Manufactory
Voir p. 225 (www.csokolada.hu ; Quartier culturel Zsolnay, Felsővámház utca 72a ; 10h-17h jeu-dim)

Pécsi Műtárgy Galéria
Voir p. 225 (06 72 232 244 ; pecsimutargygaleria.hu ; Citrom utca 7 ; 9h-17h lun-ven)

ENVIRONS DE PÉCS

Musée Busóház
Voir p. 233 (06 20-222-9339 ; www.mohacs.hu ; Eötvös utca 17-19, Mohács ; tarif plein/réduit 2 000/1 500 Ft ; 9h-13h lun et ven, 9h-16h mar-jeu, 10h-16h sam)

Musée Dorottya Kanizsai
Voir p. 233 (06 69 306 604 ; www.kanizsaidorottyamuzeum.hu ; Kisfaludy utca 9, Mohács ; tarif plein/réduit 1 300/800 Ft ; 10h-16h mar-sam oct-avr, 10h-17h mar-sam mai-sept)

Mémorial historique de Mohács
Voir p. 232 (Mohácsi Történelmi Emlékhely ; 06 20 918 2779, 69-382 130 ; ddnp.hu/okoturizmus/bemutatohelyek/mohacsi_nemzeti_emlekhely ; 1 km de la Rte 56, Mohács ; tarif plein/réduit 2 100/1 800 Ft ; 9h-18h avr à fin oct, 9h-16h fin oct à mars)

Jammertal
Voir p. 232 (06 72 592 970 ; jbb.hu ; Baross Gábor utca 108, Villány ; 8h30-14h lun-jeu, 8h30-20h ven, 10h-20h sam, 10h-14h dim)

Vylyan
Voir p. 232 (06 30 487 6206 ; www.vylyan.hu ; Fekete-hegy, Kisharsány ; dégustation 4 vins 9 500 Ft/pers ; 8h-16h lun-ven, dégustation sur réservation)

Halasi Pince
Voir p. 232 (06-72-611-175 ; halasipince.com ; Baross Gábor u. 78./b, Villány ; lun-jeu 12h-22h, ven-sam 12h-23h, dim 12h-21h)

Ci-dessus : *Csikós* (cow-boy), parc national de Hortobágy. À droite : Palais Cifra, Kecskemét

GRANDE PLAINE

VASTES HORIZONS, CAMPAGNE ROMANTIQUE ET ART NOUVEAU

Campagne à perte de vue, atmosphère romantique, architecture somptueuse, parcs nationaux appréciés des oiseaux comme des hommes : vous êtes au cœur de la Hongrie.

La Nagyalföld (Grande Plaine) – aussi appelée *puszta*, qui signifie "désert" au sens propre du terme – tient dans l'imaginaire et l'histoire des Hongrois la place de l'Ouest sauvage dans celui des Occidentaux : une immense steppe composée d'une végétation herbeuse sauvage, touffue et buissonnante, peuplée de bergers téméraires luttant contre le vent et la neige en hiver, ou contre la solitude et la folie en été ; des *délibábak* (mirages) dus à la chaleur montent du sol ; au bord d'un chemin une *csárda* (auberge) résonne des violons tziganes… Nul n'échappe à la fascination exercée par ces grands horizons, qu'entretiennent les spectacles équestres des parcs nationaux de Hortobágy et de Kiskunság (à Bugac).

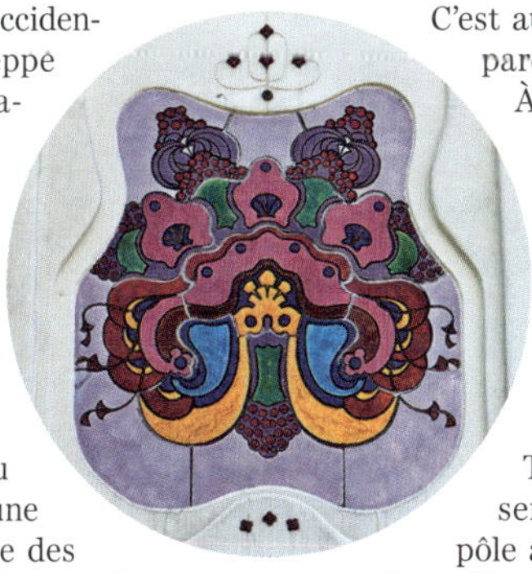

Pourtant, elle compte aussi des villes remarquables. Au nord-est, la dynamique Debrecen ravira les passionnés d'histoire et de culture comme les noctambules. C'est aussi la porte d'entrée du parc national de Hortobágy. À seulement une heure au sud de Budapest, Kecskemét est célèbre pour son eau-de-vie d'abricot (*pálinka*), son urbanisme et ses nombreux musées. Enfin, Szeged en est la ville reine. Située au bord de la Tisza, près de la frontière serbe, c'est un important pôle artistique et culturel, un haut lieu de l'Art nouveau et un paradis pour les gastronomes, qui célèbrent son paprika, son salami et sa soupe de poisson dans ses nombreuses adresses gastronomiques.

SITES PRINCIPAUX

DEBRECEN
Églises, festivals, nature. p. 244

KECSKEMÉT
Le "verger de la Hongrie". Charme et caractère. p. 251

SZEGED
Un joyau Art nouveau en bord de fleuve. p. 255

S'orienter

La Grande Plaine, immense et plane, ne s'arrête pas aux frontières serbe et roumaine. Elle est d'ailleurs sillonnée par les lignes de trains et de bus qui relient ces pays à la Hongrie. Ses habitants vivent pour la plupart à Debrecen, Szeged et Kecskemét.

Kecskemét, p. 251
Aux portes du parc national de Kiskunság, cette paisible ville, aux jolies places piétonnes et à l'architecture étonnante, abrite des musées originaux.

Szeged, p. 255
À cheval sur la Tisza, Szeged est un joyau de l'Art nouveau. Son effervescence culturelle n'a d'égale que l'animation de ses terrasses de café.

Debrecen, p. 244

La capitale régionale est aux portes du parc national de Hortobágy. Dans ses rues animées le soir par des étudiants en goguette, alternent façades néoclassiques, baroques et Art nouveau.

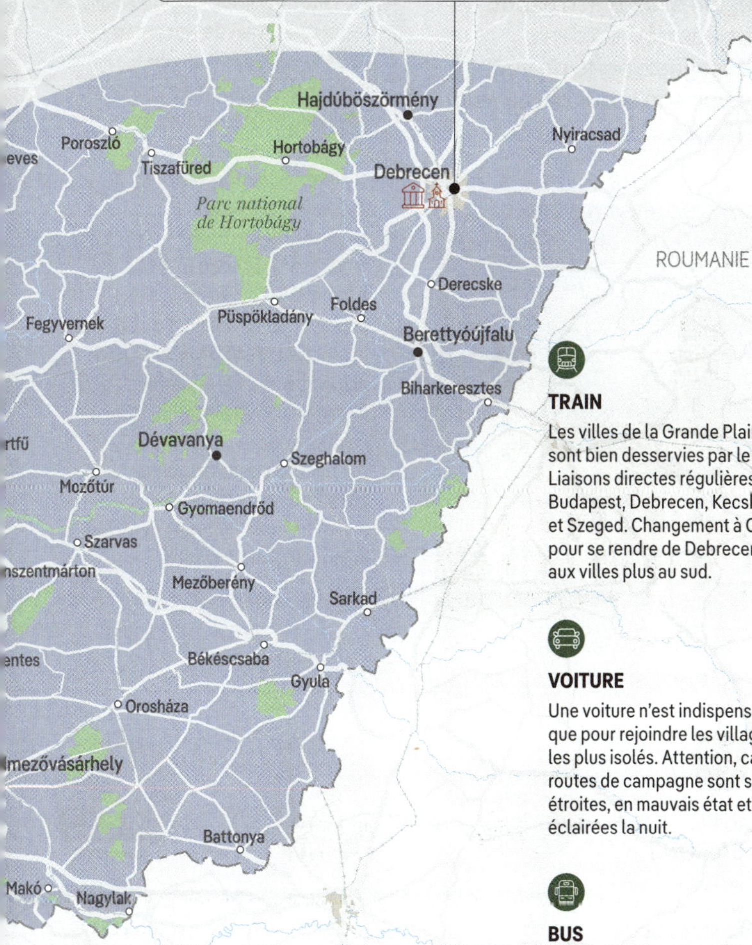

TRAIN

Les villes de la Grande Plaine sont bien desservies par le train. Liaisons directes régulières entre Budapest, Debrecen, Kecskemét et Szeged. Changement à Cegléd pour se rendre de Debrecen aux villes plus au sud.

VOITURE

Une voiture n'est indispensable que pour rejoindre les villages les plus isolés. Attention, car les routes de campagne sont souvent étroites, en mauvais état et non éclairées la nuit.

BUS

Géré par Volánbusz (volanbusz.hu/en), un bon réseau de bus dessert les villages autour des agglomérations ; la fréquence est néanmoins limitée le week-end.

Planifier son séjour

La Grande Plaine, c'est une région et un état d'esprit. Son âme se dévoile dans ses paysages à perte de vue, tandis que son cœur bat au sein de ses villes.

SHEVCHENKO ANDREY/SHUTTERSTOCK ©

Grande Église réformée (p. 244), Debrecen

Si vous avez peu de temps

- Amateur d'architecture et d'art ? Vous aimez la bonne cuisine et les bars animés ? **Szeged** (p. 255) est faite pour vous. Gagnez ensuite le **parc national de Hortobágy** (p. 248), juste à la sortie de Debrecen. Au programme : observation de la faune locale, des oiseaux notamment, et séances photos avec les *csikósok* (cow-boys).

- Visitez **Debrecen** (p. 244). Attendez le coucher du soleil pour monter au sommet du clocher (tour ouest) de la **Grande Église réformée** (p. 244) et profiter d'un point de vue incomparable. Laissez-vous ensuite tenter par un repas gastronomique au restaurant **IKON** (p. 247), avant de faire la tournée des bars le long de Simonffy utca.

AU FIL DES SAISONS

Au printemps, la nature reverdit. L'été est la saison des activités de plein air et des festivals. Avec le retour des étudiants à l'automne, Debrecen et Szeged retrouvent leur animation.

MAI

La **Fête du vin de Szeged** se déroule sur 10 jours autour de Dom tér. La **Fête de la liqueur d'abricot** envahit les places de Kecskemét.

JUIN

Le **Festival en plein air de Szeged** a lieu de fin juin à août, avec des concerts dans le cadre spectaculaire de l'église votive.

JUILLET

Le **festival Campus** de Debrecen occupe 5 jours le stade Nagyerdei (concerts, théâtre, cinéma, dégustations...).

PARLANTESTE/SHUTTERSTOCK ©, CAROLIN JAHN/SHUTTERSTOCK ©, VISION INVASION/SHUTTERSTOCK ©

Si vous avez trois jours

- Suivez le premier itinéraire sur un rythme plus apaisé. Prolongez votre visite de Debrecen le deuxième jour, en consacrant plus de temps à ses merveilleux musées et au **parc Nagyerdei** (p. 245). Déjeunez par exemple au **Next Bistro** (p. 247), puis prenez le train en direction du sud, traversez la *puszta* pour vous rendre à **Szeged** (p. 255), sans doute la plus belle ville de la Grande Plaine. Réservez à l'avance pour un dîner inoubliable au restaurant **Alkimista** (p. 258).

- Le lendemain, partez à la découverte du centre-ville de Szeged, à l'architecture Art nouveau foisonnante, notamment celle du **palais Reök** (p. 256). Faites une **promenade en bateau** (p. 260) sur la Tisza et goûtez à la roborative soupe de poisson locale.

Si vous avez plus de temps

- Vous pouvez passer un peu plus de temps à Debrecen et à Szeged, et intégrer à votre itinéraire une journée et une nuit dans la charmante ville de **Kecskemét** (p. 251). Outre son patrimoine architectural, du Moyen Âge au XXe siècle, la ville est également réputée pour ses produits locaux ; c'est là que les abricots sont transformés en *barackpálinka*, une eau-de-vie qui réchauffe l'âme.

- Si vous avez fait des excès, prenez un bol d'air à **Bugac** (p. 252), dans le parc national de Kiskunság ; ou bien, à l'est, rendez-vous à Makó pour prendre les eaux des **bains thermaux Hagymatikum** (p. 261), un complexe moderne au cadre étonnant.

AOÛT

Carnaval des fleurs (Debrecen), **Festival Hírös7** (musique, Kecskemét), **Fête du pont de Hortobágy** (folklore), entre autres.

SEPTEMBRE

Festival international du poisson de la Tisza (Szeged) : chaudrons de soupe, marché artisanal et concerts.

OCTOBRE

Meilleure période pour **observer les oiseaux** des parcs nationaux de Hortobágy et de Kiskunság.

DÉCEMBRE

Saison des **marchés de Noël**. L'avenue Piac utca, à Debrecen, est illuminée, pleine de stands et d'odeurs alléchantes.

YANOSH NEMESH/SHUTTERSTOCK ©, BELIZAR/SHUTTERSTOCK ©, DAVID HAVEL/SHUTTERSTOCK ©, PRYIMACHUK MARIANA/SHUTTERSTOCK ©

DEBRECEN

Après avoir survécu aux destructions du Moyen Âge, aux bombardements de la Seconde Guerre mondiale et à la guerre froide, la deuxième ville de Hongrie s'est hissée au rang de centre économique, culturel et universitaire de l'est du pays. Musées rénovés, sites touristiques repensés et hôtels de charme s'offrent désormais au visiteur ; sans compter une scène gastronomique de plus en plus sophistiquée. Son aéroport accueille des vols en provenance de toute l'Europe et d'Israël. À sa périphérie, des entreprises internationales se sont installées dans 6 zones d'activité. Cette faculté à se renouveler constamment est peut-être liée à l'attachement historique au protestantisme d'une ville un temps appelée la "Rome calviniste". L'été, des festivals de rue animent le centre piétonnier, et des lieux comme le stade Nagyerdei et le Château d'eau, dans le parc Nagyerdei. Ce parc abrite aussi un grand parc aquatique, tandis que 30 000 étudiants, originaires de 120 pays différents, fréquentent l'université, toute proche.

Pour les infos pratiques, voir le Carnet d'adresses p. 262

À SAVOIR

Idéal pour tous vos déplacements, le tramway n°1 part de la gare, longe Piac utca vers le nord jusqu'à la Grande Église réformée, puis le parc Nagyerdei et l'université, où il repart en sens inverse vers le sud.

Vue panoramique et chaire historique

UN MONUMENT EMBLÉMATIQUE

Construite en 1822, la **Grande Église réformée** ("Nagytemplon" en hongrois) est le plus vaste lieu de culte protestant de Hongrie. Elle peut accueillir jusqu'à 3 000 fidèles. Hormis l'orgue magnifique, l'austérité caractérise l'architecture néoclassique de ce bâtiment emblématique de la ville. C'est ici que Lajos Kossuth lut sous les vivats la Déclaration d'indépendance de la Hongrie le 14 avril 1849. La modeste **chaire** qu'il occupa en ce jour historique est bien mise en valeur dans la petite exposition à l'intérieur de l'église, au côté de l'original de la **Bible de Karolí**, première bible imprimée en hongrois en 1590. Mais c'est la **vue** panoramique depuis la tour ouest et la passerelle extérieure reliant les deux tours qui vaut vraiment le prix d'entrée. En montant dans la tour ouest, on traverse les **combles** situés au-dessus de la nef – l'occasion de voir de près les "entrailles" d'une église. Ne manquez pas l'énorme **cloche Rákóczi**, de 4,6 tonnes.

LES MEILLEURS BARS DE DEBRECEN

Maszek
Le repaire des amateurs de cocktails et de spiritueux haut de gamme, dans Simonffy utca.

Roncsbár
"Bar de ruine" labyrinthique. Wagon de tramway, cymbales au plafond, cour végétalisée, salle dédiée aux concerts et soirées DJ... Un incontournable de la fête.

Le multiculturalisme avant la lettre

L'ÉCLECTIQUE ET L'UNIVERSEL

Que vous soyez intéressé par les momies ou l'art populaire, les pièces de monnaie ou les sabres de samouraï, le **musée Déri** vous plaira. Ses collections ethnographiques restituent la vie dans la plaine et celle de la bourgeoisie à Debrecen jusqu'au XIXe siècle. Le cœur de la collection a été constitué par Frigyes Déri, un entrepreneur passionné par les armes et les artefacts

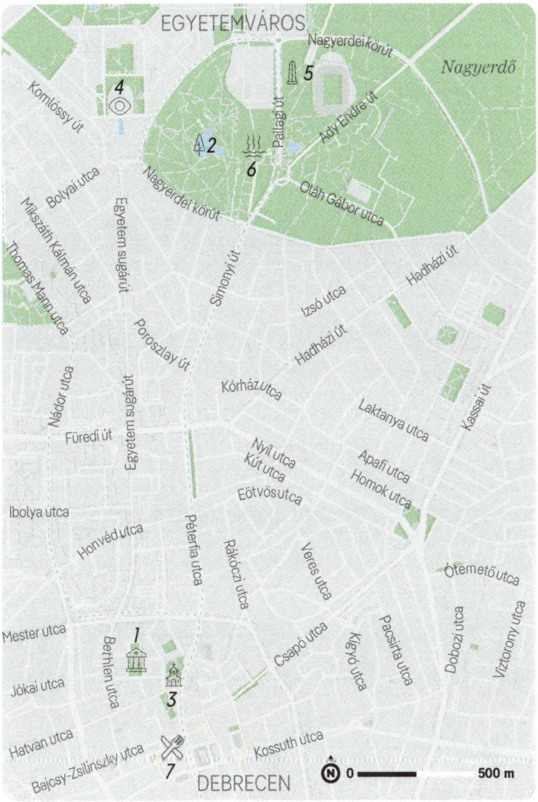

VOIR
1 Musée Déri
2 Parc Nagyerdei
3 Grande Église réformée
4 Université de Debrecen
5 Château d'eau

ACTIVITÉS
6 Aquaticum Spa

SE RESTAURER
7 IKON

japonais de l'époque d'Edo. Quelques années avant sa mort, en 1924, il en fit don à la ville de Debrecen. La place d'honneur revient à la trilogie de toiles monumentales représentant la *Passion du Christ* par Mihály Munkácsy, un des artistes hongrois les plus célèbres du XIXe siècle. Jetez aussi un coup d'œil aux quatre superbes bronzes qui se dressent devant le musée, réalisés par Ferenc Medgyessy. Un musée-mémorial de cet enfant du pays se trouve à proximité, sur Péterfia utca.

Le poumon vert de Debrecen

LOIN DE L'AGITATION URBAINE

À 10 minutes de tramway du centre (ligne n°1), s'étend le **parc Nagyerdei** ("parc de la grande forêt"). Joggeurs et familles

OÙ LOGER À DEBRECEN

Malom Hotel
Ancien moulin à vapeur. La rénovation met en valeur le passé industriel du bâtiment. **€€**

Centrum Hotel
Centre-ville. Chambres calmes, confortables et élégantes avec balcon. Petit-déjeuner et parking gratuits. **€€**

Régi Posta Fogadó
Auberge de charme dans le plus ancien bâtiment de la ville (1690). Tout y respire l'Histoire. **€€**

PROMENADE PÉDESTRE DANS LE CENTRE HISTORIQUE DE DEBRECEN

Cette balade de 2 km débute sur **1 Kossuth tér**, la place centrale de Debrecen où la **2 Grande Église Réformée** (p. 244) sert de toile de fond à une statue de Lajos Kossuth. À proximité, une mosaïque en verre vénitien représentant les armoiries de la ville est incrustée dans le sol. Remontez Piac utca, le grand boulevard de Debrecen, et admirez, au n°54, le superbe **hôtel de ville** Art nouveau. Tournez à gauche, après un petit parc : vous arrivez au **3 Collège calviniste**, de style néoclassique, où étudièrent de nombreux écrivains et poètes hongrois. Un escalier peint à fresque mène à une bibliothèque à colonnes riche de quelque 600 000 volumes. C'est dans son oratoire que s'est tenue l'Assemblée nationale sécessionniste de 1849. Il contient aussi un musée d'Art sacré. Allez ensuite admirer la pièce maîtresse du **4 musée Déri** (p. 244) : la trilogie de *La Passion du Christ* de Mihály Munkácsy. Gagnez ensuite le **5 Centre d'art moderne et contemporain (MODEM)**, deuxième plus grande galerie d'art du pays. Rejoignez dans le sud le quartier juif et la **6 Synagogue orthodoxe de la rue Pasztí**, à la façade rose (1893). Ne manquez pas les vestiges d'un *mikvé* (bain rituel juif) au sous-sol et le mémorial de l'Holocauste, situé dans la cour. La communauté juive de Debrecen (la plus importante de Hongrie) se réunit pour les offices à quelques pas de là, au sein de la **7 Synagogue Status Quo Ante**. Revenez sur Piac utca en passant par Simonffy utca, la très animée "rue des bars", et tournez à droite en direction de la **8 Petite Église Réformée**, "incomplète" depuis la perte de son dôme en oignon au cours d'une tempête en 1907.

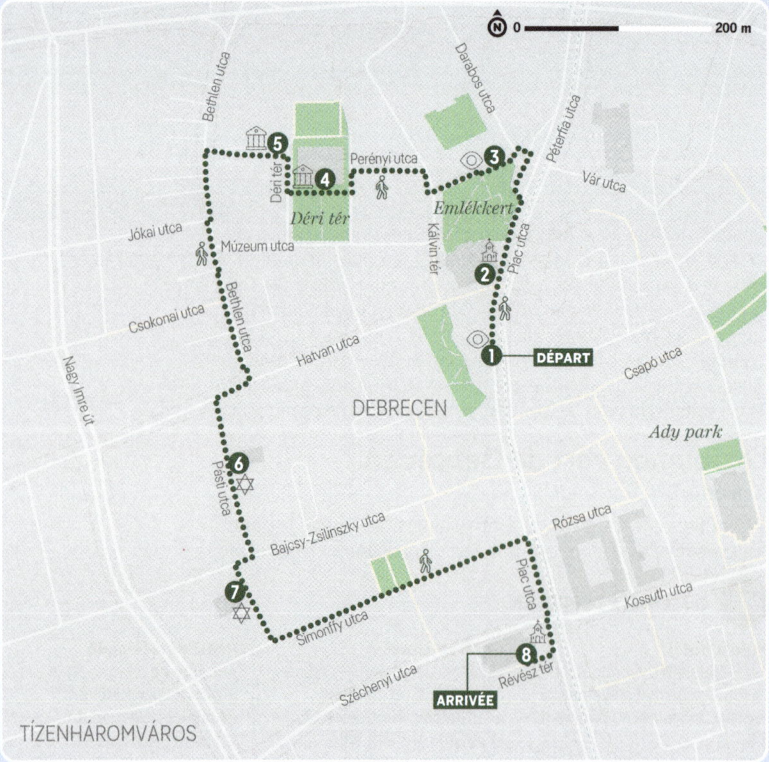

MAJORSTOCKPHOTO/SHUTTERSTOCK ©

Parc Nagyerdei (p. 245)

arpentent ses multiples sentiers sous des arbres centenaires. C'est l'occasion d'une promenade au vert, entrecoupée d'une pause sur un transat au bord de l'étang des grenouilles (Békás-tó). En Hongrie, détente rime avec thermes. Principal attrait du parc, les **bains Aquaticum** forment un vaste complexe composé de bassins intérieurs et extérieurs, toboggans, cascades, jets et grottes, et proposant une large gamme de soins. On peut aussi prendre un peu de hauteur en montant au sommet du **Château d'eau** (Víztorony), à côté du stade de football flambant neuf. Le jardin alentour accueille en été une multitude de bars en plein air, parmi les plus appréciés de la ville. C'est aussi le cadre d'événements et de festivals. Les sentiers verdoyants du parc débouchent sur le campus de l'université de la ville. Le bâtiment principal, de style néo-baroque, surplombe une fontaine ornée de sculptures, dans laquelle les étudiants ont coutume de se jeter après leur remise de diplôme.

Un chef en cuisine

SOMMETS GASTRONOMIQUES

Le grand chef local Ádám Thür enrichit depuis des années le paysage culinaire de Debrecen avec sa cuisine européenne moderne qui fait la part belle aux produits bio. En 2022, **IKON**, son restaurant, a enfin été recommandé par le guide Michelin Hongrie. Le décor est sobre : rien ne doit détourner l'attention d'une cuisine bien sûr excellente – avec des plats bien équilibrés tels que l'escalope de porc Mangalica ou le ris de veau.

LES MEILLEURES TABLES DE DEBRECEN

Kis Padlizsán Vegan Bistro
Le meilleur de la cuisine internationale, préparé avec amour et sans viande. **€**

Next Bistro
Ce restaurant branché séduit les palais les plus exigeants. Cuisine hongroise et internationale revisitée. **€€€**

DG Italiano
Pâtes fraîches et excellente cuisine italienne, dans le cadre charmant d'un bâtiment historique. **€€€**

Pizza, Kávé, Világbéke
Pizza, café et "paix dans le monde" (*Világbéke*) dans ce café culte qui sert aussi de bons desserts. **€€**

COMMENT S'Y RENDRE ET CIRCULER

Debrecen est reliée par le train à Budapest (224 km ; 2 heures 30) ou à Tokaj (80 km ; 1 heure). Consultez le site menetrendek.hu pour les horaires et les tarifs.

On parcourt aisément le centre de Debrecen à pied, et le stationnement y est gratuit du vendredi 12h au lundi 6h. Les transports en commun s'arrêtent à 23h, mais les taxis sont abordables. Un bus relie l'aéroport au centre-ville. Les trolleybus n[os]3 et 5 relient la gare ferroviaire à la gare routière.

Environs de Debrecen

La *puszta* hongroise et un ciel azur s'étendent à l'infini. Le temps est suspendu. Ici, tout est calme, et beauté. L'homme y vit en harmonie avec la nature.

Debrecen est la porte d'entrée du parc national de Hortobágy (Hortobágyi Nemzeti Park). Cette mosaïque de pâturages alcalins, de steppes, de prairies et de marais, qui caractérisent la *puszta* hongroise, couvre une surface de 810 km^2. Créé en 1973, c'est le plus ancien parc national de Hongrie, inscrit au patrimoine mondial de l'Unesco depuis 1999. Au centre, à quelque 40 km à l'ouest de Debrecen, le petit village de Hortobágy, jadis célèbre pour ses *csikósok* (cow-boys), ses auberges rustiques et ses groupes tsiganes, met en scène son passé, avec notamment un spectacle équestre de cow-boys en costume traditionnel. Prenez le temps d'explorer cette réserve naturelle où vivent des centaines d'oiseaux et poussent des espèces végétales habituellement endémiques du littoral marin.

Pour les infos pratiques, voir le Carnet d'adresses p. 262

À SAVOIR

La plupart des sites et attractions sont fermés de novembre à mars, et en cas de mauvais temps le reste de l'année.

Parc national de Hortobágy

ADRIAN COPOS/SHUTTERSTOCK ©

Spectacle équestre de *csikósok* (cow-boys)

Une porte sur le passé

INTRODUCTION À LA VIE PASTORALE

Votre premier arrêt dans le village de **Hortobágy** devrait être le centre d'accueil des visiteurs du parc national de Hortobágy pour y prendre tickets, plans et conseils. Le centre est temporairement installé dans le **théâtre circulaire**, où sont présentés les différents artisanats traditionnels de Hortobágy, en attendant que son bâtiment, situé dans le village, soit rénové. La curiosité incontournable de Hortobágy est le **Pont aux neuf arches**, achevé en 1833, au-dessus d'une rivière marécageuse. C'est le plus long pont en pierre du pays – et sans doute le plus dessiné, peint et photographié. D'un côté du pont se trouve la **Hortobágyi Csárda**, une vieille auberge (*csárdak*) en bord de route. Elle abrite un petit musée où l'on découvre l'histoire de l'auberge, construite en 1781, qui fut une des premières sur la route des marchands de sel allant de Tisza à Debrecen. Ces auberges, qui fournissaient du travail aux violonistes roms, sont indissociables de la musique tsigane.

Cow-boys à la mode hongroise

L'EST SAUVAGE

Il s'agit certes d'une mise en scène, mais le spectacle présenté dans le **Haras de Máta**, à 3 km au nord du village de Hortobágy, est on ne peut plus hongrois. Ce haras trois fois centenaire compte parmi les plus grands centres d'élevage local de bétail et de chevaux, notamment de race Nonius. Vous monterez dans un wagon tiré par des chevaux à travers la prairie, pour voir des moutons *racka* ou des bœufs gris

DE LA FORÊT À LA STEPPE

Il y a cinq siècles, la Grande Plaine n'était pas la steppe dénudée que l'on connaît aujourd'hui, mais une vaste forêt. En abattant la plupart des arbres, les Ottomans ont détruit la couche d'humus et livré le sol à l'érosion du vent. Les villageois partirent alors vers le nord ou dans les bourgs. La région devint alors une *puszta* (un "désert"), terre de bergers, de pêcheurs, de serfs en fuite et de hors-la-loi. Les fortifications turques ottomanes sur la plaine furent en majeure partie détruites conformément à l'accord signé lors du retrait turc. Au XIXe siècle, les travaux de régulation hydraulique ont asséché les marais et permis une irrigation méthodique, base d'une agriculture intensive, surtout dans la Plaine du Sud. Actuellement, les terres subissent encore des crues de la Tisza et du Danube.

OÙ LOGER ET SE RESTAURER

Sóvirág Vendégház
Cette maison d'hôtes de style chalet propose 6 chambres avec balcon ou terrasse. Jardin, sauna et Jacuzzi. **€€€**

Hortobágyi Csárda
Une *csárdak* réputée : plats traditionnels de bergers tels que le *bográcsgulyás* (ragoût de bœuf et de poivrons). **€€€**

Pizza Sfera
Des classiques plats hongrois, mais aussi et surtout des pizzas. Établissement situé dans le village. **€**

LES PLUS BELLES RANDONNÉES DU PARC

Le **sentier Egyek-Pusztakócs** serpente à travers les marais sur 5 km. Il part d'une auberge située près de Kócsújfalu, à environ 19 km à l'ouest du village de Hortobágy, avant de longer la ferme Górés (centre de sauvegarde des oiseaux), puis un *kourgan*, tumulus datant de l'âge du bronze. Ouvrez l'œil pour apercevoir les guêpiers au plumage coloré qui ont élu domicile ici. À 46 km à l'ouest du village, le **sentier Szálkahalom** part du *kourgan* du même nom. Sur 2 km, observez la flore rustique de basse altitude qui tente de survivre dans ces prairies au sol alcalin. Avec un peu de chance, vous pourrez même apercevoir un faucon à pieds rouges. Ces deux sentiers sont accessibles grâce à un pass, disponible au centre d'accueil des visiteurs.

de Hongrie, assister au rassemblement des chevaux semi-sauvages et aux démonstrations des *csikósok*, revêtus de leur chemise et ample pantalon bleus traditionnels. La monte la plus fameuse est la “poste hongroise” : le cavalier mène un attelage de 5 chevaux lancés au galop, debout sur la croupe des deux chevaux à l'arrière en tenant les rênes des trois du devant.

Pour rejoindre le haras à pied depuis la gare (3 km par la route), traversez les voies de chemin de fer et prenez sur la droite un sentier à travers les broussailles. Cette vieille piste à travers champs enjambe la rivière et rejoint l'entrée du haras 1,5 km plus loin. Achetez vos billets au café **Nyerges Presszó**, puis jetez un coup d'œil aux chariots près de l'entrée principale.

Une réserve ornithologique

DES OISEAUX PAR MILLIERS

Le parc national de Hortobágy compte parmi les **sites ornithologiques** les plus intéressants du continent, où quelque 300 espèces (sur les 530 recensées en Europe) vivent sur ses étendues plates, parmi lesquelles des grèbes, hérons, aigrettes, spatules, cigognes, fauvettes et crécerelles. Octobre est la période idéale : 60 000 à 140 000 grues communes font alors escale au cours de leur migration annuelle. Les **grands étangs** (Hortobágyi-halastó), situés à environ 7 km à l'ouest du village de Hortobágy, sont des spots parfaits pour sortir vos jumelles (pass nécessaire, disponible au centre d'accueil). Vous pourrez parcourir les sentiers d'interprétation à pied ou à vélo et grimper dans les tours d'observation. Entre avril et octobre, un petit train fait la navette sur 5 km le long de la digue centrale.

Les animaux de la plaine

FAUNE SAUVAGE ET RACES ENDÉMIQUES

Le **zoo de Hortobágy** accueille les espèces qui peuplaient la *puszta* avant qu'elle ne soit cultivée : loups, chacals, chevaux sauvages, vautours, pélicans... Pour y accéder, empruntez la navette qui part du village. Une fois dans le parc, vous serez libre de vous promener à votre guise. Pour avoir une chance d'apercevoir les chevaux sauvages, une visite guidée est proposée en supplément. À 2 km au sud du village, les enfants seront ravis d'approcher les animaux du **parc animalier de la Puszta** : gros bœufs gris à longues cornes, porcs laineux *mangalica* et moutons *racka* aux longues cornes en tire-bouchon.

COMMENT S'Y RENDRE ET CIRCULER

Des bus relient chaque jour la gare routière principale de Debrecen, sur Külsővásártér, au village de Hortobágy (38 km ; 38 min ; 745 Ft). C'est aussi le cas de la ville d'Eger (93 km ; 2 heures ; 1 860 Ft). Les trains en provenance de Debrecen (41 km ; 47 min) s'arrêtent à environ 500 m au nord du village et des grands étangs. La ligne dessert Füzesabony, où l'on peut faire une correspondance pour Eger (80 km ; 1 heure 50). Consultez le site menetrendek.hu pour les horaires de bus et de train.

Dans le parc national, vous devrez vous déplacer par vos propres moyens (voiture ou vélo).

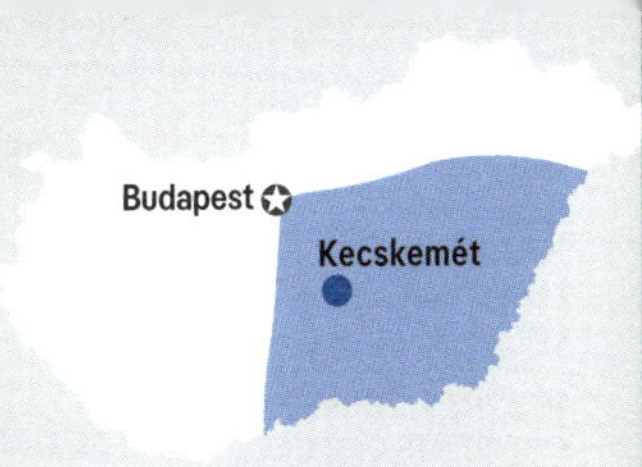

KECSKEMÉT

À mi-chemin entre le Danube et la Tisza, au sud de la Grande Plaine, vignobles et vergers ceinturent la "ville-jardin" de Kecskemét. Les revenus de l'agriculture furent la source de l'embellissement de la ville qui, eu égard à sa modeste taille, s'enorgueillit de son architecture Sécession (Art nouveau), outre de beaux musées et d'une excellente *barackpálinka* (eau-de-vie d'abricot). Le parc national de Kiskunság, la *puszta* de cette partie de la plaine, est tout proche. Créé en 1975, il se divise en 9 "îles" (aires) de terre (50 000 ha) où sont protégés des écosystèmes tels que des prés salés, des dunes de sable, des marécages et des marais, qui sont interdits au simple visiteur. Quelque 3 100 espèces végétales et 8 800 espèces animales, en particulier des oiseaux, y ont élu domicile. En une journée, vous pourrez, par exemple, randonner dans les dunes couvertes de genévriers, assister à un spectacle équestre à Bugac ou visiter l'un des nombreux haras de la région.

Pour les infos pratiques, voir le Carnet d'adresses p. 263

À SAVOIR

Passé Bugac, le parc national de Kiskunság peut être assez déroutant. Consultez le site Internet du parc (www.knp.hu), la Maison de la nature à Kecskemét (elle organise des sorties ornithologiques et des activités de plein air), ou Tourinform, face au palais Cifra.

Art et folklore

PEINTURE ET SCULPTURE NAÏVES

Le **musée d'Art naïf hongrois** (Magyar Naiv Művészek Múzeuma), un des rares du genre en Europe, met à l'honneur une forme d'art souvent injustement dépréciée. Pourtant, de nombreux artistes, comme Franz Marc, Paul Gauguin et Frida Kahlo, ont trouvé leur inspiration dans les thèmes folkloriques, les perspectives déformées, les compositions enfantines et les couleurs vives caractéristiques de ce genre. En parcourant ce bâtiment du XVIIIe siècle, prêtez une attention particulière aux œuvres de Rozália Albert Juhászné, de Dezső Mokry-Mészáros et d'András Süli. Mention spéciale à János Balázs, dont les peintures sur verre rappellent l'œuvre de Magritte, aux tissages d'Anna Kiss et aux sculptures en bois de Pál Gyursó.

Jeux d'eau

OÙ SE RAFRAÎCHIR L'ÉTÉ

En été, la principale attraction de Kecskemét est le vaste parc aquatique **Adventure Spa & Waterslide Park**, situé à 3 km au sud-ouest du centre. Cinq piscines et toboggans (dont un à six couloirs), des terrains pour jouer au ballon, des pelouses... le paradis des enfants ! L'ambiance des **bains de Kecskemét**, ouverts toute l'année, est plus feutrée. Bains thermaux, piscines, spa complet et vaste gamme de soins sont au programme.

LES MEILLEURES TABLES DE KECSKEMÉT

Bagatell Étterem
Cuisine hongroise moderne et inspirée. Entre l'hôtel de ville et le théâtre. **€€€**

Vincent Étterem
Marbré de porc *mangalica, ragù* de canard et risotto : la cuisine, hongroise et internationale, mérite de venir jusque là. **€€€**

Kisbugaci Csárda
Un restaurant rustique avec bancs de bois, assiettes aux murs et musique tsigane. Copieuses portions de plats carnés. **€€**

VOIR
1 Bugacpuszta
voir 3 Ferme
2 Musée d'Art naïf hongrois
3 Musée des Bergers

ACTIVITÉS, COURS ET CIRCUITS ORGANISÉS
4 Adventure Spa & Waterslide Park
voir 3 Sentier d'interprétation du genévrier
5 Bains de Kecskemét

SE RESTAURER
6 Karikás Csárda

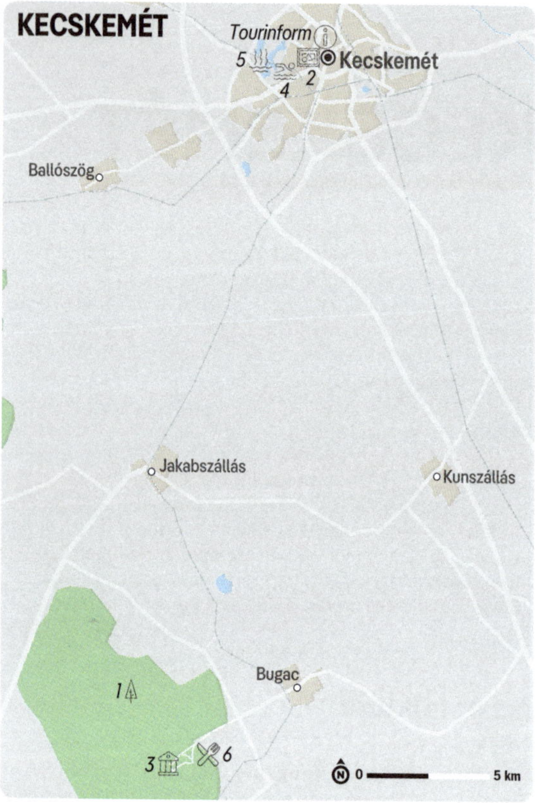

Chevauchées et dunes de sable

VIE TRADITIONNELLE DANS LA PLAINE

À environ 35 km au sud de Kecskemét, **Bugacpuszta** est l'aire la plus facile d'accès du parc national de Kiskunság. On y accède au niveau de la **Karikás Csárda**, auberge traditionnelle située à environ 5 km à l'ouest de **Bugac**. Le village est le terminus des bus en provenance de Kecskemét. Un petit stand d'information vend des billets pour le parc et le spectacle équestre – sans doute le temps fort de cette expédition – qui a lieu, en général, le week-end, de mai à octobre. Les *csikósok* (cow-boys), qui montent à cru et font claquer leur fouet, font faire à leurs chevaux de la race Nonius des figures incroyables. Autre performance spectaculaire,

OÙ SE LOGER À KECSKEMÉT

Boutique Hotel Center
Cet hôtel du centre rénové en 2020 propose des chambres modernes et design. Petit-déjeuner buffet. **€€**

Fábián Panzió
Maison d'hôtes belle et conviviale. Chambres soignées. Petit-déjeuner maison servi dans la cour-jardin. **€**

Aranyhomok Business City-Wellness Hotel
Hôtel central avec une gamme complète de services hôteliers. Espaces bien-être. **€€€**

PROMENADE DANS LA VIEILLE VILLE DE KECSKEMÉT

Cette balade de 1,5 km relie les principaux sites du centre-ville. Arrivez tôt au **1 marché couvert**, dont les étals débordent de fruits et de légumes frais du mardi au dimanche. Dégustez-y un *lángos* (beignet) avec un thé et profitez de l'animation. Continuez sur Rákóczi út, l'avenue centrale et ombragée de la ville, où un ancien cinéma à colonnes blanches accueille désormais la **2 Collection d'instruments de musique Leskowsky**. Cette collection privée expose quelque 150 instruments du monde entier et retrace l'histoire de la musique au fil des siècles. Revenez sur vos pas pour admirer les façades Art nouveau (1902) ornées de majoliques colorées du **3 palais Cifra**, qui réunit plus de 20 000 œuvres de peintres hongrois des XIXe et XXe siècles. De l'autre côté de la rue, la belle **4 synagogue** blanche, de style mauresque, est aujourd'hui un centre de conférences. Poursuivez sur Rákóczi út jusqu'à la place centrale de Kecskemét, Szabadság tér. Faites une pause chez **5 Vincent**, un élégant café-bar qui offre un alléchant choix de gâteaux. Continuez jusqu'à **6 l'église Saint-Nicolas**, à laquelle on accède via une petite cour. Le plus ancien lieu de culte de Kecskemét (XIVe siècle) possède un intérieur baroque somptueux. Sur la place, face à l'église, se dresse une **7 statue de Lajos Kossuth**. Elle fait face à **8** l'**hôtel de ville** rose poudré, qui se distingue par sa haute façade en gradins. Signé Ödon Lechner, il associe avec audace Art nouveau et éléments folkloriques ; ses céramiques ornementales proviennent de la manufacture Zsolnay de Pécs. Enfin, rejoignez la **9 Grande Église catholique** voisine, consacrée en 1806 et plus important édifice religieux de style Zopf (baroque tardif) de la région.

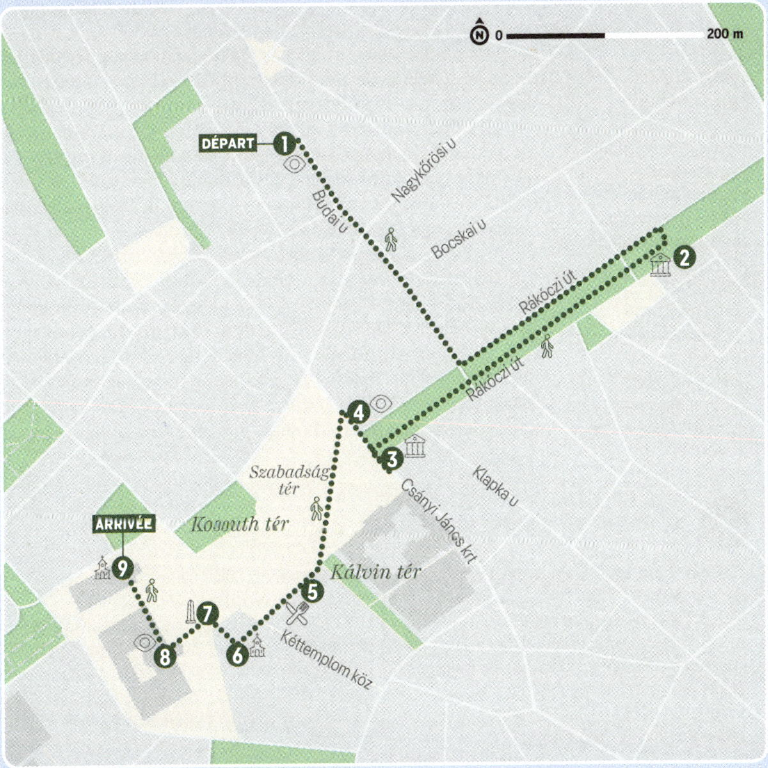

DES COLLECTIONS ORIGINALES

Kecskemét compte quelques musées privés originaux.
La **collection Boszó** (meubles d'époque, art populaire, objets religieux et horloges), réunie par le peintre János Bozsó (1922-1998) est logée dans une maison du XVIIIe siècle.
La **Collection d'art populaire**, le plus ancien musée de la ville, occupe les locaux d'une brasserie deux fois centenaire. La douzaine de salles réunit broderies, tissages, sculptures sur bois, meubles, textiles et outils agricoles de la Grande Plaine. Les amateurs de musique ne manqueront pas l'**Institut de pédagogie musicale Zoltán Kodály**, fondé en 1975 dans un monastère baroque. Il rend hommage au compositeur et inventeur de la célèbre méthode d'apprentissage musical du même nom.

Palais Cifra **(p. 253)**

la “poste hongroise”, une figure pendant laquelle le cavalier mène un attelage de 5 chevaux lancés au galop, en se tenant debout sur la croupe de deux d'entre eux.

À 1,5 km de l'auberge, sur une piste de sable à parcourir à pied ou en calèche, se tient le petit **musée des Bergers**. Ce bâtiment circulaire expose des animaux naturalisés et des objets du quotidien des bergers, comme des pipes en bois sculptées, des manteaux en fourrure brodés et une poche à tabac cousue dans les bourses d'un bélier. La **ferme** située à proximité présente des races de bétail traditionnelles : cheval demi-sang Kisber Felver, poules cou nu, porcs laineux *mangalica*... Le **sentier d'interprétation du genévrier** (Boróka Sáv), qui forme une boucle de 1,1 km, commence derrière la ferme. Jalonné de panneaux (hongrois-anglais), il vous immerge en pleine nature jusqu'à la lisière de la forêt de genévriers et des dunes de sable, qui sont une zone protégée.

COMMENT S'Y RENDRE ET CIRCULER

Les principaux sites de Kecskemét se trouvent dans la vieille ville que l'on peut parcourir à pied. Le parking le plus central se trouve sur Lestár tér, à côté de l'hôtel de ville.

Des bus circulent de Kecskemét à Bugac, l'arrêt le plus proche pour Bugacpuszta. On peut louer des vélos à Tourinform, en face du palais Cifra.

Kecskemét est reliée par le train à Budapest (106 km ; 1 heure 20) et à Szeged (87 km ; 1 heure 06). Des bus rejoignent aussi ces villes plusieurs fois par jour : Budapest-Kecskemét (80 km ; 1 heure 10 ; 1 830 Ft) et Kecskemét-Szeged (90 km ; 1 heure 50 ; 1 650 Ft). Consultez le site menetrendek.hu pour plus de détails.

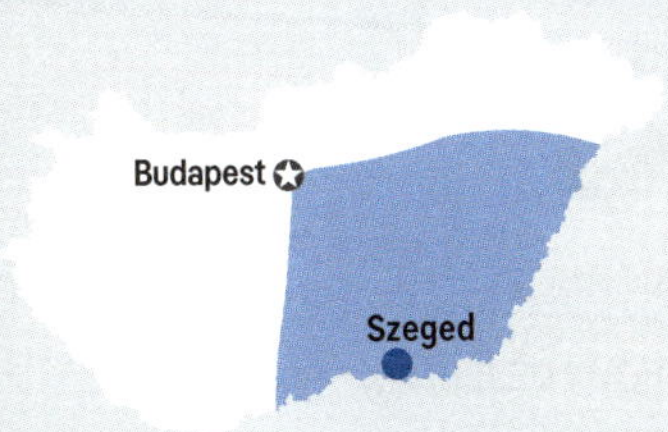

SZEGED

Déformation du hongrois *sziget* ("île"), Szeged occupe les deux rives du fleuve Tisza. On a peine à croire qu'elle faillit être rayée de la carte lors de la crue de 1879 : la majorité des habitations furent détruites, faisant 600 victimes et laissant 60 000 personnes sans abri. La ville se releva et, de fait, jouit aujourd'hui d'une uniformité architecturale rare en Hongrie. La capitale culturelle de la Grande Plaine et troisième ville de Hongrie séduit par les chefs-d'œuvre Art nouveau du centre. Mais aussi par son esprit étudiant (en 1956, les étudiants de Szeged manifestèrent avant même ceux de Budapest), que l'on retrouve dans ses innombrables cafés, au fil des rues et quartiers piétonniers. Cette animation est maintenue l'été avec un festival de théâtre, opéra et musique en plein air (Szeged Open-Air Festival). Hormis les plats traditionnels qui ont fait sa réputation (la soupe de poisson au paprika, notamment), la scène culinaire de Szeged s'est depuis peu renouvelée avec l'arrivée de jeunes chefs.

Pour les infos pratiques, voir le Carnet d'adresses p. 264

À SAVOIR

Découvrez Szeged vue du fleuve. Au départ de Roosevelt tér, juste au sud du pont du centre-ville (Belvárosi híd), les croisières (1 heure) de la compagnie Sétahajó (hajokirandulas.hu) remontent jusqu'à la confluence de la Tisza et de la Mureș, avant de repartir vers le sud en passant par la vieille ville.

BONNES ADRESSES POUR DÉJEUNER À SZEGED

John Bull Pub
Dans un style pub anglais, ce restaurant populaire depuis plus de 30 ans sert de bonnes pintes et de la cuisine hongroise. **€€**

Cirmi
Gastro-pub branché. Bière artisanale, bon vin et délicieux hamburgers. **€**

Rudi és Fickó
Bistrot emblématique d'Oroszlan utca, une rue de plus en plus à la mode. **€€**

Lángosgyár
Situé dans le marché couvert, ce comptoir sert depuis toujours des *lángos* généreusement garnis. **€**

MILENA BOEVA/ALAMY STOCK PHOTO ©

Rampe ornementée en fer forgé, palais Reök

Fleurs, feuilles et vagues

L'ART NOUVEAU PORTÉ À SON INCANDESCENCE

Les deux splendides façades du **palais Reök**, de style Sécession (1907), semées de nénuphars, d'iris et de pensées, semblent onduler. Il s'agit du plus beau bâtiment Art nouveau de la ville, sans doute le chef-d'œuvre d'Ede Magyar, dont le cabinet d'architecte occupait le rez-de-chaussée. L'intérieur est tout aussi remarquable, en particulier l'escalier, dont la rambarde en fer forgé est richement ornementée ; il se visite à part ou combiné avec le **Centre d'art régional** (expositions d'arts visuels). Vous pourrez vous installer au café du rez-de-chaussée pour déguster des pâtisseries françaises artisanales, confectionnées par un pâtissier récompensé deux fois au plan national ; l'endroit a été rénové par le célèbre designer hongrois, Zoltán Varró.

DE L'ART NOUVEAU À FOISON

Découvrez comment le pays a développé l'Art nouveau dans le chapitre Architecture. (p. 324)

OÙ LOGER À SZEGED

Science Hotel
Boutique-hôtel au design high-tech primé. Espaces communs de type salons. Literie confortable. **€€€**

Mozart Hotel
Hôtel de 15 chambres, au charme rétro. À proximité des sites touristiques et des meilleures tables. **€€**

Dóm Hotel
Hôtel central et élégant disposant de son propre restaurant. Jacuzzi, sauna, massages relaxants. **€€€**

PROMENADE À PIED DANS LE CENTRE-VILLE DE SZEGED

Les principaux sites de Szeged ponctuent cette promenade de 3 km. Partez de Széchenyi tér, place centrale qui tient du jardin public ombragé. Portez votre regard sur **1** l'**hôtel de ville** néo-baroque et sa tour. Dirigez-vous ensuite vers le nord jusqu'au **2 palais Gróf**, un édifice Sécession (1913) au haut fronton à mosaïques fleuries. Longez la Tisza et traversez le parc pour admirer les ornements floraux en majolique vert et orange qui ornent le **3 Palais allemand**. À proximité, le **4 Théâtre national**, de style néo-baroque, est reconnaissable à sa façade bombée. Continuez jusqu'au remarquable **5 musée Ferenc Móra** (art populaire, histoire naturelle et collection d'œuvres d'artistes hongrois, tel Mihály Munkácsy). Dirigez-vous ensuite vers l'élégante rue piétonne Kárász utca, puis tournez à gauche jusqu'à l'imposante **6 place Klauzál**. Tournez à droite en direction du **7 palais Reök** (page ci-contre). Après une pause au café du rez-de-chaussée, revenez sur vos pas jusqu'à Kárász utca et tournez à droite pour admirer la **8 maison Unger-Mayer**, un bijou Art nouveau signé Ede Magyar. Face à vous, sur la place Dugonics, se dresse le bâtiment principal de l'université. Devant, la fontaine est un lieu de rendez-vous populaire. Poursuivez sur Somogyi utca en passant devant la **9 Maison noire**, au style romantique anglais, jusqu'à la place de la Cathédrale (Dom tér), dominée par l'énorme **10 Église votive** (p. 258), en briques rouges. En face, s'élève la tour romane Saint-Démétrios, vestige d'une église du XIIe siècle. Vous arrivez sur Dom tér, où se trouve le **11 Panthéon**. Là, plus d'une centaine de personnages clés du pays, artistes, écrivains, scientifiques et grands hommes composent une longue frise historique de statues ou de bas-reliefs.

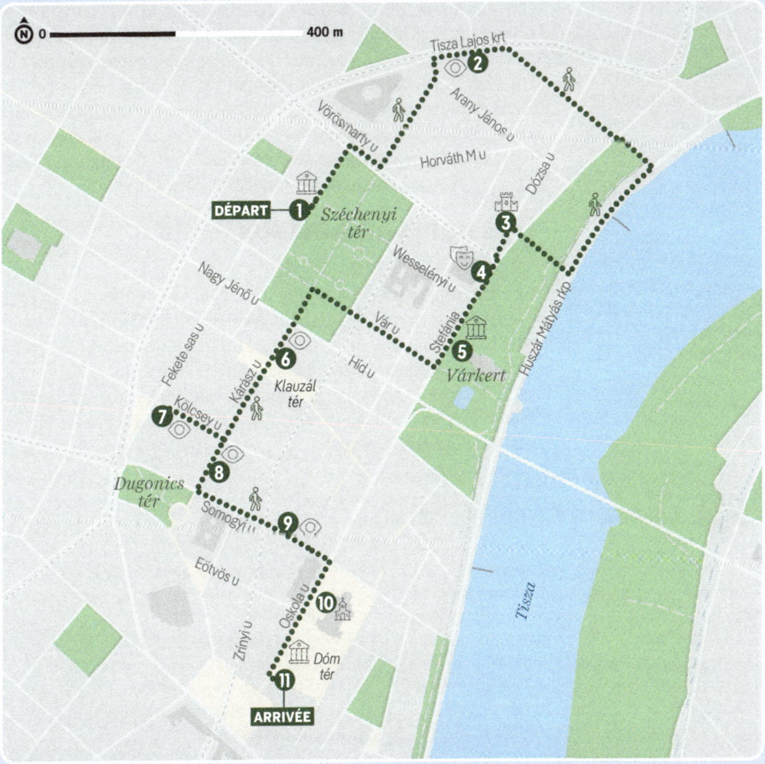

REPAS GASTRONOMIQUES

Szeged s'enorgueillit d'une scène culinaire dynamique, prête à entrer dans la cour des grands. En 2022, deux restaurants figuraient au guide Michelin Hongrie. L'établissement le plus en vogue, **Alkimista Kulináris Mühely**, un *speakeasy* de 16 couverts, ravit les gourmets grâce à une cuisine moléculaire ambitieuse. La cheffe et propriétaire Krisztina Katkó transporte dans de nouvelles contrées culinaires, à travers un menu "dégustation" intimement lié aux saisons, où chaque plat est un poème gastronomique, en accord avec des vins naturels de la région. Le restaurant voisin, **Alabárdos Étterem**, est, depuis 1967, une institution à Szeged. Design et menu ont été dépoussiérés pour adapter au XXIe siècle les sortilèges qui se déroulent en cuisine.

Une imposante église urbaine

VUE PANORAMIQUE SUR LA VILLE

Énorme construction néo-romane à deux tours jumelles, l'**Église votive** a failli ne pas voir le jour. Ses plans furent lancés juste après la grande inondation de 1879, mais elle ne fut achevée qu'en 1930 – les retards nombreux eurent de multiples causes : dépassements budgétaires, guerre, révolution, inflation... L'église se révèle aussi gigantesque à l'intérieur, jusque dans ses orgues aux 9 040 tuyaux. On remarquera les fresques d'inspiration hongroise ornant la coupole qui surmonte le chœur. Pour grimper dans l'une des tours, passez par le **centre d'expositions** de la crypte : l'histoire mouvementée de la construction est retracée dans ses galeries voûtées, avec une présentation d'objets religieux.

Un cantique de pierre et de verre

L'HÉRITAGE JUIF DE SZEGED

Le décor bleu et or de la **Nouvelle Synagogue**, chef-d'œuvre Art nouveau de Lipót Baumhorn (1903), est éblouissant. Son dôme en vitrail bleu cobalt, qui évoque un œil gigantesque, est remarquable. Observez l'ensemble des détails architecturaux : la coupole semée d'étoiles représente l'infini, tandis que les fleurs de grenadier surmontant les 24 piliers du dôme (un pour chaque heure de la journée) symbolisent la foi. La lumière filtre à travers les vitraux de Mano Róth. Notez la magnifique Arche sainte en bois d'acacia. Pour faire des photos, empruntez les escaliers menant à la galerie du 1er étage. Une petite communauté juive de Szeged s'y réunit encore aujourd'hui ; elle accueille aussi des concerts et d'autres événements culturels. Pour plus d'informations, téléchargez l'appli "Jewish Heritage Szeged", mise à disposition par l'office du tourisme.

Des bains miraculeux

PRENEZ LES EAUX AVEC STYLE

Les **bains Anna** (Anna Fürdő), tout en harmonie crème contrastant avec les bleus et bruns des mosaïques, furent construits en 1896 sur le modèle d'un bain turc traditionnel. La richesse architecturale ancienne confère une grâce inhabituelle aux très modernes saunas et bains bouillonnants. On peut se désaltérer gratuitement à la fontaine d'eau thermale située devant l'établissement.

COMMENT S'Y RENDRE ET CIRCULER

Si vous êtes en voiture, garez-vous car le centre-ville est essentiellement piétonnier. La gare ferroviaire principale (Indóház tér) est au sud du centre-ville. La gare routière (Mars tér), située à l'ouest, est aisément accessible à pied en empruntant la rue piétonne Mikszáth Kálmán utca. Vous pourrez louer des vélos auprès de Tourinform (Széchenyi tér 12) ou de Bike Szaki, situé juste à l'extérieur du centre historique, à environ 1 km au sud-ouest de l'Église votive.

Szeged est desservie par plusieurs lignes ferroviaires, dont une ligne principale jusqu'à la gare de Budapest-Nyugati (193 km ; 2 heures 24). Consultez le site menetrendek.hu pour les horaires et les tarifs.

Environs de Szeged

La basse vallée de la Tisza réserve de belles surprises.

Pour les infos pratiques, voir le Carnet d'adresses p. 265

À SAVOIR

Ne vous éloignez pas de la Tisza sans avoir goûté à la *halászlé*, soupe de poisson (4 sortes différentes), oignons de Makó et poivrons.

On s'attarde volontiers à Szeged, pour parcourir ses nombreux sites d'intérêt et parce qu'il y fait bon vivre. Pourtant, il serait dommage de ne pas pousser la curiosité plus avant. Juste à la sortie de la ville, le parc national de Kiskunság et ses confins méridionaux séduiront les amateurs de plein air. Les ornithologues, notamment, s'attarderont sur le lac Fehér, où nichent une foule d'oiseaux. À l'est, près de la frontière roumaine, Makó abrite peut-être le plus beau centre balnéaire moderne du pays, conçu par un pionnier hongrois de l'architecture organique. Les amateurs d'histoire, enfin, ne manqueront pas de se rendre au parc du patrimoine national d'Ópusztaszer.

***Csikósok* (cow-boys)**

ENTRE CIEL ET TERRE

Le **lac Fehér** (Fehér-tó, "lac blanc"), à l'origine le plus vaste lac salé de Hongrie, fut transformé au début du XXe siècle en un système d'étangs piscicoles de 14 km² pour endiguer la Tisza, prompte à déborder. Cette zone humide, qui appartient au parc national de Kiskunság, est protégée par la Convention de Ramsar. Près de 300 espèces d'oiseaux y ont été répertoriées. Informez-vous auprès du **Centre d'exposition de la vallée de la Tisza** (Tisza-völgyi Bemutatóház) à Szatymaz, puis suivez le **sentier d'étude des mouettes**, long de 2 km, pour observer l'écosystème lacustre et, entre les roseaux, les hérons, grèbes, cygnes, bruants des roseaux et autres fauvettes. Les mouettes rieuses ont, elles, colonisé l'île de Korom. Pendant la migration automnale, des grues, oies et canards y nichent.

TIBOR BOGNAR/ALAMY STOCK PHOTO ©

Station thermale de Hagymatikum

La légende à ciel ouvert

UN VOYAGE DANS L'HISTOIRE HONGROISE

En 895, Árpád, un prince magyar, lança ses guerriers à la conquête des Carpates : les tribus hongroises s'installaient en Europe centrale. En 1896, Árpád Feszty en livra une vision romantique et fictionnelle dans une immense peinture panoramique de 120 m de circonférence et 15 m de hauteur. Le "panorama de Feszty" est le principal centre d'intérêt du **Parc mémorial de Ópusztaszer**. Au fil de son parcours en plein air, c'est l'histoire de la Hongrie, au prisme de l'imaginaire national, que vous traverserez. Le court film en 3D projeté au centre d'accueil des visiteurs vous familiarisera avec les grandes dates de l'histoire hongroise (du IXe siècle à nos jours). La visite de ce vaste parc commence devant le monument grandiloquent dédié à Árpád. Puis, en passant devant les

OÙ LOGER ET SE RESTAURER À MAKÓ

Grand Hotel Glorius Makó
Grand hôtel doté de chambres modernes et d'un restaurant. Près de la station Hagymatikum. **€€€**

Kelemen-Ház Étterem
Cuisine hongroise traditionnelle, pizzas et hamburgers servis dans une ambiance chaleureuse. **€**

Cafe Rocco
Bière, pizza, plat hongrois ou soupe à l'oignon, dans un décor de murs de briques et poutres. **€€**

ruines d'un monastère médiéval, vous gagnerez les yourtes d'un village nomade. Vous pourrez vous essayer au tir à l'arc ou revêtir un habit magyar. Plus loin, se trouve le Skanzen, un ensemble de bâtiments ruraux traditionnels illustrant la vie quotidienne dans la Grande Plaine au tournant du XXe siècle. Quelques boutiques y vendent des articles traditionnels. Situé à environ 30 km au nord de Szeged, le parc est desservi toutes les heures par des bus.

Makó : oignons, bulbes et bulles

DÉDALE DE BAINS, TOITS EN OIGNON

Makó, petite ville située à 36 km à l'est de Szeged, est célèbre à la fois pour ses oignons et pour ses bâtiments signés Imre Makovecz, maître hongrois de l'architecture organique. Son dernier chef-d'œuvre, achevé un an après sa mort en 2012, est sans conteste la **station thermale de Hagymatikum**. C'est le plus audacieux des 10 édifices signés par l'architecte que compte Makó. Hagyma signifie "oignon" en hongrois, une forme que l'on retrouve dans les nombreux dômes qui caractérisent la ligne de toit de ce centre de soins, qui compte 18 piscines intérieures et extérieures, ainsi que 9 saunas et spas. Les enfants y ont un espace ludique réservé. Les adultes apprécieront l'eau à 37°C de la piscine thermale ou un bain dans une "grotte" pleine d'échos. L'Adventure Pool, ornée de piliers floraux, réunit petits et grands pour des moments toniques !

Retraite équestre

LE RENOUVEAU TOURISTIQUE DE LA *PUSZTA*

À Balástya, à une vingtaine de kilomètres au nord de Szeged, un couple amoureux de chevaux et de nature a réhabilité une ancienne porcherie pour en faire un élégant centre équestre. Baptisé **Platános Kúria**, le domaine s'inscrit dans une tendance émergente du tourisme hongrois : l'agrotourisme de qualité. Trois sycomores (*platános*), qui donnent leur nom au lieu, sont plantés devant la terrasse en bois du manoir de style anglais et ses 6 chambres. Outre l'hébergement, on pourra y profiter d'un spa, de cocktails au bord de la piscine extérieure et de promenades équestres en forêt.

LE MAKÓ D'IMRE MAKOVECZ

Hagymaház (Maison de l'oignon)
Première commande de Makovecz à Makó, emblématique de l'architecture organique : tours en forme de feuille de part et d'autre de l'auditorium, piliers évoquant des arbres, toit en forme de cage thoracique.

Makói buszpályaudvar (gare routière)
Toit-arbre, vaste salle d'attente en bois : une des plus belles gares routières du pays.

Zonepavilon
Dans le pavillon de musique de Makó, à côté des thermes, un panneau acoustique en forme d'oiseau surplombe le dôme central.

COMMENT S'Y RENDRE ET CIRCULER

La région de Szeged est bien desservie par les bus. Il y a des lignes régulières en direction de Makó, Ópusztaszer, Balástya et Szatymaz à partir de la gare principale de Szeged, sur Mars tér, à côté du marché couvert. Le site menetrendek.hu regroupe tous les horaires de bus, train et transports publics.

Carnet d'adresses

DEBRECEN

Centre d'art moderne et contemporain (MODEM)
Voir p. 246 (Modern és Kortárs Művészeti Központ ; 52-525 010 ; modemart.hu ; Baltazár Dezső tér 1-3 ; tarif plein/enfant 2 500/1 250 Ft ; 10h-18h mar-dim ; 2 Kölcsey Központ)

Château d'eau
Voir p. 247 (Víztorony ; 30 171 8997 ; Pallagi út 7 ; 10h-22h lun-jeu, 10h-2h ven-sam ; 1 Klinikák, Aquaticum)

Collège calviniste
Voir p. 246 (Református Kollégium ; 52-518 501 ; muzeum.drk.hu ; Kálvin tér 16 ; tarif plein/réduit 1 500/700 Ft ; 10h-16h lun-ven nov-fév, 10h-16h lun-sam mars-oct ; 1, 2 Kálvin tér)

Grande Église Réformée
Voir p. 244 (Nagytemplom ; 52 614 160 ; www.nagytemplom.hu ; Piac utca 4-6 ; tarif adulte/enfant 1 100-1 700/700-1 100 Ft ; 9h-16h lun-ven, 9h-13h sam, 12h-16h dim mars-mai et sept-oct, 9h-18h lun-ven, 9h-13h sam, 12h-16h dim juin-août, 9h-15h lun-ven, 9h-13h sam, 12h-16h dim ; 1, 2 Kossuth tér)

Musée Déri
Voir p. 244 (52-322 207 ; www.derimuzeum.hu ; Déri tér 1 ; adulte/enfant 1 800/900 Ft ; 9h-16h mar-sam nov à mi-avr, horaires rallongés reste de l'année ; 1, 2 Kálvin tér)

Parc Nagyerdei
Voir p. 245 (Nagyerdei krt ; 1)

Petite Église Réformée
Voir p. 246 (52 342 872 ; kistemplom.hu ; Révész tér 2 ; 9h-12h dim-ven ; 1, 2 Városháza)

Synagogue orthodoxe de la rue Pasztí
Voir p. 246 (52 415 861 ; Pásti utca 4 ; 9h-16h lun-jeu, 9h-14h ven ; 1, 2 Kossuth tér)

Synagogue Status Quo Ante
Voir p. 246 (Status Quo Ante Zsinagóga ; 52-415 861 ; Kápolnási utca 1 ; 1, 2 Városháza)

Université de Debrecen
Voir p. 247 (52 512 900 ; Egyetem tér 1 ; 1 Egyetem)

Bains Aquaticum
Voir p. 247 (52-514 111 ; www.aquaticum.hu ; Nagyerdei Park 1 ; tarif plein/réduit bains 3 800/3 000 Ft ; complexe entier 10 900/9 700 Ft ; 7h-21h ; 1 Aquaticum)

Centrum Hotel
Voir p. 245 (52-418 522 ; www.centrumhotel.hu ; Kálvin tér 4 ; 1, 2 Kálvin tér, Kossuth tér)

Malom Hotel
Voir p. 245 (52 688 850 ; malomhoteldebrecen.hu ; Böszörményi út 1 ; 2 Csemete utca)

Régi Posta Fogadó
Voir p. 245 (52-325 325 ; regiposta.hu ; Széchenyi utca 6 ; 10h-22h ; 1, 2 Városháza)

DG Italiano
Voir p. 247 (30 402 2454 ; www.dgitaliano.hu ; Piac utca 39 ; 11h30-23h mar-jeu, 11h30-23h30 ven-sam ; 1, 2 Városháza)

IKON
Voir p. 247 (06 30 555 7766 ; www.ikonrestaurant.hu ; Piac utca 23 ; 11h30-23h mer-sam ; 1, 2 Városháza)

Kis Padlizsán Vegan Bistro
Voir p. 247 (30 717 4394 ; kispadlizsan.hu ; Simonffy utca 1-C ; 11h30-21h mar-ven, 12h-21h sam ; 1, 2 Városháza)

Next Bistro
Voir p. 247 (20 349 1130 ; nextbistro.hu ; Bolyai utca 2 ; 9h-22h dim-jeu, 10h-minuit ven-sam ; 1 Egyetem)

Pizza, Kávé, Világbéke
Voir p. 247 (70 771 8188 ; debrecen.vilagbeke.com ; Csapó utca 2 ; 9h-22h lun-jeu, 9h-23h ven-sam ; 1, 2 Kossuth tér)

Maszek
Voir p. 244 (52 873 349 ; maszekazutcabar.hu ; Simonffy utca 2 ; 11h30-minuit lun-jeu, 11h30-2h ven-sam ; 1, 2 Városháza)

Roncsbár
Voir p. 244 (52-688 050 ; www.roncsbar.hu ; Csapó utca 27 ; 14h-minuit lun-jeu, 14h-4h ven-sam ; 1, 2 Kossuth tér)

ENVIRONS DE DEBRECEN

Centre d'accueil des visiteurs du parc national de Hortobágy
Voir p. 248 (Hortobágyi Nemzeti Park Látogatóközpont ; 52-

589 321 ; www.hnp.hu ; Petőfi tér 9, Hortobágy ; pass accès fishponds et trails adulte/enfant 1 jour 2 300/1 500 Ft, 1 sem 6 500/3 900 Ft ; 9h-16h mar-ven, 10h-16h sam-dim jan-mars, 8h-16h mar-ven, 10h-16h sam-dim avr-juin, 9h-17h mar-dim juil-août, horaires réduits reste de l'année)

Parc animalier de la Puszta
Voir p. 250 (Pusztai Állatpark ; 52-701 037 ; www.pusztaiallatpark.hu/hu ; sortie Rte 33 ; adulte/enfant 700/500 Ft ; 9h-18h mi-mars à oct, 10h-16h nov à mi-mars)

Zoo de Hortobágy
Voir p. 250 (52 580 000 ; Hortobágy ; adulte/enfant 2 200/1 700 Ft ; 11h-13h mar-dim jan-fév, 10h-16h mar-dim mars-mai, 10h-18h mar-dim juin-août, 10h-17h mar-dim sept-oct, sur réservation nov-déc)

Haras de Máta
Voir p. 249 (70 492 7655 ; www.hortobagy.eu ; 3 km au nord de Hortobágy ; 1 heure 30 expérience adulte/enfant 4 000/2 500 Ft ; mars-sept)

Sóvirág Vendégház
Voir p. 249 (52-369 130, 06 30 849 9772 ; www.soviragvendeghaz.hu ; Czinege János utca 52-53, Hortobágy)

Hortobágyi Csárda
Voir p. 249 (52-589 010 ; facebook.com/hortobagyicsarda ; Petőfi tér 1 ; 11h-18h été, horaires réduits reste de l'année)

Pizza Sfera
Voir p. 249 (06 30 555 4759 ; Petőfi tér ; 7h-minuit)

Nyerges Presszó café
Voir p. 250 (06 70 492 7655, 52-589 369 ; Mátai ; 9h-18h mars-oct)

KECSKEMÉT

Bugacpuszta
Voir p. 252 (www.bugacpuszta.hu ; entrée située au niveau de Karikás Csárda, 5 km ouest de Bugac ; spectacles week-end mai-oct ; bus depuis Kecskemét)

Collection Bozsó
Voir p. 254 (Bozsó Gyűtemény ; 76-324 625 ; www.bozso.net ; Klapka utca 34 ; adulte/enfant 1 400/700 Ft ; 10h-18h mar-dim)

Collection d'art populaire
Voir p. 254 (Népi Iparmüvészeti Gyűjtemény ; 76-327 203 ; www.nepiiparmuveszet.hu ; Serfőző utca 19/a ; adulte/enfant 800/400 Ft ; 10h-16h mar-ven)

Collection d'instruments de musique Leskowsky
Voir p. 253 (Leskowsky Hangszergyüjtemény ; 76-486 616 ; www.hangszergyujtemeny.hu ; Rákóczi út 15 ; adulte/enfant 1 600/1 100 Ft ; 10h-17h mar-dim, mar-ven sur réservation)

Église Saint-Nicolas
Voir p. 253 (Szent Miklós Ferences Templom ; 76-497 025 ; Lestár tér)

Ferme de Bugacpuszta
Voir p. 254 (Látófa utca 38, Bugacpusztaháza)

RICHARD SEMIK/STOCKADOBE.COM ©
Hôtel de ville de Kecskemét (p. 253)

Grande Église catholique
Voir p. 253 (Nagytemplom ; 76-487 501 ; Kossuth tér 2)

Hôtel de ville
Voir p. 253 (Városháza ; 76-513 513 ; Kossuth tér 1 ; sur rdv)

Institut de pédagogie musicale Zoltán Kodály
Voir p. 254 (76 481 518 ; kodaly.hu ; Kéttemplom köz 1 ; musée tarif plein/réduit 3 000/1 500 Ft ; sur rdv 11h-16h30 lun, 10h-12h et 14h-16h30 mer-ven)

Musée d'Art naïf hongrois
Voir p. 251 (Magyar Naiv Művészek Múzeuma ; 76-324 767 ; kkjm.hu/naiv ; Gáspár András utca 11 ; tarif plein/réduit 600/300 Ft, billet combiné musée et atelier du Jouet 1 400 Ft ; billet à - 50% citoyens de l'EEE ; sur réservation)

Musée des Bergers
Voir p. 254 (76 575 112 ; www.knp.hu/en/shepherd-museum-bugac ; Nagybugac tanya, Bugac ; adulte/enfant 950/550 Ft ; 10h-17h mi-avr à oct)

Palais Cifra
Voir p. 253 (Cifrapalota ; kkjm.hu/cifrapalota ; Rákóczi út 1 ; tarif

plein/réduit 1 800/900 Ft, billet combiné institutions membres du musée József Katona 3 300 Ft, billet à - 50% citoyens EEE ; 10h-17h mar-dim)

Synagogue
Voir p. 253 (Rákóczi út 2 ; 10h-14h lun-jeu, 10h-12h ven)

Adventure Spa & Waterslide Park
Voir p. 251 (Élményfürdő és Csúszdapark ; 76-417 407 ; kecskemetifurdo.hu ; Csabay Géza körút 2 ; adulte/enfant 1 600/1 200 Ft ; 6h-20h30 été)

Bains de Kecskemét
Voir p. 251 (Kecskeméti Fürdő ; 76-500 320 ; kecskemetifurdo.hu ; Csabay Géza körút 5 ; adulte/14-18 ans/3-14 ans 4 900/4 200/1 700 Ft ; 6h-20h30)

Aranyhomok Business City-Wellness Hotel
Voir p. 252 (76 503 730 ; aranyhomok.accenthotels.com ; Kossuth tér 3)

Boutique Hotel Center
Voir p. 252 (76 222 555 ; boutiquehotelcenter.hu ; Arany János utca 3)

Fábián Panzió
Voir p. 252 (20 257 1120 ; www.panziofabian.hu ; Kápolna utca 14)

Bagatell Étterem
Voir p. 251 (76 402 553 ; www.bagatelletterem.hu ; Lestár tér 1 ; 11h-20h lun-sam, 11h-16h dim)

Kisbugaci Csárda
Voir p. 251 (76 322 722 ; kisbugaci.hu ; Munkácsy utca 10 ; 11h-16h dim-lun, 11h-22h mar-sam)

Vincent Étterem
Voir p. 251 (30 570 0518 ; vincent-kecskemet.hu ; Izsáki út 3 ; 8h-22h dim-jeu, 8h-23h ven-sam)

Vincent
Voir p. 253 (06 30 570 0518 ; facebook.com/vincentcukraszda ; Szabadság tér 6 ; 8h-22h lun-jeu, 8h-23h ven, 9h-23h sam, 9h-22h dim)

Marché
Voir p. 253 (Jókai Mór utca ; 6h-12h mar-dim)

SZEGED

Centre d'expositions de l'Église votive
Voir p. 258 (Fogadalmi Templom kiállítótér ; 62-420 157 ; domlatogatokozpont.hu ; Dóm tér ; tour et expo adulte/enfant 1 600/1 000 Ft ; 9h-17h mar-dim ; 2 Somogyi utca)

Église votive
Voir p. 258 (Fogadalmi templom ; 62-420 157 ; www.fogadalmitemplom.hu ; Dóm tér 15 ; 6h30-19h lun-sam, 7h30-19h dim ; 2 Somogyi utca)

Hôtel de ville
Voir p. 257 (Városház ; Széchenyi tér 10 ; 3/4 Károlyi tca)

Maison noire
Voir p. 257 (62 425 872 ; www.moramuzeum.hu ; Somogyi utca 13 ; tarif plein/réduit 1 690/9 090 Ft ; 10h-18h ; 2 Somogyi utca)

Maison Unger-Mayer
Voir p. 257 (Kárász utca 16 ; 2 Somogyi utca, 3/4 Dugonics tér)

Musée Ferenc Móra
Voir p. 257 (62-549 040 ; www.moramuzeum.hu ; Roosevelt tér 1-3 ; tarif plein/réduit 1 890/1 290 Ft ; 10h-18h mar-dim ; trolley bus 9, 19)

Nouvelle Synagogue
Voir p. 258 (Új Zsinagóga ; 20 586 4415 ; facebook.com/Zsinagoga.Szeged ; Jósika utca 10 ; tarif plein/réduit 2 000/1 200 Ft ; 10h-15h mar-ven et dim ; 3/4 Dugonics tér)

Palais allemand
Voir p. 257 (Dózsa utca 2 ; trolley bus 9, 19)

Palais Gróf
Voir p. 257 (Gróf Palota ; Tisza Lajos körút 20 ; 3/4 Forgalmi terelés IV)

Palais Reök
Voir p. 256 (Reök Palota ; 62-471 411 ; www.reok.hu ; Tisza Lajos körút 56 ; tarif plein/réduit 1 000/700 Ft ; 10h-18h mar-ven, 10h-12h sam ; 3/4 Dugonics tér)

Panthéon
Voir p. 257 (Nemzeti Emlékcsarnok ; Dóm tér ; trolley bus 9, 19)

La Nouvelle Synagogue de Szeged (p. 258)

POSZTÓS JÁNOS/STOCKADOBE.COM©

Bains Anna
Voir p. 258 (Anna Fürdő ; 62-553 330 ; www.szegedsport.hu/intezmenyek/anna-furdo ; Tisza Lajos körút 24 ; adulte/enfant 3 500/2 800 Ft ; 7h-19h ; 3/4 Anna-kút)

Bike Szaki
Voir p. 258 (06-70/338-6888 ; facebook.com/Bikeszaki ; Petőfi Sándor sgt. 50 ; lun-ven 9h-18h, sam 9h-13h)

Tourinform Szeged
Voir p. 258 (06-62/488-690 ; www.szegedtourism.hu/en/home ; Széchenyi tér 12)

Dóm Hotel
Voir p. 256 (62-423 750 ; domhotelszeged.info ; Bajza utca 6 ; 2 Somogyi utca)

Mozart Hotel
Voir p. 256 (62-800 040 ; www.mozarthotel.hu ; Oskola utca 16 ; 2 Somogyi utca)

Science Hotel
Voir p. 256 (30 195 4528 ; sciencehotel.hu ; Petőfi Sándor sgrt. 17 ; 4 Vitéz utca)

Alabárdos Étterem
Voir p. 258 (30 718 4889 ; www.alabardosetterem.hu ; Oskola utca 13 ; 12h-22h mar-jeu, 12h-23h ven-sam, 12h-15h dim ; 2 Somogyi utca)

Alkimista Kulináris Mühely
Voir p. 258 (20 943 8186 ; www.alkimistaszeged.hu ; Kelemen utca 2 ; 19h-23h jeu-sam ; 2 Somogyi utca)

Cirmi
Voir p. 256 (62 800 124 ; Tisza Lajos krt. 76 ; 12h-23h dim-jeu, 12h-1h ven-sam ; trolley bus 8, 10)

John Bull Pub
Voir p. 256 (62 484 217 ; www.johnbullpubszeged.hu ; Kárász utca 17 ; 12h-23h lun-mar, 12h-minuit mer-jeu, 11h-minuit ven-sam, 11h-23h dim ; 3/4 Dugonics tér)

Lángosgyár
Voir p. 256 (szegedietterem.hu ; Mars tér ; 4h45-13h lun-sam, 4h45-12h dim)

Rudi és Fickó
Voir p. 256 (62 800 150 ; facebook.com/rudiesficko ; Oroszlán utca 4 ; 8h-22h lun-jeu, 8h-21h30 ven, 8h-23h sam, 9h-22h dim ; 2 Somogyi utca)

ENVIRONS DE SZEGED

Centre d'exposition de la vallée de la Tisza
Voir p. 260 (Tisza-völgyi Bemutatóház ; www.knp.hu/hu/tisza-volgyi-bemutatohaz-szatymaz ; Km 158 route E5 vers Szeged ; visites sur rdv)

Hagymaház
Voir p. 261 (62 212 044 ; www.makohagymahaz.hu ; Posta utca 2, Makó ; billetterie à partir de 13h)

Makói buszpályaudvar (station de bus)
Voir p. 261 (Kossuth utca, Makó)

Parc mémorial de Ópusztaszer
Voir p. 260 (62 275 133 ; opusztaszer.hu ; Szoborkert tanya 68, Ópusztaszer ; adulte/6-26 ans 3 500/1 750 Ft ; 9h-18h lun, 10h-18h mar-dim)

Station thermale de Hagymatikum
Voir p. 261 (62 511 220 ; hagymatikum.hu ; Makovecz tér 6, Makó ; adulte/enfant 4 900/3 630 Ft ; 10h-18h lun-jeu, 8h-20h ven, 8h-minuit sam, 8h-20h dim)

Zenepavilon
Voir p. 261 (Makovecz tér, Makó)

Grand Hotel Glorius Makó
Voir p. 260 (62 511 060 ; glorius.hu ; Csanád vezér tér 2, Makó)

Platános Kúria
Voir p. 261 (30 900 7659 ; platanoskuria.hu ; Őszeszék tanya 236, Balástya ; cours d'équitation 5 500 Ft ; 9h-22h)

Cafe Rocco
Voir p. 260 (62 213 764 ; www.rocco.hu ; Csanád vezér tér 7-9, Makó ; 9h-22h dim-jeu, 9h-23h ven-sam)

Kelemen-Ház Étterem
Voir p. 260 (62 510 022 ; www.kelemenhaz.hu ; Vörösmarty utca 8, Makó ; 8h-22h mar-jeu et dim, 8h-23h ven-sam)

 Ci-dessus : vignoble du Tokaj (p. 282). Page de droite : broderie traditionnelle

NORD DE LA HONGRIE

VIN, FOLKLORE ET FORÊTS

Son habitat traditionnel conservé, ses vignobles de renommée mondiale et ses villages de poupée fiers de leur folklore traduisent parfaitement l'âme hongroise pour qui souhaite s'en imprégner.

Les petites villes pimpantes de la Hongrie septentrionale, ses vastes forêts sillonnées de sentiers, ses superbes régions viticoles, ses châteaux témoins des successives dominations et ses sources thermales dessinent un tableau pour le moins séduisant. L'attachement de la population à ses traditions, le classement de certains habitats villageois et du paysage culturel au patrimoine mondial de l'Unesco confortent largement ses attraits.

Les chaînes de collines de Mátra et de Bükk forment ce qu'on appelle les hautes terres du Nord. Dans un pays par ailleurs plat comme un *palacsinta* (crêpe hongroise), ces contreforts des Carpates ont rang d'Himalaya.

La ville principale du Nord est Eger, connue pour ses beaux édifices de style baroque, son château haut perché et cerné de remparts, d'où contempler les vignobles du fameux "sang de taureau", l'Egri Bikavér, un rouge sec et corsé. À 130 km au nord-est, la jolie petite ville de Tokaj produit depuis le XVe siècle le plus réputé des vins hongrois, un tokay. Les vignes de ses collines fertiles produisent d'excellents vins blancs secs, mais c'est du vin liquoreux Tokaji Aszú, les "gouttes d'or pur", dont parle l'hymne national hongrois.

À l'ouest et à l'est, la Hongrie septentrionale préserve deux régions rurales peu peuplées, authentiques sanctuaires des arts et traditions populaires. À l'ouest, Hollókő est le fidèle gardien des coutumes ancestrales de l'ethnie des Palócs. La région de Bereg, tout à l'est, semble imperméable au temps qui passe, avec ses charrettes, ses chemins de terre battue et ses petites églises en bois.

SITES PRINCIPAUX

EGER
Belle architecture baroque.
p. 272

TOKAJ
Capitale du vin.
p. 282

S'orienter

Voisine de la Slovaquie au nord et de l'Ukraine à l'est, la Hongrie septentrionale est plutôt vallonnée. Toute la nation culmine ici à 1 014 m, altitude sommitale du mont Kékestetö.

Tokaj, p. 282

Centre de la région viticole la plus connue de Hongrie, une ville de caractère baignée par deux rivières. Tout autour : des vignobles et des villages au lointain héritage juif.

Eger, p. 272

Un château chargé d'histoire, une vieille ville baroque, des caves remplies de "sang de taureau" et la porte d'entrée au parc national de Bükk.

VOITURE

Si vous voulez dépasser la couronne périphérique des grandes villes, il est préférable d'être motorisé pour gagner les villages isolés, les sites naturels et les curiosités du nord de la Hongrie, surtout dans la région de Bereg.

BUS

Les bus rejoignent les villes et les villages de la campagne, y compris Hollókő. Les lignes du réseau Volánbusz (www.volanbusz.hu/en) desservent pratiquement toutes les destinations du nord de la Hongrie.

TRAIN

Des trains directs pour Eger partent chaque jour de la gare de Budapest-Keleti. Pour atteindre Tokaj, il faut changer de train à Miskolc. Entre Eger et Tokaj, la correspondance se fait à Füzesabony. Et pour rejoindre Vásárosnamény depuis Tokaj ou Budapest, il faut changer de train à Nyíregyháza.

PIOTR GIEDWICZ/SHUTTERSTOCK ©

Jeune femme en tenue folklorique traditionnelle, Hollókő (p. 280)

Planifier son séjour

Pour boire du "sang de taureau" d'Eger, aller de châteaux médiévaux en bourgs baroques et apprécier toute l'authenticité du patrimoine rural hongrois, prévoyez un parcours ou un autre autour d'Eger et de Tokaj.

MAZIARZ/SHUTTERSTOCK ©

Eger (p. 272)

Si vous avez peu de temps

- Une seule journée à consacrer au Nord ? Alors ce sera **Eger** (p. 272), son marché et la dégustation d'un *lángos* (beignet fourré au fromage ou à la crème aigre) au **Lángos à la Rohlicsek** (p. 273). Grimpez ensuite au **château d'Eger** (p. 272) pour visiter les casemates creusées dans la roche et contempler le panorama depuis le bastion Szép.

- Suivez une **visite guidée de la vieille ville** (p. 275) avant un tour au café et un moment de détente aux **bains turcs** (p. 274). Goûtez l'Egri Bikavér ("sang de taureau") aux caves **Bolyki** (p. 276) ou dans la **vallée de la Belle Dame** (p. 276), puis dînez au bistrot et bar à vins **Macok** (p. 273).

AU FIL DES SAISONS

L'été, les festivals attirent du monde. De mai à octobre, la période est idéale pour la randonnée, l'observation des oiseaux et d'autres activités en plein air. L'automne est l'époque des vendanges.

AVRIL

Les **fêtes de Pâques** égaient toute la région, mais les plus belles prennent place au village de Hollókő, autoproclamé "capitale de Pâques".

JUIN

Le **festival du vin de Tokaj** dure 3 jours : concerts, artisanat, délices culinaires et productions de grands vignerons comme de petites caves.

JUILLET

Organisé à Bolyki, dans une ancienne carrière devenue cave viticole, le **Feszt!Eger** donne en plein air concerts de musiques pop, rock, indie et classique.

PIOTR GIBOWICZ/SHUTTERSTOCK ©, GTS PRODUCTIONS/SHUTTERSTOCK ©, FERENC SZELEPCSENYI/SHUTTERSTOCK ©

Si vous avez trois jours

- Après une journée à Eger, partez explorer la nature dans le parc national de Bükk et rejoignez **Szilvásvárad** (p. 279) par le train ou en voiture. Faites une randonnée dans la **vallée de Szalajka** (p. 279) pour admirer sa forêt, sa faune et sa cascade. Et déjeunez d'une truite pêchée dans les environs au Sáfrány Pisztráng.

- Le troisième jour, visitez à l'est la petite ville de **Tokaj** (p. 282), dont le Tokaji Aszú a séduit les palais du monde entier depuis les XVIIe et XVIIIe siècles. Vous pouvez goûter ce vin doux et d'autres variétés locales, notamment l'excellent furmint sec, dans des caves telles que les **caves Rákóczi** (p. 283), avant un dîner détendu au **Toldi Fogadó** (p. 283).

Si vous avez plus de temps

- En ayant plusieurs jours devant vous, vous aurez l'opportunité d'entrer plus profondément au cœur des coutumes des villages et campagnes les plus isolées du nord de la Hongrie. L'art populaire, les costumes et les traditions y sont uniques. Le groupe ethnique des Matyó, près de Mezőkövesd, crée des broderies riches en motifs et en couleurs, un savoir-faire préservé par **Matyódesign** (p. 280), dans le petit village de Tard.

- À l'ouest d'Eger, le "village vivant" de **Hollókő** (p. 280), où vit l'ethnie des Palócs, possède un château médiéval et une architecture rurale préservée avec soin. Dans la **région de Bereg** (p. 286), à l'extrémité nord-est, les églises ont des décors de fresques joliment naïves et vous verrez un cimetière aux stèles naviformes.

AOÛT

Dix jours durant, le **Zemplén Festival** anime la région de Tokaj avec nombre d'événements culturels divertissants.

SEPTEMBRE

Depuis 1932, les **Journées des vendanges de Tokaj-Hegyalja** célèbrent pendant 3 jours la fin de la récolte du raisin.

OCTOBRE

Honneur au célèbre "sang de taureau" d'Eger pendant le **festival de l'Egri Bikavér** : dîners dédiés, visites des caves et galas.

DÉCEMBRE

Pour le **marché de Noël d'Eger**, la grand-place a tout du conte de fées hivernal : vin chaud, gâteaux à la broche, chorales et concerts.

EGER

Entre vignobles et florilège d'édifices baroques, les visiteurs d'Eger ont tôt fait de tomber sous le charme. Il suffit de flâner dans le lacis de rues piétonnes du centre historique pour apprécier son élégance décontractée et sa vivacité. Fier symbole national, son château veille en sentinelle. De courageux soldats du cru y freinèrent un temps l'invasion des Ottomans, lesquels finirent par conquérir la ville. Cela explique que vous puissiez aujourd'hui grimper au sommet d'un minaret et vous baigner dans les eaux tièdes des bains turcs. En dépit de son charisme, Eger ne souffre pas des inconvénients du tourisme, sauf peut-être dans la célèbre vallée de la Belle Dame, où l'on peut passer de cave en cave pour boire le fameux "sang de taureau" (Egri Bikavér), entre autres vins locaux.

Pour les infos pratiques, voir le Carnet d'adresses p. 290

À SAVOIR

On rejoint la vallée de la Belle Dame en 15 min par les petits trains Dottika Eger, qui partent de la grand-place, Dobó István tér. Le samedi, le bus Egri Bor Busz à montée et descente libres dessert environ 8 caves en dehors de la vallée. Le prix modique du billet inclut des remises pour les boutiques ou les dégustations.

POINTS DE VUE SUR LA VILLE

Bastion Szép
Surmonté de 3 croix, ce bastion également nommé "colline de la Cavalerie" domine le château d'Eger.

Eger Eye
Délicieusement illuminée la nuit, cette grande roue vous élève à 30 m de haut.

Terrasse du lycée
On gravit 314 marches (9e étage) jusqu'à la terrasse panoramique du lycée.

Minaret
Un étroit escalier en colimaçon (97 marches) mène au sommet de cette tour de 40 m, vestige de l'occupation ottomane.

Symbole de la fierté nationale

LA FORTERESSE MÉDIÉVALE

Tours, tourelles et bastions du **château d'Eger** dessinent l'imposante silhouette de cette sentinelle veillant sur la vieille ville. On ne saurait en ignorer la visite, ne serait-ce que pour en faire le tour par la promenade panoramique. Cette forteresse du XIIIe siècle connut son heure de gloire en 1552, lorsque des soldats hongrois sous le commandement d'István Dobó parvinrent à repousser l'armée ottomane en dépit de leur infériorité numérique. La prodigieuse construction héberge désormais une partie des différentes collections du **Dobó István Vármuzeúm**, réparties à travers la ville. Toujours en cours, le programme de restauration permet de rénover les salles du château et d'en ouvrir progressivement de nouvelles aux visiteurs. L'ancien **palais épiscopal** de style gothique accueille tout ce qui a trait à l'histoire du château. Son rez-de-chaussée, uniquement accessible en visite guidée, conserve une réplique du gisant d'István Dobó dans la **galerie des Héros**. Ne manquez pas d'aller jusqu'au pied du château voir les **casemates** creusées à même la roche pour protéger les tireurs. Vous y accéderez par la Porte noire (à l'est du site) pour rejoindre une salle où des expositions et des vidéos à la pointe de la technologie expliquent l'histoire et la construction du château. Plus profond, on accède aux tunnels souterrains creusés en 1570 pour permettre aux soldats de se déplacer en toute sécurité entre les bastions.

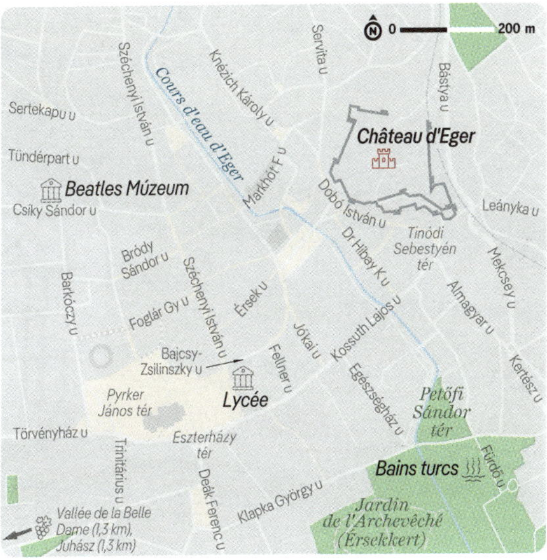

La petite "Sixtine" d'Eger

BIBLIOTHÈQUE PATRIMONIALE ET ILLUSION D'OPTIQUE

Grand bâtiment de l'Université des sciences d'Eger, le **lycée** (Liceum, 1765) héberge entre ses murs rococo (plus localement appelé *zopf*) un trésor pour les bibliophiles : la **bibliothèque de l'archevêché**. Ouverte en 1793, elle réunit 170 000 ouvrages reliés en cuir (le plus ancien datant de 1048). Surmontant ses riches boiseries de chêne aux rayons couverts d'ouvrages (une partie seulement du fonds) du sol au plafond, une étonnante fresque en trompe-l'œil (1778) couvre la vaste salle d'étude. Elle figure diverses scènes du concile de Trente, événement clé de la Contre-Réforme qui modifia la doctrine catholique. Notez l'éclair divin qui vient frapper une pile des manuscrits hérétiques. L'artiste bohémien Johann Lucas Kracker a créé là un incroyable effet de voûte à nervures d'esprit gothique sur à peine 1 m de profondeur (livret gratuit explicatif). Au-dessus, le Liceum abrite divers étages d'expositions permanentes consacrées à la science (billet d'entrée séparé), dont un musée d'Astronomie (6e étage, instruments du XVIIIe siècle), un planétarium, un observatoire et une salle d'expériences interactives. Au sommet, accessible depuis la **terrasse panoramique** (9e étage), une **camera obscura**

TRIOMPHES ET ÉPREUVES

Eger a connu plusieurs moments forts au fil de son histoire, notamment en 1552, quand István Dobó et ses troupes repoussèrent pour la première fois les Ottomans en 150 ans d'occupation. Quatre décennies plus tard, la victoire ottomane de 1596 transforma la ville en capitale provinciale, et les Ottomans furent chassés à la fin du XVIIe siècle, laissant plusieurs mosquées et édifices. Puis, Eger joua un rôle important au début du XVIIIe siècle, lorsque François II Rákóczi tenta de renverser les Habsbourg, mais une grande partie du château fut rasée par les Autrichiens. La ville prospéra à nouveau aux XVIIIe et XIXe siècles, époque dont datent la plupart de ses merveilleux édifices baroques.

OÙ SE RESTAURER À EGER

Bistrot et bar à vins Macok
Variations inventives sur les classiques régionaux travaillés avec des ingrédients locaux. Ambiance décontractée. **€€€**

1552
Agréable cadre à la décoration éclectique pour déguster la nouvelle cuisine hongroise innovante de Matyás Hegyi. **€€€**

Lángos à la Rohlicsek
Le meilleur *lángos* (beignet au fromage et à la crème aigre) de la ville, à l'étage du marché fermier animé de Katona tér. **€**

TAURIN ET SANGUIN : HISTOIRE D'UN VIN

Le combat furieux des Ottomans pour prendre le château d'Eger est légendaire. Pour renforcer le moral des troupes, István Dobó, héros national, leur aurait fait boire, dit-on, un vin local couleur rubis. La barbe tachée de rouge, ses soldats déployèrent une telle vigueur qu'une rumeur commença à circuler parmi les Ottomans : leurs adversaires auraient bu du sang de taureau ! Dès lors ils se retirèrent. Et le fameux vin prit le nom de Bikavér ("sang de taureau"). Le siège de la ville est conté plus en détails dans *Étoiles d'Eger* (1899), un roman historique de Géza Gárdonyi.

WANDERLUSTER/ALAMY STOCK PHOTO ©

Bains turcs

du XVIIIe siècle, dite "l'œil d'Eger", permet d'observer une projection de la ville en temps réel à l'aide d'un système de lentilles et de miroirs.

Beatlesmania

ODE AUX QUATRE GARÇONS DANS LE VENT

Les Beatles ne sont sans doute jamais venus à Eger, mais deux fans du groupe mythique ont réuni une impressionnante collection qui constitue désormais le **Beatles Múzeum** à l'Hotel Korona. Demandez une visite guidée ou suivez-vous-même la chronologie des dates importantes du groupe. Les deux niveaux de ce musée interactif regorgent de vidéos, couvertures d'albums, vêtements, posters, photos et autres curiosités, notamment un sous-marin jaune ! Visite guidée possible.

Les bienfaits de l'eau

BAINS TURCS ET EAU THERMALE

Rien ne vaut un bain et un hammam aux **bains turcs** (Török Fürdő), dont les eaux soulagent les maux des visiteurs depuis 1617. Un agréable bien-être vous attend dans le **grand bassin**, surmonté d'un dôme doré. Il s'agit du plus ancien

OÙ LOGER À EGER

Imola Udvarház
Au pied du château, 6 appartements élégants parfaits pour les voyageurs indépendants. **€€€**

1552
Superbe boutique-hôtel dans un bâtiment baroque. Les chambres à thème déclinent les grandes dates d'Eger. **€€€**

Villa Florencia
Chambres modernes à poutres apparentes avec cour verdoyante et petit-déjeuner gratuit à proximité. Central. **€€**

PROMENADE À PIED DANS LA VIEILLE VILLE D'EGER

Du château d'Eger à la grand-place, Dobó István tér, cette promenade de 1,5 km va de sites incontournables en trésors cachés. Partez de la très belle Kossuth Lajos utca, ponctuée de joyaux architecturaux telle l'ancienne synagogue orthodoxe (1893), site actuel de la 1 **Sándor Ziffer Gallery**. Enjambez le modeste Eger pour gagner 2 l'**hôtel du comitat** (Megyeháza). À l'entrée, admirez la grille en fer forgé figurant la Foi, l'Espoir et la Charité, puis, sur les portes (plus ouvragées encore) du passage plus loin, la cigogne tenant un serpent dans son bec. C'est tout l'art du ferronnier rhénan Henrik Fazola (mi-XVIIIe), auteur également de la balustrade et grilles des fenêtres du 3 **palais du Prévôt** (Kisprépostі Palota), de style rococo. Kossuth Lajos utca finit sur Eszterházy tér, menant à la 4 **basilique d'Eger** (Egri Bazilika, 1836), deuxième plus grande église de Hongrie. On doit son dôme imposant, ses autels et chapelles richement ornés, ainsi que ses plafonds peints à fresque à József Hild, qui érigea plus tard la cathédrale d'Esztergom sur la Courbe du Danube. En face, le 5 **lycée** (p. 273) réunit une splendide bibliothèque et une vue panoramique. Continuez vers le nord jusqu'au 6 **Palais archiépiscopal** (Egri Érseki Palota), beau bâtiment baroque où se dévoile le quotidien des évêques. Les fresques d'oiseaux ont été redécouvertes en 2013 sous 30 couches de peinture. Vers l'est, on rejoint le cœur de la ville et sa grand-place dédiée au baron István Dobó dont la statue aux côtés de ses soldats orne la place. Au sud, se dresse 7 l'**église des Minorites Saint-Antoine de Padoue**, édifice baroque dessiné par l'architecte autrichien Dientzenhofer, avec un bel autel signé Johann Lucas Kracker. Achevez votre tour par une vue sur la ville depuis les nacelles de 8 l'**Eger Eye**.

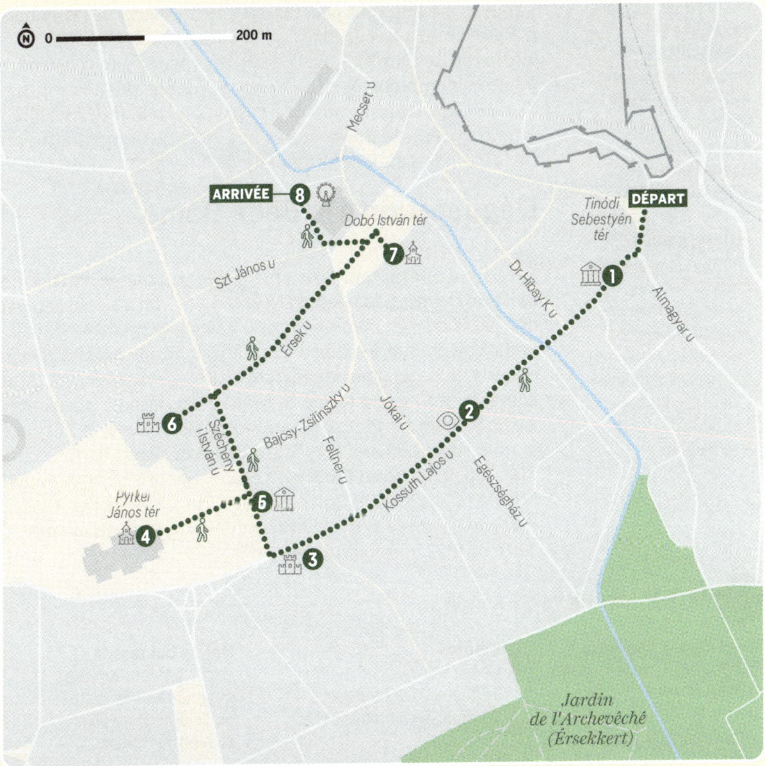

LE VIN AU-DELÀ DE LA VALLÉE

Différente des caves traditionnelles d'Eger, la cave **Bolyki** occupe en périphérie une vaste carrière médiévale dont les tailleurs ont extrait une bonne partie des pierres de construction d'Eger. Personnage attachant et excentrique, János Bolyki a créé des vins fabuleux et un espace dynamique qui accueille des événements, des fêtes et les concerts du festival **Feszt!Eger**.

On peut prendre simplement un verre au Bolyki ou visiter la cave, dégustations à l'appui. Les étiquettes reflètent aussi l'originalité du lieu. Pour la petite histoire, les deux énormes rochers qui bloquent en partie l'entrée sont tombés en 2007, écrasant une vaste cuve en fer qui laissa couler une rivière de vin rouge. Les bus Egri Bor Busz y font halte.

Dégustation de vin, vallée de la Belle Dame

et du plus spectaculaire des 6 bassins des lieux, alimentés par une eau de source minérale tirant ses bienfaits du radon. Sur place, vous apprécierez aussi saunas, hammam, massages et soins. Les habitués aiment en boire l'eau. Apportez une bouteille pour la remplir à la fontaine du petit parc voisin.

Toutes proches, vous pourrez également profiter des **thermes d'Eger** aux eaux curatives. Après une promenade dans les jardins de l'archevêché (Érsékkert), vous pourrez vous détendre dans ses nombreux bassins. Certains sont dédiés aux soins et à la détente, d'autres aux divertissements, dont des piscines à bulles. L'entrée donne accès aux bassins et aux multiples installations s'étalant sur un site de 5 hectares.

Dégustation à la Belle Dame

TOUR DES CAVES À VINS TROGLODYTIQUES

Paradis des amateurs de vin, la bien-nommée **vallée de la Belle Dame** (Szépasszony-völgy), à environ 1 km au sud-est du centre d'Eger, compte plus de 200 caves creusées dans la roche volcanique. Le long d'une route en forme de fer à cheval et dans un parc, plusieurs dizaines de ces *pincék* (caves) font goûter la production locale. Si vous voulez découvrir plusieurs variétés, commandez des verres d'un décilitre. Le vin rouge le plus connu d'Eger est l'**Egri Bikavér** (sang de taureau), mais plusieurs vins blancs sont également prisés, notamment l'*olaszrizling*, le *leányka*, le *hárslevelű* et le nouvel Egri Csillag (l'Étoile d'Eger). On peut aussi commander des verres entiers, des carafes et des bouteilles.

OÙ PRENDRE UN VERRE À EGER

Bar et cave à vins Fuzio
Un beau bar à vins, aménagé dans les chais d'un maître-caviste. Également une terrasse sur cour.

Bíboros
Ce bar tranquille en journée se mue en discothèque tapageuse en fin de soirée.

Marján Cukrászda
Accordez-vous un café gourmand sur la vaste terrasse de Tinódi Sebestyén tér, au pied du château.

WIESLAW/STOCKADOBE.COM ©

Basilique d'Eger (p. 275)

N'hésitez pas à faire un tour avant de choisir une *pince*. La plupart conservent un cadre traditionnel : boiseries sombres, carrelage et bibelots thématiques, mais certaines, telles **Juhász**, ont adopté un style moderne élégant. Par beau temps, la plupart des visiteurs s'installent en terrasse. L'ambiance devient vite joviale, surtout les soirs d'été. Certaines caves servent aussi à manger. Sur le chemin menant dans la vallée, les bistrots avec tables de pique-nique et menus illustrés pratiquent souvent des tarifs moindres. Vous rejoindrez aisément à pied la vallée de la Belle Dame en prenant la rue Király utca. Sinon, montez à bord d'un **petit train Dottika** (p. 272).

LA BASILIQUE D'EGER

La basilique d'Eger (1836) en est sans doute l'un des plus impressionnants édifices. Ce bâtiment néoclassique massif, au dôme imposant et aux autels finement ouvragés, est l'œuvre de József Hild, qui érigea plus tard la cathédrale d'Esztergom sur la Courbe du Danube. Entrez dans la basilique, si vous le pouvez, au moment où s'y donne un concert d'orgue de 30 minutes, et profitez de l'incroyable acoustique.

COMMENT S'Y RENDRE ET CIRCULER

La gare ferroviaire principale d'Eger est située sur Vasút utca, au sud des jardins de l'archevêché. La gare ferroviaire Egervár, dans Vécseyvölgy utca, est à 5 min de marche au nord du château d'Eger.

Des trains (7/jour ; 2 heures) relient Eger à la gare de Budapest-Keleti. La ville est aussi sur la ligne secondaire reliant Putnok à Füzesabony, où des correspondances sont possibles pour Miskolc (1 heure 30) et Debrecen (2 heures 30).

Des bus desservent Debrecen (2 heures 45), Gyöngyös (1 heure), Kecskemét (4 heures), Miskolc (1 heure 30), Szeged (5 heures 30) et Szilvásvárad (40 min). Un seul bus (le dimanche matin) traverse les collines de Bükk, via Felsőtárkány, à destination de Miskolc.

Situés dans la vieille ville et à proximité, les sites principaux d'Eger se visitent facilement à pied. Si vous êtes en voiture, le stationnement est gratuit au Hadnagy Utcai Parkoló, au sud du jardin de l'archevêché. Non loin, l'agence Eger Bike loue des vélos à la demi-journée, à la journée et à la semaine, et propose aussi des visites. La principale station de taxis se trouve dans la rue Fellner Jakab utca, à l'est du lycée.

Environs d'Eger

Plein air assuré ! Entre sentiers de randonnée, cascades, trajet ferroviaire sur voie étroite et observatoire dans le parc national de Bükk, l'exercice et les centres d'intérêt ne font guère défaut.

Pour les infos pratiques, voir le Carnet d'adresses p. 291

À SAVOIR

Depuis la gare d'Egervár, au nord du château d'Eger, des trains desservent Szilvásvárad via Szarvaskő et d'autres villages des collines de Bükk.

Située à la même latitude que la Bourgogne, Eger est au cœur d'une des régions viticoles les plus réputées de Hongrie. On y produit le célèbre Egri Bikavér, un vin rouge sec et corsé qui se compose de *kékfrankos* (*blaufränkisch*) et d'autres cépages, généralement du merlot, du cabernet sauvignon et du cabernet franc. La région viticole couvre les contreforts du parc national de Bükk qui protège les chaînes de collines du nord de la Hongrie et leurs forêts de hêtres (*bükk*). Randonnées et excursions vous le feront découvrir à foison. Son fleuron touristique est le village de Szilvásvárad, sa cascade romantique et son haras national de lipizzans.

Chemin de fer à voie étroite (p. 279)

Parc national de Bükk

Le poumon vert de la Hongrie

PLEINE NATURE

Agréable mosaïque de hauts plateaux et d'épaisses forêts peuplées d'innombrables espèces animales, le massif de Bükk forme un havre naturel exceptionnel où s'évader. Le **parc national de Bükk** (Bükki Nemzeti Park) protège la plus grande partie de cet espace naturel. Les familles hongroises adorent faire une sortie à **Szilvásvárad**, qui n'est qu'à 30 km au nord d'Eger et est desservi par le train. S'il doit sa renommée mondiale à son conservatoire de chevaux lipizzans, le **haras national de Szilvásvárad** (Állami Ménesgazdaság), ce village à flanc de colline est aussi la porte d'entrée de la verdoyante **vallée de Szalajka** (Szalajka-völgy). Au sud, un sentier de 4 km suit un paisible ruisseau bordé d'aulnes jusqu'à la **cascade de Fátyol** qui dégringole en escalier. En chemin, vous verrez un parc animalier, un musée de la Forêt, des étangs peuplés de truites et une source à l'eau turquoise. Pour vous requinquer, régalez-vous de la spécialité locale : la truite rôtie ou fumée, par exemple au **Sáfrány Pisztráng**, près de la cascade. Un petit **train à voie étroite** parcourt la vallée jusqu'à son terminus au-dessus de la cascade. De nombreux promeneurs viennent à pied jusque-là et repartent par le vénérable train, ou tout l'inverse.

QUE FAIRE À EGER ET ALENTOUR

Barbara Balogh, copropriétaire du Nomad Hotel & Glamping à Noszvaj, nous fait partager ses activités préférées. @nomadnoszvaj

Équitation
Quand j'ai besoin de calme, je pars à cheval dans les collines de Bükk. Les centres équestres ne manquent pas autour d'Eger, comme Karap Lovastanya.

Spas
Certains centres thermaux de la région ouvrent en soirée. Rien ne vaut une baignade dans l'eau chaude sous les étoiles, par exemple à Demjén.

Marché d'antiquités
Le troisième dimanche de chaque mois, je pars en quête de trésors. Un des plus grands marchés aux puces de la région se tient derrière la basilique d'Eger. On y trouve de tout !

OÙ SE RESTAURER DANS LES COLLINES DE BÜKK

Iszkor
Six tables à Mályinka, à environ 13 km au nord-est de Szilvásvárad, pour se régaler en direct de produits de la ferme. Réservez ! **€€€**

Nomad Restaurant
Pour un pti'déj' buffet inouï, un déjeuner léger ou un dîner copieux (réservez !), direction le restaurant du Nomad Hotel. **€€€**

Vadász Étterem
Près de l'observatoire de Répáshuta, une taverne historique aux copieux plats hongrois et spécialités de gibier. **€€**

BRODERIE FLORALE : TOUT L'ART DES MATYÓ

À 25 km au sud-est d'Eger, Mezőkövesd est la terre des Matyó. L'art de la broderie florale pratiqué par ce groupe ethnique est inscrit sur la liste du patrimoine culturel immatériel de l'Unesco pour la qualité de ses motifs floraux brodés au point plat sur les robes traditionnelles. Soucieuse de préserver ce savoir-faire ancestral, Rozi Váczi, une jeune femme branchée originaire du petit village voisin de Tard, a fondé l'entreprise de mode **Matyódesign** pour faire entrer l'artisanat traditionnel dans le XXIe siècle. Des femmes Matyó, la plupart retraitées, ornent ainsi de broderies colorées des vêtements du quotidien. L'atelier de broderie fait aussi office de showroom et boutique à Tard (appelez à l'avance). On peut y suivre un atelier de broderie (une journée), belle double initiation aux motifs floraux et à la culture Matyó.

Vie rupestre, glamping, dégustation

UN VILLAGE PLEIN DE SURPRISES

À seulement 10 km au nord-est d'Eger, près des collines de Bükk, le village de **Noszvaj** est un lieu de séjour idéal en pleine nature. Banal au premier abord, il réserve d'agréables surprises, notamment le réseau d'habitats troglodytiques de **Pocem barlanglakások**, devenu une colonie d'artistes. On s'y promène librement d'une grotte à l'autre parmi les œuvres d'art exposées. L'architecture de certaines grottes relève de l'art comme la Pentaton obscura, profonde cavité à l'acoustique mystique. Vous pourrez passer la nuit dans un **appartement troglodyte** au tout proche Farkaskő Vendégház.

Noszvaj semble s'être spécialisé dans les nuits en abris inédits. La famille d'artistes qui gère le **Nomad Hotel** a lancé la mode du glamping en Hongrie en étoffant son offre de deux types d'hébergement originaux : de vastes bungalows vitrés noyés dans les arbres (dignes d'un magazine de décoration) ou des tentes-bulles (au toit transparent) sous les frondaisons. Le **Treehouses Noszvaj**, non loin, propose des cabanes surélevées dans les bois.

Pour les amateurs de vins, **Thummerer**, à 2 km au sud du village, est l'une des meilleures caves de Hongrie. Elle produit quelque 25 crus différents, dont un Egri Bikavér joliment corsé. La visite mène dans un véritable labyrinthe creusé dans la roche volcanique et finit par une dégustation avec accords mets-vins (sur réservation).

Voyage dans l'espace

RÉSERVE DE CIEL ÉTOILÉ

À 30 km d'Eger, l'**observatoire astronomique de Bükk** (Bükki Csillagda), construit en 2022, à Répáshuta, ouvre sur le cosmos une vaste fenêtre haute technologie. Depuis 2017, le parc national de Bükk a été reconnu par l'Association internationale Dark Sky comme la troisième réserve de ciel étoilé de Hongrie. Dans l'observatoire, on peut toucher une météorite, s'instruire sur le système solaire à l'aide d'hologrammes et d'un système de réalité augmentée, voir un film en 3D au planétarium, observer le ciel dans des télescopes dernier cri et faire un voyage sur Mars en réalité virtuelle. Panneaux et explications audio en anglais.

Pérennité des traditions

BASTION DE LA CULTURE HONGROISE TRADITIONNELLE

À Pâques, le petit village de **Hollókő** ("rocher des Corbeaux"), à quelque 90 km à l'ouest d'Eger, célèbre depuis la nuit des

OÙ LOGER À LA CAMPAGNE

Faluhely Major
Dans une ancienne bergerie de Mátranovák, 4 chambres à thème saisonnier et matériaux recyclés. Délicieux repas. **€€€**

Pénzpataki Vadászház
Près de l'observatoire de Répáshuta, une pittoresque auberge qui fait restaurant tout en offrant à ses hôtes l'accès à une cuisine. **€**

Villa Szilva Vendégház
Maison d'hôtes de Szilvásvárad aux chambres lambrissées avec une petite cour privative donnant sur un jardin équipé d'un barbecue. **€**

temps le retour du printemps. Les hommes célibataires, en costume traditionnel, arrosent d'eau les "catherinettes" habillées selon la tradition, un rituel censé conférer la fertilité aux demoiselles. Ces dernières remercient leurs "arroseurs" avec de magnifiques œufs peints. C'est le moment fort du célèbre **festival de Pâques de Hollókő** (Hollókői Húsvéti Fesztivál), 3 jours de chants, de ripailles et de danses.

Épicentre de la riche culture populaire des Palócs, ce beau village des collines de Cserhát se distingue par son château restauré et par l'architecture de son **vieux village** (Ófalu). Ses deux rues pavées sont jalonnées de 67 maisons chaulées à porche de bois sculpté et toit de tuiles en surplomb, inscrites au patrimoine mondial de l'Unesco depuis 1987.

Si large soit la renommée de Hollókő, ne croyez pas visiter un musée en plein air, car le village n'a pas sacrifié son âme au tourisme. Les maisons abritent des boutiques de produits locaux, des imprimeries, des ateliers de tissage, des petits musées (de la Poupée, du Costume traditionnel ou de la Poste) ou des restaurants. Goûtez le *gomolya*, un fromage de brebis parfumé d'épices, poivre ou paprika, à la fromagerie **Gazduram**. En semaine, n'arrivez pas après le milieu de la matinée, car nombre de boutiques ferment en début d'après-midi. On peut stationner au parking, à l'extérieur d'Ófalu, près de l'office de tourisme.

Histoire et paysages

CRAPAHUTER EN TERRE PALÓC

Quelque 110 ha de réserve protégée entourent Hollókő, d'où une infinité de possibilités pour randonner paisiblement à travers collines et vallées à l'ouest et au sud du château. Partant du parking et de l'office de tourisme, une courte balade (1 km, balisée) grimpe au **château de Hollókő** (Hollókői Vár) à travers la forêt. Construit à la fin du XIIIe siècle, le château fut fortifié deux siècles plus tard, ce qui n'empêcha pas les Turcs de s'en emparer. Libéré en 1683 par le roi polonais Jean III Sobieski (1674-1696), il fut endommagé au début du XVIIIe siècle lors de la guerre d'indépendance. L'extérieur en est toutefois demeuré intact. Sa collection d'armes et armures n'est pas incontournable, mais on a une vue splendide sur les champs et les collines boisées depuis son donjon pentagonal. Pour profiter d'un spectacle comparable sur la nature, rien que la nature, suivez les panneaux jusqu'à l'étonnante **Paume de Dieu** (Isten Tenyere), un belvédère en bois en forme de main dessiné en 2020 par l'artiste Benjámin Csíkszentmihályi. Elle se trouve dans le centre équestre de Farkaskútvölgy, à environ 2,5 km de l'office de tourisme de Hollókő.

LES BONNES TABLES DE HOLLÓKÖ

Muskátli Vendéglő
Les délicieux plats locaux de ce restaurant façon cottage fleuri mettent l'eau à la bouche. Goûtez la soupe Palóc de haricots verts. €€

Mikszáth Étterem
La salle à manger du Castellum Hotel propose des recettes locales et internationales. Délicieuse crème brûlée à la pâte d'amandes et aux graines de pavot. €€€

Kalácsos
Cette divine petite boulangerie vend aussi des pâtisseries, comme les *hókifli*, fourrés aux noix, aux prunes ou aux abricots. €

Château de Hollókő

COMMENT CIRCULER

Bus et trains desservent les villages du parc national de Bükk, y compris Szilvásvárad. Noszvaj est aussi accessible en bus. Pour rejoindre Tokaj, faites une correspondance à Miskolc. Plusieurs correspondances sont nécessaires pour aller d'Eger à Hollókő avec les transports en commun ; il vaut mieux prendre une voiture.

TOKAJ

Depuis le XVIe siècle, le Tokaji Aszú, célèbre vin doux, rythme la vie de Tokaj. Au cœur de la célébrissime région viticole de Tokaj-Hegyalja, la ville du tokay dont s'est délectée toute l'Europe des XVIIe et XVIIIe siècles repose sur les flancs d'une colline volcanique à la confluence du Bodrog et de la Tisza. Cheminées coiffées de nids de cigogne et édifices anciens dessinent le cadre charmant de la vieille ville autour de Kossuth tér, la grand-place que flanquent deux églises et les riches demeures des marchands de l'âge d'or de Tokaj (XVIIIe-XIXe siècle). Vous pouvez goûter les délicieux vins locaux dans les caves et restaurants des alentours, comme dans les ruelles fleuries de la ville haute, mais aussi vous divertir sur l'eau et au bord des rivières.

Pour les infos pratiques, voir le Carnet d'adresses p. 292

À SAVOIR

Tokaj est un des 27 villages de la région viticole de Tokaj-Hegyalja, comptant des centaines de caves. Tourinform (Serház utca 1) organise des tournées des caves en bus (sur réservation 4-5 jours à l'avance, 2 pers minimum). Plus qu'une simple visite-dégustation, c'est une invitation à mieux comprendre les procédés de vinification.

Roi des vins, vin des rois

MUSÉES DU VIN

Le tokay a fait fureur et l'on attribue à Louis XV cette phrase à l'attention de Mme de Pompadour : “Voici, Madame, le roi des vins et le vin des rois” (une formule peut-être reprise de son grand-père le Roi-Soleil). La culture ancestrale de la vigne dans la région est honorée par deux musées dans la ville de Tokaj (billets combinés). Dans un manoir du XVIIIe siècle construit pour des négociants en vin grecs, le **musée de Tokaj** (Tokaji Múzeum) nous fait revivre l'histoire de la ville à travers des objets du quotidien et des métiers de la vigne, telle une table de tri de raisin Aszú. Le musée de Tokaj possède aussi une belle collection d'art liturgique chrétien dont des icônes, des crucifix et triptyques médiévaux, ainsi que des œuvres judaïques en provenance de la Grande Synagogue. À 5 minutes à pied derrière l'ancienne grande synagogue de Tokaj reconvertie en centre de conférences, un second musée fait partie de l'institution, le **musée du Patrimoine viticole** (Világörökségi Bormúzeum Tokaj) dont la muséographie contemporaine et interactive élargit le propos à l'échelle de la viticulture européenne. Vous découvrirez la région de Hegyalja et les vins locaux, à travers des expériences virtuelles et ludiques à vélo, dans une Fiat 500 ou une montgolfière !

Vignoble de Tokaj

Une affaire de passion

L'OR LIQUIDE DE TOKAJ

Une multitude de caves privées (*pincék*) et de restaurants proposent des dégustations de vin. Procédez par verres de 10 cl

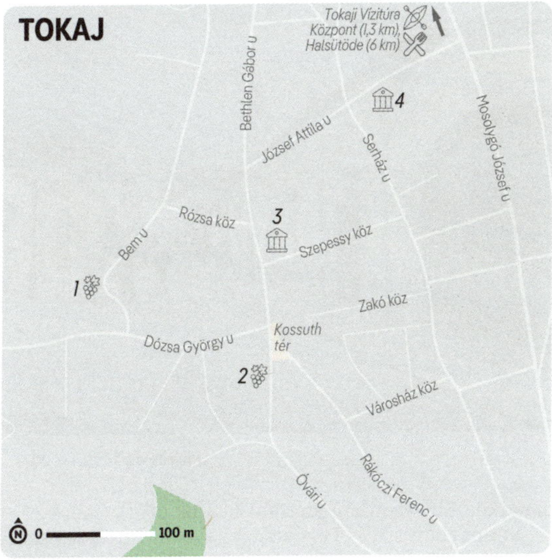

VOIR
1 Hímesudvar
2 Caves Rákóczi
3 Musée de Tokaj
4 Musée du Patrimoine viticole

et allez du plus sec au plus doux : furmint, Szamorodni sec (apéritif), Szamorodni doux (comparable au *vin santo* italien) et enfin les vins d'Aszú. Ces derniers, des vins de dessert très sucrés, comptent 4 à 6 *puttonyos* (unité de mesure du sucre contenu dans la pourriture noble des grains Aszú). Doyennes des caves de dégustation, les **caves Rákóczi**, sur la grand-place Kossuth tér, font vieillir depuis six siècles leurs bouteilles dans de longs couloirs (l'un d'entre eux fait 28 m sur 10 m). Sur la colline derrière l'église du Sacré-Cœur, **Hímesudvar** est l'endroit le plus convivial. Vous apprécierez sa cave du XVIe siècle, sa boutique et son jardin.

Communauté juive à Tokaj

TÉMOINS DE L'HISTOIRE

Au XVIIe siècle, les juifs de Galicie et de Silésie (actuelles Pologne et Ukraine) s'implantèrent dans la région, attirés par le commerce du vin tokaj. On retrouve en ville des traces de la présence de cette communauté, dont la **Grande Synagogue**, sur Serház utca, qui resplendit à nouveau depuis sa reconstruction intégrale. Bâtie dans un style éclectique au XIXe siècle, elle servit – cruelle ironie de l'histoire – à caserner des soldats allemands pendant la Seconde Guerre

OÙ SE RESTAURER À TOKAJ

LaBor Bistro
Restaurant tendance à l'ambiance contemporaine où manger des pizzas et des plats hongrois revisités. **€€€**

Toldi Fogadó
Adresse haut de gamme spécialisée dans les plats de canard et de poisson (goûtez le poisson-chat), qui sert aussi des plats végétariens. **€€€**

OÙ LOGER À TOKAJ

Toldi Fogadó
Excellente auberge en plein cœur de Tokaj. Piscine et spa avec sauna, hammam et Jacuzzi. Bon restaurant sur place. **€€€**

Tokaj Vár
Un des meilleurs hôtels de Tokaj. Les chambres, spacieuses et modernes, donnent sur une tranquille cour intérieure. **€€**

Vaskó Panzió
Chambres au cœur du centre-ville. Donne au-dessus d'une cave à vin, où le propriétaire peut organiser des dégustations. **€**

ASZÚ

Le sol volcanique, le climat ensoleillé et la chaîne de collines protectrice font de la région de Tokaj-Hegyalja la terre idéale pour la vigne la plus prisée de Hongrie, notamment pour son raisin Aszú. Ce doux nectar est produit avec des raisins très mûrs, infectés par la moisissure *Botrytis cinerea*, qui les transforme presque en raisins secs sur les ceps. L'Aszú se compose d'un mélange d'une des 6 variétés de raisin de la région de Tokaj, mais la plus importante est le furmint local. Les vins sont classés par le nombre (4 à 6) de *puttonyos* (paniers à vendange) de raisins Aszú ajoutés à la base.

OLENA ZN/STOCKADOBE.COM ©

Une rue de Tokaj (p. 282)

mondiale Elle tient aujourd'hui lieu de centre culturel et de salle de conférences. On y accède par le théâtre Ede Paulay.

On peut aussi visiter un vaste **cimetière juif** orthodoxe à Bodrogkresztúr, à 6 km au nord-ouest de Tokaj.

Bateaux, oiseaux et... petite friture

SUR LES EAUX DU BODROG ET DE LA TISZA

De mai à octobre, des excursions d'une heure en bateau parcourent la Tisza et le Bodrog au départ des quais au sud du pont sur la Tisza. Commentées en hongrois (uniquement), elles offrent un doux moment de répit. On peut tout autant naviguer à son rythme, à la force de la pagaie ou de la rame en louant kayak, canoë ou paddle au **Tokaji Vízitúra Központ**. Ce prestataire installé sur le Bodrog, à environ 2 km au nord de Tokaj, organise aussi des sorties d'observation des oiseaux entre autres et l'on peut y camper. À 6 km de la confluence entre le fleuve et la rivière, le **Halsütöde** de Timár est un rendez-vous couru ! On s'y régale de poissons frits sur sa terrasse le long de la Tisza.

COMMENT S'Y RENDRE ET CIRCULER

La gare ferroviaire de Tokaj est à 1,2 km au sud de la ville (15 min). Jusqu'à 16 trains par jour partent vers l'ouest à destination de Miskolc (1 heure) et de Budapest-Keleti (2 heures 45), et vers l'est, via Nyíregyháza (35 min) à destination de Debrecen (1 heure 30). Pour vous rendre à Sárospatak (1 heure 30), au nord, changez à Mezőzombor ou à Szerencs.

Se déplacer en bus dans les collines de Zemplén requiert son lot de correspondances, ainsi qu'un timing parfait, car les bus sont peu fréquents. On trouve cependant 2 bus par jour pour Debrecen (2 heures) via Nyíregyháza (40 min), et 2 à 3 pour Sárospatak (50 min). Les bus partent et arrivent à Serház utca, à l'est de Kossuth tér.

Nul besoin d'une voiture pour visiter la petite ville de Tokaj ; garez la vôtre dans une rue ou sur un parking. La plupart des parkings sont gratuits.

Environs de Tokaj

Toute une mosaïque de vignobles vert éclatant et de villages campagnards à souhait rythme votre route à travers vallons et collines. Un parcours qui donne des ailes !

Pour les infos pratiques, voir le Carnet d'adresses p. 293

À SAVOIR

Il peut être avisé de réserver visites et dégustations soit en direct auprès des caves, soit par l'intermédiaire de sites spécialisés comme winetourism.com.

Classée paysage culturel historique de l'Unesco depuis 2002, la région viticole de Tokaj-Hegyalja englobe les vignobles du piémont (*hegyalja* en hongrois) de Zemplén et ses 27 villages. Certaines des meilleures vignes de Hongrie sont plantées sur les collines proches du paisible bourg de Mád, indissociable de l'histoire juive de la région avant la Seconde Guerre mondiale. Sa synagogue de style *zopf* (baroque, tardif hongrois) marque le départ d'un circuit de 150 km consacré au patrimoine juif.

Par ailleurs, la célébrité du vin de Tokaj transparaît jusque dans l'hymne national hongrois composé par Ferenc Kölcsey (1790-1838), lui-même inhumé au cimetière de Szatmárcseke qui se distingue par ses stèles naviformes. C'est dans cette région isolée de Bereg, proche de la frontière ukrainienne, que les traditions hongroises restent les plus vivaces.

Région viticole de Tokaj-Hegyalja

BONNES ADRESSES DANS LA RÉGION DE BEREG

Baráth Vendégház
Cette charmante maison d'hôtes de Tákos propose 4 grandes chambres lumineuses. Accueil sympathique et excellente cuisine. €

Kuruc Vendégház
À Tivadar, tout le confort moderne agrémente 5 chambres au charme traditionnel. Cuisine commune et piscine.

Hunor Hotel
Chambres de style rétro, spa (Jacuzzi, sauna, piscine intérieure) et délicieux restaurant dans un hôtel moderne de Vásárosnamény.

REUTERS/ALAMY STOCK PHOTO ©

Rabbins en tête d'un groupe de pèlerins à Mád

Échappée tokay à deux-roues

DE VIGNOBLE EN CAVE, DE CAVE EN VIGNOBLE

Les amateurs de vins et de paysages apprécient de plus en plus de pédaler à travers ce beau piémont tapissé de vignes et empreint de sérénité. Pour louer un vélo, adressez-vous à votre hébergement, à un bureau Tourinform ou au **Zenit Vízibázis**, un complexe de vacances situé au bord de la Tisza, de l'autre côté du pont sur le Bogrog. Vous pouvez parcourir la boucle de 70 km qui part de Tokaj et passe par Bodrogkeresztúr, Szegi, Szegilong, Erdőbénye, Abaújszántó, Tállya, Mád et Tarcal, mais les balades plus courtes offrent aussi de jolis moments.

À 18 km au nord-ouest de Tokaj, Mád attire les curieux, venus voir à quoi ressemble une cave ultramoderne. Dans le bâtiment dernier cri de **Holdvölgy** recouvrant tout un labyrinthe de caves vieilles de 600 ans, les dégustations de vin relèvent un peu de la chasse au trésor. Visitez aussi la **cave de Mád** pour ses gigantesques cuves en acier ; la **cave**

OÙ LOGER ET SE RESTAURER DANS LES ENVIRONS DE TOKAJ

Gróf Degenfeld Castle Hotel
Dans un ancien château à Tarcal, élégance classique, piscine extérieure chauffée et superbe cave. €€€

Hotel Botrytis
Boutique-hôtel raffiné à Mád. Chambres spacieuses et bain chauffé à remous avec vue sur le jardin. Service excellent. €€

Első Madi Bistro
Une charmante adresse à Mád, en bord de route. Grande terrasse où se régaler de plats hongrois. €€

Demetervin, pour ses vins organiques respectueux de l'environnement ; et la **cave Sauska**, pour ses vins pétillants. Mieux vaut réserver pour visiter caves et vignobles, et prendre part à une dégustation.

Verre champêtre au couchant

DÉGUSTATION DE VIN AVEC VUE

Suivez le chemin qui serpente dans le **vignoble de Szent Tamás** (parmi les plus prisés de la région de Tokaj) pour rejoindre le **point de vue** au sommet. Si vous venez juste avant le coucher du soleil avec une couverture, du vin et des en-cas, vous pourrez déguster ce vin entouré de vignes à perte de vue.

Pèlerinage-hommage des exilés juifs

PATRIMOINE JUIF DE TOKAJ

Jusqu'à la Seconde Guerre mondiale, la région de Tokaj a abrité une communauté dynamique de Juifs hassidiques, arrivés d'autres parties d'Europe de l'Est depuis les XVIe et XVIIe siècles, reprenant progressivement le commerce du vin aux marchands grecs. Quelques rares membres de la communauté ont survécu à l'Holocauste et émigré à New York, notamment à Brooklyn. Aujourd'hui, leurs descendants viennent nombreux chaque année faire le pèlerinage du **Chemin des rabbins faiseurs de miracles**. Cet itinéraire de 150 km relie 10 villages et toutes les synagogues, cimetières et autres sites liés à l'histoire de leurs ancêtres. Le chemin débute au **Centre culturel et d'information juif** de Mád. Dans l'ancienne résidence du rabbin, une exposition permanente retrace l'histoire des communautés juives dans la région et en Hongrie. Toute proche, la superbe synagogue baroque rénovée est un véritable bijou architectural *zopf*.

C'est à **Bodrogkeresztúr**, une des principales étapes du pèlerinage, que le rabbin Yeshaya Steiner, le plus connu des 5 "rabbins faiseurs de miracles", vécut au début du XXe siècle. Sa sagesse était appréciée tant des Juifs que des non-Juifs désireux d'une bénédiction ou d'une intervention divine. De nos jours, les croyants visitent son ancienne demeure, au 65 Kossuth utca, et prient sur sa tombe dans le cimetière juif de la colline de Derezla.

SECRETS DE LA RÉGION DE BEREG

Márti Szegedi, guide officiel à Tokaj, partage ses conseils sur la région de Bereg, où ont vécu ses grands-parents. (tokajiseta.hu)

La région regorge de trésors cachés : lieux spirituels, gastronomie, art populaire, sites naturels... Un bout du monde qui mérite largement la visite.

Route des Églises médiévales
Sur la partie hongroise de cette route, qui se prolonge en Ukraine et en Roumanie, on compte au moins 37 églises.

Route des Prunes
Du fruit emblématique de Bereg, on fait des pruneaux, des confitures ou de l'eau-de-vie *pálinka*.

Zone protégée de la forêt de Baktalórántháza
Cette forêt de chênes est la promesse de trouver, peut-être, des champignons, et d'observer oiseaux et blaireaux.

COMMENT CIRCULER

Si la voiture est le moyen le plus facile pour explorer la région de Tokaj-Hegyalja, les amateurs de vin lui préfèrent le vélo en raison de la tolérance zéro alcool au volant. Les lignes de bus sont limitées, et les bus, peu fréquents.

VISITE EN VOITURE DE LA RÉGION DE BEREG

Pittoresque et reculée, la région de Bereg est un haut lieu de l'art populaire hongrois. Encadrée par les rivières Tisza et Szamos et par la frontière ukrainienne, elle est à environ 100 km à l'est de Tokaj. Ce parcours de 45 km relie 5 villages typiques qui ont préservé leurs traditions. Les habitants ne parlent souvent que le hongrois et vous devrez souvent demander la clé de l'église. Débutez à 1 **Vásárosnamény**, seule ville de taille notable de la région, ancien comptoir commerçant sur la Route du sel qui partait de Transylvanie. Visitez le musée de Bereg pour vous informer sur la broderie régionale au point de croix, les textiles, la poterie et les œufs peints de Pâques. À 2 **Tákos**, le temple réformé (calviniste), édifié en torchis au XVIIIe siècle, se distingue par un splendide plafond à caissons peint de fleurs bleues et rouges, et un pupitre "baroque folklorique" sculpté qui repose sur une meule. Non loin, à 3 **Csaroda**, la belle église romane du XIIIe siècle est décorée de fresques orientales et occidentales, de sommaires mais charmantes peintures murales folkloriques et de bancs ornés d'oiseaux. Plus animé et commerçant, le village de 4 **Tarpa**, à 13 km au sud-est de Csaroda, conserve l'un des derniers moulins du XIXe siècle actionnés par des chevaux en Hongrie. Les produits à base de prune font aussi sa réputation. Le circuit se termine à 5 **Szatmárcseke** dont est originaire Ferenc Kölcsey, auteur de l'hymne national hongrois. Il repose dans un cimetière célèbre pour ses 1 200 stèles en bois sculpté dont le sommet évoque la proue d'un bateau tournée vers le ciel. Depuis Tarpa, traversez la rivière à Tivadar, puis obliquez à l'est vers Szatmárcseke, à 7 km de là.

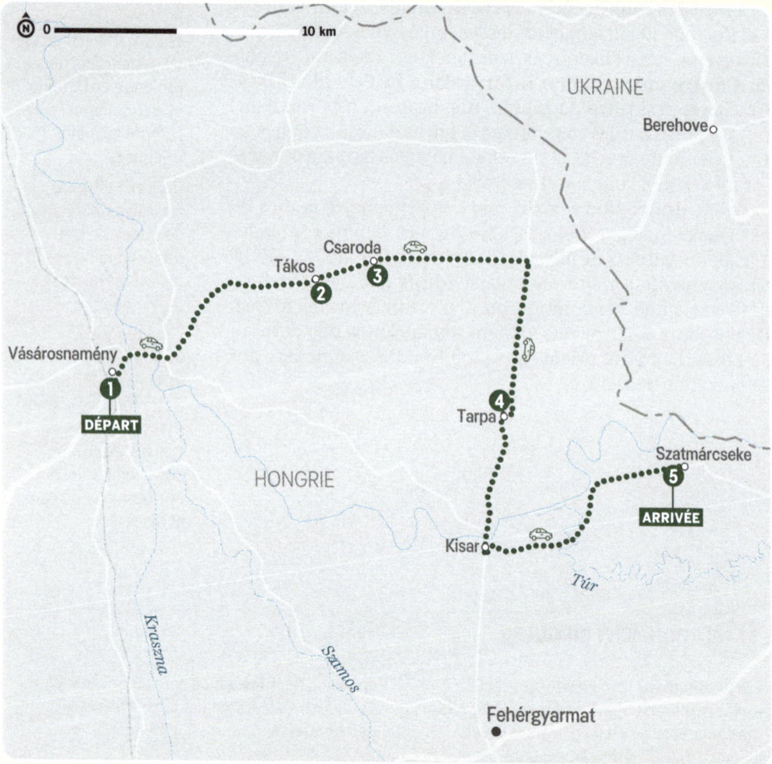

Fresque de l'église romane de Csaroda

ATTILA JANDI/SHUTTERSTOCK ©

Carnet d'adresses

EGER

Basilique d'Eger
Voir p. 275 (Egri Bazilika ; 36-420 970 ; www.eger-bazilika.plebania.hu ; Pyrker János tér 1 ; don apprécié 300 Ft ; 6h30-19h30)

Bastion Szép
Voir p. 272 (château d'Eger, Vár 1 ; 10h-18h)

Beatles Múzeum
Voir p. 274 (36 313 670 ; beatlesmuzeum.hu ; Hotel Korona, Csiky Sándor utca 30 ; tarif plein/réduit 3 000/2 500 Ft ; 10h-18h mar-jeu et sam-dim, 10h-14h lun)

Bibliothèque de l'archevêché
Voir p. 273 (Egyházi Gyűjtemény ; 36 325 211 ; www.efkt.hu ; Université de Eszterházy Károly, Eszterházy tér 1 ; adulte/enfant 1 200/600 Ft ; 9h30-15h30 mar-dim)

Château d'Eger
Voir p. 272 (Egri Vár ; 36-312 744 ; www.egrivar.hu ; Vár köz 1 ; expo et galerie Sándor Ziffer tarif plein/réduit 3 600/1 800 Ft, tarif réduit pour les citoyens EEE ; expos 10h-18h mi-mars à oct, 10h-16h mar-dim nov-déc, jardins 6h-22h mi-mars à oct, 6h-18h nov-déc)

Eger Eye
Voir p. 272 (Zalár József utca 7 ; 10h-21h dim-jeu, 10h-22h ven-sam)

Église des Minorites Saint-Antoine de Padoue
Voir p. 275 (36 516 614 ; Dobó István tér 4)

Galerie Sándor Ziffer
Voir p. 275 (Ziffer Sándor Galéria ; 20 974 3332 ; Kossuth Lajos utca 17 ; tarif plein/réduit 1 200/600 Ft, billet combiné avec musée du château 3 600/1 800 Ft, tarif réduit pour citoyens EEE ; 10h30-18h30 mi-mars à oct)

Galerie des Héros
Voir p. 272 (www.egrivar.hu ; visites guidées uniquement)

Hôtel du comitat
Voir p. 275 (Megyeháza ; Kossuth Lajos utca 9)

Lycée
Voir p. 273 (Líceum ; 36-520 400 ; uni-eszterhazy.hu/hu/egyetem/kultura/liceum ; Eszterházy tér 1)

Minaret
Voir p. 272 (06 70 202 4353 ; www.minareteger.hu ; Knézich Károly utca ; 700 Ft ; 9h-19h45 mi-juin à août, 10h-13h45 nov-fév, horaires réduits reste de l'année)

Palais archiépiscopal d'Eger
Voir p. 275 (Egri Érseki Palota ; 36-517 356 ; www.egriersekipalota.hu ; Széchenyi István utca 3 ; tarif plein/réduit 2 000/1 000 Ft ; 10h-18h mar-dim avr-sept, 10h-16h mar-sam mars et oct-déc)

Palais du Prévôt
Voir p. 275 (Kispréposti Palota ; Kossuth Lajos utca 4)

Vallée de la Belle Dame
Voir p. 276 (Szépasszony-völgy)

Bains
Voir p. 274 (Török Fürdő ; 36-510 552 ; torokfurdo.egertermal.hu ; Fürdő utca 3-4 ; session de 2 heures 30 adulte/enfant 2 700/1 900 Ft, à partir de 19h dim-jeu 1 500 Ft ; 16h30-21h lun-mar, 15h-21h mer-jeu, 13h-21h ven, 9h-21h sam-dim)

Bolyki
Voir p. 276 (70 603 9474 ; bolykipinceszet.hu ; Bolyki völgy ; dégustation 6/8 vins 4 900/6 900 Ft ; 7h-16h mar-jeu, 7h-18h ven, 11h-22h sam, 10h-15h dim)

Thermes d'Eger
Voir p. 276 (Egri Térmalfürdő ; 36-510 558 ; termalfurdo.egertermal.hu/en ; Petőfi tér 2 ; tarif plein/réduit 3 200/2 600 Ft, cabine 1 500 Ft ; lun-dim 9h-19h)

Imola Udvarház
Voir p. 274 (36-516 180 ; www.imolaudvarhaz.hu ; Tinódi Sebestyén tér 4)

Villa Florencia
Voir p. 274 (20 310 3195 ; villaflorenciaeger.hu ; Fazola Henrik utca 6)

1552
Voir p. 274 (06 30 869 6219 ; 1552etterem.hu ; Képtár 1 ; 11h-22h)

Rohlicsek Lángosos
Voir p. 273 (facebook.com/langoseger ; Katona tér ; 6h-11h mar-sam)

Macok Bistro
Voir p. 273 (36 516 180 ; www.imolaudvarhaz.hu ; Tinódi Sebestyén tér 4 ; 12h-22h lun-jeu, 12h-23h ven-dim)

Juhász
Voir p. 277 (20 215 1608 ; www.juhaszvin.hu ; Kőlyuktetői

ALEXANDERUHRIN/STOCKADOBE.COM ©

Le village de Hollókő (p. 280)

pincesor 35 ; 9h-16h lun-ven, 9h-18h sam)

Bar et cave à vins Fuzio
Voir p. 276 (06 20 852 5004 ; Csiky Sándor utca 10 ; ven 10h-18h, sam-dim 18h-23h)

Bíboros
Voir p. 276 (06 70 199 2733 ; facebook.com/biboroseger ; Bajcsy-Zsilinszky utca 6 ; lun-sam 15h-3h, dim 15h-minuit)

Marján Cukrászda
Voir p. 276 (36-312 784 ; marjancukraszda.hu ; Kossuth Lajos utca 28 ; 9h-19h)

ENVIRONS D'EGER

Cascade Fátyol
Voir p. 279 (Kertalja utca 5, Szilvásvárad)

Château de Hollókő
Voir p. 281 (Hollókői Vár ; 30 968 1739 ; Szállások út 30, Hollókő ; tarif plein/réduit 900/600 Ft ; 10h-16h30)

Haras national de Lipizzans
Voir p. 279 (Állami Ménesgazdaság ; 36 564 400 ; menesgazdasag.hu ; Egri út 16, Szilvásvárad ; 9h-17h mar-dim)

Observatoire astronomique de Bükk
Voir p. 280 (Bükki Csillagda ; 30 965 1874 ; www.bnpi.hu/en/reszletek/bukk-astronomical-observatory ; Répáshuta ; tarif plein/réduit 3 500/2 500 Ft ; 9h-16h lun, 9h30-16h mer-ven et sam, 9h30-18h sam)

Parc national de Bükk
Voir p. 279 (36 411-581 ; www.bnpi.hu ; centre des visiteurs 7h30-16h30 lun-jeu, 7h30-13h30 ven)

Paume de Dieu
Voir p. 281 (Isten Tenyere ; Centre équestre de Farkaskútvölgy, Hollókő)

Pocem barlanglakások
Voir p. 280 (31 781 2855 ; Honvéd utca 37, Noszvaj ; 10h-17h)

Vallée de Szalajka
Voir p. 279 (Szalajka völgy ; Szilvásvárad)

Vieux village
Voir p. 281 (Ófalu ; Kossuth utca, Hollókő)

Karap Lovastanya
Voir p. 279 (20 404 4288 ; www.karaptanya.hu ; Ady Endre utca 92, Felsőtárkány ; cours 30 min 7 000 Ft)

Matyódesign
Voir p. 280 (06 30 153 80 77 ; matyodesigntour.hu ; Rákóczi út 49, Tard ; immersion 1 jour 22 000 Ft/pers)

Spa de Demjén
Voir p. 279 (30 853 7419 ; demjencascade.hu/en/demjen-thermal-spa/ ; Rózsa Ferenc út 1, Demjén ; adulte/4-14 ans 3 390/3 120 Ft ; 10h-2h lun-ven, 9h-2h sam-dim)

Thummerer
Voir p. 280 (36 463 269 ; thummerer.hu ; 2 km au sud de Noszvaj ; visite 5 990 Ft/pers ; 7h-15h30 lun-ven)

Faluhely Major
Voir p. 280 (70 523 4317 ; faluhelymajor.hu ; Mátranovák)

Farkaskő Vendégház
Voir p. 280 (30 645 4048 ; farkaskovendeghaz.hu ; Honvéd utca 20, Noszvaj)

Nomad Hotel
Voir p. 280 (36 463 363 ; nomadhotel.hu ; Sikfőkút út 5-7 ; Noszvaj)

Pénzpataki Vadászház
Voir p. 280 (30 522 9014 ; penzpatak.hu ; Répáshuta)

Vignoble de Tokaj, près de Tarcal

Treehouses Noszvaj
Voir p. 280 (20 518 0383 ; www.treehouses.hu ; Tósétány utca 20-22, Noszvaj)

Villa Szilva Vendégház
Voir p. 280 (20 941 5086 ; Park utca 14, Szilvásvárad)

Iszkor
Voir p. 279 (www.iszkor.com ; Lillafüredi utca 245/5, Mályinka ; 18h-21h jeu, 12h-15h et 18h-21h ven-sam, 12h-15h dim)

Kalácsos
Voir p. 281 (06 30 576 2652 ; Kossuth utca 70, Hollókő ; 6h30-12h mar-ven, 6h30-14h sam, 8h-13h dim)

Mikszáth Étterem
Voir p. 281 (21 300 0500 ; hotelholloko.hu/hotel/gasztronomia/mikszath-etterem ; Hotel Castellum, Sport út 14, Hollókő ; 7h30-10h30, 12h-15h et 18h-21h lun-ven, 7h30-10h30, 12h-16h et 18h-21h sam-dim)

Muskátli Vendéglő
Voir p. 281 (30-206-5968 ; www.muskatlivendeglo.hu ; Kossuth utca 61, Hollókő ; 11h-18h jeu-sam, 11h-17h dim)

Nomad Restaurant
Voir p. 279 (36 463 363 ; nomadhotel.hu ; Nomad Hotel, Sikfőkút út 5-7 ; Noszvaj ; 12h-15h et 18h-20h)

Sáfrány Pisztráng
Voir p. 279 (30 958 5962 ; Park utca 12, Szilvásvárad ; 9h-16h lun-ven, 9h-17h sam-dim)

Vadász Étterem
Voir p. 279 (46 390 159 ; vadaszetterem.hu ; Kossuth út 8, Répáshuta ; 11h-21h lun-sam, 11h-20h dim)

Gazduram
Voir p. 281 (Gazduram Sajtbotja ; 20 326 2894 ; Kossuth utca 85, Hollókő ; 10h-18h)

Marché d'antiquités
Voir p. 279 (Eger ; 3e dim du mois)

TOKAJ

Musée du Patrimoine viticole
Voir p. 282 (Világörökségi Bormúzeum Tokaj ; 47-552 050 ; tokajimuzeum.hu ; Serház utca 55 ; tarif plein/réduit 1 400/700 Ft, avec musée de Tokaj 2 400/1 200 Ft ; gratuit 1er dim du mois - 26 ans ; 10h-18h mar-dim avr-oct, 9h-17h mar-sam nov-mars)

Musée Tokaj
Voir p. 282 (Tokaji Múzeum ; 47-352 636 ; tokajimuzeum.hu ; Bethlen Gábor utca 7 ; tarif plein/réduit 1 400/700 Ft, avec entrée musée du Vin 2 400/1 200 Ft ; gratuit 1er dim du mois - 26 ans ; 10h-18h mar-dim avr-oct, 9h-17h mar-sam nov-mars)

Caves Rákóczi
Voir p. 283 (Rákóczi Pince ; 06 20 802 0137, 06 30 436 5767, 47-352 408 ; tokajhetszolo.com ; Kossuth tér 15 ; 11h-19h sam-lun, 13h-18h ven)

Hímesudvar
Voir p. 283 (47-352 416 ; www.himesudvar.hu ; Bem utca 2 ; dégustation 6 vins 4 990 Ft/pers, visite avec dégustation 8 vins (2 pers min) 24 900 Ft/pers ; 10h-18h)

Tokaji Vízitúra Központ
Voir p. 284 (20 412 0979 ; tokajiviziturakozpont.hu ; Bodrogkeresztúri út 5 ; e-bike 4 heures 6 000 Ft, kayak à partir de 3 500 Ft, canoë à partir de 5 000 Ft, SUP à partir de 4 500 Ft ; 10h-18h jeu-dim mi-avr à mai, sur résa lun-mar et 8h30-20h30 mer-dim juin-août, 10h-18h ven-dim sept-oct)

Tokaj Vár
Voir p. 283 (47-353 743 ; www.tokajvarhotel.hu ; Bajcsy-Zsilinszky út 5)

Toldi Fogadó
Voir p. 283 (47-353 403 ; www.toldifogado.hu ; Hajdú köz 2)

Vaskó Panzió
Voir p. 283 (06 70 315 8481, 47-352 107 ; www.vaskopanzio.hu ; Rákóczi Ferenc út 12)

Halsütöde
Voir p. 284 (30 388 2658 ; Bercsényi út 21, Timár ; 11h-16h mer-dim)

LaBor Bistro
Voir p. 283 (70 883 8888 ; laborbistro.hu ; Bethlen Gábor út 1 ; 11h30-21h lun-jeu, 11h30-22h ven, 9h-22h sam, 9h-19h dim)

Toldi Fogadó
Voir p. 283 (Auberge Toldi ; 47-353 403 ; www.toldifogado.hu ; Hajdú köz 2)

ENVIRONS DE TOKAJ

Ancienne demeure du rabbin Yeshaya Steiner
Voir p. 287 (Kossuth utca 65, Bodrogkeresztúr)

Cave de Demetervin
Voir p. 286 (20 931 2234 ; demetervin.hu ; Rákóczi utca 59, Mád ; visite et dégustation 25 €/pers)

Cave de Holdvölgy
Voir p. 286 (70 391 4643 ; holdvolgy.com ; Árpád utca 13, Mád ; visites et dégustations à partir de 9 900 Ft ; 10h-15h mar-jeu, 10h-17h ven-sam)

Cave de Mád
Voir p. 286 (47 348 007 ; mad-wine.com ; Hunyadi János utca 2, Mád)

Cave de Sauska
Voir p. 287 (sauska.hu ; Rátka 2722 hrsz ; dégustations à partir de 9 900 Ft/pers ; mer-dim)

Centre culturel et d'information juif
Voir p. 287 (Táncsics utca, Mád)

Cimetière de Szatmárcseke
Voir p. 288 (Szatmárcsekei Temető ; Táncsics utca, Szatmárcseke ; entrée libre ; 24h/24)

Cimetière juif
Voir p. 287 (Colline de Derezla, Bodrogkeresztúr)

Église calviniste
Voir p. 288 (Tákosi Református Templom ; 06 70 222 1996 ; www.takos.hu ; Bajcsy-Zsilinszky utca 25, Takos ; 500 Ft)

Église de Csaroda
Voir p. 288 (Csarodai Román Templom ; Kossuth utca 4 ; adulte/enfant 300/250 Ft ; 10h-17h lun-ven, 9h-17h sam, 13h-16h dim)

Musée de Bereg
Voir p. 288 (06 20 440 7043 ; www.beregimuzeum.hu ; Ferenc út 13, Vásárosnamény ; adulte/6-26 ans 800/400 Ft ; 8h30-16h30 mar-ven, 8h-16h sam-dim avr-oct, 8h-16h lun-ven nov-mars)

Vignoble de Szent Tamás
Voir p. 287 (30 464 3396 ; szenttamas.vesilta.hu ; Hunyadi János utca 3, Mád ; sur réservation)

Zenit Vízibázis
Voir p. 286 (47 552 188 ; Horgász utca 3, Rakamaz ; 11h-21h dim-jeu, 11h-22h ven-sam)

Baráth Vendégház
Voir p. 286 (06 70 330 4209 ; www.barathvendeghaz.atw.hu ; Bajcsy-Zsilinszky utca 27, Tákos)

Gróf Degenfeld Castle Hotel
Voir p. 286 (47-580 400 ; grofdegenfeld.com ; Terézia kert 9, Tarcal)

Hotel Botrytis
Voir p. 286 (47 348 017 ; hotelbotrytis.com ; Batthyány utca 10, Mád)

Hunor Hotel
Voir p. 286 (06 30 372 4770 ; hunorhotel.hu ; Szabadság tér 25, Vásárosnamény)

Kuruc Vendégház
Voir p. 286 (06 70 334 9083 ; www.kurucvendeghaz.hu ; Táncsics utca 14, Tivadar)

Első Madi Bistro
Voir p. 286 (47 348 007 ; mad-wine.com/elso-madi-borhaz ; 11h-20h mar-jeu, 11h-22h ven, 10h-22h sam, 10h-18h dim)

47
47 VÁROSHÁZ TÉR
1442

CARNET PRATIQUE

Ce chapitre présente toutes les informations pratiques essentielles dont vous aurez besoin pour voyager en Hongrie.

Tramway sur le pont de la Liberté (p. 68), Budapest

Arriver en Hongrie

La plupart des voyageurs arrivent à Budapest. L'aéroport international Ferenc Liszt est à environ 16 km au sud-est du centre-ville. Le SkyCourt qui relie les deux terminaux, et le Pier 1 du Terminal 2A, comportent restaurants, cafés et boutiques duty free. La principale gare internationale de Budapest est la gare de Keleti.

Voie terrestre

La Hongrie est bien reliée à ses 7 pays voisins par la route et le train ; la plupart des transports arrivent ou partent de Budapest. Pour les horaires de bus et de trains les noms des villes sont parfois affichés en hongrois.

Monnaie

Pour diverses raisons économiques, la Hongrie n'a pas encore adopté l'euro. Il est parfois accepté, mais il vaut mieux payer en forints pour bénéficier d'un taux de change favorable.

Wi-Fi et réseaux mobiles

Le Wi-Fi gratuit est fréquent et fiable, surtout à l'aéroport, dans les hôtels et cafés. Les réseaux mobiles couvrent une grande partie du pays et les ressortissants de l'UE n'ont pas de frais d'itinérance.

Taxe touristique

La plupart des villes prélèvent une taxe touristique sur l'hébergement, de l'ordre de quelques centaines de forints (de 1 à 1,50 €) par nuit et par adulte. Cette taxe ne s'applique pas aux mineurs.

Depuis/vers l'aéroport international Ferenc Liszt de Budapest

	Destination	Durée	Prix
BUS 100E	Centre-ville	30 minutes	1 500 Ft
BUS 200E	Station de métro Kőbánya-Kispet	25 minutes	350 Ft
TAXI	Centre-ville	30 minutes	9 000 Ft
NAVETTE EN MINIBUS	Centre-ville	30 minutes	2 490 Ft

N'OUBLIEZ PAS VOTRE MAILLOT DE BAIN

La Hongrie est un pays enclavé, mais on s'y baigne toute l'année. En été, les Hongrois profitent du lac Balaton, le plus grand lac d'Europe centrale, à 2 heures de train de Budapest. Le plus grand lac thermal au monde où il est possible de nager se trouve à Hévíz. Ses eaux curatives sont à 22°C l'hiver, et entre 32° et 38°C l'été. Si vous n'avez pas beaucoup de temps et préférez rester près de Budapest, baignez-vous dans le lac Lupa en été, ou relaxez-vous dans les nombreux bains thermaux de la capitale, ouverts toute l'année.

Passeports

Les ressortissants de l'UE, mineurs inclus, devront présenter un passeport ou une carte nationale d'identité valide. Les Canadiens devront présenter un passeport valide encore 3 mois après leur date de retour.

Visas

Les ressortissants de l'UE et de l'espace Schengen n'ont pas besoin de visa pour se rendre en Hongrie. Les Canadiens peuvent séjourner sans visa jusqu'à 90 jours sur une période de 6 mois.

Avion

Budapest – Aéroport international Ferenc Liszt (BUD ; ☎1-296 7000 ; www.bud.hu). Situé à 24 km au sud de Budapest. Les vols depuis/vers les pays de l'espace Schengen passent par le terminal 2A ; le terminal 2B reçoit les vols des pays en dehors de l'espace Schengen. Le nouveau SkyCourt relie les deux terminaux.

La compagnie Air France (airfrance.fr) propose des vols directs depuis Paris (2 heures 10), tout comme la compagnie low cost Ryanair (ryanair.com) au départ de Paris Beauvais.

Il existe aussi des vols directs depuis Bruxelles (2 heures), avec Brussels Airlines (www.brusselsairlines.com), Wizz Air (wizzair.com/fr) ou Ryanair (ryanair.com) et depuis Zurich (1 heure 35), avec Swiss International Air Lines (www.swiss.com).

Budapest est desservi depuis Montréal (à partir de 9 heures 55) par Air Canada (www.aircanada.com) et Swiss International Air Lines (www.swiss.com), avec une escale à Zurich ; par Lufthansa (www.lufthansa.com) avec une escale à Munich ; et par Austrian Airlines (www.austrian.com) avec une escale à Vienne.

Héviz-Balaton – Aéroport Héviz-Balaton (SOB ; ☎83-200 304 ; hevizairport.com ; Repülőtér 1, Sármellék). Cet aéroport reçoit, entre avril et novembre, des vols en provenance d'Allemagne. Il est situé à 15 km au sud-ouest de Keszthely, près du lac Balaton.

Bus

La compagnie Flixbus (www.flixbus.fr) dessert la Hongrie depuis la France (Paris-Budapest, 21 heures, 80 €), depuis la Belgique (Bruxelles-Budapest, 22 heures, 80 €) et depuis la Suisse (Zurich-Budapest, 14 heures, 60 € ; Genève-Budapest, 18 heures, 80 €).

Train

La Hongrie est bien connectée à ses pays voisins, avec au moins un départ ou arrivée par jour pour les liaisons internationales. Le réseau des Chemins de fer nationaux hongrois **MÁV** (Magyar Államvasutak ; www.mavcsoport.hu) est relié au réseau ferré européen dans toutes les directions. La plupart des trains internationaux arrivent à la gare Keleti ; la gare Déli est dédiée aux trains vers la Croatie, la Slovénie, la Bosnie-Herzégovine et la Serbie.

Depuis Paris ou Bruxelles, comptez à partir de 13 heures de trajet, avec au moins une correspondance, en Suisse ou en Allemagne. Des liaisons directes sont proposées depuis Zurich (10 heures 30).

Voiture et moto

En Hongrie, les automobilistes et motards devront être munis du certificat d'immatriculation du véhicule, d'une assurance valide et d'un permis de conduire international en sus de leur permis national.

Budapest est à 14 heures 30 (1 500 km) de Paris, 15 heures (1 300 km) de Bruxelles et 10 heures (1 000 km) de Zurich. Vous devrez passer la frontière hongroise par l'un des postes-frontières spécifiques et pendant les heures d'ouverture.

Comment circuler

Il n'y a pas de vol intérieur en Hongrie, mais un réseau de lignes de train et de bus. Les transports en commun sont fiables et les routes en bon état.

TARIFS DES TRANSPORTS

Louer une voiture
À partir de 15 000 Ft/jour

Essence
Environ 800 Ft/litre

Billet de train de Budapest au lac Balaton
À partir de 4 500 Ft l'aller-retour

Bus

Le réseau Volánbusz couvre une bonne partie du pays. Les bus peuvent être plus rapides que le train pour les longues distances et ils desservent plus de destinations. Achetez vos billets en ligne (volanbusz.hu) ou à la gare routière de Népliget, à Budapest.

Voiture

Une voiture est indispensable dans les régions rurales. Des agences de location sont implantées à Budapest. Les autoroutes signalées par un M sont payantes, mais il n'y a pas de péage (la vignette s'achète en ligne sur hungary-vignette.eu).

CONSEILS

Dans les transports en commun, les ressortissants de l'UE avec une carte d'étudiant bénéficient d'une réduction, et les + 65 ans voyagent gratuitement.

CONTRÔLE DES TITRES DE TRANSPORT

Soyez en règle dans les transports en commun. À Budapest, achetez et validez vos tickets. Il y a des distributeurs dans les stations et à bord des bus, et les tickets électroniques comportent un QR code. Des contrôleurs portant un brassard peuvent surgir à tout moment. À bord des trains nationaux, ils valident les billets. Dans les bus, présentez votre ticket au chauffeur.

CODE DE LA ROUTE

50

Les limites de vitesse sont appliquées très strictement : 50 km/h dans les zones urbaines, 90 km/h sur les routes secondaires et tertiaires, 110 km/h sur la plupart des nationales/chaussées à double voie, et 130 km/h sur les autoroutes.

0,00

Le taux d'alcool autorisé est de 0,0 g/l.

Train

Les trains MÁV (www.mavcsoport.hu) sont fiables et desservent toutes les grandes villes de Hongrie. À Budapest, les 3 gares principales sont : Keleti (pour le Nord et une grande partie du Nord-Est), Nyugati (Grande Plaine et Courbe du Danube) et Déli (Transdanubie et lac Balaton). Achetez vos billets en ligne (jegy.mav.hu) ou en gare.

Bateau

La compagnie Mahart PassNave (mahartpassnave.hu) propose des excursions en bateau et hydroptère sur le Danube, de Budapest à Szentendre, Visegrád ou Esztergom (généralement d'avril à septembre). Les ferrys de passagers de la Balaton Shipping Company (bahart.hu) desservent environ 20 ports sur le Balaton.

Vélo

La Hongrie propose une belle variété aux cyclistes : collines ardues dans le Nord, reliefs plus faciles en Transdanubie, et terrain plat dans les régions venteuses et chaudes (en été) de la Grande Plaine. La balade de Budapest au lac Balaton est très jolie. Vous pouvez louer des vélos dans toutes les grandes villes.

Argent

MONNAIE : FORINT HONGROIS (FT)

Cartes bancaires

Les cartes bancaires (surtout Visa et MasterCard) sont largement acceptées à Budapest. Vous pourrez les utiliser dans la plupart des restaurants, hôtels, boutiques, agences de location de voiture et stations-service. Si vous vous éloignez de Budapest, prévoyez un autre moyen de paiement au cas où il serait impossible de payer par carte.

Paiements mobiles

En Hongrie, la loi exige que les restaurants, cafés, bars et boutiques équipées d'une caisse connectée à Internet proposent une option de paiement dématérialisé. Il est donc généralement possible de payer par carte ou à l'aide d'un portefeuille électronique dans tout le pays.

Pourboires

Ajoutez 10% pour le service à table dans les restaurants. Ne laissez pas d'argent sur la table, mais dites au serveur combien vous voulez payer au total, en incluant le pourboire. La plupart des restaurants ajoutent automatiquement des frais de service d'environ 12% (vérifiez l'addition ou demandez avant de payer) ; dans ce cas, un pourboire n'est pas attendu.

COMBIEN COÛTE...

un billet de transports en commun
350 Ft

un billet de musée
3 000-4 000 Ft

une pinte de bière
700 Ft

une entrée aux bains Széchenyi
6 800-8 200 Ft

L'ART DE... dépenser moins

Valables 24, 48, 72, 96 ou 120 heures, les Budapest Cards (budapestinfo.hu/budapest-card) permettent de faire des économies. Vous accédez gratuitement à certaines activités et bénéficiez de remises sur d'autres. Certaines incluent des suppléments comme les transferts vers l'aéroport ou des croisières sur le Danube. La Hungary Card permet des réductions dans tout le pays et coûte de 15 400 Ft (24 heures) à 29 500 Ft (120 heures, 5 jours).

CHANGE

De manière générale, les bureaux de change des aéroports et des gares ne proposent pas les meilleurs taux. Les bureaux privés et les banques peuvent être plus avantageux, mais vérifiez toujours les taux de vente et d'achat affichés. Plus la différence est importante, moins le change est favorable. Les distributeurs automatiques de billets ne manquent pas dans les grandes villes, mais certains facturent des taux de conversion très élevés, comme ceux du réseau Euronet. La valeur du forint fluctue fréquemment. La plupart des hôtels et des maisons d'hôtes indiquent leurs prix en euros. Dans ce cas, vous pouvez généralement payer en euros ou en forints.

À SAVOIR

Prévoyez toujours de la monnaie et des petites coupures pour les petites boutiques ou les marchands de glace, par exemple.

Avec des enfants

La Hongrie est une destination qui convient aux enfants. Les petits ont droit à des réductions dans les transports publics, ainsi que pour accéder aux sites touristiques et aux musées – dont certains sont même conçus pour eux. Maints thermes du pays sont équipés de toboggans, de piscines à vagues et de petits bassins, et certains restaurants proposent un menu adapté.

Profitez des eaux hongroises

Si certains bains n'admettent pas les enfants de moins de 14 ans dans les bassins d'eau thermale (certains sont même entièrement interdits aux enfants, comme les bains Rudas), d'autres, comme les bains Római, possèdent des bassins et des toboggans. Et il existe un complexe aquatique dans la plupart des grandes villes.

Équipement pour bébé

Allaiter son bébé en public n'est pas courant en Hongrie, ni les lieux où changer les couches. Les grandes villes comportent des aires de jeux et les poussettes sont largement répandues et acceptées dans la plupart des restaurants et sites touristiques, mais bien plus à Budapest qu'en zone rurale.

Se déplacer

Les transports en commun sont gratuits pour les moins de 6 ans et les jeunes avec une carte d'étudiant bénéficient de réductions. Les familles avec des tout petits et les femmes enceintes se verront proposer un siège ou de l'aide. Prévenez l'agence de location pour réserver un siège bébé.

Au restaurant

La plupart des restaurants proposent des chaises hautes et un menu enfant avec des plats populaires, comme des nuggets de poulet, des frites et des spaghettis. Si vous ne voyez pas de menu dédié, vous pouvez commander des demi-portions ou demander un plat plus simple.

NOTRE SÉLECTION

Zoo de Budapest et jardin botanique (p. 151)

Le zoo, qui abrite près d'un millier d'espèces animales différentes, est idéal pour un après-midi en famille.

Lac Balaton (p. 205)

Les familles apprécient le lac Balaton pour ses eaux peu profondes, notamment sur la rive sud, et les nombreuses pistes cyclables qui le bordent.

Musée du massepain Szamos Marcipan, Szentendre (p. 180)

Imaginez le musée Grévin, mais avec du massepain.

EN HONGRIE, ON FÊTE LA SAINT-NICOLAS

Si vous aimez les fêtes de fin d'année, visitez la Hongrie début décembre. Le 6 décembre, saint Nicolas (Mikulás) vient avec ses deux compagnons : un ange gardien et *krampusz*, une créature à moitié bouc et à moitié démon qui terrorise les enfants. Le soir du 5 décembre, les enfants nettoient leurs chaussures et les placent sur le rebord d'une fenêtre afin que Mikulás les remplisse de chocolats et de petits cadeaux avant le lever du soleil. De nombreux événements familiaux sont organisés dans tout le pays et le vrai Père Noël finlandais, Joulupukki, vient souvent de Laponie à cette occasion.

Santé et sécurité

ASSURANCE

La Hongrie ne pose pas de risques sanitaires particuliers, mais il est tout de même conseillé de se préparer avant de partir. La carte européenne d'assurance maladie (CEAM) assure l'aide médicale d'urgence aux citoyens de l'Union européenne (faites-en la demande sur www.ameli.fr). Les étrangers n'ont droit aux premiers soins et au transport en ambulance qu'en cas d'accident et s'ils nécessitent des soins immédiats ; ils doivent payer le suivi médical et les médicaments.

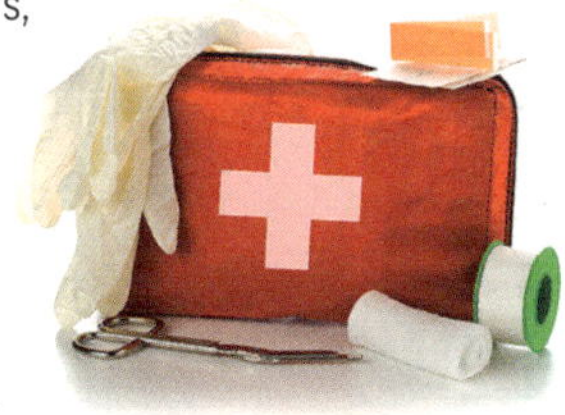

Drogues

Les lois hongroises sont parmi les plus sévères de l'UE et toutes les drogues sont de la même "classe" : les mêmes règles s'appliquent à l'héroïne et au cannabis. L'achat, la consommation et la possession de drogues illégales sont des crimes, et les étrangers pris en flagrant délit sont punis comme les Hongrois. Évitez les personnes vendant des substances douteuses dans le quartier de la fête de Budapest (7e arrondissement).

Délits

Les vols et autres délits ne sont pas courants en Hongrie, mais peuvent se produire partout. Faites attention dans les lieux fréquentés et les transports publics. Mettez un antivol sur votre vélo et évitez les vendeurs à la sauvette. Les véhicules de location sont souvent ciblés par les voleurs. N'y laissez aucun objet de valeur, pas même vos bagages.

EAU DU ROBINET

L'eau hongroise est propre, et l'eau du robinet potable dans tout le pays. Selon les normes de l'Union européenne, elle présente une grande qualité.

NUMÉROS UTILES

Ambulance	Police	Pompiers	Numéro d'appel d'urgence européen
104	107	105	112

Arnaques à éviter

Les restaurants et les clubs douteux du quartier de la fête de Budapest peuvent faire gonfler l'addition des étrangers. Vérifiez les prix avant de commander. Ne hélez pas de taxi dans la rue et évitez les rabatteurs ; appelez plutôt une compagnie reconnue. Si un distributeur de tickets de transport en commun ne rend pas la monnaie, vérifiez que la fente n'est pas recouverte de ruban adhésif.

VOYAGER EN SOLO ET FEMMES SEULES

La Hongrie est une destination populaire et généralement sûre pour les voyageurs solo. À Budapest, certains hébergements conviviaux à tarif abordable comme les auberges de jeunesse organisent des soirées dans des bars et d'autres événements. Les femmes seules ne devraient pas rencontrer de problème particulier, hormis un léger machisme local.

Manger, boire et sortir

Les repas

Le **Reggeli** (petit-déjeuner, entre 8h et 10h) est souvent copieux et se compose d'aliments salés et sucrés.

L'**Ebéd** (déjeuner, de 12h à 14h) est un repas composé d'une soupe, d'un plat et d'un dessert. La plupart des restaurants servent des plats du jour à tarif intéressant.

Le **Vacsora** (dîner, de 19h à 21h) peut être un copieux repas en famille, un dîner léger ou simplement les restes du déjeuner.

COMPRENDRE LA CARTE

Allergének Allergènes

Bárány Agneau

Bor Vin (*fehér* signifie blanc, et *vörös* rouge)

Borjú Veau

Csirke Poulet

Desszert Dessert, comme une glace, un gâteau ou un *palacsinta* (crêpe)

Disznó Porc

Ebédmenü Menu du déjeuner

Előétel Entrée, souvent une petite portion froide

Fél adag Demi-portion

Főétel Plat principal, généralement carné

Főzelék Légumes servis avec des boulettes de viande, des saucisses ou des œufs au plat

Gyerekmenü Menu enfant

Hal Poisson

Kacsa Canard

Köret Accompagnement

Leves Soupe, souvent consommée en entrée

Marha Bœuf

Pörkölt Ragoût de bœuf, veau, poulet ou gibier

Pulyka Dinde

Sör Bière (demi : *pohár* ; pinte : *korsó*)

Szervízdíj Frais de service, parfois ajoutés automatiquement à l'addition d'un restaurant

Üdítő Boissons sans alcool

Vegetáriánus Végétarien

Où se restaurer

Cukrászda Pâtisserie ou confiserie vendant des gâteaux et autres friandises.

Csárda Auberge rustique à la campagne, souvent animée par des musiciens, qui sert des plats maison copieux.

Étterem Restaurant, du plus modeste à la table étoilée au Michelin.

Étkezde Cantine qui propose des plats hongrois simples et pas chers.

Kávéház Café. Idéal pour un café et un gâteau, ou un repas plus copieux.

Pékség Boulangerie qui vend des viennoiseries locales fraîches.

Vendéglő Restaurant spécialisé dans les plats régionaux bon marché ou une cuisine maison.

L'ART DE... préparer un fröccs

En Hongrie, pays producteur, le vin est un sujet sérieux. Cependant, les Hongrois sont également friands de *fröccs* (panaché), un mélange de vin et d'eau gazeuse souvent préparé avec du blanc ou du rosé. Un *kisfröccs* ("petit panaché") se compose de 10 cl de vin et de 10 cl d'eau gazeuse, et un *nagyfröccs* ("grand panaché"), du double de vin. Un *hosszúlépés* ("allongé") comprend 10 cl de vin et 20 cl d'eau, et un *házmester* ("concierge"), 30 cl de vin et 20 cl d'eau. En maîtrisant ces proportions, vous n'aurez aucun mal à vous faire des amis et vous obtiendrez même le titre de "Hongrois honoraire" !

COMBIEN COÛTE...

un menu du déjeuner
2 500-3 500 Ft

une tasse de café
550 Ft

un dîner dans un restaurant étoilé au guide Michelin
50 000-80 000 Ft

un petit-déjeuner dans un restaurant
2 000-4 000 Ft

un *Kürtőskalács* (gâteau à la broche)
1 000-1 500 Ft

une bière artisanale
2 000-4 000 Ft

un petit verre de vin
1 000-1 500 Ft

L'ART DE... boire et apprécier la *pálinka*

Si vous fréquentez des Hongrois, ils vous proposeront sans doute la boisson la plus vénérée du pays, la *pálinka*. Souvent artisanale, elle se consomme en toutes circonstances, ou juste par envie. Elle est même censée avoir des propriétés thérapeutiques !

La *pálinka* est une eau-de-vie à base de fruits dont la teneur en alcool va de 37,5 à 86°. Elle est souvent confectionnée à base de prune, cerise, raisin, poire, pomme ou pêche, mais d'autres fruits peuvent être utilisés. Cependant, quelques règles sont immuables : la *pálinka* doit être fermentée exclusivement à partir de fruits cultivés en Hongrie, et non à partir de concentrés, et elle doit être distillée et embouteillée dans le pays.

Les différents types de *pálinka* se distinguent par leur ingrédient de base, leur méthode de production et leur processus de maturation. La *kisüsti* ("petit alambic") est une *pálinka* distillée deux fois et faite dans un petit alambic en cuivre, l'*érlelt* ("vieille") est conservée pendant au moins 3 mois dans un tonneau de chêne ou de mûrier, l'*ágyas* ("couchée") repose pendant au moins 3 mois sur une couche de fruits mûrs ou secs, et la *törköly* ("raisin") est fabriquée à partir de marc de raisin.

Huit communes ont reçu leur propre appellation d'origine protégée (AOP) pour leur production, dont la prune de Szatmár, l'abricot de Kecskemét et la pomme de Szabolcs.

L'eau-de-vie hongroise

La *pálinka* doit être servie à température ambiante dans un verre tulipe. Une fois les verres remplis, trinquez puis dégustez, même si les Hongrois vous mettront peut-être au défi de boire cul sec.

INCONTOURNABLE PAPRIKA

Essentiel dans la cuisine hongroise, le paprika est une épice qui provient des fruits séchés et moulus de poivrons *capsicum annuum*. Il est principalement cultivé près des villes de Szeged et Kalocsa, dans la Grande Plaine. Entre 8 000 et 10 000 tonnes de paprika sont produites chaque année et plus de la moitié est exportée. Chaque Hongrois consomme en moyenne 500 g par an de cette épice qui comprend plus de vitamine C que les agrumes (découverte faite par un Hongrois). Le paprika est utilisé dans la préparation des plats et il est présenté sur les tables de tous les bons restaurants, à côté du sel et du poivre.

Les plats hongrois lui doivent leur goût et leur couleur. La plupart des recettes en comprennent plusieurs cuillères à soupe, comme le *gulyás* (goulash), le *pörkölt* (ragoût), le *lecsó* (ratatouille) et le *halászlé* (soupe du pêcheur). Et on peut toujours en rajouter ! Le paprika s'accorde avec presque tout : soupes, sauces et plats froids. Vous en trouverez sur tous les marchés hongrois, dans des sacs en plastique de 500 g sans étiquette. Il vous faudra simplement choisir entre l'*édes* (doux) et le *csípős* (fort).

Hébergement

Hôtels de luxe et palais

De grands hôtels de luxe, tels le Ritz-Carlton, le Hilton, le Kempinski, le Corinthia ou le Four Seasons sont présents à Budapest. Ils sont aménagés dans des bâtiments superbes, comme l'ancien Gresham Palace, chef-d'œuvre Art nouveau.

Manoir romantique

Si vous êtes romantique et amateur d'architecture historique, vous serez séduit par les châteaux-hôtels (*kastélyszálló*) de Hongrie. Ils sont souvent aménagés dans d'élégants et imposants manoirs évoquant des châteaux ou palais. Vous en trouverez de très beaux dans le nord du pays, souvent installés dans un cadre bucolique à flanc de colline.

Budget limité

Budapest regorge d'auberges de jeunesse bon marché. Vous y rencontrerez des voyageurs de tous horizons à l'occasion d'événements organisés. Dans le quartier festif de Budapest (le centre du 7e arrondissement), la qualité est parfois moindre. Dans les régions rurales de Hongrie, cherchez plutôt des maisons d'hôtes bon marché.

COMBIEN COÛTE UNE NUIT DANS...

un *kastélyszálló*
À partir de 25 000 Ft

une auberge de jeunesse
À partir de 4 000 Ft

un hôtel de luxe
À partir de 100 000 Ft

Sous la tente

Le camping sauvage est interdit en Hongrie : vous ne pouvez pas planter votre tente n'importe où et dormir à la belle étoile. Parmi les terrains de camping du pays, certains sont assez rustiques, mais d'autres, grands et tout équipés, peuvent accueillir les camping-cars. Quelques-uns comportent également un restaurant. Adresses sur le site www.camping.info/fr/pays/hongrie.

Airbnb à la splendeur fin de siècle

Plus besoin de présenter Airbnb. Cependant, la plateforme est plus spéciale en Hongrie, surtout à Budapest, car elle permet de séjourner dans des bâtiments historiques. Si certaines façades comportent des impacts de balle datant de l'insurrection de 1956, de superbes édifices accueillent régulièrement les équipes de tournage de grandes productions hollywoodiennes.

FAIRE LA FÊTE À BUDAPEST

Surnommé le "quartier de la fête", le centre du 7e arrondissement attire chaque été fêtards et noctambules. Bruit, augmentation du trafic de drogue et coins de rue transformés en urinoirs publics ont rendu cette partie du quartier invivable pour les habitants. Toutefois, cela devrait changer. Désormais, les lieux de vie nocturne du quartier ne peuvent rester ouverts après minuit que s'ils respectent les règles strictes établies par la ville, notamment en matière de bruit et d'hygiène. D'ici quelques années, le quartier devrait se transformer en destination culturelle.

À GAUCHE EN HAUT : KOSMOS111/SHUTTERSTOCK ©, EN BAS : S.BELYAEV/SHUTTERSTOCK ©, À DROITE : SERGIY ZAVGORODNY/SHUTTERSTOCK ©

Voyage responsable

Voyage et changement climatique

L'impact des voyages sur l'environnement est aujourd'hui bien connu, et impose de faire ce qui est en notre pouvoir pour le limiter. Lonely Planet recommande ainsi aux voyageurs de se renseigner sur l'empreinte carbone de leurs déplacements. Divers outils en ligne permettent de calculer les émissions de CO_2 générées par chaque trajet, notamment celui de l'Ademe. De nombreuses plateformes de réservation et compagnies aériennes proposent de compenser leurs émissions de gaz à effet de serre par une contribution financière à des projets respectueux de l'environnement, partout dans le monde. Chez Lonely Planet, nous continuons à compenser l'empreinte carbone de tous nos auteurs, tout en étant conscients qu'il s'agit d'une solution partielle.

Scannez pour accéder au calculateur d'émissions de carbone de l'Ademe

Partez en basse saison

Budapest et le lac Balaton sont les principales destinations touristiques. Planifiez votre séjour en dehors de l'été ou de Noël, et sortez de la capitale pour découvrir les régions hongroises.

Pour visiter Budapest à pied ou explorer un parc national, faites appel à des guides locaux. Vous découvrirez mieux le pays avec l'un de ses habitants, et vous soutiendrez ainsi les petites entreprises et les entrepreneurs.

Le dimanche, le WAMP Design Centre s'installe à Bálna Budapest, un impressionnant centre commercial en verre dans le sud de Pest. Des créateurs hongrois y vendent vêtements, bijoux, sacs, articles de papeterie ou œuvres d'art...

Optez pour le vélo

La Hongrie possède de belles pistes cyclables, comme la voie Danube à vélo, qui longe le fleuve depuis sa source en Allemagne jusqu'en Roumanie et au-delà. On peut louer des vélos dans toutes les grandes villes de Hongrie.

40%

En 2020, la Hongrie a adopté une loi imposant de réduire ses émissions de carbone d'au moins 40% d'ici 2030 par rapport aux niveaux de 1990. Le pays vise la neutralité carbone d'ici 2050.

Visitez les parcs nationaux

Les paysages hongrois sont plus agréables que spectaculaires, mais la flore et la faune offrent une diversité exceptionnelle. Profitez de cette biodiversité dans les 10 grands parcs nationaux du pays, pour la plupart inscrits au patrimoine mondial de l'UNESCO.

Évitez de prendre l'avion

Depuis Budapest, des liaisons en train sont assurées vers les pays voisins, notamment vers Vienne, Bratislava, Munich, Berlin et Prague. Des trains régionaux sillonnent la Hongrie.

Respectez l'environnement

Choisissez des hébergements gérés localement et renseignez-vous sur leurs pratiques environnementales (limitation du plastique jetable et de la consommation d'eau, et/ou certificat de respect de l'environnement par un organisme agréé).

SITES UTILES

bikemaffia.com Organisation philanthropique à deux roues.

worldpackers.com Site international qui propose des missions de bénévolat.

aiesec.org Divers programmes de bénévolat en Hongrie.

Réduisez votre consommation de papier en achetant vos billets et en planifiant vos itinéraires sur l'application Budapest Go, vos billets de train sur le site MÁV (mavcsoport.hu) et vos tickets de bus sur le site Volánbusz (volanbusz.hu).

Voyageurs LGBTQI+

La Hongrie a encore beaucoup à faire pour les communautés LGBTQI+. Le gouvernement applique des lois anti-LGBTQI+ et les attitudes négatives des générations plus âgées persistent, mais les jeunes sont plus ouverts et tolérants. Discrètes dans les campagnes, les communautés LGBTQI+ profitent d'une scène vivante et diversifiée à Budapest, avec des bars, des événements et des soirées.

Budapest Pride

Plus grand événement LGBTIQ+ de Hongrie, la Budapest Pride se déroule généralement en juillet, avec ateliers, débats, fêtes et animations. Les festivités se concluent avec un grand défilé coloré dans les rues et sur les places de la ville, avant une "Rainbow Party" (fête de l'arc-en-ciel) au parc de Budapest. Si les éditions récentes se sont déroulées sans heurts, il est déjà arrivé que des manifestations gâchent la fête. Les organisateurs travaillent avec la police pour garantir la sécurité de tous, et des équipes de bénévoles sont présentes à tous les événements.

BARS GAY-FRIENDLY

Budapest ne possède pas de quartier gay, mais les bars accueillent tous les fêtards et certains sont spécifiquement *gay-friendly*. L'**Alterego**, apprécié des locaux, accueille des drag shows ; le **Why Not Café** est une adresse plus intime avec une terrasse au bord du fleuve. L'atmosphère accueillante du **Polyglon** est toujours propice à la fête.

QUE LA FÊTE COMMENCE !

S'ils ne sont pas uniquement LGBTIQ+, certains bars accueillent souvent des soirées à thème, comme **Garçons**, organisé chaque mois dans des lieux emblématiques, **Hello** une fête gay pop, **Ludus** une soirée LGBTIQ+, et **WOW**, destinée aux queers les plus branchés.

Événements culturels

Le **Humen Fesztivál** (humenfesztival.hu) est un festival culturel qui se tient généralement en septembre. Pièces de théâtre, ballets contemporains, expositions d'art et autres événements sur le thème de l'acceptation sociale. **Labrisz** (labrisz.hu) est une association qui fournit des espaces sûrs aux femmes LGBTIQ+ et qui vise à construire une communauté. Ses membres organisent des événements réguliers (discussions, projections et jeux).

UN ÉTAT D'ESPRIT DÉPASSÉ

Budapest possède une communauté gay dynamique et les voyageurs homosexuels passent généralement un bon moment en Hongrie, mais la position du pays sur les questions LGBTIQ+ est à l'opposé de celle de nombreuses autres régions d'Europe. Le gouvernement hongrois promeut un programme chrétien conservateur et impose des lois contre la communauté LGBTIQ+ locale. Les voyageurs ne sont généralement pas affectés, mais notez que les gestes d'affection peuvent attirer une attention malvenue en public, surtout en dehors de Budapest.

Le saviez-vous ?

Le mot "homosexualité" a été créé par un Hongrois. Les historiens affirment que le journaliste Karl-Maria Kertbeny l'a utilisé pour la première fois dans une correspondance secrète avec un autre activiste queer, Karl Heinrich Ulrichs.

Voyage et handicap

La Hongrie fait beaucoup d'efforts pour rendre les installations et les espaces publics plus accessibles aux voyageurs en situation de handicap. Rampes d'accès, toilettes adaptées et signaux sonores sont de plus en plus courants, mais il reste encore du chemin à parcourir.

Sites touristiques accessibles à Budapest

La plupart des grands sites sont entièrement accessibles, comme le bastion des Pêcheurs, l'église Mathias et la Galerie nationale. Les rues pavées du quartier du château peuvent toutefois poser des problèmes.

Aéroport

Demandez une assistance au moins 48 heures avant votre départ sur le site de l'aéroport (bud.hu). Dans les terminaux, les points de demande d'assistance comportent caméras, micros et boutons pour les passagers malentendants et malvoyants.

Hébergement

Les hôtels bon marché sont moins bien équipés que les plus grands et plus récents. La immeubles résidentiels sont souvent équipés d'ascenseurs et de rampes, rendant les logements Airbnb parfois accessibles. Pour des installations particulières, posez la question à l'avance.

SITES UTILES

Hungary4All *(hungary4all.hu)* Site utile pour les activités possibles en fauteuil roulant en ville, notamment pour les enfants à mobilité réduite. Liste très complète d'attractions accessibles.

BKK *(bkk.hu/en/travel-information/public-transport/accessibility)* Informations complètes sur les déplacements dans la capitale et les alentours L'application Budapest Go est un planificateur de déplacement en ligne qui fournit itinéraires, horaires et la disponibilité des véhicules à plancher bas.

VOYAGES GRATUITS

Les ressortissants européens de plus de 65 ans peuvent emprunter gratuitement les transports en commun sur présentation d'une pièce d'identité en cours de validité.

Se déplacer dans Budapest

Les transports en commun desservent la plupart des sites. Certaines lignes de bus et tramway du centre-ville ont des véhicules à plancher bas. La ligne de métro M4 est la seule avec des stations toujours équipées d'un ascenseur.

Prendre les eaux

À Budapest, les bains Gellért, Széchenyi, Lukács et Rudas sont accessibles. Sur les rives du lac Balaton, les plages les plus populaires ont également un accès à l'eau.

AU RESTAURANT

Dans tout le pays, de nombreux restaurants, cafés et bars sont accessibles, y compris leurs toilettes, mais ces installations ne sont pas toujours mentionnées sur leur site Internet. À Budapest, beaucoup de restaurants et de cafés ont des terrasses.

La ville de **Kaposvár** a remporté un prix de la Commission européenne en 2013 pour ses efforts en matière de tourisme accessible. Elle compte plus de 100 passages piétons accessibles, et l'office de tourisme de la ville propose des cartes en braille et des audioguides.

Nomades numériques

Si les Magyars, des tribus nomades, se sont installés dans le bassin des Carpates il y a plus de 1 000 ans, ce sont d'autres nomades qui s'installent aujourd'hui en Hongrie. Les nomades numériques (*digital nomads*), des travailleurs connectés, apprécient de plus en plus la capitale dynamique de la Hongrie.

SORTIR

S'installer dans une nouvelle ville sans y connaître personne peut être intimidant, mais de nombreux expatriés anglophones, étudiants internationaux et autres visiteurs à long terme vivent à Budapest. Pour faire des rencontres, rejoignez le groupe Facebook Budapest Digital Nomads (facebook.com/groups/648464231947085) ou intéressez-vous aux événements locaux.

Pourquoi Budapest ?

Avec ses connexions Wi-Fi ultrarapides, ses cafés accueillants, ses espaces de coworking de qualité et ses prix abordables, Budapest offre aux nomades numériques et aux travailleurs mobiles une belle qualité de vie en Europe centrale, à environ la moitié du prix d'autres destinations appréciées comme Lisbonne ou Berlin. La ville est sûre et affiche un des taux de criminalité les plus bas d'Europe. Avec ses communautés cosmopolites, sa superbe architecture et ses activités, Budapest est de plus en plus courue par les nomades contemporains.

Coût

Si les loyers, les services et les sorties sont plus chers dans la capitale que partout ailleurs en Hongrie, Budapest reste beaucoup plus abordable que d'autres villes européennes. Le prix des logements a augmenté ces dernières années, mais il est toujours possible de louer un deux-pièces dans le centre-ville pour moins de 500 € par mois, en fonction de la durée du séjour. Selon Nomad List, un site Web très utile pour les nomades numériques, il faut prévoir environ 2 000 € par mois pour vivre à Budapest. Cela en fait une des capitales européennes les plus abordables.

Avantages

La vie nocturne, les bains thermaux, les événements culturels et les restaurants de Budapest sont parfaits pour sortir et se divertir. Il est facile de garder la forme grâce aux salles de sport dernier cri, aux centres de yoga et aux parcs de la ville. L'île Marguerite comporte d'ailleurs une piste de jogging qui longe le Danube. Avec tout cela, vous devrez faire preuve de discipline pour travailler ! Il est impossible de s'ennuyer à Budapest, et les nomades numériques sont nombreux à prolonger leur séjour.

Les nomades numériques ne devraient pas avoir de problème pour régler leur café ou leur *lángos* avec leur carte bancaire nationale dans cette capitale de plus en plus détachée de l'argent liquide. Google Pay et d'autres systèmes de paiement sur mobile sont largement acceptés, et de nombreuses applications mobiles, comme Foodpanda et Bolt, vous permettront de commander repas et titres de transports.

COMBIEN COÛTE...

un abonnement mensuel pour un espace de coworking
50 000 Ft

un café
600 Ft

un pass mensuel dans les transports en commun
9 500 Ft

une bière
500 Ft

un déjeuner
1 200 Ft

un abonnement mensuel dans une salle de sport
13 000 Ft

une carte SIM et un forfait mensuel
4 000 Ft

Se faire des amis

Parfois réservés au premier abord, les Hongrois sont amicaux et beaucoup parlent très bien anglais, surtout les moins de 40 ans. Ils font souvent preuve d'une franchise peu courante dans d'autres cultures, mais c'est grâce à cela que vous nouerez des liens authentiques. Vous devrez peut-être faire un peu plus d'efforts pour vous faire des amis à Budapest, mais les amitiés hongroises durent souvent toute la vie.

Comme partout dans le monde, pouvoir parler quelques mots permet de nouer des liens. Si vous ne parlez pas hongrois, vous pourrez rencontrer d'autres nomades numériques et des habitants anglophones dans les espaces de coworking, via des groupes Facebook et WhatsApp, et lors d'événements destinés aux voyageurs et aux expatriés.

White Card

En 2022, le gouvernement hongrois a lancé son programme de visa White Card, qui permet aux nomades numériques, aux travailleurs indépendants et aux entrepreneurs qui ne sont pas ressortissants de l'UE de travailler et de vivre en Hongrie jusqu'à deux ans. La White Card est soumise à des critères de revenus stricts (les demandeurs doivent gagner au moins 2 000 € par mois), ainsi qu'à d'autres règles. Renseignez-vous en consultant les sites officiels du gouvernement. La Hongrie se trouvant dans l'espace Schengen, les personnes qui ne sont pas ressortissantes d'un pays de l'UE peuvent séjourner sur place jusqu'à 90 jours sans visa.

LE VOYAGE RESPONSABLE POUR LES NOMADES

La possibilité de travailler à distance et de voyager est un privilège encore rare. En tant que nomades numériques et travailleurs mobiles responsables, nous devons nous efforcer de limiter les potentiels effets négatifs de notre présence.

Nous stimulons les économies locales, mais notre impact sur le marché immobilier peut conduire à une augmentation des prix qui pénaliserait les habitants. De plus en plus d'entreprises répondent aux besoins des nomades numériques engendrant la fermeture des boutiques de quartier remplacées par des cafés branchés aux prix élevés.

Nous devons être conscients de notre impact sur l'environnement, surtout lorsque nous voyageons en avion. Une façon de minimiser ces effets négatifs est de choisir des destinations moins connues, de favoriser les entreprises locales et de choisir des lieux moins fréquentés par les nomades numériques. Si possible, rejoignez votre destination en train et, sur place, optez pour le vélo ou la marche.

Le nomadisme digital est, dans l'ensemble, un bienfait net pour les communautés locales, mais nous devons réfléchir davantage à notre impact.

Shaun Busuttil

L'ART DE… vivre comme un nomade numérique à Budapest

1. Dénicher un logement

Comparé à d'autres capitales européennes, le marché de la location à Budapest est relativement abordable, et Airbnb permet de trouver un hébergement de courte durée. Des logements pour des séjours plus longs, à des tarifs généralement plus avantageux, sont proposés dans des groupes Facebook comme Visit Budapest, Hungary Apartment Rentals (facebook.com/groups/budapestrentals) et Budapest Flats and Apartments For Rent (facebook.com/groups/249052758449086). De nombreux appartements sont aménagés tout spécialement pour les nomades numériques, avec des espaces de travail et une connexion Internet rapide et fiable. Les 6e, 7e et 8e arrondissements, dans le centre-ville, comportent quantité de cafés, espaces de coworking, bars, restaurants et salles de sport accessibles à pied. Optez pour Buda au lieu de Pest pour un cadre plus authentique et plus calme.

2. Choisir un café

Évitez Starbucks. De nombreux cafés accueillants proposent une connexion Wi-Fi rapide, des prises électriques et un bien meilleur café. De plus, travailler dans plusieurs cafés vous permettra de découvrir la ville. Parmi les cafés les plus populaires de Pest, citons : Flow (flowcoffee.hu), Fabrik (facebook.com/fabrikbudapest) et Madal Cafe (madalcafe.hu) près de Ferenciek tere. Les autres cafés prisés des nomades numériques sont le Magvetö Café (facebook.com/MagvetoCafe) et le Massolit Books & Café (facebook.com/MassolitBudapest), tous les deux dans le 7e arrondissement. Sur l'autre rive du Danube, à Buda, le Kelet Cafe & Gallery (keletkavezo.hu) sert de bons cafés, de savoureux en-cas et un agréable espace de travail.

3. Trouver un espace de coworking

Les travailleurs nomades en quête de structure et de stabilité seront ravis par les espaces de coworking de Budapest. KAPTÁR Coworking (kaptarbudapest.hu) et Impact Hub Budapest (budapest.impacthub.net) proposent de confortables bureaux fixes ou volants, et tout le nécessaire pour être productif. Ils organisent des ateliers et des événements conviviaux afin que les nomades et les travailleurs indépendants puissent échanger et réseauter. Si vous préférez travailler dans un café, mais que vous recherchez le côté social d'un espace de coworking, un abonnement à KAPTÁR donne accès à sa communauté et à ses événements professionnels.

COMMENT CIRCULER EN TANT QUE NOMADE

Il est facile de se déplacer à Budapest. Cette petite métropole bénéficie d'un réseau de transport en commun étendu et efficace, ainsi que de trottinettes électriques Lime et de vélos MOL Bubi en libre-service. La Hongrie est un point de départ idéal pour des voyages en Europe : depuis Budapest, Vienne est à moins de 3 heures de train, Bratislava à 2 heures 30 de bus, et Berlin, Prague et Varsovie à un peu plus de 1 heure d'avion. Szeged, Pécs et le lac Balaton, trois belles destinations en Hongrie, sont accessibles en train.

Bon à savoir

HEURES D'OUVERTURE

Les heures d'ouverture sont généralement de 8h à 17h. Les entreprises et les administrations ferment souvent plus tôt le vendredi après-midi.

Banques 8h-17 h lun-jeu, 8h-16 h ven

Bars 17h à tard

Musées 10h-18h mar-dim

Restaurants 11h-23h ; petit-déjeuner à partir de 8h

Centres commerciaux 8h-22h

Supermarchés 7h-19h lun-ven, 7h-15h sam ; certains sont également ouverts de 7h à 12h le dimanche, et d'autres sont fermés.

Cigarettes

Il est interdit de fumer dans les lieux fermés et couverts accueillant du public, dans l'ensemble des transports en commun et près des aires de jeux.

Poids et mesures

La Hongrie utilise le système métrique. Les décimales sont indiquées avec une virgule.

Toilettes

Les toilettes publiques sont rares et souvent sales. Dans les restaurants, les clients peuvent utiliser les toilettes.

EN BREF

Heure locale
Fuseau horaire d'Europe centrale (GMT + 1 heure en hiver, GMT + 2 heures en été)

Indicatif de la Hongrie
36

Numéro d'urgence
112

Population
10 millions d'habitants

JOURS FÉRIÉS

Jour de l'an
1er janvier

Fête nationale – fête de la révolution de 1848
15 mars

Pâques
mars/avril

Fête du travail
1er mai

Lundi de Pentecôte
mai/juin

Fête de Saint-Étienne – fête de la Fondation de l'État
20 août

Fête de la Révolution de 1956
23 octobre

Toussaint
1er novembre

Noël
25 et 26 décembre

Électricité 230 V/50 Hz

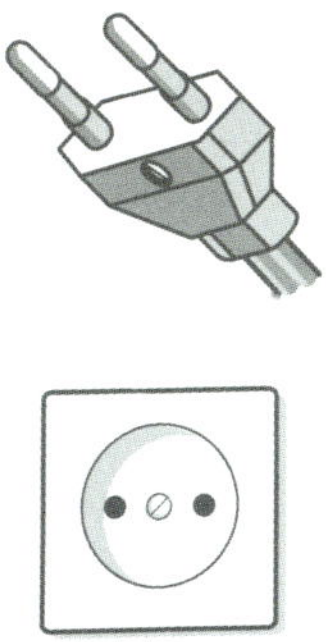

Type C
220 V/50 Hz

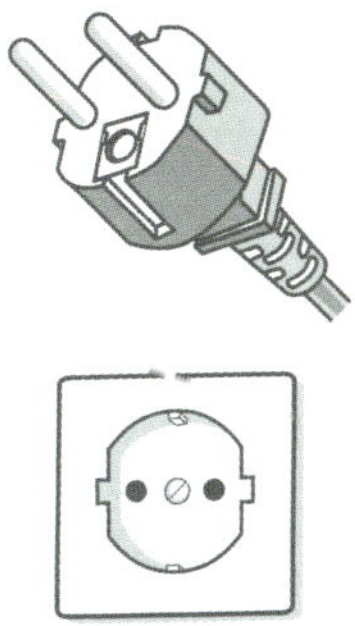

Type F
230 V/50 Hz

Langue

Bien qu'originellement apparenté au finnois, le hongrois ne ressemble à aucune autre langue. Cependant, les sons ne sont pas difficiles à prononcer.

Les essentiels

Bonjour. Szervusz (sing). *ser·vous*
Szervusztok (plur). *ser·vous·tok*
Au revoir. Viszlát. *vis·lat*
Oui. Igen. *i·gèn*
Non. Nem. *nèm*
S'il vous plaît. Kérem. *ké·rèm*
Merci. Köszönöm. *keu·seu·neum*
Excusez-moi
(pour attirer l'attention).
Elnézést kérek. *el·né·zéysht ké·rèk*
Excusez-moi
(pour passer à côté de quelqu'un).
Bocsánat. *bo·chaa·not*
Pardon. Sajnálom. *shây·na·lom*
Parlez-vous anglais ? Beszél angolul? (pol) *bè·sél ân·go·loul*
Je (ne) comprends (pas).
(Nem) Értem. *(nèm) ér-tèm*

Demander son chemin

Où se trouve (le marché) ?
Hol van (a piac) ? *hol vân (â pi·ats)*
Quelle est l'adresse ?
Mi a cím ? *mi â tsim*
Comment puis-je m'y rendre ?
Hogyan jutok oda ? *ho·dyân you·tok o·dâ*
Pouvez-vous me montrer (sur la carte) ? Meg tudja mutatni nekem (a térképen)? *mèg toud·yâ mou·tât·ni nè·kèm (â tér·ké·pèn)*

Panneaux

Bejárat Entrée
Férfiak Hommes
Nők Femmes
Nyitva Ouvert
Zárva Fermé
Információ Renseignements
WC Toilettes

Heure et date

Quelle heure est-il ?
Hány óra? *han' ō·râ*
Il est (1) heure.
(Egy) óra van. *(èj) ō·râ vân*
matin reggel *règ·gèl*
après-midi délután *dél·ou·tan*
hier tegnap *tèg·nâp*
aujourd'hui ma *mâ*
demain holnap *hol·nâp*

Urgences

Au secours !
Segítség! *chè·gīt·chég*
Arrêtez-vous !
Álljon meg! *al·yon mèg*
Allez-vous-en !
Menjen innen! *mèn·yèn in·nèn*
Appelez un médecin !
Hívjon orvost!
hīv·yon or·vosht
Appelez une ambulance !
Hívja a mentőket!
hīv·ya â men·tēū·ket

Au restaurant

Que me conseillez-vous ?
Mit ajánlana ? *mit â yan·lâ·nâ*
C'était délicieux !
Ez nagyon finom volt !
èz nâ·dyon fi·nom volt
Santé ! (à une personne)
Egészségére ! (poli)
è·gés·shé·gè·rè
Egészségedre ! (familier)
è·gés·shé·gèd·rè
Santé ! (à plusieurs personnes)
Egészségükre ! (poli)
è gés·shé·gouk·rè
Egészségetekre ! (familier)
è gés·shé·gè·tèk·rè

CHIFFRES

1 **egy** *èj*
2 **kettő** *kèt·tēū*
3 **három** *ha·rom*
4 **négy** *néj*
5 **öt** *eut*
6 **hat** *hât*
7 **hét** *hét*
8 **nyolc** *nyolts*
9 **kilenc** *ki·lènts*
10 **tíz** *tīz*

EMPRUNTS AU HONGROIS

allô, goulash, hussard, magyar, paprika, sabre, soutache, vampire

Faire la bise

La bise est fréquente en famille, mais aussi quand deux femmes, ou un homme et une femme, se rencontrent. Commencez par la joue gauche. Les hommes, en revanche, se serrent généralement la main. Un enfant saluant un adulte, ou un homme saluant une femme, dira poliment :

J'embrasse votre main – Kezét csókolom

Cette formule est fréquente, mais personne ne s'attend à un baise-main.

SONS

Le hongrois peut sembler intimidant avec ses mots longs et ses accents différents, mais il est étonnamment facile à prononcer.

Longueur des lettres

Lorsqu'une voyelle comporte un accent (par exemple á), il s'agit d'une voyelle longue. Les consonnes doubles (par exemple tt) se prononcent de manière plus appuyée qu'en français. Les apostrophes (') se prononcent comme un son "i" léger, comme dans "tien".

Ordre des mots

En hongrois, l'ordre des mots est plus souple qu'en français, mais pas totalement arbitraire. Le hongrois met l'accent sur les mots importants en les plaçant au début de la phrase.

QUI PARLE HONGROIS ?

Le hongrois est également parlé en tant que langue minoritaire dans certaines régions d'Europe de l'Est, comme la Slovaquie et une grande partie de la Croatie, dans la région de la Voïvodine en Serbie et au Monténégro, ainsi que dans certaines régions d'Autriche, de Roumanie et d'Ukraine. Il s'agit d'un héritage de la Première Guerre mondiale. Après leur victoire, les Alliés ont redécoupé certaines régions d'Europe et formé de nouvelles nations. La Hongrie a alors perdu un tiers de son territoire.

COMPRENDRE LA HONGRIE

Nos auteurs proposent une découverte des multiples facettes de la Hongrie.

Académie de musique Franz Liszt (p. 121)

L'HISTOIRE DE LA HONGRIE EN 15 LIEUX

Groupe de tribus nomades venu d'Oural à la conquête du bassin des Carpates il y a plus d'un millénaire, le peuple magyar a connu une histoire tumultueuse. Pour faire face aux épreuves, aux tragédies et à l'appétit vorace de ses conquérants successifs, les Hongrois se sont toujours montrés persévérants, jusqu'à réussir à affirmer leur indépendance en tant que nation.

UN DES PLUS ANCIENS pays d'Europe, la Hongrie porte les stigmates des épisodes dramatiques qui n'ont cessé de frapper villes et campagnes. Une vague d'envahisseurs après l'autre, un empire après l'autre... le pays a su néanmoins se créer une identité nationale unique, quels que soient les obstacles, les conflits et les occupants. L'incidence de l'histoire hongroise sur celle de l'Europe dépasse ainsi largement la taille modeste de son cadre géographique et de sa population.

Fier et tenace, le peuple hongrois a toujours voulu s'affirmer sur le plan intellectuel, tant dans le domaine des arts que des sciences. Favorisée par sa situation à la croisée des chemins d'Europe centrale, la vie culturelle hongroise s'est aussi nourrie et enrichie des multiples sursauts de l'Histoire au fil des siècles. Un esprit d'ouverture qui n'enlève rien à la singularité des Hongrois, aisément reconnaissables entre leurs voisins, même au-delà de leur langue. Forgée par les coups du sort et les hasards du destin, l'Histoire révèle précisément toute la force de caractère de ce peuple.

1. Parlement

NAISSANCE DE BUDAPEST

Si loin que remontent les racines de la Hongrie, sa capitale n'a guère que 150 ans ! L'histoire de Budapest en tant que telle ne débute qu'en 1873, lorsque Buda la résidentielle et Óbuda l'historique, sur la rive ouest du Danube, fusionnèrent avec Pest l'industrielle, sur la rive est, pour former ce qui fut d'abord appelé Pest-Buda. Inauguré en 1896 pour le millénaire de la Hongrie, le Parlement, emblème du pays, affirme la souveraineté de la nation face à la colline du Château (et à toute tentative absolutiste) quelques années seulement après la réunion des différents villages composant la capitale hongroise.

Conçu en 1885 par l'architecte hongrois Imre Steindl (1839-1902) et achevé après sa mort (il décéda deux ans plus tôt), ce gigantesque Parlement (1904) aux allures de cathédrale néogothique combine différents styles, ce qui en fait un parfait exemple de l'architecture éclectique. Les sculptures de grands personnages de l'histoire hongroise sur la façade ouest contemplent le fleuve. Mais surtout l'édifice magnifique, le plus grand de la capitale avec près de 700 salles somptueusement décorées, conserve les insignes royaux (regalia), au nombre desquels la très vénérée couronne de saint Étienne (p. 96), principal emblème de la nation.

Pour en savoir plus sur le Parlement, voir p. 96.

2. Aquincum

ORIGINES ROMAINES

Témoin de l'étendue de la colonisation romaine, ce site archéologique personnifie la place forte (*castrum*), puis le municipe et enfin la cité romaine, capitale de la province de Pannonie inférieure que fut Budapest il y a 20 siècles. Située à Óbuda, cette base militaire et commerciale remonte au milieu du Ier siècle de notre ère. Située alors sur le fameux *limes* romain, elle marque l'extension extrême de l'Empire romain, jusqu'à sa chute en l'an 350, anéantie par les tribus nomades de l'Est. Marchands et soldats se côtoyaient dans cette ville qui a compté 30 000 habitants (voire le double). Les vestiges laissent largement imaginer l'activité entre temples, deux amphithéâtres (un civil et un militaire), thermes... La légende veut même que l'empereur stoïcien Marc Aurèle (r. 161-180) ait écrit en partie ses *Pensées pour moi-même* à Aquincum.

Pour en savoir plus sur le site d'Aquincum, voir p. 78.

3. Basilique Saint-Étienne

SAINTE MAIN ROYALE

Fondateur du royaume de Hongrie – dont il fut couronné premier "roi chrétien" en l'an 1000 – et canonisé en 1083, Étienne Ier est le saint patron du pays. Sacrée entre toutes, la cathédrale néoclassique de Budapest, dessinée par József Hild pour accueillir 8 000 fidèles, a été achevée en 1905, plus de 9 siècles après la fondation du pays et après plus d'un demi-siècle de travaux. La Sainte Dextre (p. 98), relique de son saint patron Étienne, y est conservée, objet de toutes les dévotions. L'importance de la basilique se mesure aussi à la hauteur de son dôme (96 m) et à la richesse de son trésor ecclésiastique.

Pour en savoir plus sur la basilique Saint-Étienne, voir p. 98.

DIEGO GRANDI/SHUTTERSTOCK ©

4. Hollókő

SANCTUAIRE CULTUREL

Livre d'histoire bien vivant, le village d'Hollókő, classé au patrimoine mondial de l'Unesco pour son architecture vernaculaire inchangée depuis les XVIIe et XVIIIe siècles, est l'épicentre de la culture et des traditions ancestrales intégralement conservées par la communauté palóc. On y parle un dialecte bien distinct dont les origines font débat auprès des universitaires. Certains considèrent les Palócs comme une ethnie hongroise rendue unique par son isolement, d'autres comme un peuple indépendant plus tard mêlé aux Magyars. Le mystère reste tout aussi entier que pour certains pans bien plus lointains de l'histoire hongroise. Pâques y est célébré comme le retour du printemps depuis la nuit des temps, avec rituel de l'eau et œufs en offrande.

Pour en savoir plus sur le village de Hollókő, voir p. 280.

5. Grande Synagogue

HOLOCAUSTE HONGROIS

L'arrivée des premiers colons juifs en Hongrie remonte à l'époque romaine, précédant largement l'installation des tribus nomades magyares du IXe siècle. Nombre de Juifs arrivés au XIe siècle – puis plus tardivement aux XVIIe et XVIIIe siècles – des principautés allemandes (l'actuelle République tchèque) se sont ensuite installés dans les villes le long du Danube et en Transdanubie occidentale, avant d'en être chassés à diverses reprises. Mais, du milieu du XIXe siècle à la fin de la Seconde Guerre mondiale, ils vécurent dans une harmonie relative avec leurs compatriotes, une grande partie de cette communauté résidant à Budapest. Relativement épargnés sous Horthy en dépit de lois antijuives ("numerus clausus" pour les Juifs), ils furent ensuite massés dans des ghettos dès le remplacement de l'amiral par le parti pro-nazi des Croix-Fléchées au printemps 1944, puis décimés. L'Holocauste a envoyé un demi-million d'hommes, femmes et enfants dans les camps de la mort, soit 60% des Juifs hongrois. Construite entre 1854 et 1859, la Grande Synagogue de Budapest (photo) rend hommage à l'héritage juif du pays : pouvant accueillir jusqu'à 3 000 visiteurs, c'est la deuxième plus grande synagogue après celle de New York. Le Musée juif hongrois voisin était jadis la demeure du fondateur du sionisme, Theodor Herzl (1860-1904).

Pour en savoir plus sur la Grande Synagogue, voir p. 116.

6. Place des Héros

MILLÉNAIRE MAGYAR

Au crépuscule du IXe siècle, le prince Árpád et six autres chefs de guerre magyars conquirent le bassin des Carpates, posant tacitement les premières pierres d'un futur État hongrois. C'est à cette *Honfoglalás* ("conquête de la patrie") que se réfère le millénaire du pays fêté en 1896, année où fut inaugurée la gigantesque place des Héros (photo). Symbole de la longévité des Magyars, la double colonnade égrène sous ses arches 14 grandes figures de l'histoire hongroise, qui encadrent l'obélisque surmonté de la statue de l'archange Gabriel brandissant à 36 m de haut la couronne royale de Hongrie. Cette affirmation des racines chrétiennes de la royauté hongroise se réfère à la légende qui veut que le premier roi de Hongrie, Étienne Ier, ait reçu en songe cette couronne des mains de l'archange.

Pour en savoir plus sur la place des Héros, voir p. 138.

7. Ipolytarnóc et ses fossiles

PRÉSERVATION PRÉHISTORIQUE

Bien longtemps avant l'arrivée des Magyars, le bassin des Carpates était submergé sous la mer, avant de devenir une jungle tropicale. L'éruption d'un énorme volcan il y a quelque 17 millions d'années entraîna une pluie de cendres, préservant ainsi une partie du passé géologique de la Hongrie. Sorte de Pompéi préhistorique, la zone de conservation des fossiles d'Ipolytarnóc se situe dans le parc Novohrad-Nógrád, vers la frontière slovène. Paradis pour les amateurs d'histoire naturelle, on y trouve des fossiles d'anciens requins, dauphins et crocodiles, ainsi que des empreintes d'animaux et de végétaux vieux de 17 à 23 millions d'années.

8. Vörösmarty tér

PLUME ET PLACE PATRIOTIQUES

En plein cœur de Budapest, Vörösmarty tér honore une figure majeure de la littérature hongroise : le poète et dramaturge Mihály Vörösmarty (1800-1855). Auteur de multiples poèmes qui ont statut d'épopées nationales pour les Hongrois, cet homme réservé fut un des chefs de file du romantisme hongrois en littérature. Fervent défenseur de l'identité nationale hongroise, il s'opposa par la plume à l'oppression des Habsbourg, qui menaçaient alors d'interdire la langue magyare. Ses vers d'une exceptionnelle beauté traduisent à la fois les sursauts douloureux de l'histoire hongroise et les souffrances profondes de son peuple face à l'absolutisme. Son œuvre la plus connue, *La Fuite de Zalàn*, est

considérée comme la plus grande épopée de la littérature hongroise.

Pour en savoir plus sur Vörösmarty tér, voir p. 95.

9. Maison de la Terreur

HORREURS DES TOTALITARISMES

Frappé de l'étoile rouge des communistes et de la double croix fléchée du parti hungariste (national-socialiste hongrois), ce musée-mémorial (photo) servit de prison aux occupants nazis avant de devenir le quartier général de la police secrète hongroise (ÁVH) sous le régime communiste. Cette sombre période de l'histoire hongroise se déroule au fil des photos des espions, bourreaux et victimes couvrant les murs. Au sous-sol, les geôles reconstituées soulignent les tortures et assassinats touchant tout opposant écroué ici. La période de la Seconde Guerre mondiale, puis des années qui suivirent, jusqu'à l'insurrection de 1956 montre combien on ne peut oublier les cruautés du totalitarisme de quelque bord qu'il fut.

Pour en savoir plus sur la maison de la Terreur, voir p. 118.

10. Abbaye de Pannonhalma

ÉVANGÉLISATION DE LA HONGRIE

Fondée en 996 par des moines appelés d'Italie par le prince converti Géza (père d'Étienne Ier), cette spectaculaire abbaye juchée sur une colline à l'ouest du pays a joué un rôle décisif dans la diffusion du christianisme en Europe centrale. Tout au long du Moyen Âge, ses moines bénédictins ont en effet converti les tribus magyares païennes des environs, entraînant la toute jeune Hongrie vers l'Occident. Ils y ont aussi ouvert la première école de la nation, rédigé en 1055 le premier texte connu en langue magyare et jamais cessé d'assurer la diffusion de la culture en Europe centrale. Une communauté d'une cinquantaine de moines vit toujours à Pannonhalma.

Pour en savoir plus sur l'abbaye de Pannonhalma, voir p. 196.

11. New York Café

RENDEZ-VOUS DES INTELLECTUELS

Ouvert en 1894 à l'apogée du renouveau culturel et artistique de Budapest, ce café tout en stucs dorés, colonnes torses d'esprit baroque, plafonds peints à fresque... est devenu un des hauts lieux de la littérature et de la poésie hongroises dès 1900. Comme les cafés de Vienne, le New York Café devint aussi une sorte d'incubateur de la réflexion socio-politique et des contestations. C'est dans son atmosphère caféinée que l'auteur hongrois Ferenc Molnár coucha sur le papier son œuvre la plus connue, *Les Gars de la rue Paul* (1907).

Pour en savoir plus sur le New York Café, voir p. 335.

12. Mosquée du pacha Gazi Kassim

CONQUÊTE OTTOMANE

En 1526, la victoire des Ottomans sur les Hongrois à la bataille de Mohács n'entraîna pas que la mort du roi Louis II et de 20 milliers de ses soldats : elle marque aussi le début d'un siècle et demi d'occupation étrangère. Pécs, au sud-ouest de la Hongrie, est l'un des sites hongrois où la domination turque reste la plus visible. Instituée évêché (1009) par le roi Étienne Ier et lieu de la première université de Hongrie (1367), la Quinque Ecclesiae ("cinq églises ou clochers") médiévale devint dès 1543 un avant-poste occidental de l'Empire ottoman. Plus grand monument hérité de cette période, la mosquée du pacha Gazi Kassim (photo) fut sitôt construite sur Széchenyi tér avec les pierres de l'église gothique qui l'a précédée. Si le minaret a été détruit au XVIIIe siècle lorsque les catholiques réinvestirent le sanctuaire, le mihrab, les fenêtres à arcs en accolade, des fresques à motifs géométriques et quelques versets du Coran semi-effacés témoignent magnifiquement de la présence islamique.

Pour en savoir plus sur la mosquée du pacha Gazi Kassim, voir p. 227.

13. Kispipa Bar & Food

MÉLANCOLIE, MÉLANCOLIE

Posté sur la rue Akácfa utca de Budapest, le restaurant Kispipa résonnait dans les années 1950 et 1960 des complaintes du musicien jazz le plus mélancolique de Hongrie, le pianiste et compositeur Rezső Seress (1889-1968) qui se produisait ici tous les soirs. Interprété et réinterprété dans le monde entier (notamment par Serge Gainsbourg en 1987), "Sombre Dimanche" (*Szomorú Vasárnap*, 1933) fut interdit de diffusion dans tous les cafés de Budapest par peur d'"inciter au suicide" leur clientèle, la bohème et la classe ouvrière juive qui appréciaient cette complainte sur la mort des êtres chers. Après un long combat contre la dépression, Seress se donna hélas la mort en 1968. Aujourd'hui, ce restaurant légendaire devenu un élégant bar à cocktails rend toujours hommage à l'illustre musicien hongrois.

14. Cinéma Corvin

BUDAPEST 1956, LA RÉVOLUTION CONFISQUÉE

Salle de cinéma légendaire et centenaire, le Corvin à la sublime façade Art déco a aussi joué un rôle majeur dans l'histoire de la Hongrie moderne. Durant la bataille du passage Corvin de la révolution de 1956, il fut le bastion du "groupe du passage Corvin" mené par les jeunes László Iván Kovács (26 ans) et Gergely Pongrátz (24 ans) contre les chars soviétiques. Un monument rappelle le combat émérite des *Pesti Srácok* ("gamins de Pest") morts pour avoir tenté de résister à l'écrasement par la force de l'initial mouvement de protestation pacifique contre l'affaiblissement économique de la Hongrie, la piètre qualité de vie et un chômage de masse. Malgré son ardeur à réclamer un "socialisme à visage humain", la protestation devenue révolution fut violemment réprimée en 18 jours, et son leader, Imre Nagy, exécuté deux ans plus tard.

15. Memento Park

CIMETIÈRE MÉMORIEL DES STATUES DÉBOULONNÉES

En 1989, le démantèlement de la frontière électrifiée séparant la Hongrie de l'Autriche (en juillet), puis la chute du mur de Berlin (en novembre) provoquèrent une onde de choc majeure à travers le Bloc soviétique. La vague d'émigration à l'Ouest des vacanciers du Bloc de l'Est venus en Hongrie et l'effondrement de l'URSS qui semble imminent entraînèrent le départ des communistes au pouvoir et, au mois d'octobre, la proclamation de la République (pour la troisième fois en mille ans d'histoire !). Pour ne pas oublier ces longues années de totalitarisme mené par Moscou, les statues des "gloires du communisme" qui avaient été déboulonnées ont été réunies dans un musée à ciel ouvert, ce "parc de la mémoire" socialiste, inauguré quatre ans plus tard. Les Marx, Lénine et Béla Kun de pierre et d'acier y reposent désormais, au sud-ouest de Budapest.

Pour en savoir plus sur le Memento Park, voir p. 70.

Les chefs de guerre magyars, place des Héros (p. 138), Budapest

À LA RENCONTRE DES HONGROIS

Sous les apparences notoirement stoïques de ce peuple d'Europe centrale se cachent des personnalités pleines d'humour, de générosité et de gentillesse. Kata Fári vous présente ses compatriotes.

PLUTÔT QUE DE VOUS DÉCRIRE les Hongrois, laissez-moi vous les présenter. Imaginez-vous voyageant dans la campagne hongroise pour rendre visite à des amis.

Même les citadins les plus endurcis veulent garder un lien avec la campagne, en particulier le lac Balaton, la "mer de Hongrie" appréciée de tous. Invités chez des amis, les Hongrois ne viennent jamais les mains vides. Ils arrivent avec une bouteille de vin et un bouquet de fleurs, et toujours bien à l'heure. Politesse et ponctualité sont essentielles. Les amis à qui nous rendons visite sont accueillants, mais il se peut qu'ils soient un peu réservés au début. Les Hongrois privilégient les amitiés de longue date et s'y investissent. On fait les présentations. Il y aura forcément un Zoli, un Peti ou un András dans l'assistance, les noms locaux revenant souvent. Ils sont aussi "inversés" par rapport aux noms français, donnant par exemple un Dupont Martin plutôt qu'un Martin Dupont. Les femmes se font la bise, les hommes se serrent la main. On lance un *csókolom* à mamie, ce qui signifie "je l'embrasse" (il s'agit de sa main, bien sûr !). Les Hongrois sont très attachés à la famille, et il n'est pas rare que plusieurs générations cohabitent dans la même maison. On vous posera sans doute des questions personnelles – les Hongrois sont directs.

On sort ensuite la *pálinka* (eau-de-vie de fruits). Chaque foyer a sa bouteille, souvent faite maison. La *pálinka* facilitera votre apprentissage de la langue magyare, qui est – on vous le confirmera non sans fierté – une des plus difficiles au monde. On vous apprendra sans doute quelques gros mots, les Hongrois ayant le juron éloquent. Ces derniers ont aussi la réputation de se montrer astucieux, avec un don pour trouver le *kis kapu* (l'exception à la règle).

Au fil de l'après-midi, le festin arrosé de vin et de bière nourrit l'âme autant que le ventre. L'alcool est un élément important de la vie sociale, mais c'est aussi un problème car l'alcoolisme est très répandu. Les blagues fusent, les Hongrois ayant un solide sens de l'humour, mais à la nuit tombée, les conversations deviennent plus douces et plus sérieuses. Si les Hongrois ont la réputation d'être toujours négatifs, il est vrai qu'ils ont une certaine tendance à la mélancolie, voire à la morosité. Pour comprendre ce sentiment, il faut se rappeler que ce peuple a été opprimé pendant des siècles par les Ottomans, les Allemands, les Autrichiens et les Soviétiques ; il a aussi perdu deux guerres mondiales, deux révolutions, et une partie de sa région la plus prospère. Aujourd'hui encore, l'avenir de la Hongrie semble incertain. Nous ne sommes pas pessimistes, mais nous restons prudents. Et notre persévérance nous a permis de conserver notre langue, nos coutumes et nos traditions envers et contre tout.

Au moment des adieux, les Hongrois toujours généreux vous donneront à manger pour la route. J'espère, qu'un jour, cette expérience imaginaire deviendra réalité, car si vous vous liez d'amitié avec un Hongrois, vous aurez sans doute un ami pour la vie.

Budapest et le reste de la Hongrie

La Hongrie compte près de 10 millions d'habitants, dont 1,7 million vivant à Budapest. La deuxième ville la plus peuplée est Debrecen, avec seulement 200 000 habitants.

JE SUIS HONGROISE, MAIS D'UN PAYS PLURIEL

Je suis née à Kecskemét sur la Grande Plaine (même si je ne sais pas monter à cheval) de parents hongrois, mais mes origines sont variées. C'est le cas pour la plupart des Hongrois, vu les nombreuses invasions qu'a connues notre pays, par les Ottomans, les Autrichiens, les Allemands et les Soviétiques. J'ai déménagé à Budapest pour mes études, comme beaucoup de jeunes en quête d'opportunités.

Et à l'image d'une bonne partie de ma génération, j'ai souvent voyagé à l'étranger. Bien des jeunes Hongrois ne reviennent jamais mais, à l'inverse, les étrangers s'entichent souvent de la Hongrie, au point de s'y installer. C'est peut-être pour cela que j'y reviens toujours, peu importe où la vie me transporte : la Hongrie est un pays formidable, et la beauté de Budapest saura vous conquérir.

L'ARCHITECTURE EN HONGRIE

D'une incroyable richesse architecturale, la Hongrie regorge de pépites baroques, néoclassiques, éclectiques et Art nouveau. Par Steve Fallon

ÉTROITEMENT LIÉE À L'HISTOIRE de la Hongrie, l'architecture hongroise reflète les heures de gloire du pays comme celles de l'oubli. Les combats des Hongrois pour leur indépendance face aux convoitises étrangères sur leurs terres et leur farouche volonté de reconstruction ont aussi largement influencé le paysage architectural.

Fondations romaines

Les Romains ont été les premiers bâtisseurs de la Hongrie. À la fin du Ier siècle, la nouvelle province de Pannonie profitait de toutes sortes d'expertises romaines, de l'écriture à la viticulture, mais avant tout de l'art de construire en pierre. Nombre de villes de garnison et de places fortes à l'ouest et au sud du Danube en témoignent, tout comme les vestiges de constructions civiles qui subsistent à Pécs (la Sopianae romaine), à Sopron (Scarbantia) et à Szombathely (Savaria) : nécropoles, fortifications, forums ou temples – y compris dédiés à des dieux orientaux comme la déesse égyptienne Isis révérée par les légionnaires. Ce sont néanmoins les voies pavées d'Aquincum, ses deux amphithéâtres et ses maisons à atrium et impluvium qui restituent le mieux, dans le quartier Óbuda de Budapest, la vie de ces colonies romaines. On y comprend comment de si hautes colonnes ont pu supporter le poids considérable des architraves, linteaux et toits, grâce à l'invention romaine de l'*opus caementicium* (ciment romain) permettant d'assembler moellons et briques.

Vestiges romans et gothiques

Comparée aux pays voisins, la Hongrie n'a guère conservé beaucoup de souvenirs architecturaux des périodes romane et gothique car les Mongols, les Ottomans, puis les souverains Habsbourg les ont en grande majorité détruits, recouverts ou largement modifiés. Le premier roi de Hongrie, Étienne Ier, converti au christianisme et couronné en l'an mille par l'envoyé du pape, organisa le pays en unités administratives obligeant les villages à se fédérer par dix pour construire une église et entretenir un prêtre. Ainsi, la Hongrie intégra le monde chrétien, adoptant le style roman qui régnait alors : nef unique, voûtes en plein cintre et solides colonnes-piliers. Proche de Szombathely, l'abbatiale bénédictine de Ják en est un splendide exemple parmi les rares qui ont survécu. Sa spectaculaire *porta speciosa* (grand portail ouest) affiche 12 rangs de voussures à motifs géométriques sous les statues du Christ et des apôtres échelonnées de chaque côté. Autre joyau de l'architecture romane en Transdanubie méridionale : la rayonnante abbaye de Pannonhalma, largement reconstruite. À Budapest, on peut visiter les vestiges d'un couvent dominicain du XIIIe siècle sur l'île Sainte-Marguerite.

Le premier édifice de toute l'Europe centrale à adopter le style gothique français (alors dernier cri) est la chapelle du château royal d'Esztergom, sous le règne de Béla III (1173-1196). Il est vraisemblable qu'on ait fait appel pour la construire à des maîtres d'œuvre venus de France, d'autant que Béla III eut pour seconde épouse la sœur même de Philippe Auguste, Marguerite de France. Au sein du palais royal de Budapest, plusieurs éléments résiduels de l'époque gothique rappellent son importance, tels les *sedilia* (niches avec sièges) ornant les ruelles du quartier du

Château, ou encore le bas-relief représentant la Dormition de la Vierge au tympan du portail sud de l'église Mathias. À Pest, les chapelles de Notre-Dame-de-l'Assomption sont parées de somptueux tabernacles gothiques. Au nord-est, Sopron, Eger et Nyírbátor ont aussi d'importantes églises gothiques. Enfin, de beaux retables du XVe siècle sont exposés au musée du Christianisme à Esztergom et à la Galerie nationale, à Budapest.

Renaissance et occupation ottomane

Vers la fin du XVe siècle, le renouveau du Quattrocento (les années 1400) italien a largement séduit le roi Mathias Corvin et la reine Béatrice qui font appel à des artisans et artistes de la Péninsule pour métamorphoser le palais gothique de Visegrád en sublime résidence Renaissance. Avec ses fontaines et jardins, l'ampleur du projet est telle qu'on en parle dans toutes les cours d'Europe de cette fin du Moyen Âge. La chapelle du Corpus Christi de la basilique Saint-Pierre de Pécs, tout comme les multiples salles du somptueux palais royal de Visegrád, accueillent alors des œuvres Renaissance de premier plan. Néanmoins, l'invasion ottomane va mettre un terme à cette Renaissance hongroise et la majeure partie du renouveau architectural sera vite réduit en poussière.

Limité mais non moins remarquable, l'héritage architectural laissé par les Ottomans se traduit à la fois par de pures créations et des remaniements considérables d'édifices antérieurs. C'est le cas du plus grand monument hérité de l'ère ottomane : la mosquée-église de Pécs construite avec des pierres de réemploi ou celles des ruines de l'église gothique Saint-Barthélemy. On compte aussi parmi les témoins de la présence musulmane : le minaret d'Eger (40 m de haut) et plusieurs hammams au sein de Budapest, dont les bains Rudas et Veli Bej. Un des plus beaux exemples d'architecture religieuse de l'époque se trouve dans le quartier Rózsadomb à Buda : c'est le tombeau de Gül Baba, le "Père des Roses" profondément vénéré.

Profusion baroque

L'occupation ottomane n'a pas couvert tout le territoire hongrois actuel, ce qui a épargné de la ruine une grande partie de la Transdanubie occidentale restée aux mains des Habsbourg. Une fois les Turcs expulsés à la fin du XVIIe siècle, l'influence de Vienne ne fait que s'accroître. Les premières églises baroques apparaissent alors en Transdanubie occidentale, comme autant de somptueuses mises en scène de la gloire de Dieu supposées contrer l'austérité prônée par la Réforme. De nombreux et somptueux bâtiments séculiers voient aussi le jour, parés d'un rutilant décor baroque ou rococo. À la fin du XVIIIe siècle, la couleur ocre omniprésente sur les bâtiments administratifs des Habsbourg comme sur de nombreuses églises prend même le nom de "jaune Marie-Thérèse".

Villes et villages de Hongrie se parent quasiment tous d'un sanctuaire baroque. Pour apprécier toute l'emphase architecturale du baroque et son développement rococo, visitez le palais Esterházy à Fertőd en Transdanubie occidentale ou l'église des Minorites et le palais du Prévôt à Eger. Les autels richement sculptés de l'église des Minorites de Nyírbátor et de l'abbatiale de Tihany sont des chefs-d'œuvre du style. À Budapest, le musée Kiscelli d'Óbuda occupe un ancien couvent du XVIIIe siècle, et le musée du château Nagytétény un gigantesque manoir baroque du sud de Buda.

Néoclacissisme et éclectisme

Au milieu du XIXe siècle, le style dit "éclectique" va avoir le vent en poupe car il permet de mêler les meilleurs éléments de différents styles du passé sur un même édifice en créant quelque chose de nouveau et d'original. Dès les années 1760, l'architecture néoclassique prône un retour à l'Antiquité. Au siècle suivant, l'historicisme y ajoute un goût prononcé pour le néo-Renaissance, le néo-gothique et le néo-roman, autant de styles du passé que chaque architecte va interpréter à sa façon et selon les goûts divers de ses commanditaires. Chaque bâtiment peut s'inspirer d'un style particulier ou en mélanger plusieurs. C'est à compter des années 1850 que naît l'architecture proprement hongroise telle qu'on la connaît désormais, lorsque Mihály Pollack, József Hild et Miklós Ybl réinventent Budapest entre deux constructions de cathédrales en province, dont celles d'Esztergom et d'Eger. Le mouvement néoclassique est censé souligner l'héroïsme de la Hongrie, tout en prouvant qu'elle mérite son indépendance. C'est dans cette optique que Pollack a conçu le Musée national hongrois de Budapest. Moins d'un an après son inauguration, en plein Printemps des peuples, le poète Sándor Petőfi emflamme les citadins de Pest en déclamant sur son parvis son poème *Nemzeti Dal* (Chant national). Ce qui déclenche la révolution de 1848.

> **LES 40 ANNÉES DE "SOMMEIL" QUI ONT SUIVI LA SECONDE GUERRE MONDIALE PERMIRENT À DES ÉDIFICES ART NOUVEAU DE SUBSISTER, MALGRÉ QUELQUES DOMMAGES. ILS Y SONT D'AILLEURS PLUS NOMBREUX QU'À PARIS, BRUXELLES, NANCY OU VIENNE…**

C'est aussi l'époque où Hild dessine la plus grande cathédrale du pays, la basilique Saint-Étienne, dont l'effondrement du dôme sous une violente tempête remettra tout en cause pour un demi-siècle, et l'édifice final signé Ybl, son successeur, sera de style néo-Renaissance. Hild est aussi chargé de dessiner le Pesti Vigadó mais, faute de budget, le projet revient en définitive à Frigyes Fesz, éminente figure du mouvement romantique. Pour l'ambitieuse Grande Synagogue, les deux rivaux Hild et Fesz proposent chacun leur concept : byzantin pour Fesz, néoclassique pour Hild. Sera finalement choisi le projet néo-mauresque de Ludwig Förster. Deux autres édifices éclectiques sont devenus symboles de Budapest : le Parlement d'Imre Steindl, qui s'étend au bord du fleuve, et le sublime opéra d'Ybl à l'acoustique parfaite. En 1836, József Hild avait dessiné l'immense basilique néoclassique d'Eger, avant de s'attaquer à celle d'Esztergom, la basilique Saint-Adalbert, sur la Courbe du Danube. Elle sera consacrée en 1856 aux sons d'une messe chantée signée Franz Liszt.

Art nouveau, la signature hongroise

D'abord apparu en Grande-Bretagne avec le mouvement Arts & Crafts fondé par William Morris (1834-1896), l'Art nouveau mettait l'accent sur les procédés manuels et entendait créer un style organique, en réaction à l'imitation et à la banalité répandues par la Révolution industrielle.

Le style s'étendit à toute l'Europe, avec des caractéristiques distinctes. À Vienne, un groupe d'artistes créa une variante locale plus géométrique de l'Art nouveau en architecture, le Sezessionstil (en hongrois *Szecesszió*). À Budapest, apparut un style éclectique, marqué par des façades traditionnelles ornées de figures allégoriques et historiques, de motifs folkloriques, de céramiques Zsolnay et d'autres matériaux locaux. Évoluant à partir des principes de l'Art nouveau et de la Sécession, un style typiquement hongrois émergea.

En ce début du XXe siècle, modes et styles se succédaient dans une ronde infinie : dès la fin des années 1910, l'Art nouveau et ses variantes furent jugés étriqués, désuets, voire vulgaires. Heureusement pour les Budapestois, la torpeur politique et économique de l'entre-deux-guerres, puis les 40 années de "sommeil" qui ont suivi la Seconde Guerre mondiale permirent à des édifices Art nouveau ou *Szecesszió* de subsister, malgré quelques dommages. Ils y sont d'ailleurs plus nombreux qu'à Paris, Bruxelles, Nancy ou Vienne, pourtant de grandes villes de l'Art nouveau.

Le maître en la matière fut Ödön Lechner, dont les chefs-d'œuvre parsèment la capitale, comme le musée des Arts décoratifs – premier de la sorte en Europe à ne pas

P. 325 : abbaye de Pannonhalma (p. 196) ; ci-dessus : musée des Arts décoratifs (p. 133)

être construit dans un style historiciste –, la Caisse d'épargne de la Poste royale – extravagance Sécession de mosaïques florales, de motifs folkloriques et de figures de céramique – et l'Institut de géologie. Autres exemples majeurs : l'Académie de musique Franz Liszt, le palais Gresham et le passage marchand Párisi Udvar (tous deux devenus des palaces).

Notez que l'Art nouveau ne se limite pas aux immeubles cossus. En déambulant dans Pest, une merveille vous attend à chaque coin de rue, comme l'immeuble Lindenbaum, signé Frigyes Spiegel. Ce fut le premier ensemble d'habitations de Budapest à afficher ces décors typiquement Art nouveau que sont soleils, étoiles, fleurs, serpents, renards et femmes nues à la longue chevelure.

Au-delà de la capitale, de superbes exemples de ce style vous attendent à Szeged (palais Reök, 1907), Kecskemét (palais Cifra, 1902, hôtel de ville, 1897) et Debrecen (hôtel de ville, 1912). Une grande partie des tuiles et carreaux de céramique qui couvrent ou décorent les édifices Art nouveau du pays viennent de la manufacture Zsolnay, fondée en 1853.

AU BOIS DE LA VILLE ET ALENTOUR, UN TRIO DE BÂTIMENTS PLUS RÉCENTS VAUT LE COUP D'ŒIL, DONT LA JAPONISANTE MAISON DE LA MUSIQUE À L'ALLURE DE SOUCOUPE VOLANTE…

Logements utilitaires et architecture contemporaine

Passé la Seconde Guerre mondiale, l'architecture hongroise n'a rien d'extraordinaire. Le régime communiste délaissa toute aspiration artistique pour construire des centaines de milliers d'appartements en *lakótelepek*, des barres d'immeubles identiques les unes aux autres. Elles permirent aux nombreuses familles déplacées par le conflit de retrouver un logis, et si elles n'étaient pas belles, elles surent durer, bon nombre d'entre elles restant en bon état aujourd'hui.

Le travail d'Imre Makovecz fait exception dans cet après-guerre. Il est le chef de file d'une architecture qu'on appelle "organique" pour sa mise en œuvre d'éléments inhabituels tels que des troncs d'arbre ou du gazon. À Budapest, on peut admirer ses bureaux au n°18 de Szentkirályi utca et la superbe chapelle funéraire à la voûte inversée du cimetière Farkasréti. Autres curiosités au-delà de la capitale : le centre culturel Sárospatak au nord du pays et l'église évangélique de Siófok au bord du lac Balaton. Les œuvres de László Rajk (marché Lehel de Budapest) et de Mária Siklós (Théâtre national) sont aussi remarquables, quoi que peut-être moins intéressantes.

À Budapest, au bois de la Ville et alentour, un trio de bâtiments plus récents vaut le coup d'œil : la japonisante Maison de la musique à l'allure de soucoupe volante, le nouveau musée d'Ethnographie et son toit-jardin, et les bureaux ING dont les plaques de verre et de calcaire sont retenues entre elles par des "rubans" de métal. Le centre culturel et commercial Bálna en forme de baleine mérite également d'être vu, comme les stations de métro M4 et le stade László Papp.

Page de gauche : église évangélique, Siófok (p. 218) ; ci-dessus : Maison de la musique, Budapest (p. 146)

ARTS POPULAIRES L'EXUBÉRANCE DE L'ÂME HONGROISE

En Hongrie, l'art populaire a été non seulement préservé, mais il est bien vivant et fait le lien entre les générations. Par Andrea Schulte-Peevers

DÈS LE DÉBUT DU XVIIIe SIÈCLE, une partie des paysans hongrois commença à gagner en prospérité. Ils cherchèrent alors à embellir leur environnement avec des objets du quotidien décorés ou peints et des vêtements. Le musée des Arts décoratifs à Pest est le meilleur endroit pour découvrir ces créations artisanales. À Budapest, se tient également, mi-août, un grand festival mettant à l'honneur des artisans de tout le pays. En dehors de la capitale, des collections plus modestes leur sont dédiées, comme le musée Déri (Debrecen), la Collection d'art populaire (Kecskemét) et le musée Bereg (Vásárosnamény).

Broderie : entre mode et tradition

La broderie est le *must* de l'art populaire hongrois. Trois populations se démarquent par leur expertise : les Palóc des hautes terres du Nord (surtout aux environs de Hollókő), les Matyó de Mezőkövesd, et les femmes de Kalocsa au bord du Danube. Particulièrement complexes, les travaux d'aiguille des Matyó figurent sur la liste du patrimoine culturel immatériel de

Céramiques de Tiszafüred

l'Unesco. Dans le village de Tard, on peut visiter l'atelier de Matyódesign (matyodesign.hu), une marque qui donne un nouveau souffle aux motifs traditionnels de la région en les intégrant aux vêtements portés par les Budapestois les plus branchés.

Céramique : un art national

La poterie traditionnelle hongroise est d'une qualité exceptionnelle. Aucune cuisine hongroise ne saurait se passer de quelques assiettes ou saladiers pour décorer ses murs. La Grande Plaine en est le foyer, à Hódmezővásárhely, Karcag et Tiszafüred en particulier, mais la Transdanubie (surtout dans la région de l'Őrség) produit aussi de très belles pièces : cruches, assiettes, saladiers et tasses, les pièces les plus rares et les plus belles étant les *írókázás fazékok* (pots portant une inscription célébrant en général un mariage) ou celles en forme d'animaux ou de personnages, comme les *Miskai kancsó* (cruches Miska), produites dans la région de la Tisza.

Les céramiques noires de Nádudvar, près de Hajdúszoboszló, sont également remarquables. Leur couleur caractéristique est due à l'oxyde de fer rouge de l'argile locale, qui vire au noir durant la cuisson. De petits galets sont ensuite pressés dans l'argile pour produire des motifs fantaisie.

Céramiste la plus célèbre du pays, Margit Kovács conjugua l'art populaire hongrois à des motifs religieux et modernes. Ses œuvres peuvent être admirées à Szentendre, sa ville natale, dans la Collection de céramiques de Margit Kovács.

Dentelle et broderie de Kalocsa

À GAUCHE : IGNIS FATUUS 99/SHUTTERSTOCK ©, À DROITE : VITFCTO/SHUTTERSTOCK ©

Textiles tactiles

La région de Sárköz (Transdanubie méridionale) est l'épicentre du tissage traditionnel hongrois. Ses motifs noirs et rouges caractéristiques sont souvent copiés. On en trouve des versions plus simples dans le Nord-Est, surtout près de Tiszahát. Dans cette ancienne région marécageuse où les roseaux abondent, les habitants ont su également développer l'art de la vannerie.

Sculptures, meubles et peinture traditionnelle

Pendant l'hiver, les bergers et fermiers d'antan s'occupaient à sculpter toutes sortes d'objets en bois ou en os : essoreuses, moules à gâteaux de miel, boîtes à tabac, salières... Les bergers et porchers du comté du Somogy, au sud du lac Balaton, et les vachers de Hortobágy étaient particulièrement doués en la matière.

Autrefois, la plupart des Hongrois fabriquaient et décoraient leurs propres meubles, surtout les buffets destinés au *tiszta szoba* (petit salon) et les *tulipán láda* (coffres à trousseau ornés de tulipes peintes). Les tables et chaises faites en peuplier doré de la forêt de Gemenc, près de Tolna, en sont parmi les plus beaux exemples.

Il est une forme d'art populaire qui s'apparente aux beaux-arts : la peinture traditionnelle des plafonds et des murs. On trouve de magnifiques exemples de plafonds peints dans les églises, surtout dans des villages comme Tákos et Csaroda, dans la région de Bereg (nord de la Hongrie). Les œuvres des peintres traditionnels János Balázs et András Süli peuvent être admirées au musée d'Art naïf hongrois de Kecskemét.

UN PAYS ENCLAVÉ OÙ L'EAU EST CRUCIALE

C'est peut-être parce que leur territoire est enclavé que l'eau occupe une place particulière dans le cœur des Hongrois.
Par Anthony Haywood

LES HONGROIS AIMENT L'EAU et les sports nautiques, mais c'est aussi un élément du pays qui unit et divise. Le Danube, deuxième plus long fleuve d'Europe, traverse trois pays avant d'atteindre Budapest, divisant la capitale en deux parties qui n'ont été reliées de manière permanente par un pont qu'en 1849. En outre, la Hongrie tire 95% de son eau de surface de ses voisins, d'où la nécessité d'entretenir des relations cordiales avec eux.

L'eau et l'histoire hongroise

À sa frontière nord-ouest, la Hongrie partage avec l'Autriche une zone humide couverte de roseaux et occupée par un grand lac ("Fertő" en hongrois, "Neusiedler See" en allemand). Fertő est le plus grand lac endoréique d'Europe centrale : son eau ne se déverse pas dans la mer. Il a cependant connu de nombreux épisodes d'assèchement et sa surface a été réduite à plusieurs reprises, au XIXe siècle notamment. Aujourd'hui, il appartient en partie au parc transnational qui porte le nom de parc national de Fertő-Hanság côté hongrois. Une piste cyclable le contourne, la partie autrichienne étant la plus accessible, la partie hongroise se composant surtout de zones humides, où les oiseaux nichent dans les roseaux.

Le Danube a une importance primordiale. Après avoir traversé Budapest, il poursuit son cours en direction du parc national Duna-Dráva, à la frontière croate. Il en ressort grandi, traverse encore six pays, avant de se diviser en delta à son embouchure sur la mer Noire. C'est de là que les Grecs remontèrent le fleuve, dès le VIIe siècle avant notre ère. Ils nommaient alors le fleuve "Ister". Les Romains le baptisèrent du nom de "Danuvius" : ses eaux constituaient une ligne de démarcation non seulement entre le nord et le sud, mais aussi entre la civilisation et les régions barbares qu'ils imaginaient au-delà.

Le Danube est jalonné de forteresses destinées à repousser les envahisseurs ou à protéger le butin acquis lors de victoires. Au Ier siècle, les Romains édifièrent un mur défensif – le *limes* – le long de ses rives ; la cité d'Aquincum était protégée par un camp militaire (actuel quartier d'Óbuda à Budapest). Les Huns et les Magyars arrivèrent, suivis par les Mongols, qui se répandirent comme une traînée de poudre tout au long du XIIIe siècle. Dans les années 1500, les Ottomans prirent le

pouvoir jusqu'à ce que les armées des Habsbourg les mettent en déroute un siècle et demi plus tard. Aujourd'hui, ces châteaux et forteresses demeurent les témoins de cette histoire et offrent des points de vue spectaculaires.

Des barges de marchandises sillonnent le fleuve, hydroglisseurs et bateaux de croisière croisent depuis les embarcadères de la capitale et d'ailleurs. Les Hongrois naviguent sur ses eaux tranquilles à bord de kayaks et de canoës. Plages et bars ponctuent ses rives verdoyantes. Un de ses tronçons les plus pittoresques est la Courbe du Danube ; le fleuve y effectue une brusque inflexion vers le sud, avant de prendre la direction de Budapest.

Bien plus qu'un lac

Le lac Balaton est le plus grand lac de Hongrie et le plus vaste d'Europe centrale, quoique peu profond et de taille modeste : un peu plus de 70 km de long, de 14 km au plus large, de 11 m de profondeur maximale. C'est pourtant une aubaine pour les Hongrois qui ne disposent pas d'accès à la mer. Ils apprécient tout à la fois la baignade en été, le tour du lac à vélo sur ses 210 km de piste cyclable et les promenades sur les collines, sans oublier les dégustations de vins locaux ou les retrouvailles entre amis dans les bars et discothèques.

Le lac Balaton a toujours eu une vocation récréative, en particulier l'été. Bien des choses ont changé depuis l'époque communiste, lorsque les apparatchiks du parti passaient du bon temps dans les villas et sur les plages, tout en tentant de conserver le pouvoir. Les villas de Balatonvilágos, sur la rive nord-est, à 70 km de Budapest, appartenaient alors aux dignitaires. Le lac Balaton était aussi une destination familiale promue par les syndicats. Aujourd'hui, c'est toujours un lieu de villégiature, synonyme d'insouciance et de détente.

© KATACARIX/SHUTTERSTOCK

LES HONGROIS ADORENT LES SPORTS NAUTIQUES, MAIS LEUR RELATION PARTICULIÈRE AVEC L'EAU VA BIEN AU-DELÀ.

Prendre les eaux

Budapest compte un très grand nombre de thermes. De l'eau chaude à brûlante (de 21°C à 76°C) y jaillit de 123 sources thermales et de plus de 400 sources minérales. À quelques kilomètres à l'ouest du lac Balaton, le lac Hévíz est connu pour ses vertus curatives ; c'est aussi le plus grand lac thermal du monde. La légende raconte que l'empereur romain Flavius Theodosius, enfant, y fut soigné et donna naissance au lac.

Sports nautiques

Champions olympiques de water-polo, les Hongrois pratiquent ce sport avec autant de fierté que d'enthousiasme. Lorsque le pays affronta l'Union soviétique aux jeux Olympiques de Melbourne en 1956, peu après l'écrasement de l'insurrection hongroise par l'URSS, le match tourna au règlement de comptes : l'épisode est connu sous le nom de "bain de sang de Melbourne". Les Hongrois adorent ce sport, mais leur relation particulière avec l'eau s'étend au-delà. Dans l'imaginaire collectif, l'eau rime à la fois avec sport, mythologie, santé, politique – une source d'évasion, malgré la grande distance qui sépare le pays de la mer.

P. 333 : Lac Hévíz (p. 224) ; ci-dessus : match de water-polo, piscine nationale Alfréd Hajós (p. 113)

CAFÉS ET CULTURE À BUDAPEST

Lieux de rencontre des écrivains et des artistes, les cafés de Budapest virent naître des courants culturels et des œuvres littéraires de toute première importance. Par Kata Fári

UN SÉJOUR à Budapest n'est pas complet sans la visite d'un des cafés historiques de la ville. Beaucoup ont conservé leur splendeur fin de siècle. Attablez-vous et dégustez un café accompagné d'une part de gâteau bien crémeux, pour faire un petit voyage dans le temps.

À la fin du XIXe et au début du XXe siècle, les cafés étaient les hauts lieux de la sociabilité budapestoise. Les intellectuels hongrois y tenaient salon et y refaisaient le monde au milieu des fumées de cigarette. Les plus grands hommes de l'époque s'y réunissaient pour parler politique, jouer, se détendre et travailler. Les femmes fréquentaient moins les cafés car il était mal vu pour la gent féminine de fréquenter ces lieux en solitaire. La camaraderie et l'émulation y régnaient souvent et, de ces échanges, naquirent de nouveaux mouvements artistiques et littéraires. Les écrivains passaient des après-midi entiers autour d'un simple café, dont le prix dépassait déjà les moyens de la plupart d'entre eux. Ils réglaient parfois leurs consommations avec des poèmes ou un chapitre de leur roman. Un gérant de café plein d'imagination inventa le concept de *javító kávé* ("café amélioré"), qui permettait aux clients d'ajouter un peu de café ou d'eau dans leur tasse sans payer de supplément.

Nombre d'événements qui firent date dans l'histoire, la littérature et la culture hongroises ont leur origine dans un café. Les jeunes Hongrois s'y réunirent pour fomenter la révolution de 1848. Deux des journaux les plus influents de l'époque, le *Nyugat* ("Occident") et le *Hét*, y furent fondés. La Société hongroise des impressionnistes et des naturalistes (MIÉNK), créée par les peintres de renom Pál Szinyei Merse, József Rippl-Rónai et Károly Ferenczy, a également vu le jour dans un café. C'est aussi dans ces lieux que de grands écrivains prirent la plume et écrivirent en partie les plus importants romans et poèmes de la littérature hongroise. On pouvait y penser et y parler librement, à l'abri des instances de contrôle de la société. Est-ce la raison pour laquelle le régime communiste d'après-guerre ferma la plupart d'entre eux ?

Les Ottomans introduisirent le café en Hongrie au XVIe siècle. Les Hongrois, grands buveurs de vin, ne l'appréciaient guère au départ. Selon une légende, les Ottomans invitèrent un seigneur hongrois à dîner et, alors que leur hôte s'apprêtait à repartir, ils lui dirent : "Pas si vite, la soupe noire n'a pas encore été servie", faisant allusion au café de fin de repas. Or, cette phrase s'adressait aussi aux janissaires : c'était le signal qu'ils attendaient pour entreprendre l'invasion de la Hongrie. Bien que cette anecdote n'ait sans doute rien d'historique, "*Hátra van még a fekete leves*" est entré dans le registre des expressions courantes : quand un Hongrois la prononce, cela signifie qu'il s'attend au pire.

Les Hongrois finirent par apprécier le café, et des établissements dédiés

apparurent au XVIIIe siècle. À la fin de l'Empire austro-hongrois, Budapest comptait quelque 550 cafés. Les acteurs se réunissaient au Pannónia, les peintres au Műcsarnok et les architectes au Japán Kávéház. C'est dans ce dernier qu'Ödön Lechner, le "Gaudí hongrois" et maître de l'Art nouveau, enseignait à ses étudiants, en dessinant souvent ses projets sur les tables de marbre. Mais les cafés les plus célèbres de l'époque étaient le Centrál, le New York Café et le Hadik – encore en activité aujourd'hui.

Fondé en 1887, le Centrál est le plus ancien des trois. Après avoir fait peau neuve, il a rouvert ses portes en 2022, en ayant conservé l'essentiel de son prestigieux héritage. Les boiseries murales ont été déposées et des box en cuir installés, mais les portraits aux murs des nombreuses personnalités qui le fréquentèrent, ainsi que le plafond en stuc et les tables en marbre rappellent toujours aux visiteurs ses heures de gloire. En plus du café, on peut y prendre un petit-déjeuner ou boire un cocktail. Petit clin d'œil amusant à l'histoire des lieux : on peut demander au personnel de déclamer un poème de son choix, pris dans la bibliothèque du café.

Le New York Café a ouvert ses portes en 1894. On dit que, le soir de l'inauguration, l'écrivain Ferenc Molnár et ses amis journalistes ont jeté les clés du café dans le Danube pour qu'il ne puisse jamais fermer. Cela s'est sans doute réellement passé mais, plutôt en 1927, lorsque le café a rouvert après la Première Guerre mondiale (Ferenc Molnár n'étant âgé que de 16 ans en 1894). Cette anecdote a fait l'objet de plusieurs reconstitutions commémoratives – avec une fausse clé. De fait, le New York Café est resté ouvert 365 jours par an pendant plusieurs décennies et Molnár y est demeuré un habitué. Il y a écrit l'un des plus grands romans hongrois, *A Pál utcai fiúk* (*Les Gars de la rue Paul*). Le New York n'était, en effet, pas seulement un café, mais un salon littéraire où naquit la littérature hongroise moderne. Il accueillit presque tous les écrivains de renom, en prit soin : on leur servait pour une somme modique – parfois à crédit – une *írótál* ("assiette de l'écrivain") de charcuterie, fromage et viande, ainsi que du papier et de l'encre gratuitement. Dans les années 1910, les cinéastes ont également fait du New York leur lieu de prédilection. Avant qu'il ne parte à Hollywood, Mihály Kertész (Michael Curtiz) – qui réalisera *Casablanca* en 1942 – était un habitué des lieux. Bien que le cadre du New York Café soit plus ou moins demeuré identique, la clientèle, elle, a changé : elle compte davantage de touristes que d'écrivains. Mais les visiteurs viennent pour les mêmes raisons que les intellectuels hongrois du XIXe siècle. Avec son décor d'or, de marbre et de velours rouge, le New York Café est surnommé "le plus beau café du monde". Outre le café et les gâteaux, vous pouvez y déguster quantité de généreux plats hongrois traditionnels, dans une atmosphère distinguée, souvent sur fond de musique hongroise.

Bien moins sophistiqué que le New York ou le Centrál, le café Hadik ouvrit en 1906 et devint un repaire littéraire pour les écrivains de Buda. L'écrivain Frigyes Karinthy – dont on peut toujours voir le portrait derrière l'escalier du café – le compara pour se moquer à un sac à provisions. Le "bar de ruine" adjacent porte d'ailleurs aujourd'hui le nom de Szatyor Bár ("sac à provisions"). Le café Hadik reste cependant fréquenté par les artistes. Le réalisateur hongrois László Nemes y écrivit le scénario de son film *Le Fils de Saul* (2015), lauréat d'un Oscar. Il a fait don au café de deux pages du tapuscrit original. On y déguste des plats hongrois savoureux, accompagnés d'un café ou d'une bière. L'intérieur, aujourd'hui plus moderne, avec notamment des briques apparentes, a conservé de son décor original un lustre et des chaises Thonet. On trouve au menu du Karinthy, le gâteau au chocolat préféré de l'auteur du même nom.

Les autres cafés historiques notoires de Budapest sont le Művész, le Gerbeaud et le Gerlóczy. Alors qu'aujourd'hui la capitale fourmille de cafés, et que les Budapestois ont tendance à fréquenter des lieux à la mode plutôt que des établissements historiques, les cafés classiques de Budapest tiennent bon, tels les piliers indestructibles de la culture et de la mémoire nationales.

BUDAPEST : UN HOLLYWOOD EUROPÉEN

Certaines des plus grandes superproductions du cinéma sont aujourd'hui tournées en Hongrie. Par Kata Fári

MÊME SI VOUS n'êtes pas encore allé à Budapest, vous avez probablement déjà vu ses bâtiments Art nouveau, les rives du Danube et ses rues sur grand écran. La Hongrie est, en effet, devenu un lieu majeur de tournage, notamment de grandes productions hollywoodiennes en quête de nouveaux décors : *Evita* (1996), *Seul sur Mars* (2015), *Inferno* (2016), *Blade Runner 2049* (2017), *Red Sparrow* (2017), *Midsommar* (2019), *Dune* (2020)... Quelle est la raison de cet engouement des milieux cinématographiques pour la Hongrie ?

D'abord parce que les coûts de production et du travail sont nettement moins élevés en Hongrie que dans des pays comme les États-Unis. Les films réalisés dans le pays bénéficient également d'avantages fiscaux considérables. Sous certaines conditions, les budgets de production peuvent être en partie remboursés par le gouvernement hongrois, une mesure incitative qui s'avère fructueuse pour toutes les parties.

En outre, avec ses magnifiques thermes, ses édifices Belle Époque et ses rues chargées d'histoire, Budapest est un décor réellement cinégénique. Son paysage architectural, reflet du passé mouvementé du pays comme du génie créatif d'architectes

Opéra national hongrois (p. 105)

comme Ödön Lechner, Miklós Ybl et Imre Steindl, est aussi riche que varié. Le temps d'un film, la capitale hongroise peut ainsi se muer en Paris, Moscou, Rome ou même Buenos Aires.

Pour les cinéastes en quête de lieux de tournage insolites, Budapest est aussi un bon choix. Le Bálna, centre commercial et culturel situé au sud de Pest, servit par exemple de décor au siège futuriste de la NASA de *Seul sur Mars* (2015), tandis que l'Opéra national hongrois fit office d'écrin pour le casino glamour mis en scène dans *The Spy* (2019). Lorsque, pour *Midsommar* (2019), l'équipe eut besoin de représenter la beauté sereine de la campagne suédoise, elle n'eut qu'à se déplacer dans les paysages bucoliques et de forêts autour de Budapest. La capitale offre, en outre, aux cinéastes un large choix de cadres : des bâtiments en ruine y côtoient des structures en verre ultramodernes, des rues pavées des avenues de ville contemporaine. Le tout dans une atmosphère métropolitaine animée.

MÊME SI VOUS N'ÊTES PAS ENCORE ALLÉ À BUDAPEST, VOUS AVEZ PROBABLEMENT DÉJÀ VU LA VILLE SUR GRAND ECRAN.

Centre commercial Bálna (p. 329)

À GAUCHE: MITZO/SHUTTERSTOCK ©, À DROITE: ARCHITECT: KAS OOSTERHUIS, BOTOND HORVATH/SHUTTERSTOCK ©

Croiser une star dans la rue ou dans un restaurant local n'a ici rien d'inhabituel. En raison du grand nombre de tournages, les célébrités font souvent de la Hongrie leur résidence temporaire et finissent par s'enticher du pays. Tom Hanks a dit de Budapest qu'elle était une des plus belles villes du monde. Jennifer Lawrence a fait l'éloge des habitants et de la culture de la ville...

Outre ses coûts limités et la diversité architecturale de Budapest, les cinéastes trouvent en Hongrie des équipes de tournage et des studios très professionnels. Les studios Korda, à Etyek, abrite un des plus grands studios insonorisés au monde. Les studios NFI à Fót possèdent un des plus grands réservoirs d'eau au monde, construit pour *Blade Runner 2049*. Ils disposent également de *backlots* ou décors extérieurs permanents pour les scènes se déroulant au Moyen Âge ou à la Renaissance, ainsi que dans les villes du Far West, à New York et dans les banlieues américaines.

En plus de servir de décor aux superproductions hollywoodiennes, la Hongrie bâtit sa propre industrie cinématographique. Le pays a connu une sorte d'âge d'or dans les années 1980, lorsque le réalisateur István Szabó remporta l'Oscar du meilleur film en langue étrangère pour *Mephisto* en 1981. Hélas, des décennies de sécheresse créative ont suivi, et les films hongrois ont souvent été considérés comme des œuvres de qualité médiocre, frisant l'amateurisme. Les choses ont changé et la production hongroise est maintenant reconnue depuis que *Le Fils de Saul* de László Nemes a reçu un Oscar en 2016. Ces dernières années, de nombreux films ont été remarqués, comme le court-métrage *La Chorale* (*Mindenki*, 2016), primé aux Oscars, *Corps et Âme* (2017), récompensé d'un Ours d'or au Festival international du film de Berlin, *La Juste Route* (2017), *Aurora Borealis* (2017), *Bad Poems* (2018), *Sunset* (2018), *Ruben Brandt, Collector* (2018) et *Those Who Remained* (2019).

De nombreux films hongrois sont disponibles sur les plateformes de streaming. Peut-être y reconnaîtrez-vous des images de Budapest.

SCIENCES ET INNOVATION : 10 INVENTIONS ET DÉCOUVERTES NOTOIRES D'ORIGINE HONGROISE

Les Hongrois ont apporté au monde des inventions et des découvertes révolutionnaires. Par Kata Fári

POUR UN PAYS de cette taille, la Hongrie compte un grand nombre de lauréats du prix Nobel. Ses citoyens sont à l'origine de plusieurs idées et créations qui vous sont familières.

Hygiène des mains, Ignác Semmelweis (1818-1865)

Semmelweis est le premier à avoir démontré l'utilité du lavage des mains. Il découvrit que la fièvre puerpérale des femmes après l'accouchement – une maladie mortelle au XIXe siècle – était transmise par les médecins accoucheurs eux-mêmes qui ne se lavaient pas les mains entre les autopsies (pour comprendre d'où venaient les fièvres) et la consultation des patientes. Les idées de Semmelweis furent rejetées par ses pairs qui refusaient d'admettre que leurs actes soient à l'origine d'une surmortalité. Il fut interné et mourut dans un asile, à 47 ans, après avoir été battu par ses gardiens. Des décennies plus tard, ses recommandations en matière d'hygiène furent validées et Semmelweis fut connu dans le monde entier comme le "sauveur des mères".

Prix Pulitzer, Joseph Pulitzer (1847-1911)

Né en Hongrie sous le nom de József, Pulitzer était un éditeur qui, dans son testament, laissa sa fortune pour la création d'un prix prestigieux pour les journalistes, ainsi qu'une école de journalisme à l'université de Columbia à New York. Aujourd'hui, le prix Pulitzer rime avec excellence dans les domaines du journalisme, de la littérature et de la composition musicale. Une récompense que nombre d'écrivains rêvent de décrocher.

Méthode Kodály, Zoltán Kodály (1882-1967)

Si vous avez appris la musique, vous avez peut-être utilisé la méthode inspirée par le compositeur hongrois Zoltán Kodály. Cet outil d'enseignement, créé pour les enfants, introduit les compétences au fur et à mesure de leurs capacités, utilisant notamment les syllabes et les mouvements rythmiques.

Bombe atomique

Cinq scientifiques hongrois – Tódor Kármán, János Neumann, Leó Szilárd, Ede Teller et Jenő Wigner – firent partie du projet de recherche Manhattan, qui produisit les premières armes nucléaires. Nés et formés à Budapest, ces scientifiques fuirent la Hongrie pour des raisons politiques et émigrèrent aux États-Unis. Raillés par leurs collègues américains qui les surnommèrent

Gauche : Rubik's Cube ; droite : match de teqball

les "Martiens" à cause de leur fort accent, les Hongrois rebondirent sur cette plaisanterie, et lorsqu'on les interrogea sur le paradoxe de Fermi ("existe-t-il une vie extraterrestre ?"), Leó Szilárd dit dans un trait d'esprit : "Ils sont parmi nous, ce sont les Hongrois." Ede Teller était très fier de ses initiales (E.T.) et un cratère sur Mars est baptisé en l'honneur de Tódor Kármán.

Tódor Kármán (1881-1963) était un expert en aérodynamique. Il conçut une version préliminaire de l'hélicoptère, baptisé Petróczy-Kármán-Zurovecz. Il dirigea aussi la mise au point du premier hélicoptère capable de planer, tout en étant attaché au sol.

János Neumann (1903-1957) fut l'un des meilleurs mathématiciens de son temps. Son invention la plus célèbre est la machine de Von Neumann, l'ancêtre de nos ordinateurs modernes.

Leó Szilárd (1898-1964) développa l'idée de la fission nucléaire en chaîne et conçut le CP-1, le premier réacteur atomique, avec Enrico Fermi.

Ede Teller (1908-2003) imagina la première bombe à hydrogène du monde avec Stanislaw Ulam. Les premiers essais menés dans l'océan Pacifique furent un succès. Le concept de la bombe à hydrogène d'Ede Teller et de Stanislaw Ulam est encore classé secret défense.

Jenő Wigner (1902-1995) posa les fondements de la théorie de la mécanique quantique et reçut le prix Nobel de physique.

Vitamine C, Albert Szent-Györgyi (1893-1986)

Albert Szent-Györgyi remporta le prix Nobel pour sa découverte de la vitamine en 1937, une histoire à la saveur particulièrement hongroise. L'épouse d'Albert lui servit du paprika au dîner. Comme il n'appréciа pas cet aliment, il l'emporta dans son laboratoire où il découvrit qu'il contenait de grandes quantités de vitamine C. Il lui donna le nom d'acide ascorbique, pour refléter ses propriétés antiscorbutiques (contre le scorbut).

Stylo à bille, László Bíró (1899-1985)

Journaliste de métier, László Bíró était agacé par les taches et les fuites très courantes avec les stylos de son époque. Il remarqua que l'encre utilisée pour l'impression des journaux séchait plus rapidement que celle des stylo-plume. En travaillant avec son frère György, chimiste, il conçut un nouveau type de stylo composé d'une bille roulant librement dans un support rempli d'une encre à séchage rapide. En tournant, la bille s'imprègne de l'encre dans la cartouche et la dépose sur le papier. Aujourd'hui, ce stylo est appelé un "biro" dans de nombreux pays.

Hologramme, Dénes Gábor (1900-1979)

Ingénieur électrique et physicien, Dénes Gábor, père de l'holographie, reçut le prix Nobel de physique en 1972 pour son invention. À la différence de la photographie, qui ne reproduit que des formes et des couleurs, un hologramme enregistre aussi les volumes en trois dimensions.

Rubik's Cube, Ernő Rubik (1944-)

Professeur d'architecture hongrois, Ernő Rubik inventa, en 1974, le Rubik's Cube. À l'origine, Ernő Rubik utilisait ce cube comme support pour enseigner à ses élèves la géométrie en 3 dimensions. Des millions d'exemplaires du célèbre casse-tête en couleurs se vendent encore chaque année.

Word et Excel de Microsoft, Károly Simonyi (1948-)

Comptant parmi les tout premiers employés de Microsoft, l'informaticien Károly Simonyi, natif de Budapest, est à l'origine des logiciels Word et Excel au succès planétaire. Il est actuellement connu pour être l'unique touriste à avoir fait deux voyages spatiaux. Il est le deuxième des deux seuls Hongrois à être allés dans l'espace.

Teqball, Gábor Borsányi (1977-) et Viktor Huszár (1985-)

Inventé en 2012 par deux grands amateurs de football, le teqball est un sport relativement récent, que l'on décrit comme du tennis de table joué avec un ballon de football et dont les raquettes sont remplacées par le corps des joueurs. Des clubs de football comme Manchester United, Arsenal et le Real Madrid, possèdent leurs propres tables personnalisées et parmi les célébrités qui s'y adonnent, on compte David Beckham, Ronaldinho et Lionel Messi. Le teqball pourrait très prochainement figurer parmi les disciplines olympiques.

INDEX

A

B

Référence des cartes **000**

Référence des cartes **000**

Q

R

S

T

Référence des cartes **000**

U

V

W

Z

"Majestueusement dressé au sommet de la colline du Château, le Palais royal est l'un des sites les plus emblématiques et identifiables de Budapest."

Kata Fári

"Les vignes, cultivées par les Romains puis par les moines au Moyen-Âge, poussent sur les collines du lac Balaton depuis le Ier siècle avant J.-C."

Barbara Woolsey

GAUCHE : V_E/SHUTTERSTOCK ©
DROITE : BERNI0004/SHUTTERSTOCK ©

À PROPOS DE CET OUVRAGE

Traduction
Jeanne Robert, Michèle Salva, Virginie Lochou, Margaux Montagner et Flore Mathieu

Direction éditoriale
Dominique Bovet

Responsable prépresse
Jean-Noël Doan

Coordination éditoriale et adaptation française
Cécile Bertolissio

Maquette
Denis Montagner

Cartographie
Nicolas Chauveau pour l'adaptation des cartes en français

Couverture
adaptée en français par Laure Wilmot et Laurent Briard

Fabrication
Emmanuelle Laine

Remerciements à
Agnès Mauxion-Poujol et à Christophe François pour leur remarquable travail sur le texte. Merci à Sylvie Rabuel pour sa relecture attentive, à Camille Batschelet pour son travail sur les carnets d'adresses et à Vahagn Terzian pour le référencement. Merci à Stéphanie Rian et à toute l'équipe de Lonely Planet à Paris. Enfin, merci à Luan Angel, Emma Davies, Kim Else et Nigel Longuet à Londres et à Jean-Pierre Masclef à Melbourne.

En Voyage Éditions | un département édi8

Bien que les auteurs et Lonely Planet aient préparé ce guide avec tout le soin nécessaire, nous ne pouvons garantir l'exhaustivité ni l'exactitude du contenu. Lonely Planet ne pourra être tenu responsable des dommages que pourraient subir les personnes utilisant cet ouvrage.

Budapest et la Hongrie
3e édition
Traduit et adapté de l'ouvrage *Budapest & Hungary, 9th edition, July 2023*
© Lonely Planet Global Limited 2023
© Lonely Planet et Édi8 2023
92 avenue de France
75013 Paris

Dépôt légal Septembre 2023
ISBN 978-2-38492-224-6
Photographes © comme indiqué 2023
Imprimé par ESTIMPRIM, Autechaux, France